Das Geld

Eske Bockelmann

Das Geld

Was es ist, das uns beherrscht

Matthes & Seitz Berlin

Es kommt auch ein wolkenloses Reich der
vollkommenen Güter, auf die kein Geld fällt.
Walter Benjamin

Inhalt

Einleitung

Für dieses Buch gibt es guten oder – je nachdem – ausgesprochen schlechten Grund.

Und das ist: wie es um diese Welt steht. Es steht um diese Welt so, dass kaum eine Woche vergeht, in der nicht erneut von kundiger Seite gemahnt würde, es müsse allerspätestens *jetzt* etwas wegen des Klimas geschehen, es müsse endgültig *jetzt* mit der Zerstörung hier aufgehört oder mit der Rettung dort begonnen werden, es müsse *jetzt* und müsste *schon längst* dies geschützt und jenes erhalten und mit Unzähligem so ganz, ganz anders umgegangen werden, als heute damit umgegangen wird. Und dennoch bleibt es dabei, und was unternommen wird, bleibt planmäßig weit, weit hinter dem zurück, was nötig wäre.

Was dazu zwingt, wir haben es alle vor Augen. Es gibt sich ganz offen zu erkennen, wenn etwa der mächtigste Staat dieser geplagten Erde seine Macht nutzt, um noch dem harmlosesten Klimaabkommen fernzubleiben: Eine solche Rücksicht auf die Welt verträgt sich nicht mit den Interessen seiner »Wirtschaft« – einer Wirtschaft, die sich bekanntlich ums Geld dreht. Selbst die Supermacht gibt also mit ihrer Entscheidung zu Protokoll, dass es eine Macht noch *über* der ihren gibt. Es ist eine Macht, von der selbst vereinigte Staaten *abhängen*, jeder Staat und so auch jeder einzelne Staatsbürger auf dieser Welt. Es ist die Macht, die ebendiese Welt regiert.

Wozu das Geld aber Staaten und Menschen zwingt, es wird schon seit geraumer Zeit durch »die Krise« verschärft. Über ein Jahrzehnt dauert sie inzwischen an. Auch wenn die Börsenkurse längst wieder gefährlich von einem Jahreshoch zum nächsten fliegen, so zeigt doch der anhaltende Tiefflug der Zinsen und zeigen die Unsummen an neuem Geld, welches die Staaten unablässig nachschießen müssen, dass die »Wirtschaft« weiterhin im Krisenmodus steckt. Zu Recht nimmt daher auch das tiefe Unbehagen zu, das längst gegenüber dem Geld besteht, ein oft vages, aber in jedem Fall heftiges Unbehagen. Es ist die Gewissheit oder wenigstens die dunkle Furcht, dass es nicht gut gehen wird mit dem Geld und dass es für die Welt katastrophisch damit endet.

Einige wenige Leute versuchen sich deshalb bereits an einem Leben jenseits des Geldes. Sehr viel stärker jedoch ist die entgegengesetzte Reaktion, nicht die intensive Suche danach, wie das Geld zu überwinden, sondern danach, wie das Geld zu retten und zu bewahren wäre. Einflussreiche Initiativen machen Vorschläge, die es bereits bis zu Volksabstimmungen gebracht haben. Da sollen die Banken kontrolliert werden, soll eine Transaktionssteuer mäßigend einwirken oder eine andere geschickt angebrachte Steuer den rechten Einhalt gebieten. Die »Entschleunigung« des Marktes sei notwendig oder die Abschaffung von Zins und Zinseszins. Etwas wie »Vollgeld« soll für stabilen Geldwert sorgen oder ein »bedingungsloses Grundeinkommen« dafür, dass keinem mehr das Geld ausgeht. Einmal nähren Regionalwährungen die Hoffnung, mit ihnen werde das Geld insgesamt besser funktionieren, einmal wird ihm eine sichere Zukunft in weltweit flottierenden Bitcoins prophezeit. Oder man will das Geld kurzerhand per Gesetz darauf verpflichten, *gut* zu sein, damit sich unsere kapitalistische Wirtschaft schlicht nach Vorschrift aus einer bedrohlichen und bedrohten in eine Gemeinwohlökonomie verwandle.

Dass also dringender Anlass besteht, am Geld zumindest etwas zu ändern, ist bekannt. Wenig bekannt ist jedoch, wie *das Geld selbst* sich zu all dem verhielte, was da zu seiner Rettung dienen soll. Was davon würde die *Macht* des Geldes überhaupt zulassen? Welcher Eingriff vertrüge sich überhaupt mit dem Geld? Das bleibt unbekannt, weil zum einen viel zu wenig danach gefragt wird. Aber unbekannt bleibt es auch, da bereits die erste und drängendste Frage zum Geld – bis heute – keine ausreichende Antwort erfahren hat. Denn wie ungeheuerlich es auch klingen mag: Noch heute weiß niemand zu sagen, *was Geld ist.*

Selbstverständlich ist jedem geläufig, was es mit Geld auf sich hat, solange es darum geht, mit Geld umzugehen. Dass man es braucht und wofür man es braucht, wie man zu Geld kommt und wie es sich allgemein einsetzen lässt, alles das ist kein Geheimnis. Aber es verhält sich damit ähnlich wie mit der ptolemäischen Weltsicht: Der Gang der Gestirne lässt sich sehr wohl korrekt berechnen, auch wenn man falsch annimmt, dass sich die Sonne um die Erde drehen würde. Nur ist er auf diese Weise nicht verstanden – und man weiß nicht einmal, *was* man dabei alles nicht versteht. Das beschreibt den heutigen Wissensstand beim Geld.

Alan Greenspan, langjähriger Präsident der amerikanischen Notenbank und geübt in jederlei Umgang auch mit allergrößten Summen, hat nach seinem Ausscheiden aus dem Amt eingestanden, bis jetzt wisse er nicht, was Geld eigentlich sei. Und das ist nicht bloß die Koketterie, die es auch ist, sondern die biedere Wahrheit. In einem wissenschaftlich fundierten *Enzyklopädischen Lexikon des Geld-, Bank- und Börsenwesens* beginnt der aktuelle Artikel »Geld« mit den Worten: »Die Ökonomik hat es bisher nicht vermocht, einen allgemein akzeptierten Begriff des Geldes vorzulegen.«[1] Und nicht nur sind die Versuche, das Wesen von Geld zu bestimmen, noch immer gescheitert, sie wurden auch selten genug unternommen. Denn »so allgegenwärtig das Geld auch sein mag, so überschaubar sind die Versuche, zu erklären, was Geld ist, warum es in die Welt kam und wie es funktioniert«.[2] Die Autoren dieser raren Versuche tragen zwar die allergrößten Namen, Adam Smith, Georg Simmel, möglicherweise Keynes, vor allem aber Marx, doch auch ihnen hat sich das Rätsel Geld nicht gelöst. Jeder Kieferknochen eines prähistorischen Quastenflossers ist heute gründlicher erforscht als das Wesen, das unsere Welt in Grund und Boden beherrscht.

Es zu erkennen, wäre schon lange notwendig gewesen, aber es ist heute dringender notwendig als je. Da es um unsere Welt *unter der Macht des Geldes* so steht, wie es um sie steht, müssen wir wissen, wodurch dem Geld diese Macht zukommt: um ihm diese Macht zu nehmen. Dafür müssen wir wissen, wie es einmal ohne Geld zugegangen ist. Dafür müssen wir wissen, wie es historisch zu Geld kommt. Dafür müssen wir wissen, *was Geld ist.*

Hier sei es endlich dargelegt. Hier wird dieses Rätsel gelöst – nicht nur um ein Rätsel zu lösen, sondern damit wir dem beikommen, was uns beherrscht. Das ist der Grund für dieses Buch.

Erster Teil

WELT OHNE GELD

Prolog

des wil ich wesen gelt

Im Nibelungenlied wird erzählt, wie König Gunther, Herr der Burgunden, gemeinsam mit Recken wie Hagen von Tronje und einem Gefolge aus tausend seiner Leute den langen Weg an den Hof des Hunnenkönigs Attila unternimmt. Dorthin hat ihn dessen Gattin eingeladen, Gunthers Schwester Kriemhild, mit heimlich-finsteren Rachegedanken allerdings, die das Ganze in einem wüsten Blutbad werden enden lassen. Auf dieser Reise nun ergibt es sich eines Tages, als die Pferde müde geritten sind und der Proviant bereits zur Neige geht, dass der ganze Zug vor die Burg des Markgrafen Rüdiger gelangt. König Gunther schickt Leute hinein, die um gastliche Aufnahme bitten sollen, und Rüdiger lässt umgehend antworten, er werde die Ankömmlinge mit Freuden empfangen. Als sie dann vor ihn treten und er sie persönlich willkommen heißt, ehrt der Markgraf seine Gäste gar mit dem Versprechen, er werde für alles Sorge tragen, was sie mit sich führen, Pferde und Ausrüstung. Und er fügt hinzu: Sollten sie während ihres Aufenthalts auf seiner Burg einbüßen, was immer es sein mag, »des wil ich wesen gelt« – wörtlich: dafür wolle er Geld sein.[3]

Markgraf Rüdiger will Geld sein – seltsam. Er sagt nicht, er wolle Geld für etwas *geben* oder Geld für etwas *haben*, nein, er will es *sein*. Wie ist das möglich? Was von dem, was *wir* unter Geld verstehen, kann jemand *sein*? Für uns bedeutet Geld, dass wir etwas damit kaufen können. Doch ein Mittel, etwas zu kaufen, kann Rüdiger nicht *sein* wollen. Und selbst wenn er dergleichen Mittel nur *haben* wollte, würde es ihm in dieser Situation wenig nützen, denn nirgendwo in der Nähe fände sich etwas zu kaufen. Nirgends in der ganzen Gegend wird gerade ein Markt abgehalten, vielmehr heißt es ausdrücklich, es sei weit und breit nichts zu erstehen.[4] Das Geld, von dem Rüdiger spricht, kann also nichts meinen, womit man etwas erwirbt.

Oder denkt er, wie es für uns im Zusammenhang mit Geld ebenfalls möglich ist, nur an den *Wert* dessen, was seine Gäste bei ihm einbüßen könnten? Falls zum Beispiel in seiner Obhut ein Pferd einginge, will Rüdiger dann den Wert des Pferdes ersetzen? Nein, auch ein solcher Wert, wenn es um ihn zu tun wäre, könnte Rüdiger nicht zu *sein* versprechen. Außerdem zeigt der Befehl, den Rüdiger unmittelbar auf sein Versprechen hin seinen Knechten erteilt, dass es hier ganz grundsätzlich um etwas anderes geht. Da gebietet er nämlich, den Pferden der Ankömmlinge das Zaumzeug abzunehmen und die Tiere danach *frei* weiden zu lassen – und das Nibelungenlied kommentiert, eine solche Gastfreundschaft hätten Gunther und die Seinen vorher *vil selten* erfahren, sprich: noch nie. Das Besondere an dieser Behandlung ist nämlich, dass die Gäste für den Unterhalt der Pferde weder selbst zu sorgen noch Ausgleich zu leisten haben. Aber auch der Markgraf muss für das Weidenlassen der Pferde natürlich nichts weiter aufbringen, es stellt keinen Wert dar, den er sich oder irgendjemandem berechnen müsste: Hier wird nur Gras gefressen, kein Geld verbraucht, kein Wert verschlungen.

Das *Ganze* läuft ohne Geld ab – ohne das, was wir Geld nennen und was wir unter Geld verstehen. Geld, wie wir es kennen, können wir nicht sein. Und das heißt: Was Rüdiger sein kann, kann nicht Geld gewesen sein, wie wir es kennen. Für ihn und zu seiner Zeit hat das Wort *gelt* offenbar etwas entschieden anderes bedeutet als in unserer Gegenwart, es entspricht nicht dem *Begriff*, den wir von Geld haben. Und so fragt sich, wie es im mittelalterlichen Europa, um das Jahr 1200, als das Nibelungenlied entsteht, überhaupt um Geld bestellt ist.

Bekanntlich gibt es damals längst Münzen und Gelegenheiten, bestimmte Dinge zu kaufen, indem man sie gegen Münzen oder andere Dinge tauscht. Doch weder in diesen Münzen noch in irgendwelchen anderen Dingen, mit denen man bei einem Kauf bezahlen konnte, hat man Geld gesehen. Wie sich an Rüdigers Versprechen zeigt, bezeichnete *gelt* eben *nicht* ein Tauschmittel als solches. Aber noch wichtiger, nicht nur dieses Wort tut es nicht, es gibt *kein einziges Wort* im Mittelalter, das bezeichnen würde, was für uns heute so selbstverständlich und einvernehmlich Geld heißt. Und das wiederum bedeutet mehr, als dass nur ein *Wort* für Geld gefehlt hätte: Das europäische

Mittelalter hat nicht nur kein Wort für Geld, es hat keinen *Begriff*, es hat keine *Vorstellung* davon. Kein Geringerer als der große Mediävist Jacques Le Goff konstatiert, »dass es keinen mittelalterlichen Geldbegriff gab«:

> »Die Menschen des Mittelalters, einschließlich der Kaufleute, Kleriker und Theologen, hatten nie eine klare, einheitliche Vorstellung davon, was wir heute unter diesem Begriff fassen.«[5]

Sie hatten keine Vorstellung von Geld, das heißt: *Sie kannten kein Geld.* Das ist eine Einsicht, die erstaunt und die uns heute zunächst unwillkürlich widerstreben wird. Denn sie besagt ernsthaft, dass es Geld noch in verhältnismäßig junger Zeit, als man längst mit Münzen umging, nicht gegeben hat.

Das Fehlen des einheitlichen *Begriffs* belegt beim Geld notwendig das Fehlen der *Sache*. Keinerlei Ding, auch eine Münze nicht, kann je für sich genommen schon Geld sein. Nur dadurch, dass Menschen was auch immer als Geld *verwenden*, *wird* es für sie überhaupt erst zu Geld. Und *wenn* sie es aber so verwenden, muss ihnen dies notgedrungen auch einen Begriff davon vermitteln, als *was* sie es durch ihre Verwendung bestimmen. Der spezifische Umgang mit Geld bringt einen Begriff von Geld hervor – und zwar, wie Le Goff richtig bemerkt, einen *einheitlichen* Begriff. Es mag uns bis heute Schwierigkeiten bereiten, Geld klar zu definieren, trotzdem haben wir einen *Begriff* von Geld, und zwar von Geld als einer *Einheit*: Egal ob es in Münzen auftritt, in Scheinen oder als bloße Zahl auf dem Konto, in all diesen Gestalten wissen und erkennen wir es *einheitlich* als *Geld*. Und genau dieser einheitliche Begriff von Geld ist es, der noch dem Mittelalter fehlt.

Solange Menschen keinen Begriff und keine Vorstellung davon haben, dass sie mit Geld umgehen, können sie nicht mit Geld umgegangen sein. Womit auch immer sie also bis dahin umgegangen sind, *es war nicht Geld*. Dass jemand zu König Gunthers Zeiten »gelt« *sein* kann, bedeutet wirklich und wahrhaftig: Noch im europäischen Mittelalter hat es kein Geld gegeben.

Le Goffs Feststellung mag deshalb auf den ersten Blick unerheblich scheinen, in Wahrheit ist sie von großer, weitreichender Bedeutung – wenn man sie denn einmal ernst nimmt. Doch das zu tun fällt offenbar sehr, sehr schwer. Selbst Le Goffs Fachdisziplin, die Mediävistik als Wissenschaft vom Mittelalter, die solche Forschungsergebnisse aufnehmen müsste, zeigt sich dazu außerstande – ja, letztlich auch Le Goff selbst, der aus seiner Beobachtung nie explizit den nötigen Schluss ziehen mochte. Stattdessen »wissen« wir heute alle ganz selbstverständlich, Geld gäbe es schon so lange, dass ein Mittelalter ohne Geld schlicht undenkbar scheint. Wenn wir uns, was Geld betrifft, in ältere Zeiten versetzen, geht es in unserer Vorstellung alldieweil zu wie auf unseren modernen Mittelaltermärkten: Da stecken die Leute zwar in mehr oder weniger überzeugenden Kostümen, aber die Euro, die über die Theke gehen, werden schlicht »Taler« genennet – und das war's an historischer Differenz. Jede Erkenntnis, die davon abweicht, wehrt man deshalb ab oder man biegt sie sich kurzerhand zurecht. Die Mediävistik zum Beispiel behilft sich mit der Auskunft, es hätte damals, wenn schon keinen Begriff von Geld, so doch »Ersatzwörter« für Geld gegeben. Sie übersieht also gezielt, dass solche »Ersatz«-Wörter, falls sie denn für Geld gestanden hätten, nicht bloß Ersatz für Wörter gewesen wären, die Geld bezeichneten, sondern geradewegs selbst Geld bezeichnet hätten. Solche Wörter aber fehlen; genau das war ja das Problem, dem die Idee mit den »Ersatzwörtern« auszuweichen suchte. Solche Wörter fehlen, *weil Begriff und Vorstellung der Sache fehlen*, nicht weil sich noch kein »eigentliches« Wort gefunden hätte – wo es doch immerhin das Wort *gelt* bereits gab.

Was im Mittelalter und in älteren Zeiten dagegen *nicht* fehlt, sind Wörter, die wir *heute* mit der Bedeutung von Geld belegen: nachträglich und historisch *zu Unrecht*. Sie sind es, denen die Mediävistik die »Ersatz«-Bedeutung unterstellt. Geläufig sind uns dabei schon antike Vokabeln wie das lateinische *pecunia* oder die griechischen *chrēmata*, die in allen modernen Lexika auch als »Geld« übersetzt werden. Daneben kennt etwa das Lateinische noch Wörter wie *nummus*, *res*, *opes* und *fortunae* oder wie *aes*, *argentum* und *aurum*, die wir nach heute gängiger Überzeugung allesamt mit »Geld« wiedergeben dürften. Zu ihrer Zeit hatten diese Wörter jedoch Bedeutungen, die sich in keinem Fall mit unserem *einheitlichen Begriff* von Geld decken. Sie heißen »Münze« oder heißen »Sachen«, heißen »Dinge« und »Güter«, »Habe« und »Mittel«, »Vermögen« und »Macht«, sie bezeichnen Kupfer, Silber, Gold, und *pecunia* meint etwa »geschätztes Gut«, »Eigentum« oder »Erlös«. Heute verbinden wir tatsächlich alles das auch mit Geld und fragen uns sogleich: Sind Münzen denn nicht *immer* Geld? Ist ein Erlös denn nicht *notwendig* in Geld berechnet? Und bestehen nicht auch Vermögen, Güter und Habe *grundsätzlich* in Geld, beziehungsweise sind sie dieses Geld wert? Nein, das sind sie *nicht* grundsätzlich, *nicht* notwendig und *nicht* schon immer – so verhält es sich vielmehr nur *für uns*: für alle, die bereits mit Geld und daher mit unserem Begriff von Geld umgehen. Für uns heute verbinden sich Münzen, Güter und Vermögen selbstverständlich mit Geld und stellt all dies tatsächlich etwas von jener einheitlichen Größe dar, die für uns das Geld ist. Doch ebendiese Größe hat vor dem Ende des Mittelalters nicht existiert.

Folglich geben wir all solche Wörter grundsätzlich *falsch* wieder, wenn wir sie mit »Geld« übersetzen, und verfälschen so jedes der antiken Wörter und jedes der mittelalterlichen – aber genauso auch entsprechende Wörter aus sämtlichen anderen Kulturen, in denen die Menschen noch kein Geld kannten. Denn *überall* sind wir sogleich mit der Unterstellung bei der Hand, wir dürften daraus, dass Leute mit Gütern und Vermögen, Metallen und Münzen umgingen, zwingend schließen, sie wären auch mit Geld umgegangen und hätten entsprechende Wörter im Sinne von »Geld« verwendet. Dabei ist die Frage der Übersetzung nie bloß eine Frage der Übersetzung. Wir missdeuten in diesem Fall nicht nur Wörter, sondern missverstehen die Zeiten und Kulturen auch selbst, wo sie in Gebrauch waren. Und mehr noch: Wenn wir Geld so konsequent und falsch in Kulturen hineindeuten, die kein Geld kannten, misskennen wir offenbar auch das Geld selbst.

Wenn wir im Mittelalter etwas für Geld halten, was nicht Geld war, fehlt uns offenbar das klare Wissen davon, was Geld ist. Wenn es im Mittelalter unter anderem Münzen gibt, die man gegen andere Dinge tauschen, mit denen man andere Dinge also kaufen konnte, so sind sie damals, wie wir zur Kenntnis nehmen sollten, kein Geld, wir aber, zu Unrecht, *halten sie dafür.* Tatsächlich will es uns ganz allgemein nicht gelingen, einen grundsätzlichen Unterschied zwischen mittelalterlichen Münzen und dem zu erkennen, was für uns Geld heißt. Diesen Unterschied jedoch muss es geben, da das Mittelalter kein Geld kannte, und wenn er sich unserer Kenntnis entzieht, dann entzieht sich unserer Kenntnis offenbar in seinem Kern auch das Geld selbst. Und das, wie es scheint, in zunehmendem Maße.

Denn dass es historisch erst spät zu Geld gekommen ist, läuft entschieden einer aktuell steigenden Neigung entgegen, die Entstehung des Geldes so früh wie nur möglich anzusetzen und es auf diese Weise letztlich zu *verewigen.* In den letzten Jahren war ein regelrechter Wettlauf darum zu beobachten, wer das Aufkommen von Geld immer noch älteren Zeiten zuschreiben mochte. Im Allgemeinen hatte man sich sehr lange mit der historischen Annahme begnügt, Geld wäre mit den Münzen aufgekommen, also rund sieben Jahrhunderte vor Christus. Schon das war bei weitem zu früh angesetzt, reicht aber dem gegenwärtigen Geschmack nicht mehr aus. David Graeber schwört inzwischen auf fünftausend Jahre, die das Geld hinter sich haben soll, nämlich diejenigen »ersten 5000 Jahre«, auf die Geld und Schulden gemeinsam zurückblicken würden.[6] Aber umgehend wendet ihm ein anderer ein, »mit Verlaub«, 5000 Jahre seien doch »Peanuts«! Christoph Türcke erhöht gleich einmal auf 150 000 bis 200 000 Jahre, denn so viele habe der *Homo sapiens* nun einmal »auf dem Buckel« – von guten alten Bekannten spricht man gerne etwas salopp – und so lange wie den *Homo* gäbe es selbstverständlich auch Geld.[7] Dabei hatte bereits Graeber einen Moment lang noch tiefer in die Geschichte geblickt und zu dem Ausruf gefunden: »So gesehen ist Geld wahrscheinlich so alt wie das menschliche Denken.«[8] Nur war es mit »wahrscheinlich« und »so gesehen« für den noch moderneren Denker nicht getan. Er blickt den Hominiden der Vorzeit mit der Tiefenpsychologie des 20. Jahrhunderts direkt ins vertraute Innere. Türcke sieht es unmittelbar vor sich, das »Wünschen und Denken« der Menschen und Menschenartigen: Ihm beweist, was Freud an Zeitgenossen feststellt, die bereits ein wenig mit Geld Umgang gehabt haben dürften, dass dieses schon Jahrhunderttausende früher das menschliche »Wünschen und Denken« erfüllt hätte.[9] So geht das beim Geld mit dem modernen »Gespür für seine historischen Proportionen«, auf welches sich Türcke beruft: Man setzt die ewige Konstanz der menschlichen Psyche voraus und beweist so die ewige Konstanz der menschlichen Psyche.

Was schon fürs Mittelalter *nicht* gilt, nämlich dass die Menschen damals so gewünscht und gedacht hätten wie heute, es soll gar *zu allen Zeiten* gegolten haben. Gegen jede Einsicht in das historisch so tief Veränderliche menschlicher Gegebenheiten und deren Wirkung auf das Denken, eine Einsicht, die einmal mühsam gewonnen wurde, dekretiert unser Heute rabiater denn je über sämtliche früheren Zeiten: Auch sie müssen gedacht haben *wie wir*! Auch für sie muss es Geld und ein Denken in Geld gegeben haben wie *für uns*! Ein weiterer Fachmann etwa widerlegt auf über tausend Seiten sämtliche bestehenden Theorien zum Geld, nur um schließlich als unwiderlegliche Theorie dagegenzusetzen, Geld wäre aufgekommen, als Menschen zu rechnen begannen.[10] Und wieder also wäre Geld so alt wie das menschliche Denken.

Offenbar *nötigt* das Geld zu diesem spezifischen Fehler: es überall *hineinzusehen*, auch dort, wo es historisch nichts verloren hat. Mit wachsendem Eifer unterstellen wir es sämtlichen Ur-, Vor- und sonstigen Zeiten, weil es uns offenbar immer weniger gelingt vom Geld *abzusehen*. Im selben Maß, wie es unsere Welt heute beherrscht, beherrscht das Geld auch unser Denken, und so tief prägt es ihm seine Formen ein, dass wir sie zwanghaft selbst dort zu entdecken glauben, wo es noch nichts von ihnen gegeben hat. Es ist, als hätte uns das Geld ein Muster ins Auge geätzt, und nun erscheint uns alles, was wir sehen, genau *so* gemustert.

Anfang

Um hier endlich der Täuschung zu entgehen, brauchen wir zuerst wenigstens einen Hinweis darauf, auf welche Weise das Geld diesen Zwang über unser Denken ausübt. Und das lässt sich nicht zufällig gerade anhand der Frage nach Anfang und Ursprung des Geldes am besten zeigen. Denn wie es historisch zu Geld gekommen sei, dafür gibt es neben dem Glauben an seine Ewigkeit eine allergängigste Erklärung, die sich uns unwillkürlich aufdrängt, die schon von den höchsten Kathedern herab gelehrt wurde und die doch zuverlässig falsch ist: indem sie ebenjenem Denkmuster gehorcht, das uns das Geld aufnötigt. Es ist die Erklärung, die Menschen hätten Geld erfunden, um damit einen früheren Tauschhandel von Gut gegen Gut zu vereinfachen und zu verbessern.

Das gilt für derart einleuchtend, dass es von wissenschaftlicher Seite gar als Musterfall für eine zuverlässige und über jeden Zweifel erhabene Ursprungserklärung angeführt wird. Professor Heringer meint etwa, anders als bei der Sprache, über deren Ursprung »populäre Irrtümer« kursieren, solle »man sich am Beispiel der Entstehung des Geldes klarmachen«, wie ein solcher Ursprung *richtig* erklärt werde. Nämlich so:

> »Grundlage des Tauschhandels ist, dass ein Individuum A ein X besitzt und dieses X nicht braucht. Es tauscht es gegen ein Y, das es braucht. Sein Partner B hat hingegen Y und braucht X. Unter dieser Voraussetzung werden beide mit einem Tausch zufrieden sein. Stellt man sich eine Gesellschaft mit Tauschhandel vor, so wird derjenige öfter in einer schlechten Situation sein, der mehrere Xe besitzt, die nicht so gefragt sind, dafür aber ein gefragtes Y haben möchte. Für ihn wird es nun schon interessant sein, wenn er nicht ein Y eintauscht, sondern ein Z, das er zwar nicht braucht, das ihn aber dem Y näherbringt, insofern es leichter gegen Y eintauschbar ist als sein X. Wer so verfährt, wird auf lange Sicht wirtschaftlich erfolgreicher sein. Und die andern werden es merken und ihm gleichtun. Die Zs sind nun offenbar keine reinen Tauschgegenstände mehr, sondern Werte, bestimmt durch ihre Rolle im Tauschspiel. Bedenkt man nun noch, dass in der Praxis des Spiels die Erfahrung bald lehren wird, dass die Zs möglichst haltbar, gut teilbar, leicht transportierbar und gut absetzbar sein sollten. so sieht man sie zu Geld werden.«[11]

So leuchtet es uns ein: Menschen hätten Geld für etwas gut befunden und hätten es dafür auch erfunden. Dass dies außerdem in einer »Gesellschaft mit Tauschhandel« vor sich gegangen wäre, in der jeder »wirtschaftlich erfolgreicher« sein muss als die anderen, ist dann nicht minder einleuchtend, daher »stellt man sich eine Gesellschaft mit Tauschhandel vor«, ohne lange zu fragen, mit welchem Recht man eine solche Gesellschaft voraussetzt. Denn auch wie es zu dieser Art von Gesellschaft gekommen wäre sehen wir unwillkürlich vor uns, gemeinsam etwa mit Fachleuten vom Rang des Wirtschaftsnobelpreisträgers Paul Samuelson. Er schreibt: Dass die Menschen innerhalb einer Gesellschaft miteinander zu tauschen begannen, dafür seien wir »jenen beiden Affenmenschen zu großem Dank verpflichtet, die eines Tages die Entdeckung machten, dass sie sich gegenseitig nützen, wenn jeder jeweils auf etwas verzichtete, um dafür etwas anderes einzutauschen«.[12]

Und schon steht uns der Ablauf vollständig vor Augen: Zu Anfang hätten ganze zwei Urwesen mit ihrer *Entdeckung* dafür gesorgt, dass später im Laufe der Zeit jeder mit jedem etwas tauschte, was jeweils sein Eigen war und worauf er verzichten konnte, um zu bekommen, womit es einem anderen ebenso erging; und nachdem sich dieses Tauschen allgemein durchgesetzt und trotzdem als unsinnig kompliziert erwiesen hätte, wäre man auf die entscheidende *Erfindung* gekommen – ob als Hominide oder erst als Hochkulturgrieche, bleibe dahingestellt –, auf die Erfindung eines besonderen Tauschmittels: Geld.

Also hätte in dieser »Gesellschaft mit Tauschhandel«, bevor die Menschen aufs Geld gekommen wären, jeweils passgenau zusammenstimmen müssen, welche Ware der eine bekommen und welche der andere abgeben wollte. Jemand mit einem Faustkeil zu viel und einem Stück Mammutfleisch zu wenig wäre auf das außerordentliche Glück angewiesen gewesen, auf jemanden zu treffen, der umgekehrt ausgerechnet ein Stück Mammutfleisch zu viel und einen Faustkeil zu wenig hatte und der zudem willens war, das eine genau gegen jenes andere zu tauschen. Die geringe Wahrscheinlichkeit eines solch glücklichen Aufeinandertreffens hätte es für alle höchst beschwerlich gestaltet, ihr Leben mithilfe eines derartigen Tauschhandels zu bestreiten. Und so hätten sie unweigerlich auf das Geld verfallen müssen. Denn damit habe man für seinen Faustkeil erst Geld bekommen, das dann erst später und bei passender Gelegenheit wieder in eine gewünschte andere Ware getauscht werden konnte. Und zugleich habe man mit Geld nunmehr bequem *gleich große Werte* tauschen können, da sich Geld gut in einer zu jederlei Ware passenden Menge abzählen lässt. Also: eine großartige Erfindung – so wird es bis heute grundsätzlich bejubelt.

Doch eine solche Erfindung des Geldes ist selbst reine Erfindung. Das wurde vereinzelt schon vor längerer Zeit festgestellt, spätestens durch Graebers *Schulden*-Buch jedoch dürfte es auch allgemeiner bekannt geworden sein.[13] Keine Widerlegung aber hat je etwas daran zu ändern vermocht, dass weiterhin geglaubt und gelehrt wird, *so* wäre das Geld entstanden, einfach weil es uns unwillkürlich *so* einleuchtet. Betrachten wir daher, was uns dabei derart überzeugend täuscht.

Aus einem Tauschhandel, wie wir ihn in dieser Herleitung voraussetzen, kann Geld schlicht deshalb nicht entstanden sein, weil es dort bereits entstanden *ist*. Was wir uns da an Gesellschaft vorstellen, ist trotz eines geldlos gedachten Tauschhandels bereits so eingerichtet, wie es dem Geld entspricht, und nur deshalb läuft dann alles mit solcher Notwendigkeit auf Geld hinaus. Eine Gesellschaft nämlich, deren Mitglieder einander grundsätzlich abkaufen, was sie zum Leben brauchen, hat es historisch niemals *ohne* Geld gegeben: Eine »Gesellschaft mit Tauschhandel«, wie wir sie dort voraussetzen, ergibt sich immer nur im Zusammenhang *mit* Geld. Wenn wir also aus ihr in Gedanken lediglich das Geld wegkürzen und damit glauben die Vorzeit des Geldes vor Augen zu haben, ist es, als würden wir uns beispielsweise ein Neandertal mit lauter Münzautomaten vorstellen, aber annehmen, ursprünglich hätten die Münzen dazu gefehlt – weshalb die Neandertaler irgendwann darauf gekommen wären, Münzen zu erfinden. Sowenig es aber Münzautomaten ohne Münzen gibt, so wenig gibt es eine Gesellschaft ohne Geld, in der die Menschen untereinander von Tauschhandel leben.

Diese geläufigste Erklärung, wie Geld entstanden wäre, ist also nicht nur falsch, sie ist keine Erklärung. Sie leitet nicht her, wie das Geld aus früheren Verhältnissen hervorgeht, die noch kein Geld kannten, sondern setzt bereits die späteren Verhältnisse voraus, die wir vom Geld her kennen. Sie erklärt nicht aus etwas, das einmal war, das, was heute daraus wurde, sondern erklärt umgekehrt, was heute geworden ist, zu dem, was einmal gewesen wäre. Selbst wenn wir uns die Welt versuchen *ohne* Geld vorzustellen, unterstellen wir dabei unwillkürlich Verhältnisse, wie sie nur *mit* Geld bestehen. Wenn nämlich der Tausch zwischen zwei Menschen oder menschenähnlichen Wesen, die wir uns da vorstellen, zuletzt zu der Erfindung von Geld geführt haben soll, setzen wir damit, ohne uns dessen bewusst zu sein, bei weitem mehr voraus als den harmlosen Tausch zwischen diesen beiden.

- Wir stellen uns zwar nur je zwei Leute vor, die miteinander tauschen, setzen aber voraus, dass nicht nur sie, sondern dass grundsätzlich *alle* innerhalb einer Gesellschaft tauschen. Denn nur bei einem Tauschhandel unter mehr oder weniger *allen* hätte es Sinn, dafür Geld einzuführen. Zwei einzelne Tauschende könnten niemals Geld gebrauchen. Also haben wir vorausgesetzt, dass in einer solchen Gesellschaft ganz *allgemein* Käufe und Verkäufe vollzogen werden.
- Des weiteren setzen wir voraus, dass dort jeder tauscht, weil er *braucht*, was er über Tausch bekommt, nämlich *um* es über Tausch zu bekommen. Alle wären sie auf den Tausch mit anderen angewiesen, nur deshalb hätten sie ja jeweils die mühsame Suche nach einem passenden Tauschpartner auf sich genommen. Also setzen wir auch voraus, dass die Versorgung in einer solchen Gesellschaft allgemein von Käufen und Verkäufen *abhängig* gewesen wäre: von einem gesellschaftsweiten *Markt*.
- Da der so vorausgesetzte Gütertausch später mit Geld getätigt worden sein soll, setzen wir damit drittens voraus, man hätte die getauschten Güter schon immer als *gleiche Werte* getauscht: Gut gegen Gut als Wert gegen gleiche Menge Wert. Es wäre jeweils bereits um eine Menge *desselben* Werts in *allen* unterschiedlichen Gütern gegangen. Dieser *eine* Wert in allen Gütern aber wäre schon so gut wie Geld: Jede Ware, die man als Wert gegen eine andere von gleich viel Wert tauschen wollte, würde bereits als Geld

> fungieren. In einer Gesellschaft, wie wir sie zu seiner Herleitung voraussetzen, wäre das Geld also bereits *da* und müsste gar nicht mehr erfunden werden: Es bräuchte nur ehrlicherweise noch diesen Namen.

Von all dem, was wir hier voraussetzen, legen wir nichts *bewusst* in unsere Vorstellung von den früheren Zeiten. Unwillkürlich setzen wir eine ganze *Gesellschaft* voraus, die von geldlosem Gütertausch gelebt hätte – und die es nie gegeben hat. Unwillkürlich setzen wir sie voraus, da wir sie *heute* um uns vorfinden, als ganze vom Geld geprägt und *uns* offenbar bis ins Unbewusste damit prägend. Dass es uns partout nicht mehr gelingen will, die Welt ohne Geld zu denken, hat seinen Grund darin, dass wir Geld unbewusst und unwillkürlich *in der Form eines ganzen gesellschaftlichen Zusammenhanges* voraussetzen, *wie er uns heute bestimmt.*

Deshalb fällt es uns so schwer, auch nur im Rückblick über Geld hinauszudenken und eine Vorzeit zu imaginieren, in der es ohne Geld zugegangen ist. Umso schwerer wird es uns daher, eine *Zukunft* ohne Geld zu denken. Und doch muss es einmal gelingen.

I Gaben

Ferne Gegenwart

Was Geld ist, wissen wir erst, wenn wir es davon unterscheiden können, was einmal kein Geld war. Was mit dem Geld in die Welt kommt, kann nicht eher klar werden, als wir triftige Vorstellungen von der Welt gewinnen, in der das Geld noch nicht existiert. Deshalb liegt zunächst alles an der Kenntnis einer solchen Welt.

Ein Zustand ohne Geld ist für uns heute einerseits versunken in einer derart tiefen Vergangenheit, dass wir ihn mit Recht als *archaisch* bezeichnen können. Er gehört einem Anfang an, von dem uns inzwischen Abgründe trennen. Gleichwohl dürfen wir inzwischen annehmen, dass wir bereits wenn wir nur den Schritt zurück ins Mittelalter machen geldfreies Gebiet betreten. Eine Welt jenseits des Geldes bekommen wir nicht erst in den Blick, wenn wir Noahs Arche aufsuchen oder uns in die Psyche des Turkana-Jungen versenken. Überhaupt bemisst sich die Nähe oder die Distanz, in der Menschen zum Geld leben, nicht einfach an ihrem zeitlichen Abstand zu heute. Es gibt keinen Grundsatz, der besagen würde: Je weiter zurück in der Zeit, desto weiter weg vom Geld. Selbst heute mag sich in einem bislang übersehenen und nicht abgeholzten Winkel dieser Erde noch ein letzter Volksstamm verbergen, der von Geld nichts weiß, zeitgleich mit einer Finanzwelt, die das Jonglieren mit Derivaten bis zum Äußersten treibt.

Auch als das Geld bereits in den Ländern Europas und sukzessive in anderen Teilen der Welt seinen Einzug gehalten hatte, gab es für lange Zeit noch ganze Reiche, die entweder gar nicht mit Geld umgingen oder es nur im Austausch mit Abgesandten jener ersten Geldnationen zu verwenden hatten. Früher oder später war es mit ihrer Freiheit vom Geld zwar in jedem Fall vorbei, denn wo immer die Europäer der Neuzeit bei ihrer »Unterwerfung der Welt« hingelangten –

so wird die europäische Expansion heute zutreffend genannt[14] – haben sie dem geldlosen Leben dort gewaltsam ein Ende gesetzt. Immerhin aber waren sie häufig so aufmerksam zu dokumentieren, was sie vorfanden, bevor es durch ihr Auftreten zuverlässig vernichtet wurde. Und selbst in jüngster Gegenwart haben Ethnologen und Anthropologen noch Reste kleinerer Gemeinschaften studieren können, deren Zusammenleben zumindest in weiten Bereichen frei und unbeeinflusst von Geld verlief.

Was solche Beobachter allerdings in jüngerer wie in älterer Zeit von den »Wilden« und »Primitiven« wahrnahmen, haben auch sie regelmäßig nach dem Muster der Geldverhältnisse missdeutet, von denen sie selbst geprägt waren. Hinauf bis zu Größen wie Claude Lévi-Strauss oder Marcel Mauss, die den Fehler bereits erahnten und zu vermeiden suchten, vermochten sich ihm selbst strengste Forscher nie völlig zu entziehen. Umso bedeutender daher, dass dies einem Sozialanthropologen unserer Tage endlich und tatsächlich gelungen ist. Heinzpeter Znoj hat erkannt und aufgewiesen, wie hartnäckig die im weitesten Sinn ethnologische Wissenschaft auch solche sozialen Zusammenhänge, die entschieden nichts mit Geld zu tun hatten, nach dessen Kategorien interpretiert und damit grundsätzlich verfehlt hat. Diese verhältnismäßig junge Erkenntnis ist von unschätzbarer Bedeutung für einen nicht mehr entstellten Einblick in die Welt ohne Geld. Denn mit Znojs Analyse und mit seinen eigenen Beschreibungen geldfrei oder geldfern lebender Gemeinschaften lassen sich endlich auch die früheren Berichte zurechtrücken und richtig lesen.[15]

Distanz oder Nähe zum Geld bemessen sich nicht einfach anhand des zeitlichen Abstands zu heute. Sie bemessen sich allein daran, wie weit ein Volk, ein Stamm oder auch nur ein einzelnes Dorf einbezogen oder hineingezwungen ist in jene Art von *Markt*, nach der wir das Wirtschaften mit Geld heute zu Recht als Marktwirtschaft bezeichnen. Da kann zum Beispiel in der Hauptstadt alles über Geld laufen, über eine Währung, die weltweit Anerkennung findet, aber einige Dörfer weiter, in irgendeinem Hochland oder Dschungel, hat dasselbe Geld wenig oder gar nichts mehr zu sagen, einfach weil die Einbindung in jenen Markt fehlt. Und wo diese Einbindung und wo deshalb auch das Phänomen Geld fehlt, dort zeigen sich jederzeit und bis in unsere Gegenwart hinein Verhältnisse, die einander grundsätzlich gleichen. Was Znoj noch vor kurzem an geldfern lebenden Dörfern beschreiben konnte, zeigt Übereinstimmung auch mit dem Leben in Reichen, die lange vor dem Mittelalter und zu Zeiten bestanden, als es noch nirgends auf der Welt mit Geld zugegangen ist. Denn von ihnen haben wir natürlich ebenfalls Nachricht, dank einer Vielzahl unterschiedlicher Dokumente, die sich erhalten haben. Gerade zum Beispiel die Antike überliefert uns besonders klar, was es heißt, wenn es noch kein Geld gibt – auch wenn dem heute jeder zunächst wird widersprechen wollen. Es gilt nur auch diese Überlieferung endlich genau genug zu lesen.

Was uns daher von einer Ära ohne Geld noch gegenwärtig vor Augen treten kann, ist zwar verschwindend gering im Vergleich zu dem, was die Vergangenheit davon enthält. Aber wie sie kann es von einem Leben erzählen, das für uns – auf die eine oder die andere Weise – zurückliegt wie in weiter, weiter Ferne. Deshalb hat es seinen Sinn, ein Leben ohne Geld *archaisch* zu nennen.

Austausch

Fangen wir also an. Bevor es irgendwo und irgendwann zu Gesellschaften kommt, deren Mitglieder untereinander Tauschhandel treiben und von diesem Tauschhandel leben, sind Menschen ausschließlich in Gemeinschaften verbunden, die eine durchaus andere Art von Austausch pflegen. Es ist ein Austausch, von dem genau dies richtig gesagt ist: dass ihn diejenigen *pflegen*, die durch ihn verbunden sind. Uns ist er unendlich weit entrückt und es gibt fast nichts mehr, was wir davon kennen, aber immerhin: nur *fast* nichts mehr. In einem kleinen Rest hat sich erhalten, wie die Menschen früherer Zeiten oder, richtiger gesagt, in geldfernen Verhältnissen miteinander umgehen oder umgegangen sind. Es ist nur ein schwacher Nachklang, aber es gibt ihn und er vermittelt uns zumindest eine Ahnung von etwas, das sonst untergegangen ist.

Dieser archaische Rest, der sich bis in unser geldbestimmtes Heute gerettet hat, ist – klein und unauffällig – das Mitbringsel. Wenn wir bei jemandem eingeladen sind, wenn wir jemanden besuchen oder zu jemandem ans Krankenbett treten: Es gibt Gelegenheiten, da bringen wir denen, die wir aufsuchen, etwas mit. Das gehört sich so und wir tun es, weil es sich gehört – falls sich nicht auch das inzwischen verloren hat. Wir bringen Blumen mit, eine Flasche Wein, etwas Süßes oder sonst »etwas Kleines«. Bestimmte Anlässe, zu denen wir mit anderen zusammenkommen, schließen diese Verpflichtung zwischen uns und ihnen ein. Und eine solche *Verpflichtung* ist es, die den archaischen Umgang der Menschen miteinander ganz grundsätzlich charakterisiert – im Gegensatz zu einem Verkehr über Geld.

Bei einer Gelegenheit, die ein Mitbringsel erfordert, besteht diese Verpflichtung tatsächlich nicht nur auf einer Seite, sondern *zwischen beiden*. Die eine Seite hat die Verpflichtung, ein Mitbringsel zu *überreichen*, und die andere hat die Verpflichtung, es auch *anzunehmen*. Ebenso unhöflich oder unfreundlich, wie es wäre, wenn wir nichts mitbrächten, wäre es umgekehrt, wenn die anderen unser Mitbringsel nicht annehmen wollten. Es würde mehr bedeuten, als dass sie zum Beispiel nur die ewigen Pralinen nicht mehr sehen können und gerne auf sie verzichten. Es wäre eine Zurückweisung, die sich nicht auf das übergebene *Ding* beschränken würde, sondern eine Zurückweisung unserer Person. Es wäre ein Bruch des freundlichen Einvernehmens *zwischen den Personen*. Auf deren *Einvernehmen* nämlich richtet sich die Verpflichtung, um die es mit dem Mitbringsel geht.

Ein Mitbringsel, das diese Verpflichtung einlöst, setzt ihr daher nicht etwa ein Ende: Es löst sie ein, aber löst sie nicht auf. Die Verpflichtung besteht vielmehr fort, sie besteht auch bei einem nächsten Besuch, fordert einen Gegenbesuch und so weiter. Die Verpflichtung ist nicht mit einmal *hin* und einmal *her* erledigt, sie wird nie abschließend eingelöst, sondern mit jeder Einlösung nur weiter bekräftigt. Jeder Besuch, bei dem sich die Besucher und die Besuchten an die Verpflichtung halten, wird die Verpflichtung und das Einvernehmen zwischen ihnen bekräftigen.

Heute sind Verpflichtungen dieser Art nicht mehr besonders kraftvoll. Manch einer mag sie gar nicht mehr empfinden oder empfindet sie in einer Hinsicht schwächer und in einer anderen stärker, erwidert nur selten einen Besuch, aber bringt zu einer Einladung immer etwas mit. Und trotzdem bestehen solche Verpflichtungen im Allgemeinen auch noch für uns, und wo sie bestehen, binden sie uns noch immer an jemanden, mit dem wir Umgang haben. Sie sind in diesem doppelten Sinn *verbindlich*: Sie verbinden uns *mit* und verbinden uns *gegenüber* anderen. Wechselseitig verbinden diese Verpflichtungen diejenigen, die da miteinander zu tun haben, sie sind Teil der *Verbindlichkeit einer Gemeinschaft*. Und genau darin sind sie der Nachhall eines archaischen Umgangs der Menschen, eines Umgangs ohne Geld.

Ein Mitbringsel überreichen wir als Gabe, wir tauschen damit nicht gleich gegen gleich. Wir machen unseren Besuch, wir werden vielleicht bewirtet, aber wir tauschen nicht Mitbringsel gegen Bewirtung. Es geht nicht zu wie im Wirtshaus, wir bezahlen nicht mit unserer Gabe, was man uns vorsetzt, und sind danach quitt mit dem Wirt.[16] Das Mitbringsel gehört zu der Gesamtheit des Besuchs, genauso wie der Empfang, den man uns bereitet, wie das Essen oder einfach die Gelegenheit, uns in einen Sessel zu setzen. Nichts davon soll durch das Mitbringsel abgegolten werden. Es wäre absurd, an der Haustür das Mitbringsel zu überreichen, den Kuchen dafür in Empfang zu nehmen und wieder abzuziehen, ja, es wäre eine Beleidigung für die Gastgeber und würde den Sinn des Mitbringsels, das freundliche Einvernehmen, ins Gegenteil verkehren. Der Austausch, den wir in Gestalt eines Besuches mit anderen pflegen, ist *als solcher* das Ziel der Veranstaltung, und alles, was dazugehört, Mitbringsel, Empfang, Bewirtung und Geplauder, es dient als integraler Bestandteil diesem Ziel.

Die Wechselseitigkeit, die berühmte Reziprozität solcher Verpflichtungen bezieht sich also keineswegs allein auf die mitgebrachten Dinge. Mit dem, was wir mitbringen, geht es uns nicht um jenes andere Mitbringsel, das wir bei einem Gegenbesuch erwarten können. Wir bringen nicht deshalb Pralinen mit, weil wir auf die Blumen scharf sind, die uns bei einem Gegenbesuch blühen. Es geht nicht um *Ding gegen Ding* und es geht nicht darum, dass wir eines dem anderen *gleichsetzen* würden. Selbst wenn uns heute, unter Geldverhältnissen, das eigene Mitbringsel zum Beispiel 14,99 Euro gekostet hat, verlangt das nicht, dass das Mitbringsel eines Gegenbesuchs genauso viel kostet. Vielleicht empfinden wir es sogar als kostbarer, wenn ein Mitbringsel gar nichts gekostet hat, da es in diesem Fall nicht bloß fertig gekauft, sondern eigenhändig gefertigt oder selbst gepflückt wurde. Ihre Geltung als Mitbringsel haben sie nicht, indem sie *sich* Ding um Ding entsprechen, sondern insofern jedes dem *Anlass* entspricht, dem es dient.

Diese *Entsprechung* zu beachten und ein Mitbringsel passend zu wählen, fällt dabei durchaus nicht schwer, auch ohne Geldquittung in der Hand. Denn dafür gibt es eine als angemessen anerkannte Auswahl von Dingen: Blumen, Wein und Ähnliches. Halten wir uns an diese Auswahl, so entsprechen wir auch der Verpflichtung. Bei einer Einladung zum Essen werden wir als Mitbringsel kein Diamantcollier überreichen, das wäre zu kostbar, aber auch keinen Schraubenzieher, der wäre unpassend, ja unverständlich, selbst wenn er uns exakt so viel gekostet hätte wie die Blumen, die wir stattdessen bringen. Selbstverständlich können wir auch mit dem Collier oder einem schönen Stück aus dem Baumarkt ankommen, doch wüssten wir dann eines sicher: Sie sind keine Mitbringsel. Denn Mitbringsel sind eben *Gaben*, nicht Geschenke.[17]

Der Unterschied besteht zum Beispiel darin, dass Geschenke ihrem Empfänger auf eine beliebige Weise zugestellt werden können. Ein Geschenk kann ich eigenhändig überreichen, aber ich kann es auch unter einen Baum gelegt haben oder einfach per Post schicken, Hauptsache ist, der Beschenkte hält es irgendwann in Händen. Ein Geschenk steht insofern als Ding für sich. Anders die Gabe: Sie gehört unablösbar *in ihren verpflichtenden Zusammenhang*. Bei einem Besuch etwa müssen wir sie persönlich und gleich zu Beginn überreichen, Blumen haben wir aus ihrem Papier zu wickeln, wir haben ein paar passende Worte dazu zu sprechen, ein freundliches Gesicht zu machen, sollten das Ganze als Selbstverständlichkeit behandeln und möglichst so tun, als erwarteten wir keinerlei Dank.

Der Unterschied zwischen Gabe und Geschenk berührt auch die *Auswahl* des überreichten Dings. Ein Geschenk sollte möglichst genau auf den Beschenkten zugeschnitten sein, während es bei Gaben nicht ernsthaft darauf ankommt, dass der Empfänger sie sich gewünscht hätte oder gut gebrauchen könnte. Ein exzellenter Wein wird uns als Mitbringsel zwar lieber sein als einer, den man nur wegschütten kann, trotzdem erfüllt auch dieser die Verpflichtung. Womöglich beurteilen wir den Geber danach, wie er seine Gabe wählt, und falls er es nachlässig tut, mag das unser Verhältnis trüben. Trotzdem, selbst wenn uns die ewigen Schnapspralinen längst zuwider sind, als Gabe haben sie ihre Geltung und als Gabe werden wir sie anerkennen. Aus Mitbringseln muss niemand Nutzen ziehen und – man ahnt vielleicht den Zusammenhang – von Mitbringseln wird erst recht niemand leben wollen: Das ist nicht ihr Sinn.

Ihr Sinn als Gabe, den wir noch immer empfinden können, ist die Art Verpflichtung, die es dabei einzulösen gilt. Über sie verrät unser harmloses Mitbringsel bereits erstaunlich viel. Im uneingeschränkt archaischen Zusammenhang umfasst diese Verpflichtung jedoch erheblich mehr.

Ein dritter Mann

Nach unserer Zeitrechnung sind die Māori vermutlich irgendwann vor 1300 auf Neuseeland eingewandert. Als im Laufe des 19. Jahrhunderts Europäer von der großen Insel Besitz ergreifen, treffen sie folglich auf die Māori als eingeborenes Volk. Und wie sie später feststellen, unterwerfen sie bei dieser Gelegenheit, wie es heißt, ›die letzte große Gemeinschaft der Erde, die unberührt und unbeeinflusst von der Außenwelt lebte‹. Heute gehören Māori zur solide verarmten Unterschicht Neuseelands und selbst ihre Sprache bedarf gezielter Pflege, um sie vor dem Aussterben zu bewahren. So steht es mit ihr wie mit allem Übrigen, was die Māori einmal ausgemacht hat.

Bereits gegen Ende des europäischen 19. Jahrhunderts sind sie stark dezimiert. Nur die Art, wie die Māori zusammenlebten, hatte sich nicht ganz so schnell verflüchtigen können und wird von den Eindringlingen noch ausgiebig studiert. Da sie rasch über die Sprache der Māori verfügen, können sie sich vieles von ihnen auch beschreiben lassen, was die Māori in ihrer schriftlosen Sprache nicht überliefert hätten. So kommt es unter anderem zu einem berühmten, von Ethnologen oft interpretierten Interview, in dem ein Māori namens

Tamati Ranapiri auch über das Gabenwesen Auskunft gibt: über jene Form von Austausch, die wir archaisch nennen.

Was die Māori bei diesem Austausch überreichen, sind *taonga*. Das ist ihr Wort für alle Dinge, die für sie Nutzen und Bedeutung haben, Dinge, die sie schätzen. Im Deutschen nennen wir sie, abgeleitet vom Wort »gut«, passenderweise »Güter«. Und wenn nun Māori solche *taonga* übergeben, geht es um etwas, das in ihrer Sprache kurz und knapp *hau* genannt wird. Das Wort hat ein weites Anwendungsfeld, so dass zum Beispiel auch der Wind *hau* heißen kann, als »das *hau*, das weht«. Dasjenige *hau*, welches bei Gaben eine Rolle spielt, heißt dagegen »*hau* des Waldes«. Was es damit auf sich hat, erklärt Ranapiri so:

> »Jetzt über das *hau* des Waldes. Dieses *hau* ist nicht das *hau*, das weht. Nein. Ich werde es dir sorgfältig erklären. Also, du hast ein *taonga*, das du mir gibst. Es geht nicht um eine Zahlung zwischen uns. Jetzt gebe ich es weiter an einen anderen. Dann vergeht eine lange Zeit und dieser Mann denkt daran, er hat das *taonga*, er sollte mir etwas dafür geben, und das tut er. Und dieses *taonga*, das mir jetzt [von ihm] gegeben wurde, ist nun das *hau* desjenigen *taonga*, das mir vorher [von dir] gegeben worden war. Ich muss es dir geben. Es wäre nicht richtig von mir, wenn ich es für mich behalten würde. Egal, ob es nun etwas sehr Gutes oder Schlechtes ist, dieses *taonga* muss dir von mir gegeben werden. Weil dieses *taonga* ein *hau* des anderen *taonga* ist. Wenn ich dieses *taonga* für mich behalten wollte, dann würde ich *mate* (krank werden oder sterben). Das also ist das *hau* – das *hau* der *taonga*, das *hau* des Waldes.«[18]

Das *hau* des Waldes ist auf diese Weise gewiss sorgfältig erklärt, aber für uns nicht leicht zu verstehen. Wir hören: »Weil dieses *taonga* ein *hau* des anderen *taonga* ist«, muss seine Übergabe mit der eines anderen *taonga* auch erwidert werden. Für uns liegt sogleich die Deutung nahe: Wenn ein *taonga* das *hau* eines anderen ist, wäre *hau* notwendig der *Wert* beider *taonga*. Dergleichen kann Ranapiri allerdings nicht gemeint haben, sonst hätte er eine andere und viel simplere Geschichte erzählen müssen, nämlich: Du gibst mir ein *taonga*, ich gebe dir dafür ein anderes *taonga* und dieses ist dann das *hau* des deinen. Es wären genau zwei Leute beteiligt, die zwei Dinge als dasselbe *hau* gegeneinander tauschen würden, das also den gleichen Wert darstellen würde wie das andere – so entspräche es unserer Vorstellung und so wurde Ranapiri tatsächlich gedeutet. Der Māori jedoch erzählt von etwas anderem. In seiner Erzählung kommen zwar nur zwei verschiedene *taonga* vor, aber mehr als nur zwei Leute, die mit ihnen hantieren: Es gibt noch einen Dritten. Und der ist offenbar entscheidend für das *hau*, nur durch ihn kommt es zustande.

Gehen wir das Ganze noch einmal durch. Es kommt zu einer ersten Gabe, von *dir* an *mich*. Diese Gabe bleibt zunächst unerwidert. Dennoch wirkt sie weiter, nur eben nicht in der Richtung *zurück* zu dir, sondern *weiter voran*. Sie nimmt sozusagen Schwung auf und bewegt sich weiter in Richtung eines Dritten: Das von *dir* überreichte *taonga* behalte ich nicht für *mich*, sondern überreiche es weiter an einen *Dritten*. Dann vergeht erst einmal »lange Zeit« – und die muss wichtig sein, da Ranapiri sie eigens erwähnt. Erst nach geraumer Frist also denkt jener dritte Mann daran, meine Gabe zu erwidern. Und nun sagt Ranapiri nicht etwa, die Gegengabe des Dritten an mich sei das *hau* derjenigen Gabe, die er von mir bekommen hat und die er erwidert. Nein, auch in dieser umgekehrten Richtung, von dem Dritten zurück zu mir, kommt ein weiterer Mann ins Spiel, und das bist wiederum *du*, der erste Geber in dieser Erzählung. Es heißt ausdrücklich und muss seine Bedeutung haben: Die Gabe, die *jetzt* von dem dritten Mann an mich geht, ist das *hau* jener Gabe, die du *vorher* an mich gegeben hast. Das ist der Grund dafür, dass die Gegengabe des Dritten wiederum von mir an dich weitergegeben werden muss, an den Überreicher der ersten.

Kompliziert – und komplizierter, als uns einleuchten will. Vor allem eines muss uns erstaunen: Die Gabe, die ich weitergebe an den *Dritten*, ist ja *dieselbe*, die ich von dir bekommen habe. Trotzdem heißt es, die Gegengabe des Dritten an mich sei nicht das *hau* der Gabe, die *ich* ihm gab, sondern der Gabe, die *du* mir gegeben hattest – obwohl das *taonga*, um das es sich dabei handelt, *dasselbe* ist. Also kommt es offensichtlich darauf an: Eine Gegengabe ist nicht das *hau* einer direkt erwiderten Gabe, sondern einer Gabe, sofern sie vorher bereits *weitergereicht* wurde. Nicht in direkter Erwiderung einer Gabe entsteht *hau*, es entsteht allein, wenn eine Gabe nicht bloß als die *einmal* überreichte, sondern wenn sie *als weitergereichte* erwidert wird.

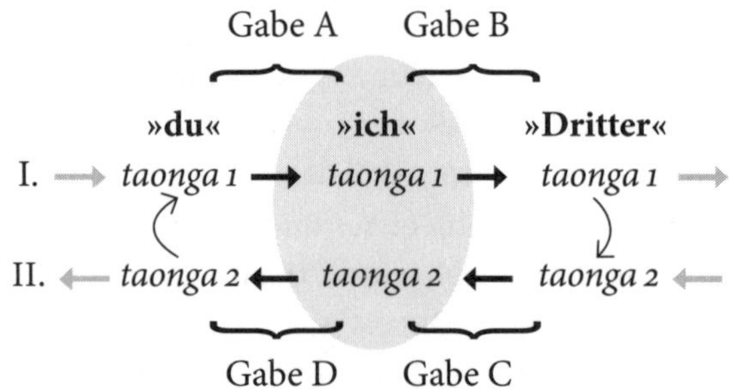

Hau bestimmt den Austausch von Gaben unter den Māori und treibt ihn an. Auch ohne die Lebensverhältnisse der Māori insgesamt zu verallgemeinern, verstehen wir das Wesen eines geldfernen Austauschs allgemein besser, wenn wir ihr *hau* richtig verstehen: Gaben müssen zwar erwidert werden, werden aber *nicht direkt* erwidert. Darin nämlich liegt zugleich der Sinn jener ›langen Zeit‹, die erst vergehen muss, bevor der dritte Mann an seine Verpflichtung zur Gegengabe denkt. Jede Gabe muss jeweils erst *weiter* als Gabe wirken. Das verhält sich beim heutigen Mitbringsel anders, da wäre es umgekehrt höchst peinlich, wenn jemand merkt: Wir reichen eine Pralinenschachtel, mit der uns letzthin die Tante bedacht hat, einfach weiter. Für uns gilt, dass die Gabe nur *einmal* von Geber zu Nehmer wechseln darf; unsere moderne Gabe ist streng dyadisch: Sie nimmt ihren Anfang beim Geber und findet ihr Ende beim Empfänger.

Die archaische Gabe dagegen wird bedeutungsvoller, je mehr sie bereits weitergegeben wurde, denn umso mehr versammelt sich in ihr an *hau*. Es meint offenbar etwas wie Bewegung, einen Schwung und *impetus*, mit dem jeder das *taonga* zusätzlich auflädt, indem er es empfängt und weitergibt. Die *weiterwirkende Verpflichtung*, sie ist *hau*: eine Kraft, die jene Dinge *voranträgt*, in denen sie wirkt, und die sich, solange sie in ihnen wirkt, als die durch den Geber aufgewandte Kraft erhält. So ist eine Gabe durch *hau* jeweils an *ihn* zurückgebunden und muss deshalb an *ihn* erwidert werden. Der Wind ist als *hau* der Schwung und *impetus*, der *weht* und die Luft bewegt. Der Schwung und *impetus* als *hau* des Waldes aber ist einer der Materie, der Dinge. Für sie stellt der Wald die stoffliche Grundlage dar: Das lateinische Wort *materia* etwa meint Holz genau in der Hinsicht, dass Menschen es verwenden, um etwas daraus zu formen und zu bauen. Und von Materie in diesem Sinn wird *hau* als *impetus* empfangen, indem Menschen sie weiterreichen und durch dies Weiterreichen Menschen binden und verbinden. In langen Reihen, die vom einen zum anderen und von diesem zu wieder anderen weiterlaufen, zeigt und sieht sich jeder diesen anderen verbunden und sehen sich die Menschen nicht als einzelne Bäume, sondern, vor lauter Bäumen, als Wald – den Wald des *hau*.

Gemeinwesen

Bevor es zu Gesellschaften kommt, die mit Geld wirtschaften und deshalb über Geld vermittelt sind, ist für jeden Menschen entscheidend, dass er hineingeboren wird in einen Stamm, in eine Sippe, ein Dorf, eine *civitas* – allgemein: in eine Gemeinschaft. Und was solche Gemeinschaften betrifft, können wir nunmehr einen Schritt weitergehen. Sie bezeichnen etwas durchaus anderes als eine Gesellschaft, wie sie heute heißt und wie wir sie wieder zu Unrecht selbst frühesten Urzeiten unterstellen. Anders als Gesellschaften zeichnen sich archaische Gemeinwesen dadurch aus, dass in ihnen jeder seine Versorgung *zusammen* mit der Gemeinschaft erlangt. Die Einzelnen mögen darin unterschiedlich hoch gestellt sein, dennoch wirken sie *alle* mit an der Versorgung ihrer *res publica*, ihrer »gemeinsamen Sache«, und kommen sie *dadurch* zur eigenen Versorgung. So allgemein wie jeder – jeweils seiner Stellung angemessen – zur Versorgung seiner Gemeinschaft beiträgt, so allgemein ist jeder auch in ihre Versorgung *eingeschlossen*. Es geht dort also gerade nicht so zu, wie es ein modernes Märchen von den ersten Menschenhorden behauptet: *jeder für sich* und *alle gegen alle*. Im Gegenteil, der Versorgung in archaischen Gemeinschaften widerspräche es bereits aufs Entschiedenste, wenn jeder darin nur über Tauschhandel bekäme, was er von anderen braucht. Innerhalb einer solchen Gemeinschaft wäre das ebenso unsinnig, wie wenn eine Familie beim Abendbrot sitzt, einer würde den anderen um die Butter bitten und der würde fordern: »Nur wenn du mir dafür deinen Gürtel gibst.«

Die solidarische Gemeinsamkeit der Versorgung bricht erst und einzig in Fällen *gemeinsamer* Not. Wenn etwa die Ernte missrät oder ein anderes Unglück die Vorräte vernichtet und wenn also der gesamten Gemeinschaft Hunger droht, nur dann reißt die Verpflichtung untereinander ab und werden diejenigen, die sich durchsetzen können, auf ihrer Versorgung bestehen und andere umkommen lassen.[19] Sonst gilt jedoch: Es mögen nicht alle gleich reichlich versorgt sein, versorgt aber sind sie – *innerhalb* und *zusammen mit* ihrer Gemeinschaft. Voraussetzung dafür, dass sie so versorgt sind, ist dabei nur, dass sie der Gemeinschaft auch gültig zugehören. Jeder hat also den Verpflichtungen innerhalb der Gemeinschaft zu genügen, um in ihr seinen Ort zu haben, einen bestimmten Status zu bewahren oder einen bestimmten Status zu erringen. Um nicht im schlimmsten Fall aus der Gemeinschaft herauszufallen und der Versorgung in ihr verlustig zu gehen, sieht sich jeder unabdingbar vor der Verpflichtung, die Gemeinschaft selbst herzustellen und ihr verbindlich Gewähr zu leisten. Genau dem gilt auch die Allgemeinheit des Verhaltens, Gaben auszutauschen.

Entsprechend tief ist es offenbar in den Menschen angelegt. Wo es nicht durch mächtigere Zwänge verdrängt ist, zeigt es sich wirksam in Regionen des Unbewussten, die tiefer liegen als jede Konvention. Vor mir sehe ich das kleine Mädchen, keine zwei Jahre alt, das dem fremden Besucher ihr liebstes Stofftier hinhält. Sie wird nicht wollen, dass er es für sich behält, sonst wäre abends an kein Einschlafen zu denken. Aber sie hat es eigens herbeigeholt und sie überreicht es, ganz offensichtlich, *um es zu überreichen*. Niemand hat sie dazu angehalten, keiner hat es ihr vorgemacht, sie erwartet nichts dafür, streckt ihr Händchen nicht noch einmal hin, um selbst etwas zu bekommen. Sie blickt dem Fremden nur einen Augenblick ernst und erwartungsvoll auf die Hände, die ihre Gabe entgegennehmen sollen. Die Übergabe selbst hat ihre Bedeutung – und jeder, der dabei ist, nimmt es unmissverständlich wahr.

Die Praxis, über Austausch eine Gemeinschaft herzustellen, die alle einander bekunden und voneinander fordern, findet sich jedenfalls weltweit bei allen Völkern – solange es bei ihnen noch kein Geld gegeben hat. Berühmt ist etwa der Kula-Ring, der noch zu Beginn des 20. Jahrhunderts auf den pazifischen Trobriand-Inseln lebendig war und sogar der Reihenfolge nach festlegte, wer wem eine Gabe zu überreichen hatte. Dort kreisten die Gaben gleichzeitig in beiden Richtungen, im Uhrzeigersinn waren es bestimmte Halsketten und im gegenläufigen Sinn Armreifen. Ein anderes bekanntes Beispiel ist das Volk der !Kung in der Kalahari-Savanne und ihr *Hxaro*, ein umfassendes Netz gegenseitiger Besuche, für die sie zum Teil große Entfernungen zurücklegten und die natürlich den Austausch von Gaben einschlossen. Hier liefen die Verbindungslinien nicht kreisförmig, sondern hatten die Beteiligten ihre Verpflichtung nur gegenüber einigen anderen, aber doch so, dass letztlich alle über solche Linien verbunden waren.

Dafür ist die Verpflichtung notwendig, Gaben auch *weiterzureichen*. Wir kennen sie heute nicht mehr, sie hat sich in unserem Mitbringsel nicht erhalten und deshalb scheint sie uns ein zusätzliches Erfordernis, das eigentlich nicht zu einer Gabe gehört. Im archaischen Austausch dagegen *muss* sie sein, und zwar weil Gemeinwesen, die ihn pflegen, auf einer entsprechenden Art von *Besitz* beruhen, die uns heute nicht nur unbekannt, sondern geradezu unvorstellbar ist.

Besitz in diesem archaischen Sinn hat seine Zeit: Was jemand zum Besitz erhält, *bleibt* nicht in seinem Besitz. Er *muss* es weitergeben, weil Besitz in solchen Gemeinschaften *Besitz auf Zeit* ist. Besitz unterliegt einer gemeinschaftlichen Zeit, einer Zeit, die von der Gemeinschaft abhängt, weil von ihr die Gemeinschaft abhängt. Was ein Einzelner besitzt, besitzt er dort *in Gemeinschaft* mit den anderen. Auch als *sein* Besitz unterliegt es der notwendig *gemeinsamen* Sorge um alles, was die Gemeinschaft braucht und was ihre Mitglieder nur in der Gemeinschaft zu leisten vermögen. Die Sorge des Einzelnen ist verflochten in die Sorge aller, weil er nur mit ihnen und mit ihrer Hilfe, also *gemeinsam mit ihnen* zu dem kommt, was er zum Leben braucht.

Deshalb gilt *grundsätzlich* und *nicht nur* bei Gaben: dass der Gemeinschaft nicht entzogen sein darf, was einer besitzt. Ein Einzelner kann es sinnvollerweise nicht *ausschließlich* für sich und damit *ein für alle Mal* besitzen, weil er nur mit einem letztlich gemeinsamen Besitz in einer Weise umgehen wird, die ihm *und* folglich der Gemeinschaft zuträglich ist. Es liegt im gemeinsamen Interesse aller, dass er beispielsweise ein Stück Land, das ihm gehört, zur rechten Zeit bebaut, dass er es nicht zu lange brach liegen lässt, dass er die richtigen Pflanzen darauf zieht und seine Ernte gemeinsam mit anderen einbringt, um umgekehrt auch bei ihrer Ernte helfen zu können. Solche Pflichten gegenüber dem *eigenen* Besitz zu vernachlässigen, kann und muss zu Bestrafung führen, eben weil der Besitz zugleich zum Bestand der Gemeinschaft gehört und ihm zu dienen hat. Vom frühen römischen Reich ist es so überliefert:

> »Wenn einer seinen Acker verwildern ließ, ihn nachlässig bearbeitete und ihn weder gepflügt noch von Unkraut gesäubert hatte oder wenn einer seine Baumpflanzung und seinen Weinberg hatte verkommen lassen, blieb das nicht ohne Strafe, sondern war ein Vergehen, das die Ahndung durch den Zensor nach sich zog.«[20]

Die Sorge um den eigenen Besitz ist erforderlich für die Gemeinschaft und daher Voraussetzung dafür, dass jemand Teil der Gemeinschaft bleibt. Wäre es anders und hätten Einzelne zeitlich uneingeschränkte Verfügung über ihren Besitz, er wäre der Gemeinschaft *dauerhaft* und also *insgesamt* entzogen. Die Verpflichtung des Einzelnen gegenüber der Gemeinschaft wäre aufgehoben, sowohl zu *deren* Schaden, wenn jemand seinen Anteil an der Versorgung zu leisten versäumt, wie zu dessen *eigenem* Nachteil, wenn er damit die Verpflichtung der Gemeinschaft ihm selbst gegenüber zerstört. Der dauerhafte Besitz eines Einzelnen würde die Gemeinschaft insgesamt negieren, würde sie berauben, *privare*, wie das lateinisch heißt. Deshalb gehört es in einer solchen Gemeinschaft zum Besitz, dass er nicht völlig *privat* wird, sondern dass ihn alle irgendwann *weitergeben*. Caesar berichtet es von den Germanen seiner Zeit:

> »Niemand hat bei ihnen ein bestimmtes Stück Ackerland oder eigenen Grund. Sondern die Anführer und Leute, die dafür eingesetzt sind, weisen den Geschlechtern und ihren Sippen sowie denen, die sich für die Feldbestellung zusammentun, jeweils für ein Jahr Land zu, in einer Menge und einer Lage, die sie für gut befin-

den, und zwingen sie im Jahr darauf, ein anderes Stück Land zu übernehmen. Dafür führen sie viele Gründe an, unter anderem: damit niemand versucht ausgedehnten Grund zu erwerben und damit so nicht die Mächtigeren die Schwächeren von ihren Besitzungen vertreiben.«[21]

Wie *weit* aber in einer archaischen Gemeinschaft der Besitz von Einzelnen ein Besitz in Gemeinschaft sein kann, das beschreibt Margaret Mead am schönsten an den Arapesch auf Neuguinea:

»Ein typischer Mann der Arapesch lebt zugleich in zwei oder mehr Dörfern sowie in den Gartenhütten, in Hütten nahe des Jagdgebietes im Busch und in Hütten nahe seiner Sago-Palmen, und daher lebt er zumindest zeitweise auf Land, das ihm nicht gehört. Vor der Haustür leben Schweine, die seine Frau versorgt, die aber einem ihrer oder seiner Verwandten gehören. Um das Haus herum stehen Kokos- und Betelpalmen, die wiederum jemand anderem gehören und deren Früchte er niemals anrühren würde ohne die Erlaubnis ihres Besitzers oder die Erlaubnis von jemandem, dem der Besitzer die Verteilung der Früchte zugestanden hat. Zumindest einen Teil der Zeit, die er auf der Jagd verbringt, jagt er in Buschland, das einem Schwager oder Cousin gehört, während ihn die restliche Zeit der Jagd andere in seinem eigenen Buschland begleiten, falls er welches besitzt. Er gewinnt sein Sago in den Pflanzungen anderer ebenso wie in eigenen. Von der persönlichen Habe in seinem Haus hat er bereits alles, was von größerer Bedeutung und Lebensdauer ist, etwa große Töpfe, schön geschnitzte Schalen oder gute Speere, seinen Söhnen vermacht, auch wenn sie noch im Krabbelalter sind. Ein eigenes Schwein oder mehrere eigene Schweine leben weit entfernt in anderen Dörfern; seine Palmbäume stehen verstreut über drei Meilen in der einen Himmelsrichtung und zwei Meilen in der anderen; seine Sago-Palmen sind noch weiter verstreut; und seine Gartenbeete liegen verstreut hier und dort, zumeist auf dem Land von anderen.

Wenn er Fleisch auf seinem Räuchergestell über dem Feuer hat, ist es entweder Fleisch von einem Tier, das ein anderer getötet und ihm gegeben hat – ein Bruder, Schwager, Neffe usw. – und das er und seine Familie in diesem Fall essen darf; oder es ist Fleisch von einem Tier, das er selbst getötet hat und das er räuchert, um es jemand anderem zu geben; denn Fleisch von einem Tier zu essen, das man selbst getötet hat, und wäre es nur ein kleiner Vogel, ist ein Verbrechen, zu dem nur Geistesgestörte – so deuten die Arapesch Leute mit einem moralischen Mangel – fähig wären. Das Haus, in dem er lebt, mag nominell das seine sein, zum Teil jedoch ist es mit Pfosten und Planken von Häusern anderer errichtet, die auseinandergenommen oder zeitweilig aufgegeben wurden und von denen er die Balken geliehen hat. Falls sie zu lang sind, wird er sie nicht etwa kürzen, um sie seinem Haus anzupassen, denn später werden sie vielleicht für das Haus von jemand anderem gebraucht, das nicht die gleichen Maße hat.«[22]

Was wir hier als Wirklichkeit vor uns sehen, ist Besitz, der seinen Eigner grundsätzlich mit anderen *verbindet*, statt ihn von ihnen zu trennen. Der Besitz eines jeden wird sehr wohl als das Seine geachtet, aber nur weil dieses Seine wiederum das Gemeinsame achtet und weil es als Seines überhaupt nur innerhalb der Gemeinschaft bestehen kann. Dieser Zusammenhang erklärt, weshalb in einer solchen Gemeinschaft auch Gaben nicht in den ausschließlichen Besitz des Empfängers übergehen dürfen, sondern weiterzugeben sind.

Damit dies erreicht wird, kann es sogar sinnvoll sein, eine Gabe zu *vernichten*. Ihre Vernichtung bedeutet dann nicht etwa Gleichgültigkeit gegenüber der Pflicht, Gaben weiterzureichen, sondern im Gegenteil ein besonderes Beharren auf dieser Pflicht. Znoj beschreibt folgendes Beispiel:

»Selbst in der so extremen Form, die der potlatch bei der Zerstörung der Gaben annimmt, hebt sich der Geber nur scheinbar über die Gemeinschaft hinaus: er sagt zwar mit seiner Geste, dass es keine konkreten Empfänger für seine Gaben gibt, also keine Gemeinschaft, die seines Ruhmes würdig wäre, doch er richtet seine Botschaft an jene, die den potlatch eigentlich hätten empfangen sollen, wären sie dessen würdig gewesen: er wendet sich an die,

die durch seine Geste beschämt werden können. Er zerstört, um nicht behalten zu müssen, und hält sich damit an die Pflicht zum Weitergeben. Das Zerstören erhält somit die Dynamik des Gabentausches aufrecht, wenn kein Empfänger gefunden werden kann. Durch das Zerstören vermeidet der Besitzer, etwas zu lange zu besitzen und dadurch den Erwartungen der Gemeinschaft, dem Rhythmus ihrer sozialen Zeit zuwiderzuhandeln und die Dynamik des Gabentauschs zu brechen. Die Zerstörung ist unter Umständen die einzige Form, in der für einen Träger eines sehr bedeutenden Kwakiutl-Namens das geforderte Weitergeben stattfinden kann.«[23]

Ebenso kann sich die Vernichtung von Gaben aber auf die freundlichste Weise vollziehen, nämlich beim gemeinsamen Mahl – so wie noch wir die mitgebrachte Flasche Wein am besten gleich gemeinsam leeren. Oder es erfolgt die Weitergabe in der heute wiederum unverständlich gewordenen Weise, dass jemand zum Beispiel *dasselbe* Schwein, das er heute einem anderen zugeführt hat, tags darauf von diesem umständlich wieder zurückbekommt. Als Austausch hat dies volle Gültigkeit, da es dessen sämtliche Anforderungen erfüllt: das Überreichen, Annehmen, Weitergeben und schließlich die Erwiderung einer Gabe.

Damit Gaben diese Gültigkeit haben, bedarf es also mehr als nur der übergebenen Dinge selbst. Die Beteiligten brauchen Kenntnis aller spezifischen Anforderungen, die in einer Gemeinschaft zu erfüllen sind. Hier zählt auch das Gefühl für die angemessene Zeit, etwas, wofür das antike Griechisch das schöne Wort *kairos* kennt: Man darf eine Gabe keinesfalls *zu schnell* erwidern, aber die Erwiderung darf auch nicht *zu lange* auf sich warten lassen. Außerdem müssen jedem die richtigen Handlungen geläufig sein, die zu einer Übergabe gehören, zum Beispiel welche Worte er zu sprechen hat, ob das Muschelhorn dazu erklingen muss, und so weiter – bis hin zu dem Gestus, in welchem die Gaben zu überreichen oder anzunehmen sind.

Für uns versteht es sich, dass wir ein Mitbringsel im Gestus der *Dankbarkeit* entgegennehmen, auch wenn uns das Ding selbst gar nichts bedeutet. Als Empfänger behandeln wir es in dieser Hinsicht also wie ein Geschenk. Wer es überbringt, sollte sein Mitbringsel dagegen keinesfalls als Geschenk präsentieren, das Dankbarkeit erfordert, sondern muss es herunterspielen, eben weil er mit dem Mitbringsel lediglich einer Pflicht genügt. Für uns muss der Empfänger den Gestus an den Tag legen: »Das wäre doch nicht nötig gewesen«, während der Geber auf dem gegenteiligen Gestus beharren muss: »Ist ja nicht der Rede wert«. Der Dankbarkeit auf der einen Seite muss deren Abwehr auf der anderen korrespondieren, so gehört es sich heute. Im archaischen Zusammenhang ist der Gestus der Übergabe ein völlig anderer:

> »Der Ausdruck der Eingeborenen, eine Wertsache zu ›werfen‹, beschreibt das Wesen dieser Handlung zutreffend. Denn obwohl der Wertgegenstand vom Gebenden ausgehändigt werden muss, nimmt der Empfänger kaum Notiz von ihm und erhält ihn selten tatsächlich in die Hand. Die Etikette der Transaktion erfordert, dass die Gabe in einer spontanen, schroffen, fast ärgerlichen Weise übergeben und mit entsprechender Gleichgültigkeit und Geringschätzung empfangen wird.«[24]

Was wir empfinden, wenn wir ein Mitbringsel *überreichen*, nämlich dass wir einer Verpflichtung genügen, für deren Beachtung uns keinerlei Dank gebührt, es gilt für den archaischen Gabenaustausch *insgesamt*. Was die gemeinschaftliche Verpflichtung jemandem abverlangt, leistet er in etwa so freiwillig, wie wir heute Steuern zahlen – für die wir vom Finanzamt sicher kein Zeichen der Dankbarkeit erwarten. Bei einer archaischen Gabe wäre es also entsprechend widersinnig, wollte man ihren gemeinschaftlich verpflichtenden Charakter *bemänteln* und *leugnen*, indem man ihn als freiwilligen und persönlich gemeinten Akt darstellen würde, der Dankbarkeit erheischt. Wer sich bei einer solcher Gelegenheit bedankt – ein Lapsus, der westlich-modernen Besuchern bei »Eingeborenen« sehr leicht unterläuft –, sorgt nur für Verwirrung, da er die Gabe, die ihm gemacht wird, damit genau genommen nicht in ihrer Verbindlichkeit anerkennt. Mit seinem Dank für eine Gabe begeht er einen Affront: Er *negiert* ihren verpflichtenden Sinn, Gemeinsamkeit zu stiften, und negiert damit *die Gemeinschaft selbst*. Der Gestus der Schroffheit dagegen macht die *Verpflichtung* offenbar. Gerade die Geringschätzigkeit, mit der man

Gaben behandelt, spricht von der hohen Bedeutung des Aktes, zu dem sie gehören.

Was aber geschieht, wenn jemand sie missachtet? Was droht einem, der nicht die rechte Zeit einhält, um eine Gabe zu erwidern, oder der die Erwiderung vielleicht ganz versäumt? Welche Sanktion hat zu gewärtigen, wer eine der vielfältigen Verpflichtungen übergeht? Welche Instanz wacht darüber, dass dergleichen nicht geschieht oder, falls es geschieht, dass es nicht straflos bleibt? Die Antwort ist bereits mit dem Ort der Verpflichtung gegeben: Es ist die Gemeinschaft selbst. Gaben und Austausch haben die Bedeutung, Gemeinschaft herzustellen, und wo das unterbleibt, da unterbleibt die Gemeinschaft. Heute hat das nur noch verschwindend geringe Bedeutung: Falls wir heute bei einem Besuch das Mitbringsel vergessen, rufen die Gastgeber deswegen nicht die Polizei, sondern laden uns schlimmstenfalls nicht mehr ein. Die Verbindung zu ihnen mag leiden, aber wir werden deshalb nicht belangt. Im archaischen Zusammenhang dagegen haben der Fortbestand der Gemeinschaft und die Teilhabe an ihr lebenswichtige Bedeutung für jeden Einzelnen und daher geht es dort sehr viel radikaler zu:

> »Früher lebte ein Mann namens Tokoahu, der nur wenig tätig war und sich stattdessen damit beschäftigte, von Ort zu Ort zu gehen, Freunde zu besuchen und von ihnen Gaben zu bekommen. Diese Gaben erwiderte er nicht. Und damit fuhr er so lange fort, dass es seine Freunde schließlich satthatten zu warten und immer weiter zu warten auf eine Gegengabe, die nie eintraf. Schließlich rief einer der Männer: ›Dieser Kerl hat so gut wie gestohlen, was mir gehört!‹ Und über alle Maßen aufgebracht legte er einen Fluch auf Tokoahu, kraft der Dinge, die Tokoahu von ihm angenommen hatte, so dass dieser starb.«[25]

Auch das ist *hau*, auch das haben Māori berichtet. Die Bewegung des *hau* lenkt eine Gabe in Gestalt einer Gegengabe zurück. Wer keine Gegengabe leistet und die Bewegung also unterbricht, der lenkt ihre Kraft gegen sich selbst. Dem Tokoahu hätten die Freunde kraft *hau* sogar mit List oder Gewalt eine Gegengabe entwenden dürfen. Denn das *hau* verleiht ihnen die Kraft, den Bruch der Gemeinschaft *durch*

Tokoahu dadurch zu rächen, dass sie die Gemeinschaft *mit* ihm brechen. Das kann im schlimmsten Fall den Tod durch Magie bedeuten, denn wer die entsprechenden Verpflichtungen missachtet, so schreibt Marcel Mauss, an dem »darf man sich durch Magie oder zumindest durch Schmähungen und Groll rächen«.[26] Schmähungen und Groll: Heute erscheint uns dergleichen verhältnismäßig harmlos. Im archaischen Zusammenhang stellt es eine nicht zu unterschätzende Sanktion dar. Das bezeugt etwa die athenische Gesetzgebung unter Drakon, nach der schmähende Worte mit dem Tod gesühnt wurden. Und davon erzählt nicht zuletzt das erste große Werk der abendländischen Literatur.

Der Groll des Achilles

Mēnis, der Groll: Mit diesem Wort hebt die *Ilias* an, das homerische Epos vom Krieg vor Troja:

> »Μῆνιν ἄειδε θεά Πηληιάδεω Ἀχιλῆος
> Den Groll singe, Göttin, des Peleus-Sohnes Achilles«

Und mit diesem Groll beginnt sie nicht nur, von ihm handelt die *Ilias* insgesamt: vom Groll des Achilles. Er wird zwar üblicherweise als dessen »Zorn« übersetzt, denn das klingt in unseren Ohren unbedingt edler und heroischer. Doch Zorn lodert auf, verraucht wieder und man empfindet ihn *über* etwas. Am Groll dagegen hält man fest, einen Groll *hegt* man und man hegt ihn *gegen* jemanden. Und das ist es, was Achilles in der *Ilias* tut. Sein *Groll*, kein bloßer Zorn ist es, wovon dieses Epos singt, ein ganzes, langes Epos. Viel also muss an diesem Groll liegen, sehr viel, und weit mehr, als dass jemanden eine heftige Stimmung überkommen hätte.

Mit Schmähungen und Groll wenden sich die Menschen einer archaischen Gemeinschaft gegen jemanden, wenn er deren Verpflichtungen nicht entspricht. Er leistet der Gemeinschaft nicht Gewähr, er schädigt sie, er kündigt sie auf. Und ebendies *erwidern* diejenigen, denen er sie aufkündigt, das ist der Sinn von Schmähungen, Groll und Fluch. So wie eine *eingehaltene* Verpflichtung Gemeinschaft herstellt und bekräftigt, wird Gemeinschaft geschwächt oder vernichtet durch die *versäumte* und *missachtete* Verpflichtung. Auch wenn es heute allgemein kaum mehr Bedeutung hat: Ich erinnere mich noch an den tiefen Schrecken in sehr jungen Jahren, als meine Brüder auf die Idee kamen, irgendein Vergehen mit dem Satz zu quittieren: »Das gibt Rache«, oder nur: »Das werd' ich mir merken«. Diese Rache trat nie ein und mir wurde nicht einmal etwas Bestimmtes als Rache angedroht. Trotzdem haben diese Sätze für mich lange Zeit ihren Schrecken nicht verloren: Sie kündigten das grundsätzliche Einvernehmen auf, die verlässliche Zugewandtheit, auf die wir sonst untereinander bauen konnten. Das war die schlimmste aller Strafen.

Schrecken bewirkt denn auch Achills Groll, einen Schrecken so gewaltig, dass er ein ganzes Epos füllt. Diesen Groll werde die *Ilias* besingen, so sagen ihre ersten Zeilen,

> »den verderblichen, der zahllose Schmerzen über die Achaier brachte und viele kraftvolle Seelen von Helden dem Hades hinwarf, sie selbst aber zur Beute schuf den Hunden und den Vögeln zum Mahl, und so erfüllte sich des Zeus Ratschluss.« I, 2–5[27]

Zeus selbst hat also darüber befunden, dass dieser Groll sein muss und all seine schrecklichen Folgen rechtfertigt. Offenbar ist er bedeutend genug – und das ist er, weil bedeutend ist, worum es bei ihm geht. Es geht um Gaben.

Folgen wir deshalb für einen Moment der Geschichte, die im 7. oder 8. vorchristlichen Jahrhundert niedergeschrieben wurde und entsprechend früher spielt. Die versammelten Heere der griechischen Könige liegen vor Ilion, vor Troja. Lange Jahre wird es dauern, bis die Stadt endlich fällt, und diese Jahre verbringen die Griechen im Umland von Troja auf jene gut eingeführte Weise, die Odysseus bei anderer Gelegenheit einmal so erwähnt:

> »Von Ilion her trug mich der Wind und brachte mich zu den Kikonen, nach Ismaros. Dort zerstörte ich die Stadt und vernichtete die Männer. Wir nahmen aus der Stadt Frauen und viele Güter und verteilten sie, auf dass mir keiner des gebührenden Anteils beraubt davonginge.«[28]

Das erzählt Odysseus so ungerührt, weil es sich für ihn schlicht von selbst versteht. So gehört es sich: eine fremde Stadt zerstören, ihre Männer töten, Frauen und Güter rauben. Anschließend aber gehört sich noch etwas anderes, nämlich das Erbeutete unter den eigenen Leute so zu verteilen, dass jeder das »Gleiche« bekommt, die *isē*, den Anteil, der ihm jeweils gebührt. Auch das ist eine Form der Gabe, mit welcher die Verpflichtung zwischen den Mitgliedern einer Gemeinschaft eingelöst und bestärkt wird, nur dass sie hier die Form einer *Verteilung* hat.

Was jedoch Odysseus bei den Seinen so vorbildlich beachtet und besorgt, das will bei den vielen griechischen Stämmen vor Troja nicht recht klappen. Agamemnon nämlich, dem die Heere auch der übrigen Könige insgesamt unterstehen, gibt dem Achilles folgenden Anlass zu klagen:

> »Habe ich doch niemals eine gleiche Gabe wie du, wann immer die Achaier eine gutbewohnte Stadt der Troer zerstören, sondern den größeren Teil des vielstürmenden Krieges besorgen *meine* Hände; doch wenn es zur Verteilung kommt, ist *dein* die weit größere Gabe, während ich mit einer geringeren vorlieb nehmend zu den Schiffen zurückkehre, wenn ich müde gekämpft bin.« I, 163–168

Mit einer solchen Gabe, griechisch *geras*, muss und will jeder seiner Stellung in der Gemeinschaft entsprechend geehrt sein. Agamemnon aber nimmt es damit zugunsten der eigenen Ehre nicht so genau. Und so beschwört er das Unheil über die Griechen herauf.

Denn es begibt sich nach einem jener gemeinsamen Raubzüge, dass Agamemnon die Tochter des Chryses als Gabe zugeteilt bekommt. Chryses, der den Überfall überlebt hat, ist Priester des Apollon-Heiligtums in der überfallenen Stadt und vermag sich mit dem Verlust seines Kindes nicht abzufinden, kommt zu den Schiffen der Griechen und bietet Agamemnon für die Rückgabe der Tochter »unermessliche Lösung«, wie es heißt, also überreiche Gaben. Agamemnon jedoch weigert sich sie anzunehmen und besteht darauf, die Frau zu behalten. Insofern vergeht er sich gegen die heilige Verpflichtung, angemessene Gaben anzunehmen. Und ähnlich wie Tokoahus Pflichtvergessenheit seinen Freunden das *hau* verleiht, ihn zu töten, verschafft Agamemnons Verfehlung Chryses den Beistand des Gottes und Apollon bringt Tod über die Griechen. Er nimmt sich zunächst Maultiere und Hunde der Griechen vor, aber geht bald dazu über, unter den Griechen selbst zu wüten. Die lassen sich am zehnten Tage des Massakers endlich von einem ihrer Seher erklären, wofür sie leiden müssen, und Agamemnon erfährt, dass »darum der Ferntreffer den Griechen Schmerzen bereitet, weil ich für die Tochter des Chryses die prangende Lösung nicht annehmen wollte, sondern die Frau viel lieber behalten wollte im Haus«. Nicht für den Raub ergeht die Strafe, sondern für die verweigerte Pflicht, Gaben anzunehmen. Und Agamemnon kommt nicht umhin, er muss die Frau, sein *geras*, nun doch an den Priester zurückgeben.

Doch mit ihr büßt er seinen Anteil an dem Raubgut ein, der ihm bei der zurückliegenden Verteilung zustand. Ihm würde nun ein gebührendes *geras* fehlen und das kann Agamemnon nicht dulden. Also fordert er von den Griechen: »Bringt mir dafür sofort eine andere Gabe, damit ich nicht als Einziger von den Argeiern ohne Gabe bin, da sich dies nicht geziemt. Seht ihr doch alle, wie mir meine Gabe dahingeht.« Diese Forderung hat jedoch ihre Schwierigkeiten. Der göttliche Achilles, nur noch mühsam an sich haltend, muss einwenden:

> »Atreus-Sohn, ruhmreicher, du Habgierigster von allen! Wie sollen dir denn eine Gabe bringen die hochgemuten Achaier? Wissen wir doch nicht davon, dass irgendwo viel Gemeingut liegen würde, sondern alles, was wir von den Städten erbeutet haben, ist aufgeteilt, und nicht gehört es sich, dass die Männer dies wieder herbringen und zusammenwerfen. Darum gib jetzt diese Frau dem Gott hin, und wir Achaier werden es dreifach und vierfach zurückerstatten, wenn Zeus uns einmal verleiht, die Stadt Troja, die gut ummauerte, zu zerstören.« I, 122–129

Die Gaben, die Agamemnon gebühren, will ihm die Gemeinschaft durchaus zukommen lassen, nur nicht, indem die bereits zurückliegende Verteilung neu vorgenommen wird, sondern erst wenn es erneut etwas zu verteilen gibt. Agamemnon beharrt jedoch, er dürfe auch dieses eine Mal nicht ohne Gabe bleiben, und falls da nichts komme, werde er sich einfach bei den Griechen bedienen. Zu Achilles gewandt droht er: »Entweder deine oder des Aias Gabe oder die des Odysseus hole ich mir: Der mag dann zürnen, zu dem ich komme!« Da senkt Achilles den Kopf und schaut Agamemnon »von unten herauf« an – es wird gefährlich: Achilles beginnt zu *grollen*. Und er droht nun seinerseits damit, die Verpflichtung gegenüber der Gemeinschaft zu brechen, so wie Agamemnon es mit seiner Forderung tut: Er, Achilles, wolle nicht weiter für Agamemnon kämpfen, werde die Griechen vor Troja verlassen und mit seinen Männern zurückkehren in die Heimat.

Mit dieser Drohung gerät er bei Agamemnon allerdings an den Rechten, denn der weiß jetzt, *wem* er die Gabe abnehmen wird:

> »So kehre nach Haus mit deinen Schiffen und deinen Gefährten und herrsche über die Myrmidonen! Doch du kümmerst mich nicht, noch kehre ich mich daran, dass du grollst! Doch drohe ich dir so: Da mir Phoibos Apollon die Chryses-Tochter fortnimmt, werde ich diese mit meinem Schiff und meinen Gefährten hinsenden. Doch gehe ich selber und hole Briseïs, die schönwangige, in meine Hütte, *deine* Gabe, damit du gut weißt, wie viel besser ich bin als du, und auf dass auch ein anderer sich hüte, sich mir gleich zu dünken und gleichzustellen ins Angesicht!«
>
> I, 179–187

So geschieht es. Und Achilles beginnt seinen Groll zu hegen.

Er scheidet aus der Gemeinschaft der Kämpfenden aus, zu der sich die Griechen vor Troja zusammengeschlossen haben. Ohne ihren größten Kämpfer aber, das wissen sie bereits durch einen Orakelspruch, sind sie den Trojanern unterlegen und werden reihenweise fallen. Aber es hilft nichts, Achills Groll hat seinen zwingenden Grund: In den Gaben, die eine Gemeinschaft einem jeden zuteilt, stellt sich sein Status dar, sein Rang und seine Ehre. Andererseits besteht die *isē*, die »Gleichheit« der Zuteilung, wirklich darin, dass dem Höheren mehr oder bessere Gaben zustehen als dem Geringeren. Zu Recht sähe folglich Agamemnon seinen Rang gemindert, seine »Güte« und sein Bessersein beschädigt, wenn er auch nur dieses eine Mal nicht auf seinem höheren Status bestehen und deshalb auf sein *geras* verzichten würde. Lieber tut er umgekehrt dem Achilles die gleiche Minderung an, die er bei sich nicht dulden kann und deretwegen Achilles dann grollen *muss*.

Sein Groll hat also unabweisbaren, man darf durchaus sagen: heiligen Grund. Deshalb schalten sich hier die Götter ein. Athene tritt schon bei seinem ersten Streit mit Agamemnon neben Achilles und rät ihm zunächst ab, den Oberbefehlshaber augenblicks niederzustrecken. Zugleich aber befeuert sie Achilles ihm ordentlich mit Schmähungen zuzusetzen. Und Achilles tut's:

> »Weinbeschwerter, mit den Augen eines Hundes und dem Herzen eines Hirsches! Weder zum Kampf dich zu rüsten zugleich mit dem Volk noch auf eine Lauer zu gehen mit den Besten der Achaier hast du jemals gewagt im Mut: Das scheint dir der Tod zu sein! Ist es doch viel einträglicher, im breiten Heer der Achaier Gaben jedem abzunehmen, der dir entgegenredet, Volksgut verzehrender König, der du über Nichtige gebietest: Denn sonst hättest du, Atreus-Sohn, jetzt zum letztenmal beleidigt!«
>
> I, 225–232

Das heißt recht gesprochen – gegen den, der die Grundfesten der Gemeinschaft negiert.

Wortkunde

So stark sind die Verpflichtungen, die zwischen den Menschen einer Gemeinschaft gelten, solange es dort kein Geld gibt. So tief reicht die Bedeutung der verpflichtenden Gaben, solange Menschen ihren Austausch ohne Geld pflegen. Und für ebendiese Verpflichtungen und Gaben gibt es schon altgermanisch ein eigenes schönes Wort, das sich bis ins heutige Deutsch erhalten, aber dort eine so ganz andere Bedeutung angenommen hat: »Geld«.

Das Wort stammt aus der tiefsten Vorgeschichte dessen, was wir heute so nennen. In anderen modernen Sprachen reichen die Wörter für Geld in der Regel nicht weiter zurück als bis zur Münze. Englisch *money* oder schwedisch *mynt* leiten sich wie das deutsche Wort für die geprägten Metallplättchen von lateinisch *moneta* ab, das französische *argent* vom meistgebrauchten Münzmetall, das spanische *plata* oder die italienischen *soldi* von Namen für bestimmte Münzsorten. Das alte Wort »Geld« dagegen, schon in frühesten Schriftzeugnissen belegt, spricht von einer historischen Wirklichkeit, die selbst der Münzung von Metallen noch vorausgeht. Es benennt das Älteste, woraus sich da etwas, das nicht Geld war, verwandelt hat zu dem Geld, das wir heute so bezeichnen.

Man könnte sich deshalb wundern, weshalb das Wort bisher so gar nicht für die historische Herleitung von Geld herangezogen wurde. Andererseits dürften wir den Grund dafür inzwischen ahnen: Das alte Wort passt den Gelderklärern nicht recht zu ihren Erklärungen, eben weil »Geld« ursprünglich so gar nichts von der Bedeutung unseres Geldes hat. Das Wort widersetzt sich der modernen Neigung, Geld schon in grauen Vorzeiten zu entdecken.

Spuren des alten Sinns haben sich allerdings bis heute erhalten, in dem deutschen Verb »vergelten«. Es lautete ursprünglich ohne Vorsilbe einfach »gelten«, so dass man etwa sagen konnte: »Diese Gemeinheit werde ich dir noch *gelten*!« Von diesem Verb ist das Substantiv »gelt« abgeleitet wie das »Entgelt« von »entgelten«. Die Schreibweise mit auslautendem -t ist denn auch die alte und wird erst im 18. Jahrhundert bindend durch die bereits früher mögliche Form »Geld« ersetzt. Um das alte Wort sichtbar von dem modernen Begriff zu unterscheiden, werde ich es deshalb auch so schreiben und der völligen Deutlichkeit halber in Kapitälchen: GELT.

Das *Deutsche Wörterbuch* von Jacob und Wilhelm Grimm führt zwischen »Gefoppe« und »Getreibs« – es ist des *Vierten Bandes Erste Abtheilung Zweiter Teil* – einen Artikel »Geld«, der von Spalte 2889 bis 2908 reicht. Dort heißt es zu Beginn: »*gelt* bezeichnet ursprünglich jegliche leistung die zu entrichten ist, besonders gegenleistung, eben wie *gelten.*« Entsprechend heißt es unter diesem Verb: »*gelten* wie *gelt* bezeichnet ursprünglich eine schuldige leistung, besonders gegenleistung.«[29] GELT also bedeutet alles und »jegliches«, was jemand verpflichtet und schuldig ist einem anderen zu leisten. Und das kann insbesondere eine *Gegen*leistung sein, wenn es also bei wechselseitiger Verpflichtung etwas zu erwidern gibt. Es sind demnach genau jene

Verpflichtungen, die Menschen gegen einander haben und die wir bereits sehr gut kennen.

Wenn unser Ranapiri eine Gabe, die er bekommt, verpflichtet ist weiterzureichen an einen Dritten, so war dies eine »geschuldete Leistung« und insofern GELT. Wenn ein *dritter Mann* nach langer Zeit an die Pflicht denkt, Ranapiris Gabe zu erwidern und also zu *vergelten*, wie wir noch heute sagen können, ist diese Erwiderung GELT. Wenn Ranapiri dieselbe Gabe weiterreichen muss an dich, um dir deine erste zu vergelten, ist diese »schuldige Leistung« wieder GELT. Wenn dagegen Tokoahu die Gaben nicht erwidert, mit denen er bedacht wird, bestehen GELT und Vergeltung darin, dass ihn einer seiner Freunde zu Tode hext. Wenn Achilles seiner Ehrengabe beraubt wird, so ist GELT sein Groll mitsamt den Folgen: Vergeltung, die er an Agamemnon übt. Und GELT ist Apollons Gemetzel unter den Griechen, womit er ihnen Agamemnons frevelhafte Weigerung vergilt.

Von »Vergeltung« sprechen wir heute allein noch in Fällen einer belastenden Schuld, also der Rache oder der Strafe für ein *Vergehen*. Noch immer können wir zwar auch die freundliche Geste eines anderen mit einem Lächeln »vergelten«, aber so werden wir schon das Verb nur noch selten verwenden und unmöglich wäre es heute, ein erwiderndes Lächeln als »Vergeltung« zu bezeichnen. Das alte Wort GELT dagegen meint noch in vollem Umfang ein Vergelten *allgemein*, im Guten wie im Bösen. Es hieß »guot mit guote, übel mit übele gelten« und der Fromme gar »giltit guot widar ubile«, vergilt Gut gegen Böse.

Von GELT als Strafe und Buße spricht etwa der Sachsenspiegel, eine mittelalterliche Sammlung von Rechtsvorschriften: Ein Herr, dessen Leute einen Schaden verursachen »âne sînen rât und âne sîne tât«, also ohne dass er mit Rat oder Tat dazu beigetragen hätte, der bleibe dafür »âne gelt und âne laster«, ohne Buße und ohne Schuld. Hier meint GELT die *Gegen*leistung, mit der eine Verfehlung wiedergutgemacht wird. Der verschuldete Schaden hat Frieden und Ordnung gebrochen, also gilt es sie wiederherzustellen mithilfe der Buße, der *Ent*schädigung: einer Leistung, die den Schaden aufhebt, indem sie den Geschädigten befriedigt und ihn mit dem Schädiger wieder in ein friedliches Verhältnis setzt. Hier also gilt GELT *einem* bestimmten Vorfall, der die Ordnung stört, und der *einen* Leistung, die sie wiederherstellen soll. Doch auch darin liegt die verpflichtende Entsprechung eines Hin und Wider, von dem das Wort GELT ganz grundsätzlich spricht.

Nämlich so: Vögel singen in einer Linde nahe einem Wald und es gibt ein Echo, der Wald wirft den Gesang mit gleichem Klang zurück und, oh, »wie dâ sanc sange galt«! Gesang antwortet auf Gesang, der eine *gilt* und vergilt den anderen in lieblichem Hin und Her. Oder: Zwei Ritter gehen aufeinander los und jeder trifft in dem anderen auf einen Gegner so ebenbürtig, wie ihm zuvor noch keiner war: »sine heten nie mêre in alsô kurzen stunden sô vollen gelt vunden« – sie hatten noch nie in so kurzer Zeit so volle Entsprechung gefunden, nämlich so vollständig für jeden eigenen Hieb einen Gegenhieb einstecken müssen. Da bleiben zwei einander nichts schuldig und dieses Hin und Wider, wenn auch nicht gar so schön, heißt GELT. Oder: Walther von der Vogelweide singt vor den Damen des Hofes »umb ir blôzen gruoz«, nur um freundlicher Worte willen, die sie ihm gönnen mögen. Aber vergeblich, von den Damen kommt nichts. Nun gut, sagt er sich da, »swâ ich des geltes nû vergebene warten muoz«, wenn er also umsonst auf die Belohnung warten muss, dann sollen sich andere bemühen, er jedenfalls wird den Damen den Nacken kehren – von einer anderen Kehrseite darf er höflicherweise nicht sprechen. Denn eigentlich hätten ihm die Damen irgendwie erwidern müssen, was er ihnen geleistet hat: Zum Lohn hätte es wenigstens eines Grußes bedurft. Und solcher Lohn hieß GELT.[30]

Auch Chryses leistet einem anderen etwas, wofür er Erwiderung fordern darf. Er hat Apollon geopfert, dem *Gott*, er hat ihm Teile seines Tempels bauen lassen und hat dafür Gegenleistung von ihm zu erwarten. Chryses kann sie geradezu einfordern:

> »Höre mich, Silberbogner, der du schützend um Chryse wandelst! Wenn ich dir je den lieblichen Tempel überdacht habe oder wenn ich dir jemals fette Schenkel verbrannt habe von Stieren oder Ziegen, so erfülle mir dies Begehren: Büßen sollen die Danaer meine Tränen mit deinen Geschossen!« I, 37, 39–42

Für sein Opfer und seinen Dienst stehen dem Chryses als Gegenleistung das Wohlwollen des Gottes und die Erfüllung des geäußerten Begehrens zu. Und solange nichts dagegen spricht, wird Apollon die Bitte erfüllen und die Opfer, die Chryses ihm dargebracht hat, entsprechend *gelten*. Auch ein Opfer war also einmal GELT: »*gelt* in einem Tempel leisten« hieß dort ein Opfer bringen, ein Brandopfer etwa war »brynegield«. Und nicht nur die Opfer*gabe* hieß GELT, sondern der Kult insgesamt, zu welchem sich die Menschen den Göttern gegenüber verpflichtet sahen. Gleich wie die Opfergabe wurden die kultischen Handlungen insgesamt als eine Leistung angesehen, die man der Gottheit für ihr Wohlwollen schuldete. Auch der christliche »Gottesdienst« hieß daher einmal unmissverständlich »gotes gelt«.

Exkurs: Das Opfer

Neben der gängigsten falschen Herleitung des Geldes aus einer fiktiven vorgeldlichen Tauschgesellschaft kursiert heute auch diese: Geld hätte seinen Ursprung im *Opfer*. Sobald Menschen einer Gottheit opferten, wäre das Geld bereits darin angelegt gewesen. Die Menschen hätten ihr Opfer grundsätzlich bereits geldförmig gedacht, als eine Art *deal*, in dem sie den Göttern ihren Beistand *mit einem Äquivalent* letztlich *abkauften*. Und dieses Kaufen hätten sie von ihrem Umgang mit den Göttern lediglich auf den Umgang mit anderen Menschen übertragen müssen, schon wären sie manifest mit Geld umgegangen.

Argumentiert wird so: Was geopfert wird, trete als gleichwertiger Ersatz für etwas anderes ein, so wie Geld als gleichwertiger Ersatz für dasjenige eintritt, was man mit ihm kaufen kann. Damit der Gott nicht mir das Leben nimmt, töte ich ihm ein anderes Lebewesen, das er an meiner Stelle bekommt. Oder damit er mir nicht die gesamte Ernte nimmt, sondern sie gedeihen lässt, gebe ich ihm einen Teil davon ab, den ich als Opfer verbrenne. Das Tier, das ich opfere, mache ich so zum Ersatz für mich selbst und die Gottheit wird das Tier nehmen und mir dafür mein Leben lassen. Der Anteil an der Ernte, den ich vernichte, steht als Ersatz für die gesamte und die Gottheit wird sich hoffentlich übers Ohr hauen lassen und den kleineren Teil akzeptieren anstelle der Ernte im Ganzen. Indem ich der Gottheit das Tier statt meiner opfere, kaufe ich ihr – so wird es gedeutet – gewissermaßen mein Leben mit dem Leben des Tieres ab und mit dem Anteil an der Ernte das Recht auf die ganze: Das eine wird zum Kaufpreis für das andere. So wäre das Opfer *schon immer* ganz wie Geld gedacht und müsste sich nur noch, zum Beispiel in Form von Münzen, sichtbar und handgreiflich zu Geld entwickeln.

Damit ließe sich der sprachliche Übergang von GELT zu Geld ganz einfach erklären. Allerdings verfehlt diese Annahme gerade auch die sprachliche Tatsache, dass »Opfer« nicht etwa die Grundbedeutung von GELT darstellt, sondern von ihr abgeleitet ist, von der Verpflichtung, in der sich Menschen wechselseitig sehen. Das ermöglicht auch die Korrektur der Annahme eines allgemeinen historischen Vorrangs des »Religiösen«, die bei der Herleitung des Geldes aus dem Opfer implizit vorausgesetzt wird: GELT wäre *zuerst* die Verpflichtung gegenüber göttlichen Mächten gewesen, bevor die Menschen sie profanierten und die Verpflichtung auch untereinander empfunden hätten. So wie »das Religiöse« grundsätzlich einer profanen Welt voranginge, so auch die »religiöse« Verpflichtung derjenigen zwischen den Menschen. Mit einiger Unschärfe ließe sich das wohl behaupten – wenn der Begriff des »Religiösen« dabei recht verstanden wäre. Der aber wird dort *theologisch* missverstanden.

Religion ist ursprünglich nicht nur kein Christentum oder Islam, also keines der monotheistischen Glaubensbekenntnisse mit Offenbarungsschrift, die wir heute als Religionen kennen. Was *religio* war, betraf nicht einmal vornehmlich die Sphäre von Göttern oder göttlichen Mächten. Das lateinische Wort heißt ganz allgemein: »die gewissenhafte Berücksichtigung, die auf einem inneren Gefühle beruhende gewissenhafte Sorgfalt *bzw.* Genauigkeit, die Gewissenhaftigkeit«.[31] Gemeint ist mit *religio* also – was nicht mehr überraschen sollte – die gewissenhafte Berücksichtigung dessen, wozu jeder *verpflichtet* ist. Das Wort meint als solches buchstäblich die uns bekannte »Verpflichtung«. Cicero spricht von einer *religio officii*, von der gewissenhaften Beachtung einer Pflicht, die ausdrücklich auch eine private sein konnte, *officii privati*. Es gab die *religio vitae*, eine gewissenhafte Lebensführung, man konnte jemandem mit *religio*, mit gewissenhafter Sorgfalt zu Diensten sein, es konnte um die *fides et religio* eines Richters gut oder schlecht bestellt sein, um seine Treue und Zuverlässigkeit in der Ausübung seines Amtes. Und zu der gewissenhaften Beachtung des gebührenden Verhaltens gehört schließlich *auch* die des gebührenden Verhaltens gegen Götter. Nur auf diese, eine abgeleitete Weise erhält auch das Wort *religio* unter anderem die Bedeutung von »Götterverehrung« und »Kult«.

So gehören GELT und *religio* zusammen: GELT als die geschuldete Leistung, auf welche sich *religio* richtet, und *religio* als das Gefühl für diese Verpflichtung und entweder ihre Einhaltung oder, auch das können beide Wörter bedeuten, ein Verstoß gegen sie, der Sühnung verlangt. Auf eine *göttlich* gedachte Sphäre beziehen sich sowohl GELT als *religio* lediglich als *Teil* ihrer Grundbedeutung, die ursprünglich auf das *menschliche* Zusammenleben bezogen ist. Zum Beispiel kann es heißen: *magnam possidet religionem paternus maternusque sanguis*, väterliches und mütterliches Blut enthalte eine große Verpflichtung – gegenüber den Eltern. Denn natürlich haben Menschen als Erstes ihr Zusammenleben mit anderen Menschen erfahren, etwa ihre Angewiesenheit auf Vater und Mutter und zusammen mit ihnen die gemeinsame Abhängigkeit von der Natur, in und von der sie lebten. Menschen kommen nicht auf die Welt, fürchten sich zunächst einmal vor den Göttern und wollen sie freundlich stimmen, bevor sie bemerken würden, dass sie auch von Menschen umgeben sind und mit denen ebenso verfahren könnten. Es ist vielmehr die Gemeinschaft mit anderen Menschen, die ihnen ihre Abhängigkeit und Verpflichtung zeigt und damit GELT und *religio* zeitigt. Und erst nach deren Modell mögen Menschen ihre Verpflichtung auch gegenüber Wesenheiten empfinden, die sie sich zusätzlich einbilden müssen; Gottheiten, die sie als Objekte einer solchen Verpflichtung erst konstruieren.

Selbst für so gewissenhafte Betreiber der Götterkulte wie die Römer stand die *religio* noch über der Furcht vor den Göttern und bezog sich nicht notwendig auf sie. Als Livius die schlimmsten Fehler eines Menschen auflistet, die ihm einfallen wollen – er sagt sie dem Römerfeind Hannibal nach –, beginnt er seine Aufzählung mit unmenschlicher Grausamkeit und »mehr als punischer« Perfidie, steigert sie zu *nihil veri, nihil sancti*, »keine (Achtung vor der) Wahrheit, kein (Gefühl für) Unantastbares«, und schließt mit der Klimax:

nullus deum metus, nullum ius iurandum, nulla religio – »keine Furcht vor den Göttern, kein (Respekt vor einem) Eid, keine (eingehaltene) Verpflichtung«.[32] Wer – schlimm genug – Götterfurcht vermissen lässt, könnte immerhin noch einen Eid einhalten, und wer selbst Eide missachtet, für den könnte zuletzt noch als das Höchste gelten: *religio*. Erst wer die nicht mehr kennt, bei dem ist Hopfen und Malz verloren.

Dergleichen ist für die Frage, wie Geld entstanden ist, nicht gleichgültig, aber es entscheidet sie nicht, daher sollen diese kursorischen Gedanken zum »Religiösen« genügen. Näher zu betrachten sind aber noch die Erklärungen, wie sich das Geld aus dem Opfer zu manifester Form entwickelt haben soll. Die prominenteste von ihnen bezieht sich auf ein Verfahren, mit dessen Hilfe im antiken Athen das Opferfleisch seine geziemende Verteilung fand.

> »Bei den großen Festen im alten Griechenland, so berichtet Ernst Samhaber am Beispiel Athens, erhielt jeder Bürger ›zwei Spieße, oboloi, die ihm entsprechende Stücke Fleisch einbrachten. Dadurch bekam der Spieß – an sich nur ein Stück Eisen und wegen seiner Länge, bis zu anderthalb Metern, nur schwer handlich – fast die Bedeutung eines Tauschwertes. Mit diesem alten Brauch brach König Pheidon von Argos, der um die Wende vom 8. zum 7. Jahrhundert v. Chr. regierte. Er zog die ›Bratspieße‹ ein und ersetzte sie durch Münzen. Das Volk aber nannte diese Münzen weiterhin ›Bratspieß‹, obolos.‹ Noch heute kündet die Rede vom ›Obulus‹ von dieser Bedeutung.«[33]

Demnach geht die Erklärung so: Mit den Spießen hätten wir schon »fast« Tauschwert, mit den Münzen aber, die an ihre Stellen traten, hätten wir ihn ganz und damit hätten wir auch schon Geld. Unser Geld wäre als ein solcher Spieß in die Welt gekommen, denn:

> »Wenn er Äquivalent für profanes Fleisch sein kann, warum dann nicht auch für Korn, Wein, Wolle oder Fleisch?«

Ja, warum nicht: So stellt man eine rhetorische Frage, die nicht ernsthaft fragt, sondern vorweg schon weiß. Für einen Moment noch wendet sich der Frager selber ein:

> »So wurde zunächst zwar nicht gefragt, aber«

das stört keinen großen Geist, denn

> »die Voraussetzung dafür war da. Der Spieß hatte die Potenz bekommen, die sakrale Sphäre zu verlassen und als eiserner Wechsel für ein gewisses Quantum aller möglichen profanen Güter in den Alltagsverkehr einzugehen.«[34]

Und die Antwort auf die fällige Frage, wie aus der bloßen »Potenz« *Realität* geworden sei, lautet schlagfertig: »bald«. Es musste einfach so kommen. »Bald« nämlich seien »die Spieße als Äquivalente für jede Art von Lebensmitteln« ausgegeben worden. Das ist rundweg erfunden und historisch falsch, aber wer sich mittels rhetorischer Frage eine so schöne Potenz zurechtgelegt hat, für den *muss* diese Potenz einfach auch Realität geworden sein. Und in der so zurechtgelegten Realität konnten nun die ersten Leute endlich shoppen gehen mit ihren Symbol-Spießlein, folglich waren die jetzt Geld, die Menschheit hat es sich einleuchten lassen und heute haben wir den Schlamassel.

Nein: Diese Spieße werden *nicht*, auch nicht »fast«, zu Tauschwerten oder Äquivalenten für das Fleisch, das sich der Athener Bürger daran stecken darf, und kein Athener Bürger kann damals, weder »bald« noch überhaupt, mit ihnen einkaufen gehen. Die Spieße werden dem zugeteilt, dem die *Teilhabe am Opfer* gebührt, eben weil er als Bürger *teilhat an der Gemeinschaft*. Die Spieße sind eine Art Ausweis und belegen das Anrecht eines Glieds dieser Gemeinschaft auf Anteil am gemeinschaftlichen Opfer. Die Spieße sind kein Äquivalent oder Tauschwert und stehen für keinen gedachten Wert der Fleischstücke. Es wäre undenkbar, dass jemand, dem nicht als Bürger dieses Gemeinwesens Anteil am Opfer gebührt, an solche Spieße gelangt, sie beim Opferritual auf den Tresen legt und Fleisch für sie verlangt. Genauso wenig könnte ein Bürger seine zwei Spieße einem anderen Bürger überlassen und dieser käme dann statt mit den zwei eigenen mit insgesamt vier Spießen an und könnte Fleisch verlangen für vier statt für zwei Euro – pardon, Spieße. Die Spieße bezeichnen den *Status* des Bürgers und sind nicht etwa frei handelbare Tauschwerte und Äquivalente, die zum Kaufen »aller möglichen profanen Güter« hätten dienen können. Sie sind in *nichts* so etwas wie Geld und werden es auch nicht, wenn der unhandlich große Spieß zum symbolischen verkleinert wird: Symbol für den Status war schon der originale Spieß und dieses Symbol *bleibt* er, auch wenn er den Spieß *nur* noch symbolisch darstellt.

Aber was bedeutet es dann, dass er zur Münze wird, zum *obolus*? Irgendwann konnten bestimmte Leute mit Münzen auch etwas kaufen – wir werden noch dazu kommen –, doch als die Spieße erstmals zu den *oboloi* genannten Münzen wurden, war noch nicht einmal dies der Fall. Dass Pheidon die Spieße durch gemünzte Symbole ersetzt, führt im Gegenteil vor, dass die *oboloi* in der Münzform nur die Bedeutung der Spieße *übernehmen*. Münzen bedeuteten zunächst nur, was auch Spieße und Spießlein bedeuteten, und dienten zu nichts anderem als sie.

Während die Herleitung des Geldes aus den Athener Opferspießen von einem einzelnen historischen Vorgang ausgeht, der später allgemeine Verbreitung gefunden haben soll, meint eine andere Herleitung, etwas allgemein Verbreitetes hätte sich in diese historische Einzelheit spezifiziert. Christoph Türcke sieht das Geld so entstehen: Er ist engstens vertraut mit der »Hominidenhorde«, wie er sie nennt, und weiß, dass sie ganz allgemein Angst hatte, vor »wilden Tieren, Unwettern und Seuchen«. Das hätte bei den Hominiden eine »Schreckneurose« verursacht, und um ihr beizukommen, wenn sie wieder einmal erleben mussten, wie es blitzte und donnerte, wären sie auf die Idee einer »Wiederholung des Schrecklichen« verfallen. Die »Wiederholung« des Erschreckens vor einem Gewitter aber konnte laut Türcke nur darin bestehen, *Menschen zu opfern*. Und schon sind wir und die Hominiden beim Geld angelangt, nämlich so: Die Tötung des Opfers sei, wie Türcke schreibt, der »aus eigenem Impuls wiederholte, gewissermaßen in eigene Regie genommene Naturschrecken« und »tritt an seine Stelle«, »mit anderen Worten: Er wird ihm gleichwertig – zu seinem Äquivalent.«[35] Und dreimal dürfen wir raten, was aus diesem *Äquivalent* dann geworden ist.

Zu unserem modernen Geld entwickelt sich Türckes konstruiertes Ursprungsgeld, die geopferten Menschen, in einer Linie der Dekadenz. Über immer mindere Opfer soll es weiter und weiter abwärts gegangen sein. Menschenopfer wären noch echtes Geld gewesen, bei dem die Götter bekamen, was ihnen zustand; dann aber sollen die »epochalen Profanierungsschritte« gefolgt sein, »vom Menschen- zum Tieropfer, von größeren zu kleineren Tieren, vom Ganzen zum Teil, von Tieren zu Pflanzen« und noch weiter hinab. Die Menschen hätten auf diese Weise die Götter mehr und mehr um das vollgültige Opfer betrogen, bis hinunter zum »Metallopfer« der Münzen, das sie – »immer schamloser« – nicht mehr »*innerhalb* des sakralen Raums vollzogen«, sondern aus dem Tempel nach draußen trugen. Das soll selbstverständlich »zum epochemachenden Geschäftsmodell« geworden sein und so weiß man, was man an einem Tempel hat: »Man darf ihn durchaus Bank nennen«. Es ist einfach schon immer alles so wie heute, findet Türcke: »Bis heute ist die Zentralbank die Instanz, die Kaufkraft in die Welt setzt«, wo doch vom Tempel außerdem gelten soll: »Wo Kapital ist, ist auch Lohnarbeit.«[36] Und so geht es dahin: Menschenopfer, Äquivalent, Kaufkraft, Kapital, Lohnarbeit – versteht sich: Geld von Anbeginn mit allem Drum und Dran.

Nichts davon stimmt, nicht die historische Abfolge der Opfer, von den Menschen zu den Pflanzen, nicht die Kaufkraft, die einen Markt voraussetzen würde, den es nicht gab, und so weiter – gar nichts stimmt. Aber Türcke ist live dabei gewesen. Er steht mittendrin, als Pheidon seinen Leibgardisten die ersten Metallstückchen in die Hand drückt, und schlendert mit, wenn der Leibgardist mit ihnen umgehend *was* macht? Genau: »Am *einkaufen gehenden* Mitglied der Tyrannengarde lässt sich wunderbar studieren, …«[37] – nun, wie da jemand ernsthaft glaubt in die Urwelt zu schauen, während er nur dabei ist die *Flintstones* zu gucken. Die gehen da auch einkaufen und fahren Auto.

11 Danken und Sühnen

GELT als Zahlung

Aus GELT muss einmal Geld geworden sein, das steht außer Frage. Also wird in dem, was GELT hieß und kein Geld war, etwas gelegen haben, was sich historisch zu Geld gewandelt und so auch dem Wort die gewandelte Bedeutung verliehen hat.

Doch daraus ist nicht zu folgern, dass Geld von Anfang an als Keim im GELT angelegt gewesen wäre und sich irgendwann zwangsläufig aus ihm hätte entfalten müssen. Wie sich zeigen wird, verhält es sich durchaus anders. Unter den archaischen Verpflichtungen gibt es eine bestimmte Gruppe, die sich ganz aus ihnen *lösen* wird. Aber sie löst sich infolge eines historischen Umbruchs, der sich zunächst auf einem ganz anderen Gebiet vollzieht als dem von Austausch und schuldiger Leistung. Gleichwohl wirkt er sich irgendwann auf jene Verpflichtungen aus und wird er es sein, der sie schließlich umschlagen lässt in etwas bis dahin Unbekanntes und unabsehbar Neues, das Geld.

Diese eigene Gruppe von Verpflichtungen haben wir deshalb genauer zu betrachten. Es sind uns schon einige davon untergekommen und in seiner sorgfältigen Erklärung des *hau* hat Ranapiri bereits benannt, wie sie sich von den übrigen unterscheiden. Dort sagt er: »Also, du hast ein *taonga*, das du mir gibst. Es geht nicht um eine Zahlung zwischen uns. Jetzt gebe ich es weiter an einen anderen …« Dass du mir ein *taonga* gibst und ich es weitergebe, dafür muss also eine Bedingung erfüllt sein, die lautet: »Es geht nicht um eine Zahlung zwischen uns.« Sollte es um eine *Zahlung* gehen, würde ich das *taonga* daher *nicht* weitergeben. Folglich kann »ein *taonga*, das du mir gibst«, zweierlei bedeuten: *Entweder* gehört es in den Zusammenhang, in dem es weitergegeben werden muss, *oder* es geht um eine Zahlung. Daher gilt offenbar: Eine Zahlung ist mit *einer* Gabe eingelöst.[38]

»Zahlung« – das ist nun wieder ein Wort, in dem *wir* etwas völlig anderes hören, als es seiner ursprünglichen Bedeutung entspricht. Es geht uns damit wie mit dem Wort »Geld«, und das, weil wir eine Zahlung heute notwendig eben mit Geld verbinden. Heute »zahlen« und »bezahlen« wir in der Tat grundsätzlich mit Geld: Jeder, der heute eine »Zahlung« leistet, muss sie in Geld leisten. Aber natürlich muss das ebenso grundsätzlich anders gewesen sein, bevor es Geld gab. Wir werden uns deshalb auch bei der »Zahlung« davor hüten müssen, geldlosen Verhältnissen unser gegenwärtiges Geldverständnis überzustülpen und die Bedeutung, die das Wort für uns hat, für eine zu halten, die es schon immer gehabt hätte. Auch im Mittelalter und schon weit früher wurde zwar *gezahlt*, das steht fest. Es gab Münzen, es wurde gekauft, es wurde gehandelt – es gab Zahlungen hier und Zahlungen da. Und doch müssen sie ohne Geld erfolgt sein, es wurde *nicht mit Geld* gezahlt. Wenn es aber nicht Geld gewesen ist, womit die Menschen zahlten, was war eine Zahlung dann?

Einen ersten Aufschluss können uns zwei Arten von Zahlung geben, die noch heute – zum Teil wenigstens – *nicht* im Sinne einer Geldzahlung getätigt werden und so weit noch dem alten Sinn des Wortes entsprechen. Wieder sind sie nur ein winziger Rest des Vergangenen und wieder weisen sie auch Unterschiede gegenüber den archaischen Verhältnissen auf. Aber sie verhelfen uns zu einer Vorstellung von der Sache.

Eine »Zahlung«, wie sie Ranapiri meint und wie das Wort sie ursprünglich bedeutet, sind noch heute die *Steuern*, die wir zahlen müssen. Und eine Zahlung in diesem Sinn sind ebenso *Strafen*, die man unter Umständen noch heute ausdrücklich zu »zahlen« hat. Beides, Strafen und Steuern, zahlen wir inzwischen zwar mit Geld, was sie von der archaischen Zahlung unterscheidet. Doch was dem gezahlten Geld dabei gegenübersteht, also das, *wofür* wir es zahlen, entspricht der archaischen Zahlung noch vollständig: Mit der Zahlung von Steuern oder einer Strafe lösen wir *eine entsprechende Verpflichtung* ein – und nichts sonst. Auch wenn wir heute dabei Geld bezahlen, in diesen Fällen bringt es uns nichts weiter ein, *als dass diese Verpflichtung eingelöst ist.* Anders als bei jeder Verwendung von Geld sonst, erhalten wir für Steuer oder Strafzahlung nicht irgendetwas, das so viel wert sein soll wie das gezahlte Geld. Dem Geld, das wir auf der einen Seite *zahlen*, steht auf der anderen Seite nichts gegenüber, das wir für so viel Geld *bekommen* würden. Sondern es steht ihm ganz allein die Verpflichtung gegenüber, die wir damit *tilgen*.

Diese Verpflichtung ergibt sich im Fall der *Steuern* heutzutage daraus, dass der Staat sie von uns fordern kann und tatsächlich fordert. Von ihm geht die *Verpflichtung* aus und von uns wird sie durch die *Zahlung* eingelöst: Die *eine* Verpflichtung wird eingelöst durch die *eine* Zahlung. Das verpflichtende Verhältnis ist mit einer solchen Einlösung zwar nicht insgesamt aufgehoben, was sich bei den Steuern besonders deutlich daran zeigt, dass sie *wiederholt* und sogar *turnusmäßig* erhoben werden können. *Jeweils* aber verpflichtet dieses Verhältnis – im heutigen Fall ist es die Macht des Staates über seine Bürger – nur zu einmaliger Zahlung und Einlösung des spezifisch Geforderten. Genau das macht sie zu einer Zahlung, wie sie auch Ranapiri meint, statt zu einer der Gaben, die weiter und weiter gegeben werden müssen.

Im Fall der *Strafe* ergibt sich die Verpflichtung aus einer Schuld, die jemand durch ein Vergehen auf sich geladen hat und die durch die Strafe aufgehoben werden soll. Die mit der Schuld entstandene *Verpflichtung*, für sie zu büßen, wird durch die *Zahlung* der Strafe eingelöst. Und wieder »löst« also *eine* bestimmte Strafe die *eine* bestimmte Schuld.

Wenn allerdings heute eine Strafe zu »zahlen« ist, bedeutet es, dass sie *in Geld* erlegt werden muss, und trotzdem: Eine Strafe zahlt man nicht, weil man sie *haben* will wie etwas, wofür man sonst Geld zahlt. Aber auch heute bestehen Strafen ja nicht immer nur darin, dass jemand *Geld* zahlen muss. Das unterscheidet sie von den modernen Steuern und macht sie in einem solchen Fall – statt wie die Steuern nur zur Hälfte – *ganz* zu einer »Zahlung« im archaischen Sinn. Anstelle einer Geldstrafe können auch Jahre im Gefängnis, Arbeitstage in einer sozialen Einrichtung oder manches andere verhängt werden. Und bei solchen Strafen geht es dann auf *keiner* der beiden Seiten um Geld, weder auf Seiten der Schuld und Verpflichtung noch auf Seiten der Strafe und »Zahlung«. Auf *beiden* Seiten kann dann zum Beispiel etwas wie eine Handlung stehen, ein Diebstahl auf der einen und einige Tage Sozialarbeit auf der anderen. Genau das entspricht der archaischen Zahlung: *keine Gleichsetzung* des einen mit etwas anderem, wie wir sie mit dem Geld vornehmen, sondern das Aufheben einer Verpflichtung, die durch das eine entsteht und durch das andere eingelöst wird.

Von einer Strafe, die in sozialer Arbeit oder Gefängnis besteht, sagen wir heute nicht mehr, sie sei zu »zahlen«, eben weil für uns Zahlungen ganz auf Geldzahlungen eingeschränkt sind. Wir können 1000 Euro Strafe »zahlen«, aber nicht zehn Tage Arbeit in der Sozialstation – die »leisten« wir. Im archaischen Sinn dagegen ist und heißt eine jede Strafe uneingeschränkt »Zahlung«: Jemand leistet, was eine einzelne Verpflichtung von ihm fordert.

An einem Teil der modernen Strafen gewinnen wir also eine Vorstellung davon, was die Zahlung in einer Welt ohne Geld bedeutet. Woraus immer sich für jemanden eine bestimmte Verpflichtung ergeben mag, ob nun daraus, dass er Bürger eines Gemeinwesens ist, daraus, dass er anderen gegenüber schuldig wurde, oder auch daraus, dass er sich anderen gegenüber zu Dank verpflichtet sieht, eine »Zahlung« besteht darin, dass er diese Verpflichtung »löst« und einlöst. Wie noch bei unseren Steuern oder Strafen zahlt er nicht *für* etwas, das gleichen *Wert* hätte wie das, womit er zahlt. Bei einer Zahlung geht es um Leistung und Gegenleistung, *nicht um Wert und Gegenwert.*

Pflicht und Schuldigkeit

Damit ist der wichtigste Punkt in der Frage geklärt, was eine archaische Zahlung ausmacht. Seine weitreichende Bedeutung aber muss sich erst noch weisen. Und dafür brauchen wir ausführlichere Kenntnis des historischen Zusammenhangs, in welchem die Zahlung ursprünglich steht.

Ein wenig kann bereits die Wortgeschichte dazu beitragen. Das althochdeutsche Verb *zalôn* leitet sich von dem germanischen Substantiv ab, das unter anderem »Zahl« bedeutet, und ist eine jüngere Schwesterbildung zu *zellan*, »zählen«. Ursprünglich waren beide Verben in ihrer Bedeutung ebenso klar geschieden, wie sie es heute sind, wurden aber zwischenzeitlich miteinander vermengt und übereinandergeblendet. Frühe lateinische Übersetzungen geben »zahlen« mit *solvere* wieder, mit »lösen«, und entsprechend bedeutet »Zahlung« denn auch »Lösung«: die Einlösung einer Schuld. Wie das alte GELT bezeichnet das Wort also »*eine schuldige leistung*«, die Leistung beziehungsweise Einlösung von etwas, was einer dem anderen schuldet und wozu er dem anderen gegenüber verpflichtet ist. Nur ist »Zahlung« nicht allgemein wie GELT der Name auch für das Hin und Wider beim Austausch von Gaben, sondern besonders für die *eine* Einlösung einer spezifischen Schuld. Insofern hat »Zahlung« nur diese Teilbedeutung von GELT, die das *Grimmsche Wörterbuch* nennt: »besonders gegenleistung«. Man könnte den zitierten Artikel also abwandeln, GELT bedeute *eine schuldige leistung, besonders eine zahlung*. Eine Zahlung ist GELT in diesem besonderen Sinn.

Der da gebricht, der gebe gelt, so sagt deshalb ein altes Rechtssprichwort: Wer ein Unrecht begeht, hat GELT zu geben. Er muss als GELT nicht etwa Geld berappen, wie wir es heute deuten würden, sondern er muss *Ausgleich* und in diesem Sinne GELT als *Zahlung* leisten. Wenn ein Mann getötet wird, muss die Sippe des Getöteten dafür Vergeltung üben. Sie muss Blutrache nehmen an der Sippe dessen, der getötet hat. Indem sie die Tötung erwidert und einen Mann dieser Sippe umbringt, nimmt und erlangt sie GELT und Vergeltung. Mit dem Tod eines eigenen Mannes hat die Sippe des Täters die Schuld »gezahlt«, sie hat gesühnt und ist versühnt, so wie die geschädigte Sippe versöhnt ist – »versühnen« und »versöhnen« sind lautliche Varianten desselben Wortes. Die Schuld ist gelöst, hat Ausgleich gefunden, sie besteht nicht mehr. Friede und Einvernehmen sind durch Zahlung wiederhergestellt.

Doch nicht nur Blutrache hebt die Schuld auf, die Vergeltung kann auch in einer Genugtuung bestehen, die den Weg der Blutrache vermeidet: im *Wergeld*, wie es heißt, nach dem alten Wort für Mann, das auch im »Werwolf« steckt. Wie die Blutrache leistet auch dieses Mann-GELT einen Ausgleich der Schuld, aber nicht durch die erwiderte Tötung, sondern durch rituell überreichte Güter als Zahlung. Diese Güter ersetzen der Sippe des Getöteten nicht den Mann, den sie verloren hat, und sie sollen ihn auch nicht ersetzen. Sie sind vielmehr, wie es auch die erwiderte Tötung wäre, Lösung der Schuld, Aufhebung der schuldhaften Tat: Sie sind *das gelt der berichtunge um den totslag*, wie es eine juristische Handschrift im 14. Jahrhundert nennt.

Für den Begriff des Wergelds kennt das antike Griechisch das Wort *poinē* oder, pluralisch, die *apoina*. Aber wie die Zahlungen selbst beschränkt sich auch die Bedeutung dieser Wörter nicht auf den Ausgleich für einen Getöteten. Agamemnon etwa bietet »unermessliche« *apoina* als Buße für die Ehrverletzung, die er Achilles angetan hat,[39] wenn auch zu spät, denn jetzt lässt sich Achilles dadurch nicht mehr von seinem Groll abbringen. Dabei konnte sich durchaus sehen lassen, was Agamemnon bot. Es sind, um einmal ein Beispiel für eine gewiss außergewöhnlich reiche Zahlung anzuführen: sieben Dreifüße, zehn Pfund Gold, zwanzig blinkende Kessel, zwölf Pferde, die schon viele Preise errungen haben und ihrem Besitzer weitere Kampfpreise in Gold einbringen werden; außerdem die sieben schönsten Frauen, die sich Agamemnon nach der Eroberung von Lesbos ausgesucht hatte – darunter auch diejenige, die er dem Achilles abnahm und die Agamemnon schwört nie angerührt zu haben –, lauter Frauen, die sich gut aufs frauliche Handwerk verstehen, ihrem Herrn also einiges darin leisten werden; dann, falls es gelingen sollte Troja zu erobern, aus der Beute zusätzlich ein Schiff voll Gold und Erz und zwanzig trojanische Frauen nach freier Wahl; und schließlich will Agamemnon dem Achill noch eine der eigenen Töchter zur Frau geben, mit einer Mitgift, »soviel noch niemals einer mitgab seiner Tochter«, darunter namentlich sieben Städte mit fruchtbarem Umland, großen Rinderherden und mit Männern, die ihrem Herrn Abgaben leisten und ihn durch weitere Opfer ehren werden wie einen Gott.

»Unermessliche« *apoina* hatte auch Chryses geboten, um die geraubte Tochter zurückzuerhalten. Zu dieser »Lösung« sieht sich Chryses nicht etwa verpflichtet, weil er den Griechen etwas angetan und damit Schuld auf sich geladen hätte, denn es waren ja umgekehrt die Griechen, die ihm die Tochter raubten. Den Raub jedoch erkennt Chryses als das Recht des Siegers an und sieht in ihm deshalb kein Unrecht und keine Schuld, die noch zu sühnen wäre. Nein, Chryses bittet die Griechen um die Herausgabe einer Frau, die nun zu ihnen gehört, und auch wenn es die geraubte Tochter ist, Chryses bittet im Guten um sie. Es ist ein Akt des Friedens, wenn er für seine Tochter Zahlung bietet, denn es gilt: Die Griechen sollen ihm eine Frau abgeben und dafür haben sie Ausgleich, nämlich Zahlung zu fordern. Heute würden wir, was Chryses als Ausgleich zahlen will, nicht »Lösung«, sondern direkt »Lösegeld« für die Geraubte nennen; wogegen auch nichts spricht, solange wir uns bewusst sind, dass wir das »-geld« darin nicht als Geld, sondern strikt als GELT zu verstehen haben.

Und so besteht in Gemeinschaften ohne Geld bei unzähligen Gelegenheiten eine *Schuldigkeit im Guten*, die zu ihrer Lösung und Zahlung verpflichtet. Deshalb meinen auch *poinē* und *apoina* nicht nur die Buße, Strafe oder Rache, die Sühne oder gar das Sühnopfer und stehen nicht nur für »Entschädigung« und »Genugtuung«, sondern sie heißen auch »Belohnung«, »Ruhm« und »Preis«. Die Gelegenheiten, wo eine Schuldigkeit im Guten Zahlung verlangt, sind sogar bei weitem zahlreicher als die Fälle belastender Schuld. Während diese das Einvernehmen zwischen den Menschen einer Gemeinschaft stören oder gar vernichten und eine Zahlung es *wieder* herstellen muss, bedarf es vorher und ganz allgemein der Zahlungen, um das Einvernehmen der Gemeinschaft überhaupt erst *herzustellen*, es zu *bewahren* und zu *bekräftigen*.

Bei jeder Heirat zum Beispiel ist eine Zahlung erforderlich und ebenso bereits bei Werbung und Verlobung. Wird jemand aus einer anderen Sippe adoptiert, muss Zahlung geleistet werden. Wenn ein Unfreier freigelassen und sich damit gewissermaßen selbst übergeben wird, ist er eine Gegenleistung schuldig. Eine Zahlung wird gefordert bei etwas so Bedeutendem wie der Überlassung von Land, aber auch kleinere Dienste und jeder Gefallen, die jemandem erwiesen werden, können von ihm eine Zahlung als Lohn erwarten lassen – denken wir an Walther von der Vogelweide, dem die Damen das GELT ihres Grußes vorenthielten. Und dann gehören in das weite Feld der Zahlungen natürlich und wie bekannt auch Steuern, Tribute und zahllose Abgaben. Sie können einem einzelnen Machthaber gegenüber fällig sein, eine Sippe kann sie einer anderen Sippe zu leisten haben, einer Kaste kann das Recht auf Abgaben zukommen, einem Stamm oder einem

Dorf. Es kann eine bestimmte Altersgruppe sein, der die gebührende Ehre mit einer rituellen Zahlung zu erweisen ist, einer handwerklichen Zunft kann sie geschuldet sein oder anderen Gruppen. Und für jeden Einzelnen sind sein Rang und Status in der Gemeinschaft gebunden an Verpflichtungen dieser Art. Für den, der seinen Rang und Status aufrechterhalten will, gilt es entsprechende Zahlung zu erhalten von denen, die unter ihm stehen, aber auch seine Anerkennung durch Höhergestellte hat sich in angemessenen Zahlungen zu erweisen. Als »Gegengabe für Schutz und Schirm«, die ein Herr seinen Leuten bietet, kann er regelmäßige Zahlung fordern, so wie auch jede Art von Opfer als Zahlung zu verstehen ist, als »Gegengabe für gewährte oder erbetene Gunst der Götter«.[40] Noch der Natur gegenüber empfinden Menschen im archaischen Zusammenhang ihre Schuldigkeit, für alles, was sie von ihr zum Leben erhalten und wofür sie ihr deshalb zu Gegengaben verpflichtet sind. Das Leben selbst wurde ihnen durch die Natur gegeben, und dafür schulden sie ihr, so empfinden sie es, als vollgültige Zahlung den Tod.

Dicht und umfassend durchziehen eine archaische Gemeinschaft Verpflichtungen, die ihr Grund und Gewähr leisten sollen. Sie bilden ein ganzes Netz aus Schuldigkeiten, in dem wechselseitig alle aneinander gebunden sind: jeder an die anderen, von denen und mit denen er lebt, und so auch an die Natur und an die Götter. Und das bedeutet, jede solche Gemeinschaft hängt nicht nur über *eine* Schuld zusammen, die Einlösung verlangt, sondern über vielerlei dieser Schulden.

Exkurs: Schulden

»Auf jede heikle und komplizierte Frage gibt es eine ganz einfache, klare Antwort, die falsch ist.« Dieses Bonmot wählt David Graeber zum Motto, als er in seinem Schulden-Buch zu Recht eine solch einfache, klare Antwort auf eine heikle und komplizierte Frage widerlegt. Es ist die bekannte gängigste Antwort auf die Frage nach »den Ursprüngen des Geldes«: dass Geld aus einer Gesellschaft mit Tauschhandel entstanden wäre. Und Graeber widerlegt sie nicht nur, sondern ersetzt sie durch eine eigene Antwort, mit der er Furore gemacht hat. Doch auch ihm ist nur eine weitere »ganz einfache, klare Antwort« eingefallen und die ist – leider – genauso falsch. Sie lautet: Geld wäre *zusammen mit den Schulden* entstanden.

Graebers Erklärung zu »den Ursprüngen des Geldes« bildet die Grundlage eines umfangreichen Werkes: *Schulden. Die ersten 5000 Jahre.* Für sich genommen lässt sich diese Erklärung jedoch sehr knapp umreißen. Graeber selbst tut es gleich zu Beginn:

> »WAS IST DER UNTERSCHIED zwischen einer grundsätzlichen Verpflichtung, dem Gefühl, dass wir uns in einer bestimmten Weise verhalten sollten, oder sogar, dass wir jemandem etwas schuldig sind, und Schulden im eigentlichen Sinn? Der Unterschied zwischen Schulden und Verpflichtung ist die Möglichkeit, Schulden präzise zu quantifizieren. Dazu ist Geld erforderlich.«

In drei Sätzen also hat Graeber seine einfache Antwort gefunden: Geld und Schulden hängen zwangsläufig zusammen. Folglich müssten sie auch gemeinsam entstehen:

> »Geld macht nicht nur Schulden überhaupt möglich; Geld und Schulden tauchen im selben Augenblick auf der Bühne auf. Zu den ganz frühen Schriften, die uns überliefert sind, gehören Lehmtafeln aus Mesopotamien, auf denen Kredite und Schulden verzeichnet sind; Rationen, die von Tempeln ausgegeben wurden; Geld, das als Pacht für Land im Besitz eines Tempels zu entrichten war – jeweils genau als Gegenwert in Korn und Silber ausgedrückt. Einige der frühesten Werke der Moralphilosophie wiederum sind Reflexionen darüber, was es bedeutet, Moral als Schuldverhältnis zu verstehen – das heißt in Geld auszudrücken.
>
> Eine Geschichte der Schulden ist deshalb zwangsläufig eine Geschichte des Geldes.«[41]
>
> Eine schwerwiegende Schlussfolgerung und für Graeber nicht weniger als der Ausgangspunkt für »eine ganz andere Geschichte des Geldes«. Es geht nur ein wenig rasch. Rekapitulieren wir also:

- Dem Anthropologen Graeber ist jene ›grundsätzliche Verpflichtung‹ zwischen Menschen, die im vorliegenden Buch schon ausführlich thematisiert wurde, natürlich nicht unbekannt.

- Von einer solchen Schuld und Verpflichtung will Graeber »Schulden im eigentlichen Sinn« unterschieden wissen. Und er gibt als Unterscheidungsmerkmal an: Anders als bei einer Verpflichtung allgemein bestehe bei Schulden (im eigentlichen Sinn) die Möglichkeit, sie »präzise zu quantifizieren«.
- Um sie aber »präzise zu quantifizieren«, so Graeber weiter, sei »Geld erforderlich«. Schulden (im eigentlichen Sinn) müssten also Schulden »in Geld« sein.
- Nun belegen frühe Zeugnisse, dass beispielsweise für die Überlassung von Land eine bestimmte Menge Korn oder Silber als Zahlung gefordert wurde. Diese Verpflichtung war also in einer Menge Korn oder Silber *präzise quantifiziert.*
- Folglich müsste es sich bei dieser Verpflichtung um *Schulden* und bei Korn und Silber um *Geld* gehandelt haben.

Auf diese Weise ist genau genommen nicht geklärt, *wie* es zu Schulden und Geld kommt, es ist nur erklärt, dass es zu beidem *gemeinsam* gekommen wäre, weil Geld und Schulden »zwangsläufig« und deshalb von Anfang an zusammenhängen würden. Doch die Schlussfolgerung ist nichts weiter als das Ergebnis eines glatten Zirkelschlusses.

Machen wir uns zunächst klar: Graeber geht grundsätzlich von dem alten Phänomen der verpflichtenden *Schuld* aus, von jener ›schuldigen Leistung oder Gegenleistung‹, die das Wort GELT meint. Innerhalb dessen trifft er dann die Unterscheidung zwischen »Schuld« im Allgemeinen als *Verpflichtung* und »Schuld« im Besonderen als *Schulden.* Diese Unterscheidung gibt es in den frühen Zeiten, auf die sich Graeber dabei bezieht, aber ausdrücklich *nicht.* Graeber findet seine Unterscheidung *nicht* als historische Gegebenheit vor, sondern führt sie erst nachträglich ein: Deshalb muss er überhaupt nach diesem Unterschied *fragen.* Graeber selbst versucht ihn erst zu definieren und *kann* also mit seinen »Schulden im Besonderen« gar keine Kategorie meinen, die es damals schon gegeben hätte. Graeber kennt ihn vielmehr als den Unterschied, den wir *heute*, unter Geldverhältnissen, zwischen »Schuld« und »Schulden« machen.

Allein diesem *modernen* Unterschied entnimmt Graeber – und auch das sehr unscharf – das Kriterium, nach welchem er Verpflichtung und Schulden unterscheidet: die entwender fehlende oder gegebene »Möglichkeit«, sie »präzise zu quantifizieren«, die er so strikt mit Geld verbindet. Doch präzise quantifizieren lässt sich auch – ohne jedes Geld – eine archaische Verpflichtung. Die Schuld etwa, die zu begleichen war, wenn ein Mann getötet wurde, stellte gewiss nicht Graebers »Schulden im eigentlichen Sinn« dar, und doch bestand diese Schuld *präzise quantifiziert* in genau *einem* Mann, der aus der Sippe des Schuldigen getötet werden musste. Und auch wenn zum Ausgleich eine genau bemessene Menge an Kupfer gefordert wurde, bestand die Schuld der Tötung deshalb nicht in Schulden, wie wir sie verstehen. Für die präzise Quantifizierung beim Ausgleich einer Schuld ist rein gar nichts an »Geld erforderlich«. Dass man Männer präzise *zählen* kann, machte sie und das Leben, das sie verlieren sollten, nicht im mindesten »zwangsläufig« zu Geld. Und genauso verhält es sich in dem Fall, dass eine Tötung ausgeglichen wurde durch die Zahlung bestimmter Dinge. Auch diese Dinge sind ohne Weiteres in ihrer Menge festzulegen und sind für solche Zahlungen nachweislich in präziser Menge festgelegt worden. Aber dafür müssen sie nicht irgendetwas anderes sein als diese zählbaren Dinge selbst – also keineswegs Geld.

Graeber *setzt voraus*, dass sich eine Verpflichtung *allein durch Geld* präzise quantifizieren ließe, und er *definiert*, dass eine Verpflichtung damit zu *Schulden* »im eigentlichen Sinn« würde. Wenn er Belege für Verpflichtungen findet, wo präzise quantifiziert wurde, beweist ihm daher einzig und allein *die eigene Voraussetzung*, dass diese Quantifizierung »in Geld« hätte erfolgen müssen, und belegt ihm einzig und allein *die eigene Definition*, dass jene Verpflichtungen *Schulden* »im eigentlichen Sinn« gewesen wären. Die Zwangsläufigkeit, mit der sich ihm auf diese Weise Geld und Schulden ein für alle Mal verbinden, verdankt sich einer lupenreinen *petitio principii*: Graeber folgert nur, was er dafür vorausgesetzt, und entdeckt nur, was er vorher hineindefiniert hat. Ein bloßer Zirkelschluss lässt ihn schließlich *jedes* Schuldverhältnis sogleich für ein Schuldverhältnis *in Geld* halten – weshalb »Moral als *Schuldverhältnis* zu verstehen« nur bedeuten könne, sie »*in Geld* auszudrücken«.

Ein Zirkelschluss ist die hinfällige Grundlage, auf welcher Graeber seine 5000 Jahre währende *Schulden-gleich-Geld*-Geschichte errichtet: nicht als »ganz andere Geschichte«, sondern auf »ganz einfache, klare« Weise falsch. Aufschlussreich ist dabei, dass diese so rasch aufzuklärende Hinfälligkeit kaum einem seiner vielen Leser ins Auge sticht. Wir immerhin wissen inzwischen, was uns *alle* unwillkürlich zu solchen Zirkelschlüssen zwingt: dass Schulden, die *heute* in Geld quantifiziert werden, »zwangsläufig« *immer* in Geld quantifiziert worden wären.

Zahlungsmittel

Die vielerlei Verpflichtungen, die zwischen den Mitgliedern einer archaischen Gemeinschaft bestehen und Zahlung erfordern, formen das Recht innerhalb dieser Gemeinschaft. Sie geben vor, wie sich ein jeder im Miteinander richtig zu verhalten hat, jeweils der eigenen Stellung gemäß und im Verhältnis zur Stellung der anderen, und geben vor, wie gesühnt wird, wer sich gegen sie etwas zuschulden kommen lässt. Durch ihre Beachtung versichert sich jeder kontinuierlich der Gemeinschaft, auf die er angewiesen ist. Und eben dadurch ist auch jeder darauf angewiesen, die Verpflichtungen zu kennen und mit ihnen vertraut zu sein.

Eine solche Vertrautheit mit dem jeweils gegebenen Recht braucht zunächst eine Gemeinschaft, die für alle entsprechend überschaubar ist, eine Gemeinschaft nämlich, deren gesamte Mitglieder *einander* vertraut genug sind. Die Sicherheit, mit der jeder seine Verpflichtung gegenüber den anderen kennt und empfindet, kann sich zum Beispiel verlieren, wenn das Gemeinwesen über eine bestimmte Größe hinauswächst oder sich eine Schicht von Eroberern geschlossen über die eingeborene Bevölkerung schiebt. Jedenfalls sehen sich viele Gemeinwesen irgendwann vor der Notwendigkeit, ihr gewohnheitsmäßig ausgeübtes und allen unmittelbar bekanntes Recht schriftlich zu fixieren, damit es seine allgemeine Verbindlichkeit bewahrt. Bei den Römern etwa kommt es dazu, als sie um das Jahr 500 v. Chr. ihren letzten König Tarquinius Superbus vertreiben und patrizische Sippen die Herrschaft übernehmen, während gleichzeitig Eroberungen die Zahl der Hörigen und Unterworfenen erheblich gesteigert haben. Das Verhältnis wechselseitiger Verpflichtungen – die Römer haben dafür ein eigenes schönes Wort: *fides* – beginnt dadurch zwischen Patriziern und den sogenannten Plebejern brüchig zu werden. Schon im Jahr 494 v. Chr. erzwingen die nichtadligen Bürger deshalb mit einer Art Streik, ihrem berühmten Auszug auf den heiligen Berg, dass mit dem Volkstribunat ein eigenes plebejisches Amt eingerichtet wird. Vor allem aber können sie es durchsetzen, dass der Senat die Aufzeichnung von Gesetzen veranlasst.

Es sind die sogenannten Zwölftafelgesetze, eine Sammlung auf zunächst zehn, später noch zwei weiteren Tafeln, die uns Einblick in ein Gewohnheitsrecht aus solchen bisher bloß *vertrauten* Verpflichtungen bieten. In diesen Gesetzen findet sich sehr viel Unterschiedliches versammelt. Es gehört etwa die Erlaubnis dazu, ein Kind zu töten, wenn es missgestaltet auf die Welt kommt, oder das Verbot, dass eine bestimmte Person das Holz für einen Scheiterhaufen mit der Axt glättet. Sie legen fest, dass ein gestohlener Balken, der in ein Gebäude eingefügt wurde, zwar doppelt vergolten werden muss, aber von seinem rechtmäßigen Besitzer nicht daraus entfernt werden darf – verständlich: der Balken wäre gerettet, das Haus ein Trümmerhaufen. Ein Gesetz erklärt es für rechtens, wenn ein *nexus* nur mündlich eingegangen wird – das bezeichnet wörtlich die »Bindung« und meint das Übereinkommen über eine *Zahlung*, eine Zahlungsverpflichtung. Auf der achten Tafel aber finden wir das folgende Gesetz:

»SI MEMBRUM RUPIT NI CUM EO PACIT TALIO ESTO«

»Wenn einer einem anderen ein Glied bricht und sich nicht gütlich mit ihm einigt, soll er das Gleiche erleiden«. Dann nämlich, so heißt es wörtlich, »soll *talio* sein«. Die Talion, sie ist die erste und grundlegende Möglichkeit, wenn es um Ausgleich und Zahlung einer Schuld zu tun ist: Gleiches mit Gleichem zu vergelten und die Schuld dadurch aufzuheben. Das Wort ist unmittelbar verwandt mit einem urgermanisch zu erschließenden **talō*, das später – unter anderem über altsächsisch *tala* oder althochdeutsch *zala* – zu unserer »Zahl« wird und damit auch der »Zahlung« zugrunde liegt. Wie noch das französische *taille* meint es einen Einschnitt, und zwar »zunächst ins Kerbholz, als einfachste Art, Zählungen sinnenhaft festzuhalten«.[42] In der Redewendung »etwas auf dem Kerbholz haben« hören wir noch heute die Schuld, die da jemand auf sich geladen hat. Und so wie **talō* ursprünglich die Kerbe meint, mit der etwas *gezählt* wird, folgt die Vorstellung der Schuld, die sich daran hängt, offenbar ebenso ursprünglich der Vorstellung des Zählens: die *eine* Kerbe als Zahl für die *eine* Schuld, die genau diese *eine* Lösung oder Zahlung zu ihrem Ausgleich fordert. Es ist das Prinzip des biblischen »Aug um Aug und Zahn um Zahn«.

Das zitierte Gesetz spricht aber auch von einer zweiten Möglichkeit des Ausgleichs. Denn es sagt, *talio* solle sein, wenn sich der Schuldige mit dem Verletzten nicht »friedet« – so heißt es wörtlich: *pacit*. Falls sich also beide auf einen Ausgleich einigen, der die Schuld *friedlich* löst, *ohne* ihr die gleichartige Schuld entgegenzusetzen, hat der Ausgleich dieselbe Gültigkeit wie die Talion: Die Kontrahenten einigen sich auf Frieden, also ist die Schuld, die sie entzweit hat, aufgehoben. Eine Zahlung bietet grundsätzlich also unterschiedliche Möglichkeiten, sie zu leisten. Wie noch heute das Urteil in einem Strafprozess den Angeklagten vor die Wahl stellen kann, die Strafe *entweder* mit einer Geldzahlung *oder* mit einer Anzahl von Tagen im Gefängnis abzubüßen, so steht bei der archaischen Zahlung grundsätzlich der Ausgleich im Vordergrund und nicht, womit er geleistet wird.

Dennoch kann auch das sehr genau festgelegt sein. Jede Gelegenheit, die eine Zahlung fordert, ist eine *bestimmte* Gelegenheit und kann etwas ganz *Bestimmtes* zur Zahlung fordern – und Unterschiedliches je nach Stamm, Volk oder allgemein eben Gemeinwesen. Bei einer Hochzeit zum Beispiel konnte die Sippe des Mannes dazu verpflichtet sein, der Sippe der Frau eine Anzahl von Kupferbarren einer ganz bestimmten Form zu übergeben. Die Boiken auf Papua-Neuguinea sahen dafür Ketten aus Konusschneckenböden vor, auf den Santa-Cruz-Inseln im östlichen Melanesien waren es Rollen aus rund 50 000 Federn des Honigfresservogels, von denen die makellos roten besonders hohes Ansehen genossen. Auf der indonesischen Insel Alor und ein paar umliegenden Inseln galt es Mokko als Brautpreis zu zahlen, Messingtrommeln, die umso höher geschätzt wurden, je älter sie und je bedeutender ihre früheren Besitzer waren. Musanga heißen die an Schnüren aufgefädelten Bruchstücke von Schneckengehäusen, die ein Mann des kongolesischen Stamms der Batetela zahlen musste, um heiraten zu können. Bei den Kwele in der Shanga-Region des heutigen Kongo waren es Mandjong, eiserne Geräte in der Form eines Ankers. Die Stämme der Bena-Bena und der Kamano, die im östlichen Hochland von Papua-Neuguinea siedelten, übergaben als Brautzahlung den Kampfschmuck der Männer, Siripiya genannt. Auf der Insel Borneo im Gebiet von Sarawak bemaß sich der Brautpreis in Pikul, Gewichtseinheiten von rund 60 Kilogramm, von denen je nach Stand der Braut bis zu fünf aufzubieten waren, und zwar in Gestalt von Gongs, Glocken, chinesischem Porzellan, aber auch passend gewichtsträchtigen portugiesischen Kanonen.[43]

So ließe sich noch lange fortfahren, allein was *diese* Art der Zahlung betrifft, den sogenannten Brautkauf. Bezieht man noch andere Gelegenheiten mit ein, die eine Zahlung erforderten, wird die Reihe *zu zahlender Dinge* rasch unübersehbar. Schmuck jeder Art gehört dazu, Ketten aus Muscheln, ganzen Schneckenhäusern oder den Eckzähnen von Hunden, die kunstvoll zusammengefügten Hauer eines Ebers, Perlmuschelscheiben oder natürlich Perlen, einfache Armreife oder Fußringe, aber auch aufwendig zusammengestellter Federschmuck. Dann sind es kostbare Stoffe oder auch Waffen, eine Streitaxt zum Beispiel oder die Spitze für einen Speer. Oder es werden Waffen in symbolisch vereinfachter und verkleinerter Form überreicht. Hier müssen es Quarzscheiben sein, dort andere Arten von Stein, die jeweils in eine rituell vorgeschriebene Form gebracht sind. Überhaupt kann für Zahlungen ein bestimmtes Material vorgeschrieben sein, nicht nur Stein, sondern natürlich auch die so wichtigen Metalle, vom Eisen bis zum Gold, entweder in nur roh gegossenen Stücken oder in verschiedenen Barrenformen oder auch in kunstvoll gearbeiteter Gestalt. Oder es geht um Quader aus Salz oder aus pflanzlichem Material wie Tukula-Paste oder Tee. Und nicht zuletzt können Tiere zu zahlen sein, Schweine, Schafe, Rinder und so fort.

Die Liste von Dingen, die bei den verschiedenen Völkern und bei den verschiedenen Gelegenheiten zur Zahlung geboten und gefordert wurden, dürfte in ihren Grundzügen heute jedem geläufig sein – geläufig allerdings als eine Aufzählung früher Formen von *Geld*. Kauri-Schnüre, Kupferbarren, Muschelringe, sie alle gelten heute ganz selbstverständlich als Geld: als »frühes« Geld, als »primitives« oder als

»Naturalgeld«. Federschmuck gilt deswegen heute als »Federgeld«, Speerspitzen als »Speergeld« und andere Gerätschaften als »Gerätegeld«. Geld aber sind diese Dinge nicht. Sie sind in einem strengen Sinn Mittel zur *Zahlung*, sie sind *Zahlungsmittel.*

Was uns zu der Täuschung verleitet, wir hätten es bei all diesen Dingen bereits mit einer Form von Geld zu tun, ist allein die Tatsache, dass sie bei einer Zahlung *übergeben werden* und *ihren Besitzer wechseln*. Darin sehen wir – vom Geld auf eine solche Deutung getrimmt und, wenn wir ehrlich sind, ohne zu überlegen – unmittelbar einen Tausch oder Kauf, *wie wir ihn mit Geld vollziehen*. Würden wir es nur als einfachen Tausch und Kauf ansehen, hätte dies noch insofern sein Recht, als die Übergabe einer Braut mit der dazu gehörigen Zahlung schon früh tatsächlich »Brautkauf« heißt und »Kauf« ursprünglich nichts weiter als »Tausch« bedeutet. Doch von einem Kauf *mit Geld* hat eine solche Übergabe so wenig, wie die dabei übergebenen Dinge deshalb *Geld sind*. Sie sind nicht etwas wie ein *Wert*, für den man die Braut als *Gegenwert* bekommen würde. Es wäre undenkbar, dass der Mann mit der Hochzeitsgabe ankommt, sie auf den Tresen legt und die Frau dafür mitnimmt. Er bekommt die Frau nicht etwa *für* diese Gabe, sondern er bekommt sie einzig und allein aufgrund des *Einvernehmens* mit ihrer Sippe und für dieses *Einvernehmen* ist, neben vielem anderen, auch die Zahlung einer passenden Gabe erforderlich.

In Muschelketten oder durchlöcherten Steinen auch nur »frühe« Formen von Geld zu sehen, ist so grundverkehrt, als würde man zehn Tage Gefängnis als »Naturalgeld« für das entsprechende Vergehen deuten. Dennoch stellt diese Ansicht heute den allgemeinen Stand der Wissenschaft dar. Sie verfehlt das Wesen der archaischen Zahlung vollständig: Dinge, die zur Zahlung dienen können und die insofern *Zahlungsmittel* sind, missversteht sie als *Tauschmittel*, und nicht nur als einfache Tauschmittel, sondern wiederum als Tauschmittel, die *wie Geld* jeweils *immer weiter* als Tauschmittel fungieren. Jene Dinge dagegen, mit denen Zahlung zu leisten ist, werden deshalb nicht auch schon *weitergereicht* von Zahlung zu Zahlung, von einem Tausch zum nächsten, sodass sie *nur* noch Zahlungsmittel wären oder Tauschmittel *als solche*.

Die ankerförmigen Mandjong der Kwele etwa wurden bei einer

Hochzeit feierlich zum »Brautkauf« überreicht, danach aber von ihren neuen Besitzern entweder im Uferschlamm vergraben oder wohl verpackt über der Feuerstelle aufbewahrt. Sie traten also überhaupt nur bei den Hochzeiten sichtbar auf, wo sie vom Besitz der einen Sippe in den der anderen wechselten, um eine Heirat zu besiegeln. Wichtig war ihr Besitz *mit ebendieser Bedeutung*. Der Besitz eines Mandjong bezeugte die Fähigkeit des Mannes, Oberhaupt einer eigenen Familie zu werden; mit der Erlaubnis, ein Mandjong zu übergeben, bezeugte ihm seine Sippe die entsprechende Stellung als Vater; und mit der Annahme des Mandjong bekundete die Sippe der Frau ihre Anerkennung des ehelichen Bandes mit seiner Sippe.

Das antike Griechisch hat eigene schöne Wörter, um auszudrücken, welche Bedeutung und Verwendung Dinge als Zahlungsmittel haben. Als Telemachos Menelaos, den König von Sparta, aufsucht, um vom Schicksal seines Vaters Odysseus zu erfahren, bietet ihm dieser zum Abschied, wie es sich gehört, »glänzende Gaben«, darunter einige besonders schöne Pferde. Telemachos jedoch, der sie auf seiner allzu bergigen Heimatinsel Ithaka nicht brauchen kann, wehrt sie ab, um stattdessen zu bitten: »Die Gabe, die du mir geben magst, sei ein *keimēlion*.«[44] Das Wort leitet sich von einem griechischen Verb für *liegen* ab und meint daher ausdrücklich etwas, das lediglich *liegt*, das also zur bloßen Aufbewahrung bestimmt ist. Es liegt da, kann vielleicht gezeigt werden, es ehrt seinen Besitzer und bringt zugleich demjenigen Ruhm, der es vermochte ihn mit solcher Gabe zu ehren. In Heiligtümern wie Olympia standen eigene Schatzhäuser, errichtet von den mächtigsten Städten, die darin kostbare Gaben aufbewahrten und zur Schau stellten, welche sie jeweils über viele Jahre hinweg den Gottheiten des heiligen Ortes geweiht hatten. Diese Gaben und Schätze hatten allein den Sinn, dort zu *liegen* und die Ehre der Geber sowie der von ihnen Geehrten zu künden.

In den Pferden aber, auch wenn er sie nicht annehmen kann, erkennt Telemachos sehr wohl das *agalma*, das sie sind: etwas, »um damit zu prunken«. Ihre Bedeutung liegt also darin, dass sie das *Ansehen* ihres Besitzers erhöhen. Die kostbaren Gaben stellen nicht als Tauschmittel einen Wert dar, um den sie gegen eine entsprechend große Menge an Waren einzutauschen wären: Wären sie diese Art

Wert, hätte Telemach die Pferde mit Kusshand nehmen können. Ihre Kostbarkeit besteht darin, demjenigen Prunk und Pracht zu verleihen, zu dessen Vermögen sie zählen.

Denn genau das macht in diesem historischen Zusammenhang ein Vermögen aus. Es mag sich auf den Weiden tummeln, es mag als Acker oder auch als Sklaven zur Versorgung seiner Besitzer beitragen oder es mag als eine Sammlung von *keimēlia* die Schatztruhe füllen, die in jeden *oikos*, in jeden Haushalt gehört. Als Vermögen dient es dem Ansehen, ehrt es seinen Besitzer und – ganz entscheidend – ist es zugleich *das Vermögen, Zahlung zu leisten*: die Fähigkeit, solche Verpflichtungen in der Gemeinschaft zu erfüllen und damit seinen Stand in ihr zu bewahren.

Im alten Mesopotamien

Mesopotamien umfasste einst die Reiche von Sumerern, Babyloniern und Assyrern auf einem großen Gebiet um die beiden Ströme Euphrat und Tigris, die ihm den Namen eintrugen: Zwischenstrom-Land. Es währte in etwa die dreitausend Jahre, die der christlichen Zeitrechnung vorangehen, also lagen seine Anfänge berühmte »5000 Jahre« vor unserer Gegenwart. Bereits einige Jahrtausende vorher, nach dem Abklingen der letzten großen Eiszeit, soll es dieses Land des »fruchtbaren Halbmonds« gewesen sein, wo Menschen ein erstes Mal sesshaft wurden, um den Boden zu bebauen: entscheidende Voraussetzung für das Entstehen dieser frühen Hochkultur.

Dass wir gerade in ihre Art des Wirtschaftens einen ungewöhnlich detaillierten Einblick haben, verdanken wir dem glücklichen Umstand, dass sich getrockneter Lehm in dem dort herrschenden Klima fast unbegrenzt hält. Auf dem Gebiet, das heute zu Syrien, Irak und der Türkei gehört, hat man mehrere hunderttausend Tontafeln aus jener Zeit gefunden und darauf unter anderem zahllose in Keilschrift festgehaltene Kontrakte, die viel von den alltäglichen Abläufen erzählen. Aber nicht nur sie zeugen von der mesopotamischen Kultur, sondern viele weitere Dokumente bis hin zu der reich beschrifteten Diorit-Stele des Hammurapi von Babylon.

Was sie uns zeigen, ist nun etwas höchst Beeindruckendes. Es ist die archaische Organisation ganzer hochkomplexer Gemeinschaften. Es ist ihre Organisation über ein dichtes Geflecht von *Zahlungen.*

Für diese Art der Organisation ist Mesopotamien nur ein Beispiel unter anderen, aber es ist ein besonders frühes, namhaftes und gut dokumentiertes Beispiel. Was sich anhand von Mesopotamien belegen lässt, ist eine wirtschaftliche Organisation größten Umfangs – und *ohne Geld.* Selbstverständlich wollen moderne Fachleute auch hier bereits so ziemlich jede Erscheinung entdeckt haben, die eine moderne Geldwirtschaft ausmacht. Banknoten hätte es gegeben, Kredite und Schulden »in Geld«, Wechsel, Fonds und Aktien, Urheberrechte und Patente, Konkurrenz und Verdrängungswettbewerb und einen Markt, auf dem es nach Angebot und Nachfrage gegangen wäre und damit vor allem ums Geld.[45] Dabei gibt es eine sehr grundlegende Tatsache, die als solche bereits ausschließt, dass es sich im alten Mesopotamien um eine Geldwirtschaft gehandelt hätte. Die Tontafeln nämlich belegen, dass sich das »Wirtschaftsleben«, wie man es heute nennt, so gut wie nicht verändert, sondern über einen unvorstellbar langen Zeitraum hinweg konstant bleibt:

> »Tatsächlich zeichnet sich das mesopotamische Wirtschaftsleben, besonders was die institutionellen Haushalte anbetrifft, durch ein beträchtliches Maß an Kontinuität aus. Wenn man etwa die Ende des vierten Jahrtausends entstandenen Aktenstücke zur Getreide- und Textilwirtschaft des Eanna-Tempels in Uruk mit in demselben Tempel abgefassten entsprechenden Dokumenten aus der Zeit um 500 v. Chr. vergleicht, so finden sich – trotz der mehr als zweieinhalb Jahrtausende, welche die beiden Archivgruppen trennen – bemerkenswerte Ähnlichkeiten.«[46]

Auf unsere Gegenwart übertragen, würde dieser Zeitraum bedeuten, dass wir heute zum Beispiel unter den gleichen wirtschaftlichen Verhältnissen lebten wie die Römer der frühesten Republik nach Vertreibung der Tarquinier. Das verträgt sich in keinem Fall mit Geld und der dazugehörigen Wirtschaft, die ja nicht gerade für einen Mangel an historischer Dynamik berühmt ist. Es belegt stattdessen, wie dauerhaft und stabil und wie *gut eingerichtet* diese Verhältnisse waren.

Mesopotamien wurde beherrscht durch den »Palast«, einen König mitsamt seinem ausgedehnten Hofstaat, und durch ein weit verzweigtes Tempelwesen, das seinerseits dem Palast unterstand. Beide Instanzen lenkten und leiteten das Wirtschaften, also die Versorgung mit alldem, wovon die Menschen dort lebten und womit sie ihr Leben einrichteten. Dies geschah grundsätzlich auf dem Weg der Redistribution, des Einsammelns und Wiederverteilens. Zunächst verfügten »die institutionellen Haushalte« Palast und Tempel selbst über große Ländereien, die sie bebauen ließen, mit angeschlossenen Werkstätten, denen sie die Rohstoffe zuführten und wo wiederum Abhängige herstellten, was gebraucht wurde. Daneben verfügten Familien auch über eigene kleinere Parzellen, die sie bebauten und mittels derer sie sich teils selbst versorgten, von deren Erträgen sie aber auch Abgaben zu leisten hatten. Also wurde angebaut, gefischt, wurden Ziegel gebrannt und alles sonst hergestellt, was zur Versorgung nötig war: entweder unter der direkten Verpflichtung durch Tempel und Palast oder indirekt unter der Verpflichtung, von den geernteten, hergestellten oder sonst wie erlangten Gütern einen angemessenen Teil abzugeben – zur weiteren Verteilung. Denn Palast und Tempel hatten das Recht auf den Einsatz ihrer Untertanen nicht nur, um auf diese Weise *selbst* versorgt zu werden, sondern ebenso, damit die eingelieferten Güter nach Gebühr wieder an die Untertanen verteilt wurden.

Dafür waren zwischen der höchsten Ebene von König und Palast und den zu Abgaben und Arbeitsleistung verpflichteten Untertanen in großer Zahl nachgeordnete Machthaber, Verwalter und Beamte eingeschaltet, die je nach Zuständigkeit dafür zu sorgen hatten, dass einerseits die Abgaben vollzählig an Tempel und Palast gelangten und dass andererseits die Ansprüche der Untertanen sinnvoll erfüllt wurden. Zum Beispiel hatten solche Leute abzuwägen und dem Palast gegenüber zu vertreten, ob bei einer Missernte die Abgabenlast gemindert oder wem durch die Überlassung von Land oder von Saatgut geholfen werden sollte. Als Lohn für ihre Dienste hatten diese Vermittler ganz allgemein selbst Abgaben zu fordern und wurden die Höherstehenden unter ihnen sogar eigens mit Land bedacht. Und so wurden sie über dasselbe Geflecht von Verpflichtungen versorgt, deren Einhaltung sie zwischen den Bevölkerungsteilen organisierten.

Wir sehen vor uns: ein höchst umfangreiches Gemeinwesen, in dem das Prinzip der wechselseitigen Verpflichtung, der geschuldeten Leistung und Gegenleistung, zu einer ganzen und überaus stabilen Organisation der Versorgung entwickelt war. Den Abgaben, zu denen Untergebene und Untertanen verpflichtet waren, standen Schutz, Fürsorge und Unterhalt gegenüber, den ihnen die jeweils höheren Stände bieten mussten. Auch wenn diese den Unterhalt hauptsächlich aus den Abgaben jener gewährten, die Verpflichtung zu Leistung und Gegenleistung bestanden wechselseitig und diese *entsprechen* einander: je nach Stand und Gebühr der verpflichteten Seiten.

Nun aber gibt es die »Lehmtafeln aus Mesopotamien, auf denen Kredite und Schulden verzeichnet sind« und aus denen moderner Sachverstand umstandslos auf Kredite und Schulden »in Geld« schließt.[47] In der Tat belegen die erhaltenen Urkunden in Ton, dass vor allem kleinere Haushalte häufig etwas leihen mussten und geliehen bekamen. Diese Leihe oder Schuld wurde jeweils also urkundlich genau notiert. Es wurde festgehalten, wer ihnen was überlassen hatte, was sie daher verpflichtet waren zurückzu*zahlen*, und oft auch, womit sie die Überlassung noch eigens abzugelten und in diesem Sinn zu belohnen hatten. Alles das *kann* man Kredit, Schulden und Zins nennen – nur dass diese Wörter damit keineswegs einschließen, dass es dabei um Geld ginge, genauso wenig, wie wenn beispielsweise heute jemand die Bohrmaschine seines Nachbarn ausleiht, sie nach Gebrauch wieder zurückgibt und zum Dank pflichtschuldigst noch eine Tafel Schokolade drauflegt. Weder die Bohrmaschine noch die Schokolade werden dadurch zu Geld, auch dann nicht, wenn sich der Nachbar die Rückgabe plus Schokolade urkundlich zusichern ließe. Um Geld zu sein, müssten sie geldtypisch *weiterverwendet* werden und anschließend weiterhin als Tauschmittel fungieren. Das aber geschieht nicht, bei der Bohrmaschine des Nachbarn so wenig wie im alten Mesopotamien.

Bei den dort auf Tontafeln verzeichneten Schulden fällt auf, dass sie hauptsächlich in einer jahreszeitlichen Periode beurkundet wurden, die entweder nur kurz *vor der Ernte* liegt oder aber unmittelbar *vor der neuen Aussaat*. Der erste Fall bedeutet, dass bäuerliche Kleinwirtschaften mit ihren geringen und oftmals nicht ausreichenden Erträgen zu einer Jahreszeit, da die Vorräte zur Neige gehen, bevor die bevorstehende Ernte sie wieder auffüllen wird, genau das benötigen: Vorräte, über die sie erst dann wieder selbst verfügen werden. Meistens geht es um Gerste, in jedem Fall aber geht es um die unmittelbare Subsistenz, nicht um Geschäfte und Geldgewinn. Das bezeugen die Urkunden, indem sie als den *Zweck* eines solchen »Kredits« regelmäßig angeben: *zur Unterstützung*. Genauso kann es den kleinen Wirtschaften auch für die neue Aussaat an Gerste fehlen, die sie sich allenfalls von ihrer Nahrung absparen könnten. Also müssen sie bei entsprechend aufgebrauchten Vorräten auch diese Gerste von anderen erbitten, von größeren oder direkt von den institutionellen Haushalten, die hoffentlich genug davon angesammelt haben.

Auch von »Rationen, die von Tempeln ausgegeben wurden«, ist heute die Rede, als würden sie unmittelbar die Verwendung von Geld belegen. Es waren »Darlehen«, so kann man sie ohne Weiteres nennen, aber einfach wieder als Leihe und Abgabe von Lebensmitteln an solche, die ihrer bedürftig waren oder denen sie aus anderen Gründen zustanden; nur dass die Rückzahlung hier, falls sie überhaupt verlangt wurde, nicht außerdem noch Zins einschloss. Oder die Tafeln sprechen von einer »Pacht«, die »für Land im Besitz eines Tempels zu entrichten war«, und auch die zeugt nicht von Geld, sondern erklärt sich als Zahlung. Von den Tempeln, aber auch vom König selbst wurde Land an Leute vergeben, die es für die eigene Familie bebauen konnten und dafür einen Teil der erzielten Ernte abzugeben hatten. Diese »Pacht«, wie sie gerne heißen kann, war also nur eine der genannten gängigen Formen innerhalb der großen Redistribution und Teil der wohl organisierten Versorgung.

Und nicht nur für die Nutzung von Land oder die Überlassung von Nahrungsmitteln oder anderer Güter, auch für die Verfügung über Personen konnte Zahlung und Gegenleistung gefordert werden. Dem Palast, den Tempeln und einer Reihe von Höhergestellten waren Untertanen ja ohnehin verpflichtet sich zur Verfügung zu stellen und zu leisten, was gefordert war. Außerdem aber konnten sie sich auch jemandem gegenüber verpflichten, der dann speziell dafür Zahlung leistete. Das heißt, sie waren zu »mieten«: »Schamasch-magir, den Sohn des Sinnatum, hat von seinem Vater für einen Monat von 30 Tagen gemietet Ipqu'irstim, der Sohn des Warassa, und wird als Lohn 1⅓ Kor Gerste zuwiegen« – das sind circa 400 Liter. Außer vom Vater oder einem anderen nahen Verwandten konnte jemand auch »von ihm selbst« gemietet werden, wie es auf manchen Tafeln heißt: in Verträgen, die jeweils für eine bestimmte Zeit oder über eine spezifische zu erbringende Leistung abgeschlossen wurden, sozusagen als Werkvertrag. Größere Haushaltungen hatten zuweilen so viele Leute angemietet, dass man die Anwesenheit der Verpflichteten auf Listen kontrollieren und Marken für das Geleistete ausgeben musste. Insofern hat es im alten Mesopotamien, wenn auch nur sehr peripher, sogar etwas gegeben, was wir heute »Lohnarbeit« nennen würden. Und dennoch wird auch hier nur Zahlung geleistet – eine Zahlung ohne Geld, in der 1⅓ Kor Gerste das Nahrungsmittel bleibt, von dem der Bezahlte lebt, und nicht etwa zum kursierenden Tauschmittel wird.

Der geschuldete Mensch

Wo es um archaische Zahlungen geht, ist GELT sowohl die Schuld als auch ihre Einlösung. Das ist ein wichtiger und tiefreichender Unterschied zu einer modernen Zahlung mit Geld, der für uns – genau deswegen – schwer verständlich ist. In den Zeiten von GELT sind Schuld und Geschuldetes *eines* und deshalb bezeichnet das Wort sowohl, *worin die Schuld besteht*, als auch, *womit sie aufzuheben ist*.

Ein mittelalterlicher Bauer ist es seinem Herrn schuldig, eine bestimmte Menge Korn zu liefern, schuldet ihm also den Kornzins, wie er genannt wurde, und dieser Zins hieß GELT. Aber GELT und Zins ist und heißt dabei nicht nur die *geschuldete*, also noch *ausstehende* Menge Korn, sondern auch die irgendwann vorliegende Menge Korn, mit welcher der Bauer diese Schuld erfüllt. Oder es hat ein Bauer hundert Eier abzuliefern und sie heißen *hundert eyer gelts*, hundert Eier an GELT, *an Schuld*, Eier, die er schuldig ist und die noch fehlen, aber auch die Eier, die er einmal anbringen wird. Die Eier, die die Schuld einlösen, *sind* zugleich die einzulösende Schuld, sie treten ihr nicht wie Geld spezifisch als dasjenige gegenüber, *womit* man Schuld oder Schulden begleicht.

Daher konnte es im Mittelalter auch heißen, ein Mann habe *vil gelder*, und es bedeutete im schärfsten Widerspruch dazu, was wir heute darin hören, nicht etwa, dass er viel *Geld* gehabt hätte: Es hieß, dass er viele *Schulden* hatte, also gerade nichts an Mitteln, womit sie zu begleichen wären. Jemand ist *in gelt gevallen einem oder mê liuten* hieß, dass er bei einem oder mehreren in Schulden geraten ist. Er ist in GELT geraten und bräuchte nun zum Beispiel *hundert eyer gelts*, um dieses GELT zu begleichen, die Schuld mit dem Geschuldeten.

Angesichts dieser *Einheit* von Schuld und Einlösung, von Leistung und Gegenleistung verstehen wir endlich, weshalb der Markgraf sagen konnte, er wolle GELT *sein*. Falls seine Gäste während ihres Aufenthalts auf seiner Burg etwas von ihrer Ausrüstung einbüßen, will er es behandeln, als wäre er es ihnen schuldig – auch ohne den Verlust verschuldet zu haben – und als wäre er deshalb verpflichtet, das Verlorene zu ersetzen. Er will es schuldig sein, das heißt: Er selbst will *die Schuld sein*, will das GELT sein, das für ihn gleichbedeutend ist mit ihrer Einlösung, ihrer Zahlung: »des wil ich wesen gelt«.

Sein nobles Versprechen zeigt, wie kraftvoll diese Einheit von Schuld und Lösung der Schuld gewesen ist. Aber es zeigt noch mehr. Wenn *er selbst*, Markgraf Rüdiger, die Schuld *sein* will, die ihn zu Lösung und Zahlung verpflichtet, muss gelten: Auch der Schuldner *ist* zugleich die Schuld. Das ist nicht etwa sprachliche Spitzfindigkeit, vielmehr spricht sich die Einheit von Schuld und Lösung notwendig auch in der Einheit von Schuld und Schuldner aus. Denn das Verhältnis, das sich in einer archaischen Zahlung darstellt, beschränkt sich nie bloß auf das Verhältnis zwischen den *Dingen*, mit denen und für die dabei möglicherweise gezahlt wird. Es ist ganz entscheidend das Verhältnis zwischen *Menschen*, es besteht zwischen den *Personen*, die *einander* verpflichtet sind. Auch wenn sie der Überreichung von Dingen bedarf, um eingelöst zu werden, die Verpflichtung besteht *zwischen* den Personen, die sie einander verpflichtet, und so besteht sie auch *in* den Personen der Verpflichteten.

Dieser Zusammenhang von GELT, Schuld, Zahlung und Person erweist seine überaus machtvolle Wirksamkeit in einem historischen Phänomen, das grundsätzlich dort auftritt, wo sich ein Gemeinwesen über Zahlungen organisiert. Es ist das Phänomen der Schuldknechtschaft. Sie grassiert nicht nur in Mesopotamien, sondern in allen frühen Reichen und ist vielleicht am ehesten bekannt dank Solons berühmter Gesetzgebung. Solon erlässt sie Anfang des 6. Jahrhunderts v. Chr. in der Hauptsache in Reaktion auf eine tiefe Bedrohung, die der athenischen Polis aus der großen Zahl von Schuldknechtschaften erwachsen ist. Dass es zu ihnen kommt und so zahlreich, dass auch das mächtigste Gemeinwesen darüber in Schwierigkeiten gerät, lässt sich allein aus diesem Wesen der Zahlung verstehen.

Wer seine Schuld *ist* und sie nicht einzulösen vermag, der vermag *sich* nicht einzulösen. Er bleibt dem anderen *sich selber* schuldig und kann ihm daher nur *sich selber* überlassen. Wenn er die Schuld nicht anders einlösen kann, hat sie der Schuldner notwendig durch die Übergabe *seiner selbst* einzulösen. Damit es so weit kommt, muss er deshalb gar nicht erst einen ganzen Schuldenberg angehäuft haben, wie wir uns das bei Geldschulden vorstellen würden. Er muss nicht erst über beide Ohren verschuldet sein, bis schließlich nur noch die Knechtschaft als letztes Druckmittel zur Eintreibung der Schulden bliebe. Nein, es genügt die *eine* und *einfache* Schuld, die er nicht zu zahlen vermag. Diese eine Schuld, er hat sie mit *sich* einzulösen, da er GELT *ist*, wie der Markgraf GELT *sein* wollte. Wenn nicht mit etwas anderem, hat er *sich* als Zahlung zu überlassen: Dann fällt er *selbst* dem Gläubiger zu und geht *er* in Schuldknechtschaft.

Dieses »selbst« ist allerdings in der Regel der gesamte Haushalt, dem ein Mann vorsteht oder zu dem er gehört. Für den Fall, dass jemand seinen Verbindlichkeiten aus einer Pacht oder einem Darlehen nicht nachkommen kann, sprechen mesopotamische Tontafeln auch bloß »anstelle der Zinsen« einem Gläubiger nicht weniger als Familienangehörige, Sklaven oder gar das ganze Gehöft des Schuldners zu. Und wenn er nicht nur die Zinsen, sondern gar die Menge Gerste oder Wolle schuldig bleibt, die ihm geliehen wurde, so braucht es gar nicht erst einer Klausel, dann schließt die kontrahierte Verpflichtung ohne jedes weitere Wort mit ein, dass der Hausherr letztlich selbst die Zahlung *ist*.

Auf diese Weise also kommt es notwendig sehr leicht und in großer Zahl zu Verknechtungen durch ein Schuldverhältnis. Nehmen sie überhand, können sie selbst für ein großes und kraftvolles Gemeinwesen zur Gefahr werden. Denn jeder verknechtete Herr oder andere Angehörige eines Hauses lässt eine Wirtschaftung zurück, die nicht mehr richtig arbeitet, deren Boden weniger ergiebig oder gar nicht mehr bestellt wird und Ähnliches mehr. Eine Vielzahl derart eingeschränkter oder brach liegender Hauswirtschaften, auch wenn jede einzelne nur kleineren Umfangs ist, muss deshalb die auf Diensten und Abgaben beruhende Versorgung des gesamten Gemeinwesens bedrohen. Deshalb kämpften zum Beispiel Athen oder kämpften die mesopotamischen Reiche darum, der Gefährdung durch Schuldknechtschaften Herr zu werden.

Das Einfachste wäre natürlich gewesen, sie als ganze zu verbieten, tatsächlich aber vermochte dies keines der frühen Reiche. Ihr Fundament bildeten Zahlung und Verpflichtung, darauf beruhten sie *als Gemeinwesen*. Die Abschaffung der Schuldknechtschaft hätte nicht weniger bedeutet, als die Axt an die eigenen Fundamente zu legen. Es musste bei der Schuldknechtschaft bleiben, weil man sonst Verpflichtung und Zahlung aufgegeben hätte. Also begrenzte man etwa ihre Dauer, wie es ein Paragraf auf Hammurapis Gesetzesstele tut: Wenn ein Mann aufgrund einer Schuldverpflichtung seine Frau oder eines seiner Kinder für Silber verkauft oder in Schuldknechtschaft gegeben hat, müssen sie nicht länger als drei Jahre im Haus ihres neuen Herrn dienen. Bedeutender noch als Begrenzungen dieser Art war der regelmäßige und oft belegte Vollzug dessen, wovon es in mesopotamischen Edikten beispielsweise heißt, der König habe »gerechte Ordnung im Land geschaffen«. Die Formulierung meint eine allgemeine Befreiung aus der Schuldknechtschaft, das Zerbrechen der Schuldurkunden und die Erlassung von Steuerrückständen, die jemanden mit Schuldknechtschaft bedrohen würden.

So wird zum Beispiel Lipit-Ischtar, der fünfte Herrscher der Dynastie von Isin, dafür gerühmt, dass er »in Übereinstimmung mit dem Worte des Gottes Enlil« Gerechtigkeit hergestellt und den Söhnen und Töchtern von Nippur, Ur, Isin und von ganz Sumer und Akkad »Freiheit« erwirkt habe: ihre Befreiung aus Schuldknechtschaft. Solche Angaben lassen die gewaltigen Dimensionen erahnen, die das Phänomen hatte. Und sie geben zu Protokoll, dass die Schuldknechtschaft nur jeweils aufgehoben, nicht etwa abgeschafft werden konnte, sondern dass es nach einer solchen Amnestie unverändert mit solcher Verschuldung weiterging. Die jüdische Tora kennt etwa das Jubeljahr im Abstand halber Jahrhunderte, im Deuteronomium soll sogar jedes Sabbat-, also jedes siebte Kalenderjahr, mit einer Befreiung aus der Schuldknechtschaft einhergehen. In Europa gibt es sie bis ins Mittelalter.

Eine archaische Verpflichtung bindet die *Personen.* Wer sie von den Personen abkoppelt und nicht darauf achtet, dass etwa ein Geschädigter sich selbst als versühnt ansehen kann, der löst die Verpflichtung nicht ein, sondern zerstört ihren Sinn. Das heißt: Wer etwa für ein Vergehen nicht *dem Geschädigten* Genugtuung leistet, sondern ohne Ansehung der Person nur für *das Vergehen selbst* zahlt, der weiß offenbar nicht, was eine Zahlung ist: Der bezahlt und kauft sozusagen nur die Aufhebung seines Vergehens – *wie mit Geld.* Wer so jene tiefsten Verpflichtungen nicht begreift, auf denen doch sein Leben in der Gemeinschaft beruht, der muss – das haben die Arapesch richtig gesehen – irre sein. Und so erzählt es, uns zur Anschauung, Aulus Gellius von einem Römer:

> »Lucius Veratius war ein ausnehmend schlechter Mensch und von unbegreiflicher Verrücktheit. Er hatte seinen Spaß daran, freie Männer mit der flachen Hand ins Gesicht zu schlagen. Stets führte er einen Sklaven bei sich, der eine Börse voller Münzen trug, und wenn er jemanden geohrfeigt hatte, ließ er ihm sogleich nach der im Zwölftafelgesetz festgelegten Strafe 25 As auszahlen. Aus diesem Grund haben die Prätoren dieses Gesetz später aufgehoben und per Erlass festgelegt, dass künftig Richter über solche Vergehen befinden sollten.«[48]

Münzen

Und damit sei es so weit: Veratius hat eine in *Münzen* festgelegte Strafe zu zahlen und wir haben endlich zu klären, was es mit ihnen auf sich hat.

Heute gelten Münzen unmissverständlich und ausnahmslos für Geld, und niemand denkt auch nur daran zu überlegen, ob sie je etwas anderes gewesen sein könnten. Die Münze erscheint uns heute geradezu als der Inbegriff von Geld, als seine nicht bloß ursprüngliche, sondern natürliche Form, die wir nur leider viel zu umfänglich durch unnatürlich elektronisches Geld ersetzt hätten. Noch immer tragen wir Geld auch als Münzen im Portemonnaie, im »Münzträger«, wie das französische Wort sagt. *Money*, das heute weltumspannende Wort für Geld, leitet sich von der »Münze« her und geht damit bis auf die antike *Iuno Moneta* zurück, auf Juno als die »mahnende« Göttin. Die zentrale Münzstätte Roms war ihrem Tempel angeschlossen, sodass die dort geprägten »Moneten« Junos kultischem Schutz unterstanden.

Trotzdem, Münzen *waren* kein Geld. Und inzwischen fällt es auch nicht mehr schwer anzugeben, was sie stattdessen gewesen sind. Nehmen wir den Faden bei Veratius auf: Er hat nach einem der Zwölftafelgesetze eine Strafe von 25 As zu zahlen. Das heißt, es geht erstens um eine *Zahlung*, zweitens sind es *As*, die zu zahlen sind, und drittens ist die Strafe *gesetzlich* festgelegt. Die Zahlung als erste dieser drei Bestimmungen ist bereits ausführlich erklärt. Der As bezeichnet nichts anderes als eine genormte Menge, es ist der Name des römischen Pfunds, eines Gewichts von etwa einem Drittel des heutigen Kilogramms. Lange wurde Kupfer nur zu ungestalten Klumpen von diesem Gewicht geformt, Kupfer, das die Römer als Hauptbestandteil der Bronze schätzten, aus der sie viele ihrer bäuerlichen Gerätschaften gefertigt haben. Als sie dann nach griechischem Vorbild dazu übergehen, Kupfer zu Münzen zu gießen oder zu prägen, behalten sie den Namen für die Gewichtseinheit bei, auch als sie den As mit geringerem Gewicht ausmünzen. So wird der As zur Münze.

Von ihnen hat Veratius 25 als Strafe zu zahlen, nach dem Gesetz, das da lautete:

»Wenn einer ein Unrecht begangen hat, sollen 25 die Strafe sein.« Das so zu bestrafende Unrecht, eine *iniuria*, meint ein Vergehen ohne Körperverletzung. *Wovon* die Strafe 25 sein sollen, braucht das Gesetz nicht zu erwähnen: Das ist allgemein bekannt, das weiß sogar der Irre. Was hier gesetzlich als Zahlung festgelegt wird, ist eine *Norm*.

Historisch machen Griechen den Anfang mit der Formung und Prägung von Metall zu Münzen. Und sie waren sich im Klaren darüber, was sie da taten: Sie nahmen damit bewusst eine *Setzung* vor und nannten die Münze daher *nomisma*. Das Wort kommt von dem griechischen Wort für »Gesetz«, *nomos*, denn ebendas drückt *nomisma* als »Münze« aus: das *Gesetzte*, das Festgelegte. Das Verb νέμω, von dem sich *nomos* und *nomisma* ableiten, hat zur Grundbedeutung »teilen, abteilen, durch Teilung herstellen«. Die Münze, die nach derselben Wurzel lateinisch *nummus* heißt, wird durch *Teilung* hergestellt: indem man eine *bestimmte* Menge Metall abteilt. Dessen Münzung wird in dem klaren Bewusstsein vorgenommen, dass diese Menge durch die Gemeinschaft *gesetzt* ist. Sie wird innerhalb der gesamten Gemeinschaft für *verpflichtend* und zur Norm *erklärt*.

Fürs Erste ist also sehr leicht zu sehen, worum es sich bei den Münzen ursprünglich handelt: Sie sind *Zahlungsmittel*, die dafür *genormt* worden sind. Genormt sind sie dafür als festgelegtes *Material* in festgelegter *Menge* und in festgelegter *Gestalt*. Doch auch mit diesen Festlegungen werden sie zu nichts anderem als einem der Zahlungsmittel, die wir bereits beschrieben haben. Wenn der Sippe einer Braut mehrere Kupferbarren zu zahlen sind, so ist nicht nur das Material fest vorgegeben, sondern ebenso, welches Gewicht und welche Gestalt die Barren haben müssen. Kupfer finden wir als Zahlungsmittel bei den Azteken etwa zu symbolisch verkleinerten Äxten geformt; in der Gestalt sogenannter Katanga-Kreuze war es in weiten Teilen Afrikas verbreitet, ebenso als Manilla, eine Art offener Armreif mit tellerförmig verbreiterten Enden; in Nigeria hatte es die Form großer, schwerer Ringe; das Volk der Ngelima verwendete Kupferstäbe in Gestalt einer Helix; die Yeke aus Katanga dagegen benutzten schmale Platten mit abgeknickten Enden, genannt *mukuba wa matwi*, »Kupfer mit Ohren«. Weder das Material Kupfer, noch wenn Münzen aus edleren Metallen geprägt werden, macht sie zu etwas anderem als die Dinge, die allenthalben sonst zu Zahlungen verwendet werden. Auch aus Silber und Gold wird außer den Münzen noch vieles mehr gefertigt, was zu Zahlungen dienen kann.

Nicht *dass* oder *wie* sie Zahlungsmittel sind, unterscheidet die Münzen von anderen Zahlungsmitteln, sondern allein dass sie der *Normierung* unterliegen und sie ermöglichen. Lebende Tiere zum Beispiel lassen sich zur Zahlung naturgemäß nur als ganze übergeben. *Zähl*bar sind sie nur Tier für Tier und bei einer größeren Forderung deshalb nur auf mehrere einzelne Tiere zu *addieren*. Und das gilt nicht allein für Lebewesen wie Tiere oder auch Sklaven, es gilt genauso für den köstlichen Becher, den aufwendig geformten Kopfschmuck und das meiste an zahlbaren Dingen. Metall dagegen, als das bloße, formbare Material, lässt sich *teilen*. Die Menge und das Gewicht des Kupfer-As sind nicht von Natur aus vorgegeben, sondern es sind die Römer, die sie festlegen. Sie teilen die Metallstücke nach ihrem Gutdünken und stellen Gewichtseinheiten nach Gutdünken davon her. Und dergleichen wird nötig, wo gewohnheitsmäßig *vielerlei* Zahlungen möglichst *einheitlich* bemessen werden müssen. *Dafür* muss das Maß in Einheiten *unterteilbar* sein und müssen diese Einheiten *gesetzt* werden können – als Norm.

Münzen wurden in Einheiten als Norm *gesetzt*, ohne es *von Natur aus* zu sein. Deshalb waren sie auf den Schutz und die drohende Mahnung der Götter angewiesen und wurden sie über lange Zeit hinweg den Göttern unterstellt, sei es der Athene, sei es der mahnenden Juno, sei es irgendeiner anderen der vielen Gottheiten. So kam es, dass die *Iuno Moneta* den Münzen ihren Namen gegeben hat, aber – das ist wichtig – durchaus nicht nur den Münzen. Zum Beispiel hieß nach ihr auch eine Längeneinheit wie der römische Fuß, der *pes monetalis*: weil im Tempel der *Iuno Moneta* die *Normalmaße* aufbewahrt wurden. Das ist der wahre Zusammenhang zwischen den Münzen und dem Tempel, der ihnen den Namen gab: Münzen sind Zahlungsmittel nach einem *Normalmaß*.

Auf diese Weise sind Münzen *in sich* genormt, in ihrem Material, ihrem Gewicht und ihrer Form, sind aber auch Norm *für anderes*.

Doch das ist eine Tatsache, die sich den gesetzlichen Regelungen, wie viele Münzen zur Strafe für welches Vergehen zu zahlen sind, nicht ohne Weiteres entnehmen lässt. Die Gesetze müssen es ebenso wenig aussprechen, wie sie angeben müssen, *wovon* jemand 25 zu zahlen hat, falls er eine *iniuria* begeht. Es versteht sich dort und damals von selbst, und jeder kennt es so: Die Festlegung auf eine Strafe etwa von 25 As bedeutet *nicht*, dass der Schuldige tatsächlich 25 Klumpen oder geprägte Stücke Kupfer herbeizuschaffen hat. Es besagt, dass er dem Geschädigten Ausgleich zu leisten hat, der dem Ausgleich mit 25 As Kupfer *entspricht*. Die Angabe in Münzen gab das *Maß* vor, nach dem sich Buße und Zahlung zu richten hatten. Was der Schuldige dann *wirklich* übergab, welche Dinge also den als Norm vorgeschriebenen 25 As in diesem besonderen Fall entsprachen, *das zu empfinden und darüber sich zu einigen, war Sache der Beteiligten.* Sie mochten sich dabei orientieren an üblichen Mengenrelationen zwischen dem As als Norm und den verschiedenen Dingen, die für eine Zahlung infrage kamen, aber auch das nur in dem Fall, dass eine solch übliche Relation bestand. Gleichwohl mussten die Beteiligten stets im Einzelfall als angemessen anerkennen, was der Norm entsprechen sollte. Die genormten Zahlungsmittel konnten nur einen proportionalen Vorstellungsrahmen dafür abgeben, wie schwer etwa ein Vergehen oder eine Wohltat im Vergleich zu anderen wog: Wenn sich der Geschädigte durch eine bestimmte Anzahl Tiere, die der Schuldige bot, im gleichen Maß »befriedet« sehen konnte wie von der gesetzlich festgelegten Menge Kupfer, war der Ausgleich geleistet.

Auch dieser Zusammenhang ergibt sich nicht allein bei den Münzen, sondern gehört ganz allgemein zum Wesen der Zahlung. Lange vor dem gemünzten As waren es bei den Römern Schafe, Ziegen und Schweine gewesen, nach denen sie Zahlungen bemaßen. Norm und Maßstab war also das sogenannte Kleinvieh, lateinisch *pecu* oder *pecus*, von dem sich *pecunia* ableitet, jenes Wort, das neuzeitlich so strikt als »Geld« missdeutet wird. Schon mit dem *pecu* war unter den verschiedenen Gütern, die als Zahlung dienen konnten, ein bestimmtes *herausgehoben*, um daran den Ausgleich durch mögliche andere Güter zu bemessen. In anderen Gemeinwesen sind es Rinder, sind es Sklaven, sind es die Gehäuse der Kauri-Schnecken oder sind es Nüsse, ist es Pfeffer oder Goldstaub oder eben Kupfer in unterschiedlichster Gestalt. Auf mesopotamischen Tontafeln finden sich Darlehen in einer Menge Silber angegeben, wobei zugleich vermerkt wird, dass sie tatsächlich in Gerste bestanden. Also war es hier Silber – entweder Hacksilber, das sich in etwa so kleinteilig und fein abwiegen lässt wie Gerstenkörner, oder Silber in Form von Barren, Draht oder Schmuck –, dessen Gewichtseinheiten als Norm für eine zu leistende Zahlung herangezogen wurden.

Und so muss es sich verhalten: Für jedes größere archaische Gemeinwesen wird einmal die Bemessung an einem Normal-Gut zur Notwendigkeit, um die vielen, vielen Zahlungen, auf denen sein Wirtschaften beruht und die in so vielerlei unterschiedlichen Dingen geleistet werden, nach einem *Maß* bestimmen und festlegen zu können. Folglich verhält es sich auch während des gesamten europäischen Mittelalters nicht anders. Jede Summe, die dort irgendwo in Münzen angegeben wird, gilt lediglich als Maß für eine Zahlung, die in allen nur denkbaren Gütern geleistet werden kann – in allen, auf die sich die an der Zahlung Beteiligten einigen mögen. Typisch sind Formulierungen wie: *Ich habe von dir für* das und das *als Preis Dinge erhalten, mit denen ich einverstanden war und die* soundso *vielen Solidi entsprechen.*[49] Ein Stück Land wird verkauft für einen Solidus, der zu bezahlen ist in Gestalt von sechs Fässern Hirse und einer Speckseite. Ein Herr verpfändet die Einkünfte, die ihm von seinen Bauern zustehen, und erhält dafür 310 Solidi, hundert davon in Münzen – und zwar in *anderen* Münzen als den Solidi – und den Rest in Gestalt eines Pferdes. Eine Abgabe auf Leibeigene wird regelmäßig festgelegt auf einige Denare pro Kopf, während Texte belegen, dass sie auch in Form von Lebensmitteln gegeben werden konnte. Für die Überlassung eines Leibeigenen gibt es zwei Denare pro Jahr zu zahlen, »entweder in Wachs oder in Silber«. Als Zins wird eine Goldmünze gefordert, zu zahlen »entweder in Silber oder in Korn«. Um einen Tribut an die Ungarn aufzubringen, wird von jedem Mann eine Steuer erhoben, jeweils »ein Denar oder der Preis eines Denars in einer beliebigen Sache«. Für einen Krieg, den der Papst führt, unterstützt ihn ein Abt unter anderem mit einer Krone und einem Kreuz aus Gold, 23 Kronen aus Silber, dem Deckel zum Reliquienschrein des heiligen Apollinaris und einem großen silbernen Weihrauchfass. Es kann auch komplizierter ablaufen: Jemand tätigt eine reiche Spende an ein Kloster und fordert als Gegenleistung eine Anzahl verschiedener Pelze, über welche die Mönche aber nicht verfügen, sodass sie erst einen der Ihren mit Münzen zu einem Markt schicken müssen, wo er die Pelze zu kaufen bekommt, die dann erst dem edlen Spender überreicht werden können. Oder schwedische Bauern kommen nur zu Fisch, indem sie sich zuerst zu einer Eisenmine aufmachen, dort ihre Erzeugnisse gegen Eisen tauschen und für dieses Eisen dann bei einem Fischer bekommen, was sie benötigen. Oder da hat ein Herr im 7. Jahrhundert eine Abgabe von 500 Solidi zu fordern, und als sie ihm geleistet wird, setzt sie sich zusammen aus: zwölf Stück unterschiedlichen Möbeln, einer versklavten Frau und einem versklavten Mann, einer Schmucknadel, zwei Pferden und zwei Vasen. Mit alldem schien dem Herrn seine Forderung von 500 Solidi abgegolten und so »galt« ihm alles das die 500 Solidi.

Münzen werden als eine Norm notiert, deren Wirklichkeit in den verschiedensten Dingen besteht – die Münzen selbst mit eingeschlossen: Zahlungsmittel unter anderen.

III Geschätzte Güter

Kauf und Verkauf

Münzen sind, wie je nach Gelegenheit viele andere Dinge auch, Zahlungsmittel: als Abgabe, als Strafe, Zins und so weiter. Eine entscheidende und heute zwingend erscheinende Verwendungsart blieb bisher jedoch noch unerwähnt: die Verwendung bei Kauf und Verkauf. Sie ist die letzte Station, die wir in unserer Beschreibung archaischer Gemeinschaften zu durchlaufen und an der wir uns noch einmal des Glaubens zu erwehren haben, hier spätestens müsse es schon immer mit Geld zugegangen sein. Tatsächlich sind es Kauf und Verkauf, aus denen eine historische Umwälzung von großer Gewalt schließlich das Geld hervortreibt. Doch das wird sich nicht vollziehen, ohne dass auch in sein schieres Gegenteil umschlägt, was Kauf und Verkauf bis dahin sind: Zahlungen.

Ein Kauf, so sagt es das Wort ursprünglich, ist nichts anderes als ein Tausch und folgt einer ähnlichen Verpflichtung, wie sie etwa ein »Brautkauf« erfüllt: Die eine Seite hat der anderen dafür Ausgleich zu leisten, dass diese bereit ist ihr das Gewünschte zu überlassen. Gegenüber anderen Arten von Zahlung, bei denen der Ausgleich der Aufhebung von Schuld oder allgemein der Belohnung gilt, besteht hier die Besonderheit, dass der Käufer etwas in seinen Besitz bringen will, worüber andere verfügen. Diese Absicht kann wechselseitig bei Käufer und Verkäufer bestehen, aber es handelt sich auch um einen Kauf, wenn nur der *eine* in den Besitz des Gewünschten kommt und dem anderen lediglich Ausgleich dafür geleistet wird.

Dass dieserart Asymmetrie die Regel ist, beweisen die Sprachen, die zwischen *Kaufen* und *Verkaufen* unterschieden haben. Im Lateinischen wird es besonders klar: Das Wort für »kaufen« lautet *emere* und hat die einfache Grundbedeutung »nehmen«, während *vendere* für »verkaufen« steht und deutlich *dare* für »geben« in sich trägt. Das heißt, dass es allgemein für denjenigen, der *kauft*, darum geht, etwas zu »nehmen« und zu bekommen, was derjenige »geben« wird, der es ihm *verkauft*. Bei einem Kauf dreht es sich also *in der Hauptsache* nur um *eines* der beiden getauschten Güter, um dasjenige, welches der Käufer *nimmt* und der Verkäufer *gibt*. Dass zur Zahlung auch umgekehrt der Käufer etwas zu *geben* hat, um das gewünschte Gut zu bekommen, etwas, was der Verkäufer *annehmen* muss, damit der Kauf zustande kommt, tritt dahinter zurück. Das zur Zahlung dienende Gut, das Zahlungsmittel also, ergänzt und vervollständigt den Kauf lediglich durch den fälligen Ausgleich – so wie Mandjong oder Musanga nur ergänzend zu der Übergabe der Braut hinzutreten, die eigentlich im Zentrum des Ganzen steht. Beim »Brautkauf« sind Ehe und Heirat ebenso sehr die Hauptsache wie bei einem Kauf allgemein dasjenige Gut, das der Käufer bekommen will. Ein Kauf ist die Übergabe dieses Guts *gegen Zahlung* eines anderen.

Das asymmetrische Verhältnis zwischen dem gewünschten und dem gezahlten Gut wird auch durch ein Wort belegt, das alle Sprachen in irgendeiner Version kennen und das die Allgemeinheit des Phänomens beweist: das Wort »Preis«. Heute verwenden wir es vor allem für eine Summe *Geld*, die beim Kauf für eine Ware zu bezahlen ist, für uns also *hat* eine Ware einen Preis und der *besteht in Geld*. Bevor es jedoch historisch zu Geld kommt, wird als »Preis« dasjenige Gut bezeichnet, das bei einem Kauf als *Zahlung* dient für das vom Käufer gewünschte. Wenn jemand Gerste braucht und sie mit Silber kauft, ist dieses Silber der »Preis«, um welchen er die Gerste erhält. Und »Preis« ist das Silber dabei in des Wortes ursprünglichem Sinn, der heute zurückgetreten ist, den wir im Deutschen aber noch immer kennen: Es ist *Auszeichnung* beziehungsweise *Lohn* und *Belohnung*. Bei einem Wettkampf gilt der Preis dem Sieger, nicht der Sieg *hat* diesen Preis und wäre für ihn zu erwerben. Sondern der gestiftete Pokal *ist* der Preis und ist damit nur *die Belohnung* – für den Sieger.

Wenn wir beispielsweise davon sprechen, jemandes Erfolg sei der »Preis« für seine Bemühungen gewesen, meinen wir damit noch immer etwas wie den »Lohn« für diese Mühe. Genau so wurde »Preis« in Zeiten vor dem Geld auch verstanden, wenn es ums Kaufen ging. Wenn einer Gerste kauft und Silber dafür zahlt, ist das Silber Preis im

Sinne der *Belohnung* dessen, der die Gerste abgibt. Das Silber *ist* in diesem Fall der Preis, aber das heißt nicht, dass die Gerste dieses Silber zu seinem Preis »hat«. So wie es unsinnig wäre zu sagen, die gekaufte Gerste *habe* eine »Belohnung«, würde es den Sinn des archaischen Kaufs verfehlen zu sagen, sie *habe* einen »Preis«. Als Belohnung gilt der Preis eben nicht der Gerste, *der überlassenen Ware*, er ist vielmehr Lohn *für den Verkäufer*, Belohnung dessen, der bereit war, die Gerste dem Käufer zu überlassen: Nur ihm kann die Belohnung gelten.

Kauri in Dahome

Auch das afrikanische Königreich Dahome gehört zu den gut dokumentierten Beispielen für ein großes Gemeinwesen, dessen gesamtes Wirtschaften auf Verpflichtung und Zahlung beruht. Trotz aller Besonderheiten im Einzelnen zeigt seine Art des Wirtschaftens grundsätzliche Ähnlichkeit mit derjenigen im alten Mesopotamien, die so staunenswert lange Bestand hatte. Zu diesen Ähnlichkeiten gehört auch die Rolle, die dort – und damit eben nicht nur dort – Kauf und Verkauf spielen.

Auf einem Landstrich, der ungefähr dem heutigen Benin entspricht, hatte ein zugewanderter Stamm rund zweihundert Jahre zuvor seine Herrschaft über schon länger dort siedelnde Völker durchsetzen können. Die Europäer, deren Eindringen auch hier mit einem Sieg der Gewalt endet, pflegen für eine Weile eher friedlichen Handel mit den Dahomas, auch wenn sein Ziel damals bereits in der Akquise von Sklaven bestand. Schließlich sprechen die europäischen Mächte das Gebiet Frankreich zu, das es noch vor 1900 komplett unterwirft, zu einem Teil von »Französisch-Westafrika« macht und eilends Dahomes traditionelle Lebensweise auf immer vernichtet. Während des 19. Jahrhunderts also sind Europäer in Dahome durchaus schon präsent, und sie führen auch schon die Münzen ein, die im Europa dieser Zeit längst als Geld fungiert haben. Dahome jedoch übernimmt mit dem Gebrauch solcher Münzen, der dort ohnehin sehr zurückhaltend bliebt, keineswegs die gesamte Einrichtung »Geld«, sondern wirtschaftet weiterhin allein mittels Zahlungen.

Auch wenn dort also europäische Münzen auftauchen, in Dahome dienen andere Dinge als genormte Zahlungsmittel. Insbesondere sind es die Gehäuse der Kauri-Schnecken. Sie gleichen Muscheln von kostbarstem Porzellan und haben einen glänzenden, überaus harten Schmelz, der sie ihre Schönheit behalten lässt, gleichgültig, wie oft man sie von einem Gefäß in ein anderes schüttet, in welchen Mengen man sie zu Bergen türmt oder wie lange sie im Bauch eines Schiffes aneinanderreiben. Die Schnecken selbst kamen in großer Zahl bei den Malediven oder im Golf von Thailand vor, wo sie sich leicht sammeln lassen, um durch Austrocknen an der Sonne ihres Lebens und ihrer schönen Gehäuse beraubt zu werden. Diese gelangten dann per Schiff in die halbe Welt, wo sie noch bis ins 20. Jahrhundert als Zahlungsmittel verwendet wurden, in China und Indien, in Japan und Russland, in der Südsee und nicht zuletzt in Afrika.

Was bei einem Material wie Gold, Silber oder Bronze die Münzung leistet, ihre *Kennzeichnung* als genormtes Zahlungsmittel, das leistet bei den Kauris ihre rituelle Verbindung zu größeren Einheiten. In Dahome zum Beispiel müssen dafür Frauen des Königs eine bestimmte Anzahl der »Muscheln« in vorgeschriebener Weise auf Schnüre fädeln. Dass sie in ihrer Form an die Vulva erinnern, mag eine solche Bindung an das weibliche Geschlecht begründen und gehört in jedem Fall mit zu den Gründen für die hohe Anziehungskraft, die von ihnen ausgeht. 1758 wählt Linné für die Gattung zunächst die schöne Bezeichung *Cypreae*, nach einem Beinamen der Göttin Venus, der auf Zypern ein bedeutendes Heiligtum geweiht war. Doch 1863 ist es so weit: Da die Kauris im europäischen Raum inzwischen vornehmlich als Geld gedeutet werden, ersetzt man dort ihren zarten Namen mitleidlos durch ein brutales *Monetaria*. Gerade die schönste unter ihnen, feiner und weißer als die geringelte *anulus*, bekommt die verfehlte Gelddeutung sogar doppelt angehängt: als *Monetaria moneta*.

Münzen waren auf dem afrikanischen Kontinent in verschiedener Form schon sehr viel früher aufgekommen und trotzdem wurden nicht sie, sondern Kauris in Dahome als Zahlungsmittel verwendet. Das verdankte sich einer bewussten Entscheidung, und wie wenig primitiv sie war, zeigen die Gründe, die König Geso von Dahome dafür anzuführen wusste: erstens, dass sich Kauris anders als Münzmetall nicht verfälschen lassen, und zweitens, dass man mit Kauris, anders als mit Gold, nicht im Geheimen ein Vermögen ansammeln kann. Reichtum in Kauris würde für seine Aufbewahrung viel auffälligen Lagerraum benötigen, während Gold schon in leicht zu verbergenden Mengen ein großes Vermögen darstellen kann. Reichtum an Zahlungsmitteln, von dem die Gemeinschaft nichts weiß, müsste ihr aber gefährlich werden, das haben die Dahomas richtig bedacht. Obwohl sie über eigene Goldvorkommen verfügten und auch andere Metalle zur Verwendung hatten, hielten sie sich deshalb für Zahlungen eher an die muschelförmigen Schönheiten.

Und die haben einmal in jedem Jahr ihren großen Auftritt. Da liegen sie aufgehäuft vor dem König auf einem Podest, neben herrlichen Stoffen, Gewändern, Teppichen und vielen anderen Kostbarkeiten. Es ist die festliche Jahresversammlung, zu der sich ganz Dahome einfindet, mit Vertretern aus möglichst jeder einheimischen Familie. Rund 200 000 Menschen gehören zu diesem Reich, vom König angefangen über mehrere tausend Leute an seinem Hof und über eine auch außerhalb des Hofs tief gestaffelte Reihe weiterer Amtsträger bis hin zu Handwerkern und Bauern und einer großen Zahl von Sklaven. Gerade die Sklaven spielen bei diesem feierlichen Höhepunkt des Jahres ebenfalls eine wichtige Rolle, denn es ist die Zeit nach dem alljährlichen Kriegszug der Dahomas, der vor allem der Jagd auf menschliche Beute gilt. Sein Ertrag, eine regelmäßig hohe Anzahl Gefangener, wird hier ebenfalls versammelt. Einige von ihnen haben gleich zu Beginn des Festes der ernsthaft liebevollen Sorge des Königs um sein Volk zu dienen: Mit ihrem Blut »bewässert« er die Gräber der Ahnen. Den als Götter verehrten Vorfahren wird so für alles Dank abgestattet, wovon das Land lebt und was in ihm von Bedeutung ist. Das Übersenden von Menschen aus dem Reich der Lebenden in das ihre, in das Reich der Toten, ist Opfer und Zahlung.

Aber die Gefangenen dienen nicht nur zum Opfer. Zunächst zählt man von ihnen exakt so viele ab, wie der Krieg auf Seiten der Dahomas an Toten gefordert hat, und verteilt sie zum Ersatz für diese auf die Plantagen des Königs. Von den übrigen Versklavten fügt der König einen Teil noch seinem umfangreichen Haushalt hinzu und weitere gehen als Belohnung an alle, die sich auf dem Kriegszug bewährt haben. Nur Gefangene, die weder in diese Verteilung eingehen noch dem Ahnendienst zum Opfer fallen, werden von Dahomas schließlich verkauft – und zwar an die europäischen Händler, die sich dafür ebenfalls auf der Versammlung einfinden. Ihnen werden sie gegen Kauris verkauft.

Der tiefe Sinn dieser Jahresversammlung ist es, das große Geben und Nehmen gleichsam *in nuce* darzustellen, das ein über Verpflichtungen organisiertes Gemeinwesen charakterisiert. Was sich auf dem Podest des Herrschers an Gütern häuft, wird ihm dargebracht als *Gaben*, zu denen jeder seiner Stellung und seinem Herkommen nach verpflichtet ist, als *Abgaben* und *Steuern*, die der König auf vieles erhebt, was in seinem Reich wächst und hergestellt wird, oder schließlich als *Tribut*, den andere Reiche gezwungen sind an Dahome zu leisten, so wie Dahome seinerseits einem anderen Reich tributpflichtig ist. Und nicht zuletzt lässt der König noch reichlich auffahren, was ihm aufgrund gleicher Verpflichtungen schon früher zugebracht wurde. Alles das wird er mit großem Aplomb auch wieder verteilen, an das Volk, für dessen Wohlergehen er nicht allein durch die Ehrung der Ahnen zu sorgen hat, sondern auch durch seine Versorgung unmittelbar. Jeder erhält nach Gebühr von den vielerlei Gütern, zu denen alle beitragen, auch Besucher von außerhalb.

Mit den Kauris wird jedoch noch auf besondere Weise verfahren. Sie werden auf der großen Versammlung mit einer ganz eigenen Bestimmung ausgeteilt: für den Kauf von Lebensmitteln. Wer Lebensmittel kaufen muss, der bekommt sie *ausschließlich* gegen die Zahlung von Kauris, das ist in Dahome Gesetz. Kauris sind auch für andere Zahlungen vorgesehen, doch was Lebensmittel anbelangt, dienen sie unmissverständlich zu deren *Kauf.* Trotzdem sind sie kein Geld. Im Vergleich dazu, wie es sich mit Geld verhalten müsste, hat es mit dem Kaufen hier wenigstens drei entscheidende Besonderheiten.

- Sobald *wir* hören, es werde irgendwo gekauft und gehandelt, sind wir überzeugt, dass dort *alles* zu kaufen ist, was man brauchen und was seinen Besitzer wechseln kann, denn so kennen wir es heute vom Geld. Das trifft hier nicht zu: Es lassen sich *nur* Lebensmittel kaufen. Auch wenn mit Kauris noch anderes gekauft werden darf, sie sind in jedem Fall auf den Kauf nur bestimmter Güter beschränkt. Sklaven werden gegen Kauris an die auswärtigen Händler *ver*kauft, doch das erweitert nicht die begrenzte Auswahl an Gütern, die in Dahome durch Kauf zu erwerben sind, sondern dient dazu, an das Importgut Kauri-Muscheln zu kommen.

- Zum Zweiten unterstellen wir bei dem Umstand, dass Lebensmittel zu kaufen sind, unseren Geldverhältnissen entsprechend, Lebensmittel wären ganz *allgemein* zu kaufen gewesen. In Dahome gibt es Lebensmittel dagegen *ausschließlich* auf Märkten zu kaufen und auch diese Märkte werden nur vereinzelt und *nicht ständig* abgehalten. Wie die Verteilung von Kauris sind sie Sache des Königs, denn sie haben so wenig alltäglichen Charakter, dass sie jedes Mal mit einem Menschenopfer eröffnet werden, welches allein der König vornehmen darf. Solange der Markt abgehalten wird, steht dort alles unter der strengen Aufsicht der königlichen Verwalter, die unter anderem kontrollieren, dass *nur solche* Lebensmittel verkauft werden, die dafür zugelassen sind. Gremien vor Ort bestimmen die Preise, die jeweils in Kauris zu bezahlen sind, während der König das allgemeine Niveau der Preise vorgibt. Wenn an bestimmten Lebensmitteln eher Knappheit herrscht, kann es vorkommen, dass er ihren Preis bis auf das Vierfache dessen festlegt, was sonst zu zahlen wäre.
- Und schließlich nehmen wir an, wenn auf den Märkten Lebensmittel zu kaufen sind, Kauf und Verkauf wären der allgemein übliche Weg, um seine Lebensmittel zu erwerben. Nichts könnte weniger zutreffen. Diesem Unterschied zu Verhältnissen, in denen mit Geld gewirtschaftet wird, müssen wir uns ausführlich widmen.

Nicht, dass jemand seine Lebensmittel *kauft*, war in Dahome der Normalfall, sondern dass jeder seine Lebensmittel entweder direkt auf dem eigenen Land und im eigenen Haushalt erzeugte oder sie über das große Geben und Nehmen erhielt. Selbst die am höchsten stehenden und am reichsten versorgten Haushalte konnten diese Versorgung lediglich *ergänzen*, indem sie hie und da auf einem Markt Zusätzliches kauften. Vor allem aber gab es sonst nur bestimmte Gruppen von Menschen, die darauf angewiesen waren, Lebensmittel kaufen zu können. Und zwar waren es gerade solche, die nicht genug eingebunden waren in das Gemeinwesen oder nur an dessen Rand standen. Die Angehörigen besiegter Völker etwa, die zwar in das Reich aufgenommen, aber nicht mit allen Rechten ausgestattet waren, blieben von der allgemeinen Versorgung ausgeschlossen und mussten aus ebendiesem Grund auch auf eine andere Weise in die Lage versetzt werden sich zu versorgen. Und diese andere Weise bestand darin, Kauris an sie zu verteilen, mit denen sie sich auf den eigens dafür abgehaltenen und streng beschränkten Märkten Lebensmittel – eben – *kaufen* mussten. Oder es war ein Stamm von Jägern, der beim Übergang zu einem sesshaften Leben im Dorf seinen Stand als Versorger mit Fleisch einbüßte, dadurch selbst aus der Versorgung der Gemeinschaft herausfiel und deshalb auf diese randständige *zusätzliche* Möglichkeit angewiesen war, über Kauris an Nahrung zu kommen. Der Kauf blieb grundsätzlich, in diesen und in ähnlichen Fällen, nur *ergänzende* Möglichkeit, von der die allgemeine und *hauptsächliche* Versorgung unberührt war.

Diese zu organisieren, darin war das Königreich Dahome staunenswert erfolgreich. Während es in nördlich angrenzenden Regionen immer wieder zu Hungersnöten und Perioden schweren Mangels gekommen ist, hat Dahome ein solches Schicksal dank seiner durchdachten Organisation offenbar über Jahrhunderte hinweg vermeiden können. Alles, wovon seine Versorgung abhing, wurde in Dahome gezählt, kontrolliert und, wenn es zu einer Schieflage kam, ins richtige Verhältnis gebracht. Schon die Zahl der Einwohner zum Beispiel wurde erfasst, indem für jedes Neugeborene ein Kieselstein in den dafür vorgesehenen Kasten gelegt wurde und in einen andern Kasten ein Stein für alle, die durch Tod abgingen. Es war allgemein das Verfahren der Dahomas, für alles zu Zählende stückweise einen Stein in Kasten oder Sack zu sammeln. Kasten und Säcke schaffte man in den Palast und dort erfolgte mit ihrer Hilfe periodisch eine Rechnungslegung für das gesamte Reich. Andere Formen der Kontrolle kamen hinzu, durch Meldungen etwa, die von den Dorfvorstehern abzugeben waren und die wiederum überprüft wurden, oder dadurch, dass jedem Amtsträger im Palast eine Frau zugeordnet war, eine sogenannte »Mutter«, die über alle Angelegenheiten seines Amtes genauestens Bescheid wissen, bei ihnen helfen, aber sie vor allem auch beurteilen musste.

Gezählt wurde teils sehr differenziert. Je für sich zählte man alle Vertreter der verschiedenen Berufe, Bauern und Jäger, Weber, Töpfer, Schmiede, Salzarbeiter und so fort bis hin zu den Sklaven. Die Erzeugnisse der Handwerker wurden ebenso gezählt, man zählte die Tiere, die in den Haushalten des Reiches gehalten wurden, Schweine einmal im Jahr, Rinder, Schafe und Ziegen alle drei Jahre. Gezählt wurden die Palmen und gezählt wurden all die guten Dinge, mit denen die bäuerliche Arbeit die Lagerhäuser füllte. Ziel dieser ständigen Inventur war das Wissen darum, ob alles nach Bedarf und im richtigen Verhältnis vorhanden war, und um dann vor allem vorgeben zu können, was es noch zu tun, was es herzustellen oder was es nicht mehr herzustellen galt. Es wurde zum Beispiel vorgegeben, welche Pflanzen am besten in welchen Gebieten anzubauen seien, hier Yamswurzel, dort Mais und in einer anderen Gegend vornehmlich Hirse. Es wurde bestimmt, was über den Eigenbedarf hinaus angebaut werden durfte und was nicht, es wurde dekretiert, dass Honig nur an die Armee zu liefern und Ingwer als medizinisches Mittel allein von den königlichen Amtsträgern zu verteilen war oder dass Privatpersonen für ihren Eigenbedarf nur so viele Pfefferstauden anbauen durften, dass deren Ertrag einen Bastbeutel füllte. Und wenn eine Zählung ein Zuviel oder Zuwenig ergab, folgte daraus zum Beispiel eine Neueinteilung, was angebaut werden musste, im einen Gebiet mehr Mais, im anderen weniger Hirse, oder welche Schmiede noch wie viele Hacken zu fertigen hatten. Oder ein Mangel an Nachwuchs bei den Schweinen hatte für ein Jahr lang das Verbot zur Folge, Schweine zu schlachten und überhaupt nur zu verkaufen.

All das ergibt eine wohl durchdachte und fein ausgeklügelte Organisation, von der noch viele weitere und erstaunliche Einzelheiten zu berichten wären.[50] Sie sorgt für Kenntnis des Bedarfs, der an den verschiedensten Erzeugnissen besteht, und sorgt für Kenntnis der Möglichkeiten, sie anzubauen oder herzustellen, sie sorgt dafür, dass sie möglichst in der richtigen Menge eingebracht und hergestellt werden, und stellt sicher, dass auf irgendeine Weise alle nach Gebühr mit ihnen versorgt sind. So wirtschaftet Dahome *in der Hauptsache.* Und *in dieser Hauptsache kommen Kauf und Verkauf,* die ihre Rolle nur am Rande spielen, *nicht vor.*

Märkte ohne Markt …

Karl Polanyi gehört zu den wenigen, die kritische Worte gegen die übliche markt- und damit geldwirtschaftliche Deutung älterer Verhältnisse gefunden haben. Er sah sich genötigt, vor ihr als einer »gefährlichen Fehleinschätzung« zu warnen: »Ökonomische Aktivitäten im Rahmen entwickelter Marktbedingungen können ähnlichen Aktivitäten unter vormarktlichen Bedingungen gleichen, während ihre Funktion völlig anderer Art ist.«[51] Die Unterschiede zwischen »vormarktlichen« und »Marktbedingungen« zu erkennen, sei dringend notwendig, um »jene verkehrte Perspektive zu vermeiden, die manchmal Historiker dazu verführt hat, im Altertum auffallend ›moderne‹ Phänomene zu sehen, bei denen es sich in Wirklichkeit um typisch primitive oder archaische handelte«.

Das schreibt Polanyi Mitte des 20. Jahrhunderts in einer großen Arbeit über das alte Mesopotamien, in der ihm wichtige Feststellungen über dessen Wirtschaften gelingen, eben weil er es endlich nicht mehr auf Geld- und Marktverhältnisse trimmt. Aber die Hoffnung, die er mit seiner Arbeit verbunden hat, war vergebens. Der aktuelle Stand der Wissenschaft liest sich so: »Trotz diesbezüglicher Skepsis einzelner Forscher steht außer Frage, dass auch der Markt in Mesopotamien eine wichtige ökonomische Rolle spielte.«[52]

Das sind markige Worte eines ausgewiesenen Fachmanns für die altmesopotamische Geschichte. Sie stammen von Eckart Frahm, Professor für Assyriologie. Dass nicht zutrifft, was sie behaupten, wusste Polanyi – aber weiß genau genommen auch der Fachmann, der es behauptet. Erstaunlicherweise übernimmt er nämlich die Widerlegung seiner Worte gleich selbst. Auf die markige Behauptung, dass »der Markt in Mesopotamien eine wichtige ökonomische Rolle spielte«, folgt der Satz: »Als Orte, an denen sich ›Märkte‹ befanden, lassen sich Stadttore, Hafenquartiere und Straßen namhaft machen.« Eben sollte noch »der« Markt seine wichtige Rolle spielen und schon der nächste Satz wagt es kaum von einzelnen Märkten zu sprechen und setzt selbst sie noch in Anführungszeichen. Zu Recht: Denn wenn da ein paar Straßenverkäufer am Stadttor ihren Stand aufschlagen oder sich im Hafenquartier herumdrücken, ergeben sie noch nicht einmal einzelne Märkte, geschweige denn ein ökonomisch wichtiges Marktgeschehen. Für die Märkte, die Frahm deshalb nur in Anführungszeichen nennt, würde allein schon der Raum fehlen: Es gibt keine Marktplätze in Mesopotamien. In keiner der mesopotamischen Städte findet sich überhaupt nur ein offener Platz, der sich dafür eignen würde.[53]

Aber er räumt mit seiner ersten Behauptung gleich noch weiter auf und gibt zu: »Wenn die Schriftquellen Marktplätze nur selten erwähnen, dann wohl vor allem deswegen, weil die dort getätigten, zumeist geringfügigen Transaktionen [...] nicht der Dokumentierung bedurften.« Im Mittelhochdeutschen heißt *vil selten* schlicht »niemals« und ganz so ist Frahms »nur selten« offenbar zu verstehen: Wo es keine Marktplätze gibt, können die Schriftquellen sie auch nicht »selten« erwähnen, sondern tun sie es nie. Und auf diesen »selten« erwähnten Marktplätzen, die es nicht gibt, wurden nun irgendwelche derart »geringfügigen Transaktionen« getätigt, dass auch sie gar nicht erst dokumentiert sind. Aber mag es sie auch gegeben haben: Geringfügige Transaktionen in den Straßen und am Stadttor ergeben keinesfalls einen ökonomisch wichtigen Markt.

Behaupten muss ihn der Fachmann trotzdem, denn er stellt fest, dass Silber in Mesopotamien »ganz so wie Münzen« *für Zahlungen* verwendet wurde. Und das zwingt ihn dazu, so ist er überzeugt, »von einer mesopotamischen Geldwirtschaft zu sprechen«. Es sieht in Zahlungen Geld – dieser Irrtum genügt, und schon hätten wir das Wirtschaften in Mesopotamien ganz modern als einen solchen Markt zu deuten, wie er unserer Marktwirtschaft ihren Namen gibt: »als einen Austausch von Waren und Dienstleistungen, der von den Gesetzen von Angebot und Nachfrage bestimmt war«.

Wenn dem so wäre, müsste es Unternehmer gegeben haben, also wird Frahm fündig: »Unternehmerischer Initiative entsprangen auch eher bescheidene Projekte wie etwa das Betreiben von Waschsalons«. Ja, eher bescheiden als marktökonomisch entscheidend, so findet auch der Fachmann. Denn zuletzt findet er, selbst bescheiden geworden, zu einer expliziten Zurücknahme seiner modernen Behauptung:

> »Man sollte die Bedeutung, die ›kapitalistische‹ Wirtschaftsformen für das alte Mesopotamien hatten, freilich auch nicht überschätzen. Die meisten Privatleute, die am Wirtschaftsleben teilnahmen, waren keine Unternehmer, sondern eher ›Rentiers‹, denen es in erster Linie darum ging, ihren ererbten Besitz an Land und Gut zu erhalten. Sie waren oft, etwa als Pfründner, mit den Tempeln verbunden und besaßen Häuser und in der Umgebung der Stadt gelegene Gärten und Felder. Abgesehen von Darlehensgeschäften unternahmen sie wenig, um ihren Reichtum zu mehren. Auch ist bezeichnend, dass Königsinschriften aus verschiedenen Perioden der mesopotamischen Geschichte für eine Reihe von Waren wie Gerste, Wolle und Datteln ›ideale‹ Preise aufführen, die sich nach Möglichkeit nicht verändern sollten.«

Das ist *alles* »bezeichnend«. Gäbe es einen Markt, dann *müssten* »die meisten Privatleute« irgendwie unternehmerisch tätig sein – sie sind es aber nicht. Die »Rentiers« oder »Pfründner« leben von ihrem Land und von Abgaben – also nicht von Geld, Markt und Kapitalismus. Dass die Leute »Darlehen« vergeben, heißt, dass sie anderen etwas leihen, weil sie über genug davon verfügen – nicht um den Reichtum daran zu vermehren. Und was schließlich Kaufen und Verkaufen angeht, da gibt es gar Königsinschriften, die jede Behauptung über einen mesopotamischen Markt nach »den Gesetzen von Angebot und Nachfrage« kurzerhand über den Haufen werfen. Denn auf diesen Inschriften gibt das Königshaus *feste* Preise vor – nicht bloß »ideale«, wie Frahm schreibt, als ginge es lediglich um eine Preisempfehlung. Die höchste Instanz gibt die Preise *fix* vor, die für Gerste und bestimmte andere Dinge an Zahlung zu leisten sind – so wie Königsinschriften auch *fixe* Strafen vorgeben, mit denen man für bestimmte Vergehen zahlt. Es sind *feste* Preise, und ausdrücklich und mit königlichem Nachdruck werden sie also *nicht* nach Angebot und Nachfrage ausgehandelt.

Das Märchen vom ständig feilschenden Orientalen, der sich am liebsten auf Marktplätzen herumtreibt, ist ein *hübsches* Märchen, aber es ist ein *Märchen*. Wie gesagt, die meiste Zeit verfügt keine Stadt, egal, in welchem Land, über Markt oder Marktplatz. In der griechischen Welt ist es Athen, das einmal dazu übergeht, auf einem festen Versammlungsplatz, der Agora, auch Märkte abzuhalten. Und damit ernten die Athener nicht etwa Jubel, sondern sie ernten dafür das Gegenteil, tiefste Verachtung. Als Gesandte der Griechen einmal bei Kyros vorstellig werden, dem Großkönig der Perser, und ihm drohen, bekommen sie zu hören, ein Volk wie das ihre könne er nicht fürchten: ein Volk, das inmitten seiner Städte Plätze habe, wo alle einander offen betrügen und gegeneinander meineidig werden.[54] Kyros verachtet die Griechen insgesamt für eine Einrichtung wie die athenische Agora, da die Perser weder Markt noch Marktplätze kannten, auf denen man kaufte und verkaufte und dabei gar nicht anders konnte als unredlich zu verfahren – wir werden noch sehen, warum.

Und selbst auf der athenischen Agora geht es zu, wie es auf solch frühen Märkten eben zugeht. Ein paar Bauern und Handwerker verkaufen an ein hauptsächlich niedriges Publikum Waren für den täglichen Bedarf – für einen nur geringfügigen Bedarf und mittels der bekannt »geringfügigen Transaktionen«. Die Begüterten kaufen dort nicht oder allenfalls ergänzend ein, sie haben ihre Ländereien und Sklaven. Alles, was die Versorgung in größerem Umfang betrifft, hat auf der Agora nichts zu suchen und wird auch offiziell strikt davon ferngehalten. Bei einem Hauptnahrungsmittel wie Getreide etwa unterliegt die Verteilung notwendig der vollständigen Kontrolle durch die Polis. Und durch die Polis, die Gemeinschaft also, wird auch festgelegt, zu welchen Zeiten auf der Agora gehandelt werden darf, werden die Preise überwacht, Gewinne der Einzelhändler gedeckelt, Münzwechsler kontrolliert. Der Verkauf von Rohstoffen wie Holz, Pech, Flachs, Marmor oder Metallen ist ausgeschlossen und der Austausch mit dem Hafen, wo solche und andere Güter von außerhalb ankommen, aufs Strengste reglementiert. Auch wo später Märkte häufiger und in größerer Verbreitung abgehalten werden, bleiben sie ausnahmslos die lokal und zeitlich gebundenen Veranstaltungen mit einem beschränkten Angebot an Waren: etwas wie unsere heutigen Wochenmärkte mit ihren Ständen und Buden.

Neben den Bauern, die auf den Markt kommen, um eigene Erzeugnisse zu verkaufen, treten vereinzelt durchaus auch Händler auf, um Waren feilzubieten. Ein solcher Händler heißt bei den Griechen *kapēlos*. Das ist im Deutschen, mit einem schönen, wenn auch veralteten Wort ausgedrückt, der *Höker*: der Händler mit Kraxe, Karren oder rasch aufgeschlagenem Verkaufsgestell, auf jeden Fall der Zwischenhändler und Händler im Kleinen. Er bietet in der Regel nicht eigene Erzeugnisse feil, sondern verhökert in bescheidenem Umfang Dinge, die er seinerseits gekauft hat. *Kapēloi*, das genau sind jene Gestalten, die sich im alten Mesopotamien an Straßen, Stadttoren und im Hafenviertel herumdrücken. Und sie tun es eben nicht nur in Mesopotamien, sondern auch in der griechischen Welt und darüber hinaus. Von diesen Händlern sagt Platon, »in den gut eingerichteten Gemeinwesen« seien sie »so ziemlich die körperlich Schwächsten und solche, die unfähig sind, ein anderes Werk zu verrichten«.[55] Die *kapēloi*, sie tatsächlich zeigen das verschwindend geringe Normalmaß, das Kauf und Verkauf in einem antiken Gemeinwesen haben und in jedem geldfern wirtschaftenden Reich. Jeder Erwerb mittels Kauf und Verkauf, der sich innerhalb eines Gemeinwesens abspielt, heißt für Aristoteles ohne jede Ironie *kapēlikē*, »Hökerei«.[56]

Und wenn sich solche Leute zum Beispiel von Athen aus aufmachen, um ihre Geschäfte weiter ins Umland zu tragen, schwärmt zwar die heutige Wissenschaft vom schwunghaften Export der Athener, geht es in Wirklichkeit aber so zu: Da schreibt um das Jahr 400 n. Chr. der begüterte Synesios aus Alexandria an seinen Bruder, der in Kyrene weilt, er habe gehört, dort sei ein bestimmter Athener angekommen, von dem solle ihm der Bruder doch bitte drei leichte Sommerumhänge besorgen; es sei derselbe Mann, »von dem du im letzten Jahr Schuhe für mich gekauft hast, und bitte beeile dich, damit nicht die beste Ware verkauft ist«.[57] Na, da brummt doch der Weltmarkt! Nein, da kommen keine Scharen von Händlern an, um ihre Schuhe loszuwerden, da konkurriert nicht Unternehmer neben Unternehmer darum, mit seiner neuen Kollektion das Angebot der anderen auszustechen, und da geht man nicht in den Laden, um unter Importen aus aller Herren Ländern auszuwählen. Da gibt es keinen »Markt« – da ist ein Einzelner mit seinem bisschen Zeug unterwegs und man kann nur hoffen, bei entsprechender Eile auch dieses Jahr etwas davon abzubekommen.

Das ist der Stand und das ist die Rolle von Kauf und Verkauf in archaischen Zeiten. Und damit lässt sich auch bei den Münzen der entscheidende Punkt klären. Denn an der peripheren Bedeutung von Kauf und Verkauf ändert sich rein gar nichts, wenn dabei Münzen verwendet werden. Durch das Auftreten von Münzen, die ja lediglich *eine* Art normierter Zahlungsmittel neben anderen darstellen, werden Kauf und Verkauf nicht mit einem Mal häufiger vollzogen als mit älteren Zahlungsmitteln, sei es Silberschrot oder seien es Kauri-Schnüre. Niemanden, der Münzen in die Hand nimmt, können sie einfach, weil sie Münzen sind, dazu bringen, mit ihnen einkaufen zu gehen – ohne Rücksicht darauf, ob es irgendwo etwas zu kaufen gibt. Münzen sind Zahlungsmittel und als solche werden sie genauso selten und eingeschränkt, wie es zu Kauf und Verkauf kommt, auch bei Kauf und Verkauf verwendet.

Der römische As zum Beispiel, das ist überliefert, findet eine solche Verwendung zum ersten Mal, als es nötig wird, Legionären auf dem Feldzug Sold zu zahlen. Soldaten wurden ja erst spät zu dem, was das deutsche Wort besagt, nämlich Kämpfer, denen Sold gezahlt wurde. Selbst bei den kriegerischen Römern waren es lange Zeit so wie überall unmittelbar die Bürger selbst, die in den Krieg zogen. Allerdings war dazu nur in der Lage, wer – ganz tautologisch – in der Lage war, mit in den Krieg zu ziehen, wer also entsprechend versorgt war, wer sich mit Waffen versorgen konnte oder wer gar in der Lage war ein Pferd zu halten. Wie um die Ausrüstung hatte sich jeder auch selbst um seine Verpflegung zu kümmern und dafür nahm ein Römer einfach vom heimischen Gut sein Maß an Dinkel mit. Auf diese Weise war die Versorgung der Heere grob gesagt gesichert, solange die tragbaren Vorräte reichten und die Feldzüge nicht allzu weit ausgriffen. Als sich die militärischen Aktionen aber in immer weiter entfernten Gebieten abspielten und über längere Zeit hinzuziehen begannen, reichte ein solcher Proviant nicht mehr aus und die Versorgung musste anders geregelt werden. Unter anderem wurde dafür das Gefolge eines Heeres um Leute ergänzt, die eigens Lebensmittel mitführen oder beschaffen mussten, Marketender, von denen die Legionäre ihr Getreide dann per Zahlung eintauschen konnten. Diesem Zweck diente die Zahlung von Sold: Zum Ausgleich für die unterbrochene heimische Versorgung erhielten die *milites* Münzen genau dafür, um bei den mitfahrenden Händlern Dinkel und anderes damit *kaufen* zu können.

Hier dienen die Münzen also tatsächlich zum Kauf, aber mit der mehrfachen Einschränkung, dass *ausschließlich* Krieger sie *ausschließlich* in einem umfangreicheren Auslandseinsatz und dort *ausschließlich* bei bestimmten Leuten *ausschließlich* für den Kauf von Essen verwenden können. Keine der so verwendeten Münzen wird damit zu Geld, vielmehr gleicht ihre Verwendung eher derjenigen von Bezugscheinen oder Lebensmittelkarten. Das charakterisiert den Zusammenhang, in dem es archaisch zu der Notwendigkeit und der Möglichkeit kommt, etwas zu kaufen. Die *allgemein bestimmende* Art der Versorgung mit Gütern aus Hauswirtschaft oder hoheitlicher Zuteilung wird an einer bestimmten Stelle, wo es nottut, *ergänzt* durch eine Versorgung über Tausch und Kauf. Der römische Bürger, der sich *allgemein* mit seinem gesamten Hausstand von dem Grund und Boden ernährt, über den er verfügt, wird von dieser Versorgung abgeschnitten, wenn er für längere Zeit ins Feld zieht; also versetzt ihn die Gemeinschaft in die Lage, auf andere Weise an seine Lebensmittel zu kommen. Kommt er heil aus dem Feldzug zurück, verliert sich die Notwendigkeit einer Versorgung über Käufe sogleich wieder, da es zugleich seine Rückkehr in die *allgemein bestimmende* Art der Versorgung darstellt.

Dieses Spannungsfeld zwischen allgemein bestimmender Versorgung und einer nur ergänzenden Versorgung über Kauf und Verkauf ergibt sich bei ausgedehnten Kriegseinsätzen, aber natürlich nicht nur dort. Wie in Dahome können es ganze Bevölkerungsgruppen sein, die nicht genug in ein Gemeinwesen und das Verpflichtungsgeflecht seiner Versorgung eingebunden und deshalb darauf angewiesen sind, ihre Lebensmittel wenigstens kaufen zu können. Bei den Griechen bilden eine solche Gruppe etwa die *Theten*. Sie sind Freie, gehören aber zu keinem Haushalt, zu keinem *oikos* und sind damit auch nicht angeschlossen an die vorherrschende Versorgung. Als Tagelöhner verrichten sie niederste Dienste gegen geringe Zahlung, die ihnen in

Naturalien geleistet wird oder, zum Kauf des Notwendigen, in Münzen. Nach heutigen Begriffen hieße das zwar, dass ein *Thes* gegen Bezahlung »arbeiten« würde und damit ein »Arbeitnehmer« wäre. Doch wie wenig das die Sache trifft, drückt sich darin aus, dass ein solcher *Thes* keinesfalls als Bestandteil eines ökonomisch bedeutenden Arbeitsmarkts zu verstehen ist, dort am äußersten Rand der Polis, wo seine Bedeutung für das Gemeinwesen die allergeringste ist. Als etwa Odysseus in die Unterwelt hinabsteigt und dort den Schatten des gefallenen Achilles befragt, klagt dieser: Lieber als unter den Toten ein König wäre er unter den Lebenden ein Thes, also ein Garnichts.[58] Fast ebenso verachtet und bloße Randfiguren sind auch die *kapēloi*, die ihren Unterhalt mittels Kauf und Verkauf suchen müssen. Selbst gegen einen vergötterten Tragöden wie Euripides wird gestichelt, weil seine Mutter Gemüse von ihrem Acker verkaufen musste, um zu überleben.[59]

Es gibt aber auch Käufe, bei denen keiner der Beteiligten Verachtung auf sich zieht. Das sind etwa Gelegenheiten, wo importierte Güter zu kaufen sind, Güter also, die von außerhalb des Gemeinwesens kommen. Oder bei dem Kauf eines Hauses oder Anwesens ist es der besondere *Umfang* der »Transaktion«, der über denjenigen des allgemeinen Versorgungszusammenhangs hinausreicht. Selbst das für sich genommen große Ausmaß eines solchen Kaufs ändert jedoch nichts daran, was ihn wie alle anderen Gelegenheiten charakterisiert: dass sich die Käufe als das *periphere* Phänomen, das sie in solchen Gemeinwesen sind, nirgends zu jenem Pool aus Kaufnachfrage und Kaufangeboten zusammenschließen, den wir heute als Markt kennen.

… und frei von Wert

Noch im europäischen Mittelalter sind die Gelegenheiten, sich über Käufe zu versorgen, auf die kleinen und verstreut stattfindenden Märkte beschränkt. Dort tätigt man lediglich Geschäfte *per deneratas*, wie es allgemein heißt, also Käufe für ein paar Denare, Münzen von einem damals eher geringen Silbergehalt. Diesem spärlichen Einsatz von Münzen scheint zwar eine zeitweise schwindelerregend hohe

Zahl an Stätten zu widersprechen, wo Münzen geprägt werden. Doch belegt gerade deren Vielzahl den mageren *Umlauf* der Münzen. Der nämlich ist so verschwindend gering, dass deshalb sogar einzelne Herrengüter darauf angewiesen sind, ab und zu Münzen auf eigene Faust zu prägen, wenn es einen lokalen Markt zu bedienen gilt.

Häufig, wenn sich ein Grundherr vor dieser Notwendigkeit sieht, hat er selbst kaum genug Metall in Münzform parat oder nur in Münzen, die bereits veraltet sind, weil er sie so lange Zeit nicht einzusetzen hatte. Also geht er mit diesen und mit sonst vorhandenen Metallvorräten zum Beispiel zu einem Münzer, der sein Atelier in der Nähe des Marktes unterhält, und lässt dort alles einschmelzen und etwa zu Denaren prägen. Ein Prägemonopol des Kaisers, das Karl der Große durchsetzt, hält nicht lange, vom 9. Jahrhundert an reißen es die Mächtigen unterhalb des Kaisers wieder an sich, geben es selbst nach unten weiter und können zudem gar nicht verhindern, dass es allenthalben sonst unterlaufen wird.

Abgaben konnten die Herrschaften wenn nötig in Münzen fordern und von einer bestimmten Zeit an haben sie tatsächlich zunehmend diese Form der Abgabe verlangt, was später sogleich als Übergang zur »Geldwirtschaft« gedeutet wurde. Doch dafür verlief nicht nur die Zunahme zu uneinheitlich, vor allem bedeutete die *Einnahme* von Münzen keineswegs, dass sie sogleich oder überhaupt wieder für *Ausgaben* verwendet wurden. Gerade den Haushalten, die in größerem Umfang Münzen an sich zogen, dienten sie vornehmlich als *Schatz*; eingeschmolzen zu Barren oder verarbeitet zu kostbaren Gerätschaften wurden sie in Truhen oder Kammern verwahrt. So haben im Mittelalter zunächst insbesondere Kirchen und Klöster ihre Einkünfte »aus dem zum Teil in barer Münze entrichteten Zehnten und der Bewirtschaftung der Ländereien« ganz »überwiegend gehortet«:

> »Aus den Münzen oder den darin enthaltenen Edelmetallen sowie aus Gold- und Silberbarren wurden Goldschmiedearbeiten gefertigt, die in den Schatzkammern der Kirchen und Klöster unter Verschluss gehalten wurden [...]: Im Bedarfsfall wurden diese Gegenstände zum Zweck der Münzherstellung wieder eingeschmolzen.«[60]

Diese »später auch von den großen Grundherren sowie den Königen ausgeübte Praxis« zeigt, wie wenig man insbesondere im früheren Mittelalter auf Käufe und also auf Tauschmittel angewiesen war.

> »Die Adligen und die Könige häuften goldenes oder silbernes Essgeschirr und Juwelen in ihren Truhen, die Kirchen trugen für die Liturgie bestimmte Goldschmiedearbeiten zusammen. Wenn unvorhergesehene Ausgaben notwendig wurden, dann verkaufte oder verpfändete man die Krone, den Pokal oder das Kruzifix, oder man gab sie zum Einschmelzen in die nächste Münze.«[61]

Ein Erzbischof zum Beispiel lässt einem goldenen Kruzifix das eine Bein des Erlösers abnehmen, um seinen Bischofsumhang damit zu bezahlen, ein anderer nimmt das zweite Bein und bestreitet damit einen Krieg gegen seine Vasallen – nebenbei ein bemerkenswertes Verhältnis zwischen der Zahlung, die für ein wenn auch exquisites Kleidungsstück gefordert ist, und den Zahlungen, die anfallen, wenn Soldaten für einen ganzen Kriegszug unterhalten werden müssen.[62]

Auch wenn Edelmetalle gemünzt werden, ergibt sich damals nie, was wir heute unwillkürlich von Münzen annehmen: dass sie *fortlaufend* ihren Einsatz als Tauschmittel finden und *zirkulieren* würden. Es folgt nicht allgemein ein Kauf auf den nächsten, für den man Münzen brauchen würde. Diese Tatsache mag unerheblich erscheinen, aber sie wird sich von größter Bedeutung für unsere Frage erweisen, was Geld ist. Denn sie betrifft den Kern dessen, was wir so umfassend von unseren Geldverhältnissen zu Unrecht auf Verhältnisse übertragen, die noch kein Geld kennen. Und dieser Kern ist: dass weder Münzen noch andere Dinge, die archaisch zu Tausch und Zahlung dienen können, *Wert* darstellen. Noch dem Mittelalter fehlen wie der Begriff und die Vorstellung von *Geld* so auch der Begriff und die Vorstellung von *Wert*. Wert gibt es dort nicht.

Das ist für uns so gut wie unvorstellbar. Wir verbinden Kauf und Verkauf zwingend selbstverständlich mit der Vorstellung, dass man etwas kauft, das gleich viel *Wert* hat, indem man es mit etwas bezahlt, das gleich viel *Wert* hat. Wenn wir also hören, jemand habe im alten Mesopotamien Gerste gekauft und mit Silbermünzen bezahlt, halten wir es für ausgemacht, dass die Menge an Gerste gleichen *Wert* gehabt hätte wie die Anzahl Münzen. Wir können es uns nicht anders vorstellen, als dass Münzen und Gerste dabei als *Werte* getauscht worden wären, als Dinge von – möglichst – *gleich viel* Wert. Das trifft nicht zu. Weder im alten Mesopotamien noch im Mittelalter noch zu irgendeiner anderen geldfernen Zeit taucht je die Vorstellung von Wert oder von Wertgleichheit auf. Und dass es sie dort nicht gibt, hat seinen bedeutenden Grund eben darin, dass dort Dinge und Güter – und so auch die Münzen – niemals *nur* Tauschmittel sind und Tauschmittel *bleiben.*

Wert, das ist nun ein Thema, über das endlos und erbittert gestritten wurde, zu dem ganze Bibliotheken geschrieben und mit dem unzählige Jahre an Studium vertan worden sind. Vor allem aber ist es ein Thema, bei dem sich jeder, egal, ob er nun Jahrzehnte oder keine Sekunde lang darüber gebrütet hat, in einem sicher glaubt: Was gekauft und was verkauft wird, habe immer seinen *Wert.* Alle Dinge würden nach ihrem Wert getauscht – selbst wenn sie zuweilen unter oder über Wert verkauft würden. Und um diesen Wert wäre es bei Kauf und Verkauf deshalb auch immer schon gegangen. Neandertaler hätten beim Tausch von Fleischstück gegen Faustkeil darauf geachtet, dass beide gleich viel *Wert* waren; die griechischen Spießlein wären *Äquivalente* für eine Menge Fleisch gewesen, also ausdrücklich *die gleiche Menge Wert*; die Phönizier hätten ihren Handel um einen Profit getrieben, der ihnen selbstverständlich mehr *Wert* einbrachte; Dahome hätte expandiert, damit – und so weiter.

Uns scheint es schlicht ausgeschlossen, dass man bei einem Kauf etwas gegen etwas anderes tauscht, ohne dass beides seinen Wert hätte. Doch was wir uns dabei nicht vorstellen können, müssen wir uns vorzustellen lernen. Betrachten wir zunächst, wie von dergleichen historisch wirklich die Rede war. In einer Schlacht vor Troja treffen Glaukos und Diomedes als Kämpfer der gegnerischen Heere und damit als Feinde aufeinander. Doch sie erinnern sich, dass sie »von den Vätern her« Gastfreunde und deshalb einander verpflichtet sind. Und sogleich – denn das muss sein und davon kann sie auch kein Kriegsgetümmel abhalten – »verpflichteten sie sich gegenseitig« aufs Neue, indem sie Gaben austauschen. Allerdings, so meint die Ilias, muss Glaukos dabei verwirrten Sinnes gewesen sein, denn er überreicht dem Diomedes in Gold gearbeitete Waffen, während ihm dieser lediglich Waffen aus Eisen geben kann. So erweisen sie einander sehr ungleiche Ehre, tauschen sie doch Waffen in einem Verhältnis miteinander, das Homer recht trocken so beschreibt:

> »Goldene gegen eiserne, hundert Rinder gegen neun.«[63]

Heute würden wir unbedingt sagen – und selbstverständlich wird diese Stelle heute ausnahmslos so gedeutet –, die goldenen Waffen hätten folglich einen *Wert* von hundert Rindern gehabt und die aus Eisen einen *Wert* von nur neun. Davon aber spricht Homer durchaus nicht. Er stellt jeweils einerseits die beiden Gaben und *ihnen entsprechend* andererseits die beiden Mengen an Rindern einander gegenüber. Nur das *Verhältnis*, in welchem die goldene zu der eisernen Wehr steht, ist gleich dem *Verhältnis*, in welchem hundert Rinder zu neun Rindern stehen würden. Für Homer haben nicht Waffen und Rinder, beide für sich, als gemeinsames Drittes ein Quantum Wert, das er gleichsetzen würde, sondern Waffen und Rinder *entsprechen* nur, je nach Qualität und Quantität, *einander*. Uns mag der Unterschied zwischen gleichem Wert und einer bloßen Entsprechung zweier Dinge geringfügig scheinen, falls er uns überhaupt einleuchtet. Aber es ist ein Unterschied ums Ganze.

Dass die unterschiedlichen Dinge nur *einander entsprechen*, statt gleichen oder ungleichen Wert zu haben, drückt sich auch aus, wenn es bei Homer und in ähnlichen Formulierungen noch sehr lange Zeit nach ihm heißen kann, etwas Bestimmtes sei zum Beispiel *boos axion*, »eines Rindes würdig«. Was heute selbstverständlich übersetzt wird, etwas sei »vom *Wert* eines Rindes«, spricht nur davon, dass etwas *dem Rind entspricht*, dass es also bei einer *Zahlung* für ein Rind gelten würde: Es würde als Zahlung für ein Rind anerkannt. In diesem Fall ließe sich im Deutschen zwar zutreffend auch formulieren, etwas sei »eines Rindes *wert*«. Aber auch damit wäre kein *Wert* des Rindes behauptet, vielmehr hat das Adjektiv »wert« dort und ursprünglich die gleiche Bedeutung wie »würdig«, mit dem es verwandt ist.[64] Wir können noch heute sagen, etwas sei beispielsweise »aller Ehren *wert*«, und meinen damit, es sei »würdig« der Ehren, und nicht etwa, dass es den *Wert* aller Ehren hätte.

Ein Wort, das diesen *Wert* bedeuten würde, gibt es bis zur Neuzeit in keiner Sprache. Eine gemeingermanische Substantivierung des Adjektivs »wert« wird vor dieser Zeit mit lateinisch *pretium* wiedergegeben, heißt also »Preis« mit dessen bereits beschriebener Bedeutung. Und so wie GELT nicht *Geld* bedeutet hat und das germanische »Wert« nicht *Wert*, hatten auch die vielen Wörter anderer Sprachen, die heute selbstverständlich mit »Wert« übersetzt werden, vor Aufkommen des Geldes nicht diesen Sinn. Nach der Angabe in modernen Wörterbüchern soll etwa die lateinische *aestimatio* im Zusammenhang mit Kaufen die »Festsetzung des *Werts* einer Sache« heißen, sie meint aber strikt nur die Festsetzung von etwas anderem, nämlich »des *Preises* einer Sache«.

Und *aestimatio* heißt vor allem »Schätzung«. Die Zwölftafelgesetze sprechen etwa von *aestimatio noxiae*, von der Schätzung eines Schadens, also der Schätzung, womit für einen Schaden würdiger Ausgleich zu leisten ist. Im Griechischen sind es Wörter wie *axia* oder *timē*, die nach modernen Wörterbüchern *Wert*, tatsächlich aber *Schätzung* bedeuten und dementsprechend *Preis*, *Würde* und *Ehre*, *Gebühr* und *Belohnung*, aber auch *Strafe* und *Buße*. Mit diesen Bedeutungen bekennen sie wie sämtliche Wörter, die für *Schätzung* stehen, dass sie in den Zusammenhang von GELT gehören. Und dass sie unter anderem auch im Zusammenhang mit Kauf und Verkauf verwendet werden, zeigt an, wonach dort bemessen wurde: Bei einem Kauf bemaß sich nicht etwas wie der *Wert* einer Ware am *Wert* dessen, womit sie zu kaufen ist, sondern es wurden zwei Güter als einander *entsprechend* eingeschätzt, wurde also ein *Gut* gleich einem *anderen Gut* geschätzt.

Was aber heißt das? Und was unterscheidet dann *Schätzung* von *Wert*?

Schätzung

Zu schätzen weiß man Güter jeweils nach ihrer Eigenart und ihrer Menge. Wenn bei Homer hundert Rinder in ihrer Schätzung einer goldenen Rüstung entsprechen, richtet sich diese Schätzung sowohl danach, dass es *Rinder* sind, als auch danach, *wie viele* es sind. Doch auch allein nach Eigenart oder Qualität werden Güter schon *mehr* oder *weniger* geschätzt als andere, zum Beispiel unterschiedlich danach, ob etwas aus Gold ist oder aus Eisen, ob es sich um ein Pferd handelt oder um einen Esel, ob um ein gutes Pferd oder ein lahmendes, ob man Pferde in der heimischen Landschaft brauchen und ernähren kann oder nicht. Ein jedes Gut – so wie jede Ware als *käufliches* Gut – mag geschätzt werden für den Gebrauch, der sich davon machen lässt, für den Nutzen, den es jemandem bietet, für die Freude, die jemand daran hat, für das Ansehen, das es ihm einträgt, und letztlich für alles, was es irgendjemandem bedeutet.

Für *taonga*, für *schätzbare Dinge*, wie sie etwa zu nennen wären, wählen englische Übersetzer das Wort »valuables«, und gewiss sind *taonga* »wertvoll« in dem Sinn, dass sie für jemanden ihre Bedeutung haben und er sie ihrethalben schätzt – nicht aber im Sinn von *Wert*gegenständen. Das lateinische *valere*, von dem sich das englische Wort ableitet, heißt: *stark* oder *mächtig sein*, zu etwas *imstande* und *geeignet*, begabt mit *Kraft* und *Bedeutung*. Von Äqui*valenten* zu sprechen, konnte deshalb nur heißen, dass zwei Dinge gleiche *Bedeutung* haben. Noch Luther formuliert in einer seiner berühmten und so wenig bekannten 95 Thesen, es sei Blasphemie zu glauben, das prächtige Papstkreuz würde dem wahren Kreuz Christi »(a)equivalere«, es hätte die gleiche Kraft und die gleiche Bedeutung – nicht etwa denselben »Wert«.[65]

Wenn bei einem Kauf also ein Gut einem anderen Gut der Schätzung oder Bedeutung nach *entspricht*, beide *gleich geschätzt* werden und für jemanden *gleiche Bedeutung* haben, fragt sich, wie diese Gleichheit fest- oder hergestellt wird. Denn immerhin handelt es sich um eine *Gleichheit* bei *unterschiedlichen* Gütern – und Gleichheit bei Unterschieden, das scheint nicht recht zusammenzugehen. Im archaischen Zusammenhang jedoch macht dies keinerlei Schwierigkeiten. Wie es sich damit bei Kauf und Verkauf verhält, die dort ja den Charakter einer Zahlung bewahren, können wir uns unschwer auch anhand von Zahlungen klar machen, die heute noch vollzogen werden.

Die Strafe, die heute zum Beispiel auf schwere Körperverletzung steht, beläuft sich auf bis zu fünf Jahre Gefängnis. Zwischen einer Körperverletzung und einer im Gefängnis verbrachten Zeit besteht keinerlei Gleichheit, und es wird mit dieser Strafe auch keinerlei Gleichheit zwischen ihnen behauptet. Stattdessen kann vielmehr nur *geschätzt* werden, dass diese Strafe jener Schuld *entspreche* und sie daher aufhebe. Keines von beidem, weder die Strafe noch die schuldhafte Tat, enthält jeweils *für sich genommen* ein Maß, das bei einem Ausgleich zur Deckung gebracht würde. Sondern jedes findet sein Maß nur jeweils *am anderen*: Die fünf Jahre Gefängnis wiegen die schwere Körperverletzung auf. Sie haben nicht jedes für sich etwas wie ein Gewicht, etwa das Jahr Gefängnis eine halbe Tonne und die schwere Körperverletzung zweieinhalb Tonnen, wonach festgestellt würde, wie viel vom einen dem anderen gleichkommt. Es ließe sich gar nicht feststellen, wie viel jedes *einzeln* wiegt, sondern es wird geschätzt, dass *eines vom anderen* aufgewogen und insofern aufgehoben werde. *Axios*, das griechische Pendant zum deutschen Adjektiv *wert*, hat genau dies zu seiner ältesten Bedeutung: *aufwiegend*.

Was hier entscheidet, kann also nur ein *Gefühl* der Angemessenheit sein – und das eben ist die Schätzung. Dieses Gefühl ist keine bloße Privatangelegenheit, nichts, was nur ein Einzelner empfinden würde. Es ist vielmehr allgemein bindend, nämlich Angelegenheit einer *Gemeinschaft*. Bei der modernen Strafe gibt es der Staat per Gesetz vor, beim archaischen Kauf unterliegt es womöglich der Autorität des Königs, ist es durch anerkannte Regeln bestimmt, aber muss es auf jeden Fall der *gemeinsamen* Schätzung von Käufer und Verkäufer entsprechen. Doch wie verbindlich sie dadurch auch immer festgestellt sein mag, die Angemessenheit einer Zahlung bleibt der Gegenstand einer bloßen Schätzung. Noch das moderne Gesetz schreibt als Strafmaß für eine schwere Körperverletzung Gefängnis nur *bis* zu fünf Jahren vor, die Strafe kann also im Einzelfall auch deutlich kürzer ausfallen und sie muss jeweils erst nach dem Einzelfall bestimmt werden. Je nach den Umständen der Tat und ihren Folgen, nach der nie *genau* einzuschätzenden »Schwere« der Verletzung, nach den Absichten des Schuldigen bei seiner Tat und anderem mehr, jeweils wird erst den Gegebenheiten entsprechend entschieden, nämlich *geschätzt*, wie viel Zeit im Gefängnis all dem angemessen ist.

Genau in dieser Weise besteht die »Gleichheit« bei einer Zahlung: Sie besteht nicht in *gleich viel* von irgendetwas auf beiden Seiten, sondern in der *Angemessenheit*, die *zwischen* ihnen empfunden wird. So verhält es sich, wenn einem mittelalterlichen Herren von irgendeiner Seite die Zahlung von 500 Solidi zusteht und er sie nicht in Solidi, sondern in Möbeln, Sklaven, Pferden, Vasen und einer Schmucknadel erhält: Er addiert dafür nicht Wert für Wert die einzelnen Posten, sondern erkennt nur insgesamt an, dass die Güter seiner Schätzung von 500 Solidi entsprechen. Und so verhält es sich auch bei Kauf und Handel. Herodot weiß davon ein besonders schönes Beispiel zu erzählen. Es verläuft sehr aufwendig, ist aber gerade dadurch von großer Anschaulichkeit. Von den Karthagern hört der Historiograf, dass sie regelmäßig ein Volk an der nordafrikanischen Atlantikküste aufsuchen, um mit ihm Waren zu tauschen.

> »Wenn sie zu denen kommen, entladen sie ihre Waren, legen sie nebeneinander am Ufer aus, gehen wieder auf die Schiffe und machen Rauch. Die Einheimischen sehen den Rauch, gehen zum Meer, legen für die Waren Gold hin und ziehen sich wieder zurück, weit weg von den Waren. Die Karthager kommen aus den Schiffen, um nachzuschauen, und wenn ihnen das Gold den Waren angemessen erscheint, nehmen sie es und entfernen sich wieder; erscheint es ihnen dagegen nicht angemessen, gehen sie zurück auf die Schiffe und bleiben dort, während die anderen hinzukommen und weiteres Gold hinlegen, so lange, bis die Karthager einverstanden sind. Keine der beiden Seiten leistet sich dabei ein Unrecht, denn weder rühren die Karthager das Gold an, bevor es ihrer Schätzung der Waren entspricht, noch rühren jene die Waren an, bevor die Karthager das Gold genommen haben.«[66]

Das Ganze verläuft rituell, mit der uns bekannten, auf beiden Seiten sichtbar stark empfundenen Verpflichtung den jeweils anderen gegenüber. Und wie ungewöhnlich das stumm-einvernehmliche Agieren in diesem Fall auch sein mag, das Entscheidende eines solchen Kaufs zeigt sich in aller Deutlichkeit: Es geht für beide Seiten darum, dass »ihnen das Gold den Waren *angemessen* erscheint«. Die Karthager warten ab und die Ansässigen legen nach, bis die Menge an Gold ihrer beider »*Schätzung* der Waren entspricht«.

Und noch etwas wird bei Herodot sehr deutlich: Wo *Schätzung* darüber entscheidet, welche Zahlung welcher Ware entspricht, können sich nur zwei Möglichkeiten ergeben: *Entweder* wird die Zahlung als *angemessen* empfunden – dann nehmen die Karthager das Gold und fahren wieder ab; *oder* die Zahlung wird als *nicht angemessen* empfunden – dann bleiben die Karthager und warten. Eine Schätzung kann in der Tat nur zu einem dieser beiden Urteile gelangen: *angemessen* oder *nicht*. Welche Besonderheit in dieser Tatsache liegt, zeigt sich, sobald wir sie damit vergleichen, wie es sich bei einem Kauf im Zusammenhang mit *Wert* verhält.

Wer Äpfel und Birnen danach vergleicht und aneinander bemisst, wie sehr er sie *schätzt*, kann nur zu dem Ergebnis kommen, entweder es seien ihm Äpfel *ebenso lieb* wie Birnen oder es seien ihm Birnen *lieber* beziehungsweise *weniger lieb* als Äpfel. Er kann womöglich noch differenzieren, die einen seien ihm *viel* lieber oder *sehr viel* lieber als die anderen. Doch quantitativ genau bestimmen kann er dieses Verhältnis nur in der Weise, dass er von einer bestimmten Menge Äpfel sagt, seiner Schätzung nach *entspreche* sie entweder einer bestimmten Menge Birnen oder entspreche ihr eben *nicht*. Keinesfalls aber vermag er seine Schätzung jeweils in einem eigenen *Wert* anzugeben: Wir können nicht sagen, fünf Äpfel mag ich 3,50, fünf Birnen 3,99, und meine Oma habe ich sogar 27 lieb. Was bei einem Kauf und bei jedem Umgang mit Geld und Wert das Selbstverständlichste von der Welt ist, wäre bei einer Schätzung nur abwegig – auch bei der vergleichenden Schätzung zweier Waren.

So *kann* eine Schätzung nicht bemessen. Und dass Menschen mittels Schätzung wirklich nicht danach bemessen und dass bei archaischen Käufen wirklich nicht danach bemessen wurde, dafür gibt es einen umfassenden historischen Beleg. Unter der späteren Voraussetzung, dass jede Ware ihren *Wert* hat, wie es sein muss, wenn mit Geld gekauft und verkauft wird, bilden diese Werte ein System *fester Tauschverhältnisse*, da sich damit *alle* Waren gemeinsam auf die *eine* Größe Wert beziehen. Das Kilo Äpfel, das 3,50 kostet, ist 3,50 von *derselben Einheit* wert, von der eine Kiste Birnen zum Beispiel 3,99 und von der ein Sakko 129,90 wert ist. Alle Waren stehen über diese Einheit in einem festen Wertverhältnis und, da sie nach dem so bezifferten Wert gekauft und getauscht werden, in einem festen Tauschverhältnis zueinander. Anders bei der Schätzung. Dort bemessen sich Waren *paarweise* nur eine an der anderen – oder, was nichts daran ändert, auch mehrere auf der einen Seite an mehreren auf der anderen. Wenn also jemand bei einer Gelegenheit ein Kilo Äpfel für drei Silberlinge ersteht und bei einer weiteren Gelegenheit jemand einen Sklaven für hundert Kauri-Schnüre abgibt, dann ist damit nichts über eine dritte Gelegenheit gesagt, wo ein Schmied für seine Dienste bezahlt wird. Selbst wenn bei mehreren verschiedenen Gelegenheiten jeweils dieselbe Art von Zahlungsmittel verwendet wird, hier einmal drei Denare für sechs Äpfel, dort einmal für drei Birnen, müssen Käufer und Verkäufer bei einer davon unterschiedenen weiteren Gelegenheit ihre Äpfel und Birnen nicht deshalb im Verhältnis 2:1 tauschen. Archaische Käufe nach Schätzung ergeben *kein System fester Tauschverhältnisse.*

Und so ist es durch die historische Wirklichkeit belegt. Der Anthropologe Marshall Sahlins hat dankenswerterweise einmal die Herkulesaufgabe übernommen, sämtliches Material darauf zu durchforsten, das bis dato zu »primitiven« und »archaischen« Gemeinwesen gesammelt worden war. Und er kommt zu dem Ergebnis:

> »Charakteristisch für den archaischen Austausch ist die Unbestimmtheit im Verhältnis der getauschten Größen. Bei unterschiedlichen Transaktionen werden Güter in unterschiedlichem Verhältnis gegeneinander getauscht«

– sodass gleiche Güter das eine Mal beispielsweise nur gegen zwei Ballen, in einem anderen Zusammenhang jedoch gegen fünf Ballen des gleichen Stoffs getauscht werden.

> »Trotzdem werden die Güter von den Beteiligten bewusst für vergleichbar angesehen. Und solche Unterschiede in den getauschten Größen ergeben sich innerhalb des gleichen Zeitabschnitts, am gleichen Ort und unter den gleichen wirtschaftlichen Bedingungen.«[67]

Trotz der angestrengtesten Bemühung neuzeitlicher Gelehrter, ihre Erwartung zu bestätigen und quantitativ feste Tauschkurse zwischen den verschiedenen Gütern ausfindig zu machen, muss Sahlins zusammenfassend sagen:

> »Es ist praktisch unmöglich, aus irgendeinem ethnographisch aufgenommenen Korpus von Transaktionen gängige Tauschkurse abzuleiten. Der Ethnograph wird daraus schließen, dass die Leute ihre Güter nicht mit fixen Werten versehen. Und selbst wenn man den Daten auf irgendeine fragwürdige Weise eine Tabelle von Äquivalenzen abpresst, weichen einzelne Tauschvorgänge stets radikal davon ab.«

Woraus der Ethnograf also noch richtiger schließen sollte, dass die Leute ihre Güter nicht nur »nicht mit *fixen* Werten«, sondern überhaupt *nicht mit Werten* versehen.[68] Den Grund immerhin kennt Sahlins: »Der wechselseitige Ausgleich unterliegt dem *social sector*« – dem durch die Gemeinschaft bestimmten Bereich.

Exkurs: Aristoteles und die chrēmata

Nun aber rufe ich als Zeitzeugen auf: Aristoteles aus Stageira, Bürger von Athen um die Mitte des vierten vorchristlichen Jahrhunderts. Man hält ihn heute für den berühmten ersten Theoretiker des Geldes. Und da wir mit ihm das große Glück haben, einen der zuverlässig hellsten Köpfe seiner Zeit zu hören, einen Mann, der willens und fähig war, so recht jeden Bereich dessen, was seine Welt ausmachte, gründlich zu durchdenken, dürfen wir von ihm auch in diesem Punkt gültigen Aufschluss erwarten. Eines nur dürfen wir dabei nicht: uns auf eine moderne Deutung und Übersetzung seiner Schriften verlassen. Und das heißt, wir dürfen uns nicht einmal darauf verlassen, dass er überhaupt über Geld geschrieben hätte.

Nach heutiger Lehre wäre Aristoteles in seinem umfangreichen Werk zweimal darauf zu sprechen gekommen: in den *Politika*, seiner Schrift über das Gemeinwesen, und in den *Ethika*, die aus Gründen, die wir nicht kennen, *Nikomachische* heißen, also seine im Deutschen singularisch aufgefasste *Nikomachische Ethik*.

Diese hat es als Ethik mit der *Gerechtigkeit* zu tun, welche Aristoteles, wie jeden positiven Begriff, als Mitte zwischen einem falschen

Zuwenig und einem falschen Zuviel definiert. Im Falle der Gerechtigkeit sei diese Mitte das sogenannte Gleiche, griechisch *ison*, ein Wort, das auch unmittelbar in der Bedeutung von »gerecht« verwendet wurde. Gerechtigkeit umfasse die gesamte *aretē*, das heißt alles richtige und gute Verhalten, teile sich aber in zwei Bereiche auf: einerseits in Formen der Verteilung, *dianomai*, und andererseits in Vorgänge des Tauschs, *synallagmata*. Zu den Letzteren zählt Aristoteles Kauf und Verkauf, aber auch Darlehen, Hinterlegung, Miete und Ähnliches, während es bei den *dianomai* – so geben es moderne Übersetzungen wieder – um »Ehre, *Geld* oder *andere Güter*« gehe, die den Mitgliedern eines Gemeinwesens zugeteilt und unter ihnen verteilt werden können.[69] Die *dianomai* stehen also für das große Gebiet der verpflichtenden Gaben oder Zahlungen.

Dass es neben der Ehre jedoch »Geld oder andere Güter« wären, die dabei zugeteilt würden, behauptet Aristoteles nicht, er schreibt vielmehr »*chrēmata* oder *anderes*«. Nicht um Geld geht es daher, sondern einfach nur um »Dinge« – denn nichts anderes heißen die *chrēmata* in der Antike und im Mittelalter. Sie bilden den Plural von χρῆμα: »eine Sache, die man braucht oder nutzt, deren man sich bedient, deren man bedarf, die man nötig hat«.[70] *Chrēmata* sind, was die Māori *taonga* nennen.

Gerechtigkeit erfordert das »Gleiche«, das meint einen Ausgleich, wie er uns mittlerweile geläufig ist. Und der, so legt Aristoteles dar, ergebe sich nicht einfach durch Talion: »Leidest du, was du getan, so ist richtiges Recht dir geworden«, diese Regel des mythischen Totenrichters Rhadamanthys reiche nicht aus. Vielmehr müsse gerechter Ausgleich als das »Gleiche« gerade auch die *Ungleichheit* der Beteiligten berücksichtigen:

> »Wenn zum Beispiel einer, der ein Amt bekleidet, einen anderen geschlagen hat, darf er nicht wiedergeschlagen werden, und wenn umgekehrt jemand einen solchen Machthaber geschlagen hat, so muss er nicht bloß geschlagen, sondern auch noch bestraft werden.«[71]

Die gleiche Tat fordert also unterschiedlichen Ausgleich je nachdem, wer sie begeht und an wem sie begangen wird. Nur wenn ein Ausgleich nach dieser *Proportion* oder *analogia* erfolgt, leistet er laut Aristoteles *gerechte* Vergeltung und Gegenleistung, *antipoiēsis* und *metadosis*. Und diese – das heißt: GELT und *Zahlung* – seien die notwendige Grundlage einer jeden Gemeinschaft, das betont Aristoteles mehrfach: Ohne sie könne keine *polis* Bestand haben. Wenn man nämlich etwas Böses, das einem angetan wurde, nicht vergelten würde, wäre man ein bloßer Sklave, der zu einer Vergeltung gar nicht in der Lage ist. Wollte man dagegen etwas Gutes nicht vergelten, so würde die Gegenleistung fehlen und mit ihr dasjenige, wodurch man sich überhaupt *gemeinsam erhalte*. Aus diesem Grund werde die *metadosis* sogar in Gestalt eigener Gottheiten verehrt und sei dafür gesorgt, dass man sich ihrer Bedeutung ständig bewusst bleibe:

> »Darum wird auch das Heiligtum der Chariten an Orten errichtet, wo man ständig vorbeikommt: damit Gegenleistung sei; denn die gehört zur *charis*, zum Dank. Wer einem gefällig gewesen ist, dem muss man Gegendienste erweisen und man muss ihm auch zuerst und von sich aus gefällig sein.«[72]

Besser lässt sich dieses einstmals so allgemeine Prinzip einer Gemeinschaft der wechselseitigen Verpflichtungen nicht formulieren. Und allein mit diesem Prinzip verfügt Aristoteles auch schon über seine Antwort auf die Frage, wie gerechter Ausgleich bei *Tausch* und *Kauf* aussehen müsse. Denn er fährt hier direkt anschließend fort:

> »Eine Gegenleistung nach Proportion – oder nach einer Diagonalen – ergibt sich durch Verbindung [der beteiligten Größen]. Zum Beispiel sei A ein Baumeister, B ein Schuster, C ein Haus und D ein Schuh. Nun soll der Baumeister vom Schuster dessen Werkstück bekommen und ihm dafür das seinige als Gegenleistung überlassen. Und wenn dabei die Gleichheit nach Proportion bestimmt wird und der Ausgleich danach stattfindet, so geschieht das Gesagte. Wenn aber nicht, so ist keine Gleichheit und es gibt kein Zusammenleben, das Bestand hat.«

Es sind also, wie Aristoteles auch noch ausführlicher darstellt, *vier* Größen zu berücksichtigen, wenn es um gerechten Ausgleich geht: nicht nur die zwei getauschten Güter, sondern ausdrücklich – und wie bereits erklärt – auch die beiden Tauschenden selbst. Wenn zum Beispiel Schuster und Bauer miteinander Schuhe und Nahrungsmittel tauschen, so gelte: »Wie sich der Bauer zum Schuster verhält, so muss sich die Leistung des Schusters zu der des Bauers verhalten«. Nach der *Proportion*, die zwischen Bauer und Schuster als *ungleichen* Menschen besteht, bestimmt sich die *Proportion*, in welcher bei gerechtem Tausch und Ausgleich auch die Erzeugnisse von Schuster und Bauer stehen müssen – und zwar bei den Erzeugnissen in *dieser* Reihenfolge, nicht mehr Bauer zu Schuster, sondern umgekehrt Schuster zu Bauer, also in *umgekehrter Proportion*. Im Bild der »Diagonale« ausgedrückt, welches Aristoteles hier verwendet: Dem Gefälle oder der Steigung der Diagonalen, die sich zwischen Bauer und Schuster als den *unterschiedlichen* Größen A und B ziehen lässt, muss die Steigung oder das Gefälle der Diagonalen entsprechen, die bei einem Tausch umgekehrt zwischen einer Menge der Schuster-Ware und einer Menge der Bauern-Ware zu ziehen ist, also zwischen den entsprechend *unterschiedlichen* Größen D und C.

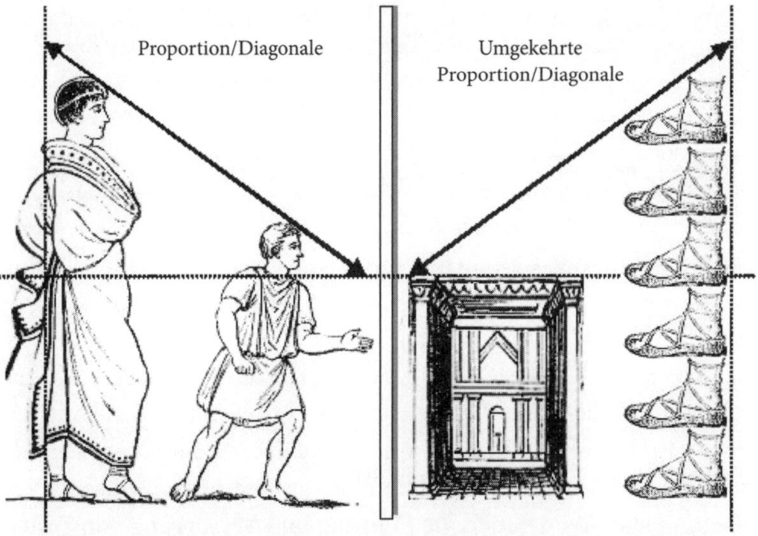

Gerechte Austauschverhältnisse zwischen Baumeister und Schuster und ihren Erzeugnissen, Haus und Schuhen.

So versteht sich etwas ganz nebenbei von selbst, was Aristoteles deshalb gar nicht erst auf den Gedanken kommt aussprechen zu müssen. Wenn sich die Proportion zwischen zwei zu tauschenden *Warenmengen* nach einem Verhältnis zwischen den tauschenden *Personen* richtet, das nur als *soziales* denkbar ist, dann sind dieses Verhältnis und diese Proportion keinesfalls zu *berechnen*; sie sind nur per *Schätzung* bestimmbar. Aristoteles erklärt hier also, wonach sich die *Schätzung* bei einer Tauschrelation richtet, nicht wie sich Warenwerte berechnen. Aristoteles begründet die Vorstellung des *iustum pretium*, eines *gerechten Preises*, er berechnet ihn nicht.

Dasselbe Prinzip einer Gerechtigkeit, die bei Tausch und Kauf bestimmt, wirkt auch bei den Zuteilungen. Die unterschiedliche Bedeutung für die Gemeinschaft, die den Einzelnen jeweils im Verhältnis zu anderen zukommt, gibt vor, was ihnen an Zuteilung zusteht. Es geht nach derselben Art »Gleichheit« oder *isē*, von der Odysseus spricht, wenn er seinen Leuten den »gleichen«, nämlich gerechten Teil am Beutegut danach zuteilt, *was jedem gebührt*:

> »Die gerechte Zuteilung des Gemeinsamen hält sich immer an die genannte Proportion; wenn eine Zuteilung gemeinsamer *chrēmata* erfolgt, wird sie sich an dasselbe Verhältnis halten, das die wechselseitig erbrachten Leistungen zueinander haben.«[73]

Dies »wechselseitig Eingebrachte«, wie es wörtlich übersetzt lautet, meint alles, was die Einzelnen *für die Gemeinschaft* leisten und womit sie sich das Gemeinwesen verpflichten. Das Griechische hat dafür, wie sollte es anders sein, wieder einen schönen eigenen Begriff, die *leiturgia*: Sie »ist für den Griechen ursprünglich jeder Dienst, den der Bürger unmittelbar für sein Gemeinwesen leistet, und umfasst damit auch die Dienstleistung als Magistrat«.[74] Vor allem aber umfasst sie eine schier endlose Liste an möglichen oder auch zwingend zu übernehmenden Aufgaben, zum Beispiel das Aufstellen und den Unterhalt eines Chores zur Aufführung einer Tragödie bei den Dionysien, die Ausrichtung der Fackelwettkämpfe bei großen Festen mitsamt Verpflegung aller Teilnehmer, die Führung und Versorgung von Festgesandtschaften, Ausstattung großer Festmahlzeiten, die einjährige Instandhaltung eines Schiffes plus Zahlung des Solds für die Bemannung und so weiter, bis hin zur »Verpflichtung, für den Kriegsdienst ein Pferd zu unterhalten«.

Das Verhältnis, das zwischen dem besteht, was der eine, und dem, was ein anderer aufbringt, gibt die Proportion vor, in der sie bei der Zuteilung gemeinschaftlicher Güter bedacht werden. Doch damit die Güter überhaupt *zueinander* in Proportion gesetzt werden können, so schreibt Aristoteles an einer berühmten Stelle, müssen sie »irgendwie vergleichbar« sein. Und dann wollen uns sämtliche modernen Übersetzungen weismachen, Aristoteles hätte des Weiteren behauptet, dafür wäre »das *Geld* bestimmt«. Da bekommen wir zu lesen, das Geld würde »zur *Berechnung*« von Werten dienen, da geht es um Waren als »die fraglichen *Werte*«, *nomisma* soll »Geld« heißen, weil es »seinen *Wert*« nach dem Gesetz habe und so fort. In einer strikt auf Geld getrimmten Übersetzung wird dem heutigen Leser präsentiert, was Aristoteles zwar nicht geschrieben hat, aber eigentlich hätte schreiben müssen. Denn selbstverständlich weiß man heute sehr viel besser als Aristoteles selbst, was er gemeint hat und nur offensichtlich – *ipse dixit* zählt da nicht – unfähig war in Worte zu fassen. In Aristoteles' Worten jedenfalls kommt nichts von Geld vor, nichts von Werten und nichts von deren Berechnung. Das alles wird ihm heute bloß unterstellt.

Was Aristoteles schreibt, lautet in einer möglichst wörtlichen Wiedergabe – und mit einigen Fehlübersetzungen in Klammern zum Vergleich – so:

> »Daher muss alles irgendwie vergleichbar sein, was getauscht wird. Dazu wurde die Münze [*statt*: das Geld] bestimmt, und sie ist sozusagen ein Mittleres, ein Mittel. Denn sie misst alles, daher auch das Zuviel und das Zuwenig, [*ohne*: es (das Geld) dient also z. B. zur Berechnung,] wie viele Schuhe einem Haus oder Lebensmitteln gleich sind. Demnach muss sich so, wie sich ein Baumeister zu einem Schuster verhält, eine Anzahl Schuhe zu einem Haus oder zu Lebensmitteln verhalten. Denn wenn dies nicht ist [*statt*: Ohne solche Berechnung], wird kein Austausch und keine Gemeinschaft sein. Und dies wäre nicht [*statt*: Die Berechnung ließe sich aber nicht anwenden], wenn sie [*nämlich Schuhe, Haus und Lebensmittel statt*: die fraglichen Werte] nicht in gewissem Sinne gleich wären. So muss denn alles

> mit Einem gemessen werden, wie vorhin gesagt worden ist. Dieses Eine ist in Wahrheit die Brauchbarkeit, die alles verbindet. Denn wenn sie [*nämlich die Menschen*] nichts bräuchten oder nicht auf die gleiche Weise, gäbe es entweder keinen Austausch oder nicht denselben. Zum Stellvertreter der Brauchbarkeit aber wurde kraft Übereinkunft die Münze [*statt*: das Geld]; und darum trägt sie den Namen nomisma [*ohne den Zusatz*: (Geld)], weil sie nicht von Natur aus ist [*statt*: weil Geld seinen Wert nicht von Natur hat], sondern nach dem *nomos*, dem Gesetz, und weil es bei uns steht, sie zu verändern und außer Verwendung [*statt*: außer Umlauf] zu setzen.«[75]

Was nach Gleichheit und Proportion getauscht wird, muss irgendwie vergleichbar sein und *Münzen* sind dafür da, diese Vergleichbarkeit stellvertretend zu leisten, *so* schreibt Aristoteles in Wahrheit und so schreibt er *sehr richtig*. Unter dem Bann der modernen Geldverhältnisse aber setzen wir heute voraus, Münzen wären unmittelbar Geld, mit ihnen würden die Dinge als *Werte* bestimmbar und ließen sie sich als Werte *berechnen*. Aristoteles dagegen schreibt unmissverständlich davon, zwar dass alle Dinge *mit Einem* zu messen seien, aber auch, was dieses *Eine* ist: *nicht* Geld, *nicht* Werte, *nichts*, was sich berechnen ließe – sondern die *Brauchbarkeit*. Aristoteles verwendet das Wort *chreia*, das von derselben Wurzel *chrē* abgeleitet ist wie die *chrēmata* und entsprechend neben »Gebrauch« die Bedeutungen »Brauchbarkeit« und »Notwendigkeit« hat. Was die zu tauschenden Dinge verbindet, ist daher laut Aristoteles ganz einfach das, was sie alle zu *chrēmata* macht: ihre *chreia* – der Gebrauch, der von ihnen zu machen ist und für den sie Menschen brauchen und benötigen.

Aristoteles sagt noch genauer, nur sofern Menschen in gleicher Weise alle zum Beispiel Haus, Schuhe oder Nahrungsmittel *brauchen* können, kommen sie dazu, diese Dinge gegeneinander zu tauschen. Auch das gehört zu dem gemeinsamen »Einen« all der Güter, die sie einander vergleichbar macht. Und wenn dieses »Eine« in der Brauchbarkeit der Dinge besteht, ist noch einmal unmissverständlich klar, dass aus ihr nicht Ding für Ding ein Wert zu errechnen ist, sondern dass sie im Verhältnis zueinander geschätzt werden. Aristoteles, der genaue Denker, spricht denn auch mit aller Klarheit aus, was sich –

wie wir wissen – daraus ergibt: Schätzung kann zwischen den aneinander bemessenen Dingen nur *Gleichheit* oder *Ungleichheit* feststellen: Sie stellt entweder *Gleichheit* zwischen ihnen fest oder bei einem Ding ein *Zuviel* gegenüber einem *Zuwenig* bei dem anderen.

Die Münze, so schreibt Aristoteles, sei dabei ein hilfreiches Mittel, da sie alles messe und »daher auch das Zuviel und das Zuwenig«. Das nämlich tut die Münze so: Wenn etwa ein Paar Schuhe keinen gerechten Ausgleich für ein Haus darstellt und ihm insofern nicht *gleich* ist, besteht also nicht die benötigte Gleichheit, sondern die Ungleichheit eines Zuwenig auf Seiten der Schuhe. Zu Münzen dagegen lassen sich die Schuhe ohne Weiteres ins Verhältnis der Gleichheit bringen, da Münzen – als die dafür normierten Zahlungsmittel – in beliebiger Menge gewählt werden können und folglich sicher in der jeweils passenden Menge, um Gleichheit herzustellen. Das gelingt daher zwischen Schuhen und Münzen, aber genauso auch zwischen Münzen und Haus. Und damit lässt sich – mittels Münzen – auch zwischen einer *entsprechenden Menge* von Schuhen und dem Haus Gleichheit herstellen. *So* messen Münzen »auch das Zuviel und das Zuwenig«, das zwischen zu tauschenden Gütern bestehen kann, und helfen festzustellen, »wie viele Schuhe einem Haus oder Lebensmitteln *gleich* sind«.

Aber da es hier noch immer nach Schätzung geht, bleibt es auch mit den Münzen dabei, dass nur jeweils *Ding an Ding* bemessen wird und es zwischen den Seiten nur *gleich* oder *ungleich* geben kann. Aristoteles formuliert jeweils mit aller Konsequenz, dass nur *paarweise eines am anderen* bemessen wird, und er verwendet dafür auch ein eigenes Wort, *syndyazein*, das abgeleitet ist von *dyo*, »zwei«, und unmissverständlich die Bedeutung hat: »*paarweise* vergleichen«.[76] Selbst wo Aristoteles explizit durchspielt, wie Münzen als ein »Mittleres« alles messen lassen, bleibt er konsequent bei proportionalen *Paarungen* – man muss nur genau genug darauf achten:

> »A sei ein Haus, B seien zehn Minen und C sei ein Bett. Dann ist A die Hälfte von B, wenn das Haus fünf Minen entspricht. Und wenn C der zehnte Teil von B ist, so sieht man, wie viele Betten dem Hause gleich kommen, nämlich fünf.«

A wird nur mit B, B wird nur mit C und C dann wiederum mit A verglichen und in proportionale Entsprechung gesetzt. Sosehr es für uns auch naheläge, bei einem solchen Beispiel davon zu sprechen, das Haus habe den Wert von fünf Minen und das Bett den Wert von einer, ohne dass wir dann noch eigens Haus und Bett ins Verhältnis zueinander setzen müssten, Aristoteles denkt und formuliert es – mit aller Genauigkeit – anders: Für ihn gibt es nicht Wert als jeweils eigenes Maß in jedem einzelnen Ding, sondern allein die *paarweise* Bemessung *eines Dings an einem anderen.* Für diese Betrachtungsweise macht uns das Geld, das mit Werten verfährt, fast vollständig blind.

Wechseln wir zu den *Politika.* Beginnend mit Kapitel 8 des ersten Buches widmet sich Aristoteles dort ausführlich dem Thema Besitz und Erwerb. Er erklärt sehr aufschlussreich: Als der *wahre* Reichtum, *plutos*, bestehe Besitz von Natur aus in Dingen, »die für die Gemeinschaft in Polis oder Haus zum Leben nützlich und notwendig sind«[77] und auf deren Erwerb man deshalb bedacht sei. Weil diese Dinge wie bekannt *chrēmata* heißen, nennt Aristoteles ihren Erwerb also schlicht *chrēmatistikē*, zu ergänzen *technē*: die auf *chrēmata* bezogene *Fähigkeit*, sie zu erwerben.

Nun gebe es schon bei den Tieren unterschiedliche Weisen zu leben, in der Gruppe, in Herden, als Einzelgänger und Ähnliches. Und zwar hänge die Lebensweise jeweils davon ab, wovon sich die verschiedenen Tiere ernähren, denn die Natur gebe ihnen passend vor, bei welcher Lebensweise sie am ehesten zu ihrer Nahrung gelangen und ihre Nahrung also »erwerben« könnten. Entsprechend hätten auch die Menschen verschiedene Lebens- und Erwerbsweisen ausgebildet, zu denen Aristoteles das Leben als Nomade, als Bauer, Räuber, Fischer oder Jäger zählt. Und ungerührt stellt Aristoteles fest, auch die Kriegskunde sei insofern eine Erwerbskunde, als sie ähnlich wie die Jagd verfahre, nur dass sie statt gegen Tiere »gegen solche Menschen zur Anwendung komme, die von Natur zu dienen bestimmt sind, aber nicht freiwillig dienen wollen«.

Von diesen Arten des Erwerbs und einer »natürlichen« Chrematistik unterscheidet Aristoteles noch eine zweite als »künstliche«. Und heute heißt es, Aristoteles hätte diese »andere Gattung von Erwerbskunst« unmittelbar »als die Kunst des *Gelderwerbs*« bezeichnet.[78] Die

»Chrematistik« wird heute zum aristotelischen Begriff für den Erwerb von *Geld* erklärt. Aristoteles aber schreibt von etwas anderem. *Chrēmatistikē* sei Erwerbskunst wie deren natürliche Arten, sie verdiene diese Bezeichnung nur *insbesondere*: Während die Erwerbskunst natürlicherweise auf »*anderes*«, nämlich auf die Dinge abziele, die man brauche und deshalb zu erwerben suche, ziele die künstliche *auf den Erwerb selbst*, auf die Vermehrung des Besitzes.[79] Und dieses Ziel ergebe sich daraus, dass es bei diesem Erwerb insbesondere um *Münzen* gehe, um die *nomismata*.

Das entwickelt Aristoteles mit großer Präzision. Von allen *chrēmata* gebe es zweierlei Gebrauch: zum einen den Gebrauch, der den Dingen jeweils zu eigen ist, so wie etwa der Gebrauch von Schuhen spezifisch darin besteht, sie an den Füßen zu tragen; und zum anderen fänden Dinge ihren Gebrauch als Mittel zum Tausch. Auch dieser Tausch habe zunächst seine natürliche Variante, wenn Menschen Ding gegen Ding tauschen, »indem sie zum Beispiel Wein für Korn geben und nehmen«, und solange es dabei bleibe, diene der Tausch nur zur ergänzenden Versorgung. Etwas anderes werde daraus, wenn es um Münzen gehe. Sie seien zwar genauso brauchbare Dinge wie Wein und Korn, so sagt Aristoteles ausdrücklich, also Ding unter Dingen,[80] doch zusätzlich dazu seien sie auch *insbesondere* dem Tausch zugedacht. Als Tauschmittel aber verwendet die Münzen nur eine Gruppe von Leuten: das Krämergewerbe, die Hökerei, die *kapēlikē*. Aristoteles erklärt: Der Höker kauft mit Münzen andere *chrēmata* ein, um sie für Münzen auch wieder zu verkaufen. Dabei richten sich Tausch oder Kauf also nicht mehr auf die nützlichen Dinge, die *chrēmata*, sondern auf die Mittel zu weiterem Tausch. Die Münzen, die sonst zum Erwerb von etwas »anderem« dienen, dienen dem Höker nur wiederum zum Erwerb von Münzen. Münzen sind in diesem Fall, so Aristoteles, »Anfang und Ende des Tauschs«, der Erwerb zielt nur wieder auf Erwerb.[81]

Im Gegensatz zum wahren und natürlichen Reichtum kenne dieser Erwerb von Münzen aber keine Grenze und sei daher widernatürlich. Denn der wahre Reichtum finde in den brauchbaren Dingen, in denen er besteht und die nicht schrankenlos gebraucht werden, notwendig selbst seine Schranke. Nicht so der Krämer-Reichtum an Münzen, der stets weiter zum Tausch dienen soll. Widernatürlich sei er außerdem, da Münzen, wo man sie für den Erwerb weiterer Münzen erwirbt, dem natürlichen Gebrauch als *chrēmata* entzogen werden und es sich damit ergeben könne, dass jemand reichlich Münzen gestapelt, aber nichts zu essen hat. Es erginge ihm wie König Midas, dem sein unseliger Wunsch erfüllt wurde, alles, was er berühre, möge sich in Gold verwandeln: Jeder Bissen, den er daraufhin zum Mund führte, ward zu Gold und war nichts mehr zu beißen. Münzen vermögen zwar in Essbares und Brauchbares getauscht zu werden, aber nicht *von Natur aus*, sondern durch *Setzung*. Und damit, so wird Aristoteles nicht müde zu wiederholen, könne ihr Gebrauch als Tauschmittel auch wieder aussetzen und nichts natürlich Brauchbares mehr mit ihnen einzutauschen sein.

Vor allem aber ist für Aristoteles ein Erwerb, bei dem Münzen nur wieder Münzen einbringen sollen, deshalb widernatürlich, weil ein bloßer *Tausch* damit *mehr* vom Getauschten abwirft. Das widerspricht der Vorstellung, dass die getauschten Dinge jeweils einander angemessen und in diesem Sinne *gleich* sein sollen: Wenn eine bestimmte Menge von Münzen einer Ware bei deren Kauf angemessen ist, dieselbe Ware aber im nächsten Moment bei ihrem Verkauf einer *größeren Menge* von den gleichen Münzen angemessen sein soll, ist das Mengenverhältnis nicht beide Male das gleiche und kann es nicht jeweils angemessen sein. Der Tausch von *Münzen* zunächst in *Ware* und aus Ware wiederum in *mehr Münzen* führt zu etwas, wofür damals die Wucherer besonderen Hass auf sich zogen, die sogenannten *Obolenstapler*, die Münzen verliehen, um mehr Münzen dafür zurückzubekommen: Er führt zu einem Münzgewinn als *Zins*. Und der – darauf weist Aristoteles berühmterweise hin – heißt griechisch *tokos*, das sich von »gebären« ableitet und etwa »Sprössling« bedeutet, aber auf Münzen angewandt die natürliche Fruchtbarkeit widernatürlich auf etwas Unfruchtbares wie Metall übertrage.

Es ist diese Kritik des Aristoteles an einer bestimmten Verwendung von Münzen, die heute anerkennend als seine Kritik am Geld gedeutet und damit leider missverstanden wird. Gleichwohl erkennt Aristoteles tatsächlich höchst scharfsinnig bereits die Gefahr eines solchen Gebrauchs von Tauschmitteln, die sich später, wenn es dann wirklich um *Geld* geht, das in Ware und von ihr wieder in *mehr Geld* getauscht wird, ins Unermessliche potenziert. In der Welt des Geldes wird eine solche Art Tausch die ganze Gesellschaft ergreifen. In den Zeiten von Aristoteles dagegen spielt er sich nur im Rahmen der *kapēlikē* ab und bleibt insofern *begrenzt.* Aristoteles spricht dezidiert nur von *denjenigen*, die dieser Art Erwerb nachgehen, während es das Gemeinwesen *in der Hauptsache* nicht tut. Die Unbegrenztheit eines Erwerbs von Münzen mit Münzen, sie verbleibt hier ganz in den engen Grenzen, die dem kleinen Handel der *kapēloi* gezogen sind.

Und in aller Kürze noch ein Exkurs zum Exkurs.

Da ein Ding, auch eine Münze, archaisch nur *als dieses Ding* zum Zahlungsmittel werden kann und nie *Zahlungsmittel als solches* wird, kennen auch die Sprachen für Zahlungsmittel nur die Namen der Dinge selbst, die dazu dienen. Auch Münzen heißen nur immer »Münzen«, heißen *nomismata*, heißen *nummi* und so weiter, heißen aber niemals darüber hinaus allein nach der Funktion als Tauschmittel »Geld«. Die *chrēmata*, die heute so gerne als »Geld« übersetzt werden, sind im Griechischen immer *nur*, ob Münze oder anderes Ding, *chrēmata*: Dinge. Ich gebe nur zwei Beispiele.

Im 4. Jahrhundert v. Chr. führt Timotheos von Athen ein Heer von Söldnern gegen die Stadt Kerkyra, die er im Jahr 375 einnehmen wird. Noch während des Feldzugs gehen ihm allerdings die Silbermünzen für den Sold aus, die Soldaten werden fordernd und drohen zum Feind überzulaufen. Da ruft sie Timotheos zur Versammlung und erklärt, wie es in einer aktuellen Übersetzung heißt:

> »Es könne wegen der Stürme kein Silbergeld zu ihm herankommen, im Übrigen sei er so wohlhabend, dass er ihnen die für die nächsten drei Monate gestellte Verpflegung umsonst überlasse. Jene aber glaubten, Timotheos werde ihnen wohl kaum so viel vorstrecken, wenn das Geld nicht wirklich zu erwarten wäre, und hielten in Sachen Sold Ruhe, bis jener in Ordnung gebracht hatte, was er wollte.«[82]

Die Situation ist also folgende: Timotheos kann seinen Soldaten momentan das Silber für den Sold nicht zahlen, weil der Nachschub klemmt, und er überlässt ihnen zum Ausgleich die Verpflegung, die sie sonst mit ihrem Sold hätten kaufen müssen, ohne dass sie dafür zu zahlen haben. Und das gibt den Soldaten das Vertrauen, Timotheos müsse über genug Mittel verfügen, um ihnen nach Abschluss des Feldzugs auch noch den ausstehenden Sold sicher bezahlen zu können. Die zitierte Übersetzung entnehme ich einer sonst exzellenten Ausgabe des zweiten Buches der *Oikonomika*, eines Werks, das unter dem Namen des Aristoteles überliefert ist, aber sicher nicht von ihm stammt. In der Übersetzung fällt an zwei Stellen das Wort »Geld«. Einmal ist es zusammengesetzt zu »Silbergeld« – dort steht im Original das Wort *argyrion*, einfach *nur* »Silber« und *nichts* von »-geld«. Das andere Mal behauptet die Übersetzung, die Soldaten seien überzeugt, »das Geld« sei wirklich noch von Timotheos »zu erwarten« – doch worauf sie warten, ist nichts anderes als ebendieses Silber und das ist an dieser Stelle im Original mit *chrēmata* ausgedrückt.

Doch nicht nur die Silbermünzen heißen *chrēmata*, auch die *Lebensmittel*, die Timotheos den Soldaten überlässt. Wo also die Übersetzung meint, »Timotheos werde ihnen wohl kaum *so viel* vorstrecken, wenn *das Geld* nicht wirklich zu erwarten wäre«, heißt es genauer: »Timotheos werde ihnen wohl kaum *so viele chrēmata* überlassen, wenn *die chrēmata* nicht wirklich von ihm zu erwarten wären«. Die Lebensmittel sind und heißen *chrēmata* ganz genauso wie das ausstehende Silber und ebenso wie die Münzen – falls das Silber gemünzt war. Die moderne Übersetzung dagegen erklärt einerseits das Silber zu Geld und andererseits die Lebensmittel zu etwas, was sich mit Geld kaufen lässt. Sie sortiert Silber und Lebensmittel fein säuberlich auseinander in *Geld* und *Ware*, so wie wir diese Begriffe *heute* unterscheiden. Und damit führt sie einen Begriff von Geld ein, den die antike Sprache nicht kennt, da ihr Silber und Lebensmittel grundsätzlich Dinge unter Dingen sind: *chrēmata* unter *chrēmata*.[83]

Ein anderes Beispiel aus den *Oikonomika II* erzählt vom Jahr 324, als Alexander der Große die Bürger von Samos, die sich vorübergehend in Sparta aufgehalten hatten, anweist auf ihre Heimatinsel zurückzukehren. Sie bitten deshalb die Spartaner für die Rückfahrt um »Geld«, wie die Übersetzung behauptet, woraufhin diese folgenden Beschluss fassen: Sie selbst, ihre Knechte und ihr Vieh sollen einen

Tag lang hungern, um alles das, was sie in dieser Zeit also nicht verbrauchen, den Bürgern von Samos mitgeben zu können. Sparen sie sich demnach »Geld« vom Munde ab? Bekommt spartanisches Vieh sonst »Geld« zu fressen? Und die Leute von Samos, wollen sie sich also auf See von »Geld« ernähren? Nein, was die Spartaner nicht verbrauchen, um es den Leuten von Samos mitgeben zu können, sind ohne Zweifel Nahrungsmittel und die nennt der Originaltext wie gewöhnlich *chrēmata*: Um *chrēmata*, nicht um »Geld« bitten die Bürger von Samos, und *chrēmata* bekommen sie.[84]

Handel *oder* Gewinn ohne Verlust

Noch einen Schritt und wir haben diese lange und stabil währende Welt ohne Geld durchmessen. Wir haben nur unbedingt noch eines genauer zu betrachten: den Handel.

Dass sich Menschen nicht nur innerhalb ihrer Gemeinschaften versorgen, sondern Dinge, die sie brauchen können, auch von anderen Völkern, anderen Stämmen oder auch nur anderen Dörfern erwerben, bedarf keiner Erklärung. Es wäre müßig, einen Zeitpunkt ausmachen zu wollen, an dem diese Art Verkehr zwischen Menschen eingesetzt hätte, denn alt ist der Handel allemal. In der Odyssee etwa erzählt König Mentes, Herrscher über die »ruderliebenden« Taphier, er sei auf der Fahrt zu der Stadt Temesa, um dort Kupfer zu erhalten, und er führe dafür »schimmerndes Eisen« mit.[85] Der König wird also Eisen, über das seine Taphier verfügen, an die Leute von Temesa weggeben, um von ihnen Kupfer zu bekommen, das ihm und seinen Taphiern fehlt und das sie brauchen. Der König betreibt auf diese Weise Handel. Auch dass solche Fahrten wiederholt unternommen wurden, belegt schon die Odyssee. So sieht sich ihr Held einmal bezichtigt – wenngleich zu Unrecht –, er sei wohl einer, »der oft hin und wieder fährt auf vielrudrigem Schiff als Anführer von Schiffsleuten, die als Händler fahren«.[86]

Notwendig ist diese Art Austausch, wo es um Dinge geht, die in der eigenen Gemeinschaft nicht vorhanden und nicht zu beschaffen sind. Um sie daher von außerhalb zu bekommen, gilt es Verbindung aufzunehmen zu anderen Gemeinwesen, weshalb größere Unternehmungen über weitere Strecken zu wagen sind. Von Vorteil ist es dann, bereits zu wissen, was bei wem zu bekommen ist, und solche Verbindungen zu pflegen. Dass sich darüber der Austausch mit anderen Gemeinschaften tatsächlich immer wieder zu einer Regel verfestigt hat, dafür gibt es weitgestreute historische Belege. In frühen Siedlungsgebieten wurden stets eigens angelegte Plätze gefunden, an denen ein solcher Tausch von Waren friedlich und geschützt vollzogen werden konnte. Außerhalb der Siedlungen und in sicherem Abstand zu ihnen gelegen, nahmen sie dem zwar erwünschten, aber stets prekären Zusammentreffen mit Fremden etwas von seiner Gefahr.

Die Verpflichtung auf friedlichen Umgang, die an diesen meist unbefestigten Plätzen herrschte, war allein durch die Abgrenzung der Fläche als sakraler Raum markiert. Verschiedentlich haben sich deshalb auch in kleineren Anlagen Altäre erhalten. Zu den frühesten dieser uns bekannten Handelsplätze gehören die des alten Mesopotamien wie etwa Ugarit an der syrischen Küste und wie dieses lagen viele von ihnen am Meer, zweifellos also, um über See angefahren zu werden. Das Griechische nannte solche Orte *emporion*, das sich von einem Verb für »fahren« ableitet, lateinisch hießen diese außerstädtischen Stapelplätze an schiffbaren Gewässern *portus*, ein Wort, das daher mit »Hafen« nur unzulänglich übersetzt ist. Abgeleitet ist es von *portare*, »tragen«, weil es bei diesen Plätzen hauptsächlich darum ging, Güter einerseits herbei- und andererseits auch wieder abzutransportieren, wenn sie dort aus dem Besitz einer Gemeinschaft in den einer anderen Gemeinschaft gewechselt waren.

Inzwischen dürfte abzusehen sein, was daraus folgt: Der Handel über die Grenzen der eigenen Gemeinschaft hinweg ist streng zu scheiden von einem Handel innerhalb von ihr. Dort waren es ja nur sehr eingeschränkt Tausch und Kauf, über die man an die benötigten Güter gelangte. Auch wo man innerhalb der Gemeinschaft größere Käufe tätigt und per Zahlung ausgleicht, etwa bei der Anschaffung eines Hauses, treibt man mit dergleichen nie fortgesetzt Handel: Im *Inneren* bleibt der Handel *klein*. Und nur der Handel mit einem *Außen* ergibt einen Handel im *Großen*.

Die Unterscheidung klingt sehr platt, aber genau so ist sie historisch belegt – und zwar besonders detailliert durch die Antike. Römer und Griechen haben vehement zwischen denjenigen unterschieden, die Waren von außerhalb herbeischaffen, und denjenigen, die Waren im Inneren bloß weiterverkaufen. Einen der Ersteren nennt das Griechische *emporos*, den, »der auf der Fahrt ist« und der unverkennbar mit dem *emporion* in Verbindung steht. Und wie das Griechische die anderen nennt, wissen wir bereits, es sind ausdrücklich die Händler im Kleinen, die Krämer und Höker, die *kapēloi*. Im Lateinischen können beide gleichermaßen *mercatores* heißen, also Händler, und doch unterscheiden sie auch die Römer mit großem Nachdruck. Kein Geringerer als Cicero hat sich dazu dankenswert offen geäußert.

In *De officiis*, »Über die Pflichten«, kommt er glücklicherweise auch auf niedere Tätigkeiten und Erwerbszweige zu sprechen und hält dort fest: »Für schmutzig sind die Leute anzusehen, die von Händlern Dinge einhandeln, die sie sofort wieder verkaufen«.[87] Cicero meint damit eindeutig die *kapēloi*, von denen Aristoteles mit der gleichen Verachtung sagt, es sei widernatürlich, dass sie kaufen, nur um sogleich wieder zu verkaufen. Und Cicero teilt uns sogleich noch mit, dass deren Handel nur *geringen* Umfang habe – im Gegensatz zum Handel des *emporos*:

> »Ein Handel, wenn er geringfügig ist, ist für schmutzig anzusehen; wenn der Handel aber groß und umfangreich ist, indem er vieles von allen Seiten herbeischafft und es vielen zuteilt, ohne Lüge, so ist er ganz und gar nicht zu tadeln.«

Selbst ein König kann ja solche Fahrten unternehmen und mit Stolz davon berichten – Fahrten »von hoher See in den Hafen«, so sagt Cicero an der gleichen Stelle noch verdeutlichend. Dem Einsatz des Handelsfahrers also gilt Hochachtung, während der kleine Handel im Inneren mit Verachtung gestraft wird. Und wir erfahren von Cicero auch den Grund für diese harsche Unterscheidung. Dass diejenigen für schmutzig gelten, »die von Händlern einhandeln, was sie sofort wieder verkaufen«, erklärt sich so:

> »Denn sie würden nichts gewinnen, wenn sie nicht tüchtig lügen würden; nichts Schändlicheres aber gibt es als die Lüge.«

Während Cicero bei den *emporoi* deshalb eigens betont, dass sie »ohne Lüge« verteilen, was sie herbeigeschafft haben, müssen die *kapēloi* für ihre Art von Handel offensichtlich lügen und täuschen, um etwas davon zu haben; und dieser Lüge und Täuschung wegen gelten sie als schmutzig. Die Notwendigkeit, mit der sie zur Lüge greifen müssen, ist uns bereits bekannt als Grund für die tiefe Verachtung, mit der die Perser vom Handel auf der athenischen Agora gesprochen haben: davon, dass dort die Leute wissentlich einander betrügen und gegeneinander meineidig werden. Der Zwang, bei dieser Art des Handels unehrlich zu agieren, muss damals für jeden offensichtlich gewesen sein.

Auch für Cicero versteht er sich so sehr von selbst, dass ihm die Andeutung genügt: Ohne tüchtig zu lügen, *würden sie nichts gewinnen – nihil proficiant*: Anders hätten die *kapēloi* keinen *Profit*. So kauft der Höker seine Waren zum Beispiel bei einem *emporos* mit Münzen, die in diesem Gemeinwesen gängig sind, oder mit anderen Dingen, die sich an diesen Münzen bemessen. Und dann verkauft er diese Waren im selben Gemeinwesen gegen die gleichen dort gängigen Münzen oder gegen andere an diesen Münzen bemessene Güter. Folglich lässt sich der Preis, den der *kapēlos* beim *Einkauf* zahlt, mit dem Preis vergleichen, den er beim *Verkauf* fordert. Um nun etwas von diesem Wiederverkauf zu haben – und darum muss es dem *kapēlos* gehen –, ist er gezwungen die Waren, die er zu einem bestimmten Preis gekauft hat, zu einem höheren Preis wieder zu verkaufen. Für den Käufer aber, der beide Preise vergleichen kann, ist sichtbar, dass der *kapēlos* für die *gleichen* Waren nicht den *gleichen* Preis verlangt, den er gezahlt hat, sondern einen *höheren*. Der *kapēlos* ist gezwungen, beim *Verkauf* der Ware einen höheren Preis für angemessen zu *behaupten*, als er ihn bei ihrem *Kauf* für angemessen *anerkannt* hat: Er muss lügen. Er lügt, um zu seinem Gewinn zu kommen, und jeder kann sehen, dass sein Gewinn auf einer Lüge beruht. Er begeht die offensichtliche Schändlichkeit, gegen die allgemeine Vorstellung eines angemessenen und *gerechten* Preises zu verstoßen.

Der *emporos* dagegen gilt nicht für schmutzig, er handelt nicht schändlich, sondern kann sogar, wie Cicero schreibt, »mit bestem Recht gelobt werden«. Der *emporos* verstößt demnach nicht gegen die Vorstellung eines gerechten Preises: Auch er wird zwar von den Gütern, die er eingeführt hat, manche im eigenen Gemeinwesen weitergeben und Zahlung dafür nehmen, sie also verkaufen. Und trotzdem: Er lässt sich dabei keine Lüge zuschulden kommen, sondern bleibt geachtet. Wie kommt das?

Als Cicero schreibt, derjenige, »der vieles von allen Seiten herbeischafft«, könne gelobt werden, fährt er fort: »auch wenn er sich gesättigt vom Gewinn oder eher davon zufriedengestellt« vom Hafen direkt »auf seine Felder und Besitzungen begibt«. Damit wird deutlich: Dieser Händler ist nicht ein für alle Mal Händler, er lebt nicht vom Handel und wird ihn nicht unausgesetzt fortführen, sondern hat für diesmal eine Fahrt unternommen, Güter gewonnen und zieht sich mit ihnen dorthin zurück, wo er sonst grundsätzlich seine Versorgung findet, auf die eigenen Ländereien. Dass es ihm mit der Fahrt um *Gewinn* zu tun ist, könnte zwar als Makel gelten, so wie Odysseus – fälschlich – dafür geschmäht wird, und deshalb schreibt Cicero einschränkend, der *emporos* sei zu loben, »auch wenn« es ihm darum gehe, »vom Gewinn gesättigt« zurückzukehren. Aber Cicero fügt noch an, dass sich Gewinn durchaus auch uneingeschränkt anerkennen lässt: »Von allem aber, woraus irgendein Gewinn gezogen wird, ist nichts besser als der Ackerbau, nichts einträglicher, nichts angenehmer, nichts eines Menschen und nichts eines Freien würdiger.«

Mit dem Ackerbau als Grundlage aller Versorgung kann der Außenhandel also nicht mithalten, aber seine Art von Gewinn ist gleichwohl zu achten. Vor allem verdient der *emporos* Anerkennung für seinen Gewinn, da er von ihm »vielen zuteilt«, also in der Gemeinschaft viele Leute mit importierten Gütern versorgt, an die sie anders nicht kommen würden. Deshalb wählt Cicero seine Worte mit solchem Bedacht, wenn er den Gewinn des *emporos* rechtfertigt: Er sagt zunächst, der *emporos* sei durch seinen Gewinn »gesättigt«, und präzisiert dann, er sei damit »zufriedengestellt«. Cicero will ganz deutlich machen: Die gewonnenen Güter sind der Ausgleich, der einem *emporos* für seine Fahrt und die als Zahlung weggegebenen Güter *zusteht*, der dafür also *angemessen* ist und ihn in diesem Sinn »zufriedenstellt«. Sein Gewinn ist angemessen und nicht darüber hinaus ein *Mehr*, wie es der Höker herausschlagen muss. Auch wenn der *emporos* etwas von der Ware, die er eingehandelt hat, nach seiner Heimkehr verkauft, hat es bei ihm nichts davon, dass er jeweils nur kaufen würde, um wieder zu verkaufen und um deshalb für *mehr* zu verkaufen, als er beim Kauf zu zahlen hatte.

Die Erklärung dafür ist höchst bedeutsam. Anders, als es sich beim *kapēlos* ergibt, wird der Preis, der einem fremden Volk für bestimmte Güter zu zahlen ist, *nicht* mit dem Preis verglichen, der im eigenen Gemeinwesen für sie gezahlt werden muss. Was immer ein *emporos* einem fremden Volk zahlt, um von ihm die gewünschten Güter zu erhalten, muss keineswegs damit übereinstimmen oder nur vergleichbar sein, was für die importierten Güter später innerhalb des eigenen Volks gezahlt wird. Es gibt *kein gemeinsames Maß*, nach dem Güter *sowohl* bei der äußeren Gemeinschaft eingehandelt *als auch* bei der eigenen wieder verkauft würden. Ein solches gemeinsames Maß ergibt sich allein für den *kapēlos*, und zwar eben durch den besonderen Umstand, dass er Ware, wenn er sie kauft, in den gleichen Münzen bemisst, wie wenn er sie wieder verkauft. Dies geschieht *innerhalb* der Gemeinschaft auf so kurze Distanz, dass jeder die unterschiedlichen Preise beide zugleich vor Augen haben kann. Zu einem solchen Vergleich von Einkaufs- und Verkaufspreis aber kommt es nicht, wenn Güter außerhalb des Gemeinwesens eingehandelt werden, an einem Ort, der mehr oder weniger weit entfernt von demjenigen liegt, wo man sie später möglicherweise wieder verkauft.

Und damit zuletzt das Wichtigste. Es verhält sich nicht etwa so, dass die Berechnung eines *mehr*, das der Vergleich von gezahlten und eingehandelten Gütern ergäbe, beim Fernhandel nur nicht sichtbar würde. Nein, dort gibt es eine solche Berechnung nicht – eine solche Berechnung kennt *nur* der *kapēlos*, nur *er* muss sie schmutzigerweise anstellen. Wenn daher trotzdem auch beim Fernhandel von Gewinn die Rede ist, ist es anders als beim *kapēlos* kein *Profit*: Der *emporos* erzielt mit seinem Handel kein *Mehr* von irgendetwas, was ihm die eingehandelten Güter einbrächten, indem er sie mit den gezahlten verrechnen würde. Was seinen Gewinn ausmacht, charakterisiert schon die Odyssee, wenn es dort heißt, der Händler sei »bedacht auf die Ladung und erpicht auf eine Rückfracht als gierig ergriffenen Gewinn«. Es ist die »Rückfracht« und *nur* diese Rückfracht, die bei diesem Handel den Gewinn darstellt. Die »Ladung« sind diejenigen

Güter, die für den Handel mitgeführt werden und als Zahlung nötig sind, um dafür irgendwo andere Güter als »Rückfracht« zu erhalten. Auf sie und *nur* auf sie ist der Händler erpicht, nicht etwa darauf, dass diese Rückfracht *mehr an Wert* darstellen und vielleicht *mehr an Wert* einbringen würde als die Ladung.

Gewinn sind die eingehandelten Waren selbst. Er wird nicht erst als Profit ermittelt durch einen Vergleich zwischen Ladung und Rückfracht, der ergeben müsste, dass der *Wert* der Rückfracht den *Wert* der Ladung übersteige. Einen solchen Wert gibt es nicht und die Güter werden nicht in der Form solcher vergleichbaren Werte gedacht. Der Gewinn liegt unmittelbar und sichtbar im Bauch des Schiffes, als die Fracht und die Güter, so wie sie sind. Für König Mentes ist der Gewinn seiner Handelsfahrt, dass er das benötigte Kupfer nach Hause bringt, und der Gewinn für die Leute von Temesa wird darin liegen, dass sie dank Mentes über eine Menge Eisen verfügen, über die sie anders nicht verfügt hätten.

Dass sich das so verhält, dafür existiert ein großartiger Beleg. Karl Polanyi ist aufgefallen, dass auf den Hunderttausenden von Tontafeln, die sich aus dem alten Mesopotamien erhalten haben, zwar von *Gewinn* im Handel die Rede ist, niemals aber von *Verlusten*.[88] Die Tafeln verzeichnen keine solchen Verluste und, noch wichtiger, sie rechnen nicht einmal mit der Möglichkeit eines dem Gewinn entgegengesetzten Verlustes. Und das erklärt sich so: Wenn ein Handelsfahrer von fernen Gestaden zurückkehrt, schwer beladen etwa mit Hölzern, die es in Mesopotamien sonst nicht gibt, dann sind sein Gewinn nur ebendiese Hölzer. Er zieht von ihnen nicht beispielsweise die Wolle und die Gewänder ab, die er zu zahlen hatte, um erst mithilfe dieser Subtraktion Gewinn oder Verlust zu errechnen. Wäre es aber so und er oder das Reich, für das er die Fahrt unternimmt, würde eine solche Berechnung anstellen, dann müssten daraus Gewinn *oder* Verlust resultieren. Daher gilt umgekehrt: Wenn sich ein solcher Verlust offenbar *nicht* ergeben kann, wenn mit ihm überhaupt nicht kalkuliert wird, dann *kann diese Gewinn-und-Verlust-Rechnung nicht angestellt worden sein*. Der Gewinn, dessen in den Tafeln gedacht ist, besteht allein in den eingehandelten Gütern selbst – *nicht in Wert*: Denn *Werte* von Ladung und Rückfracht würden neben Gewinnen auch

Verluste an Wert ergeben können und würden zur Gewinn-und-Verlust-Rechnung zwingen.

Was Polanyi beim alten Mesopotamien aufgefallen ist, lässt sich überall feststellen, wo Gemeinwesen ohne Geld wirtschaften. Natürlich kann es auch dort zu einem buchstäblichen Verlust kommen, wenn Ladung oder Rückfracht etwa durch Schiffbruch verloren gehen, wenn sie geraubt werden oder verderben. Und genauso kann es Wut und Enttäuschung geben, wenn die Rückfracht einmal geringer ausfällt, als zu erwarten war. War ein Handelsfahrer im Auftrag seines Gemeinwesens unterwegs, konnte ihm in diesem Fall sogar eine Strafe drohen. Niemals aber wird in einem archaischen Gemeinwesen je ein Verlust in dem Sinn verzeichnet, dass die Rückfracht *weniger Wert* gehabt hätte als die Ladung. So grundsätzlich täuschen alle modernen Vorstellungen, die im Handel alter Zeiten die Konkurrenz um Profite sehen wollen, den Kampf um Märkte, auf denen Profite zu erzielen wären, und ein Gewinnstreben, das darauf ausgegangen wäre, zu einem *Mehr* zu kommen, das sich in *Wert* bemisst.

Solange es noch kein Geld gibt, gibt es nicht die Vorstellung eines Werts, den irgendetwas »haben« würde. Die *Güter selbst* zählten, und was im Handel die Frage von *mehr* oder *weniger* anbelangt, konnte es nur darum gehen, eine große Menge an *Gütern* einzuführen. Anders, wenn es um Geld geht – und nichts lässt den Unterschied, ja den Widerspruch zu einer Welt ohne Geld schärfer hervortreten. Dann nämlich sind Staaten nicht darauf bedacht, mehr Güter zu bekommen als abzugeben, sondern sie kämpfen darum, möglichst mehr Güter in andere Staaten zu exportieren als von ihnen importieren zu müssen. Wenn ein Staat von anderen mit mehr Gütern versorgt wird, als er ihnen liefert, ist das nicht länger ein Grund zur Freude, dann muss sich dieser Staat vielmehr dagegen zur Wehr setzen. Er verhängt Strafzölle und führt, wenn er dazu mächtig genug ist, Handelskriege mit einer Robustheit, die den Bevölkerungen andernorts nur eines reichlich beschert: Elend. Mit dem Aufkommen des Geldes verkehrt sich der archaische Gewinn in ein absurdes Gegenteil. Da bedeutet Reichtum an importierten Gütern nicht mehr reichen Gewinn, sondern Verlust an etwas, das *dann* entscheidend ist: den Verlust an *Geldwert*, der dafür in andere Staaten fließt.

Tief und grundlegend muss sich also mit dem Aufkommen des Geldes etwas verkehrt haben, damit, was Gewinn war, als Verlust zählt. Was sich aber bis dahin verkehrt hat, damit Geld überhaupt aufkommt: Jetzt sind wir in der Lage, es dingfest zu machen.

Zweiter Teil

WIE GELD WURDE

Prolog

»Ich hätte nicht gedacht, dass er auch nur einen Esel *vergelten* könnte!« Denn ziemlich abgerissen war der Unbekannte dahergekommen und hatte nun doch ohne Weiteres 320 Goldkronen aus dem Beutel ziehen können, um damit nicht bloß einen Esel, sondern drei gar edle Pferde zu »*vergelten*«. Kein Geringerer als ein Graf hatte sie von dem durchreisenden Rosshändler schon früher erstehen wollen, für einen glanzvollen Auftritt bei der Hochzeit des Herzogs von Britannien mit der Königstochter von Aragonien. Doch selbst dem Grafen waren die drei Tiere zu teuer gewesen, mehr als 300 Kronen wollte oder konnte er für sie nicht berappen. Als er jetzt erfährt, dass ihn ein Fremdling mir nichts, dir nichts ausgestochen hat, wütet der Adlige deshalb gegen den Wirt, der den Unbekannten zu dem Händler geführt hatte. Und der Wirt rechtfertigt sich, er habe ja nicht ahnen können, dass der augenscheinliche Habenichts über so viel Gold verfügen würde: »Ich hätte nicht gedacht, dass er auch nur einen Esel vergelten könnte!«

Dem Grafen kann es schließlich recht sein, denn auf diese Weise bringt er sich umso leichter in den Besitz der edlen Rösser: Noch entscheidet hier in letzter Instanz keine Anzahl von Münzen, sondern persönliche Macht. Der Graf hat am Ort die Gerichtshoheit, lässt den Fremden ins Loch werfen, unterstellt ihm die Unrechtmäßigkeit seiner immensen Barschaft und so kann der Elende von Glück sagen, dass er mit dem Leben davonkommt und der Graf sich begnügt ihm lediglich die Pferde zu nehmen. So kosten sie den Mächtigen am Ende gar nichts.

Was aber ist das Geheimnis der vielen Münzen in den Händen eines Mannes, dem jeder den armen Schlucker ansieht? Das Geheimnis liegt einfach darin, dass er – allerdings erst seit wenigen Stunden – ein im vollen Wortsinn vom Glück Begünstigter ist. Er heißt *Fortunatus* und es ist *Fortuna* höchstpersönlich, die »Jungfrau des Glücks«, die ihm erscheint, als er gerade aller Mittel beraubt und der Verzweiflung nahe ist. Sie stellt ihm unumwunden die Erfüllung eines Wunsches frei und lässt Fortunatus wählen zwischen Weisheit, Reichtum, Stärke, Gesundheit, Schönheit und einem langen Leben. Ohne zu zögern, entscheidet er: »So begehre ich Reichtum, damit ich alle Zeit *gelts gnůg* habe.«[89] Und wirklich überreicht ihm die Glücksgöttin sogleich einen wundersamen Säckel, dem sich mit jedem Griff immer und immer wieder zehn Goldstücke entnehmen lassen, und zwar – Fortuna kennt sich aus – jeweils passend in der Münzsorte, die an dem Ort, wo Fortunatus sie hervorholen wird, *»läufig«* ist. Der nimmt das Geschenk entgegen, verspricht, wie es sich geziemt, eine Gegengabe, eilt dann schnurstracks in ein Gasthaus, um sich erst einmal satt zu essen, und fragt dort den Wirt etwas vorschnell nach einer Gelegenheit, ein Pferd zu erstehen. Dieser Kauf kostet ihn dann fast das Leben, doch davon abgesehen hat Fortunatus mit seinem Säckel, was *gelt* betrifft, von nun an ausgesorgt.

Uns aber stellt sich die Frage: Ist dieses *gelt* schon Geld? Ist hier die Zeit erreicht, wo Menschen mit einem »Geld« umgehen, das unserem Begriff entspricht? Ist das Mittelalter hier bereis vergangen, abgelöst von jener neuen Zeit, die Tauschmittel zu Geld werden lässt? Das *Wort* zumindest wird hier auf den ersten Blick nicht mehr anders verwendet als heute. Dass Fortunatus' dringendster Wunsch dahin geht, genug *Geld* zu haben, scheint vielmehr schon ganz und gar in unsere Gegenwart zu gehören, wo fraglos jeder darauf angewiesen ist, »genug Geld« zu haben. Ist es demnach so weit und haben wir es hier inzwischen mit Geld zu tun?

Historisch liegt die Geschichte vom magischen Münzreichtum auf jeden Fall spät genug: Sie kommt um die Wende zum 16. Jahrhundert auf. Zu dieser Zeit beginnt die Verbreitung des *Fortunatus* als eines jener »Volksbücher«, wie die Romantiker sie später getauft haben, da kein Verfasser angegeben war und der romantische Blick sie deshalb vom Volk selbst verfasst sehen wollte. Zu diesen »Volksbüchern« zählen noch Berühmtheiten wie der *Ulenspiegel*, das Buch von *Doktor Faustus* oder das *Lalebuch* von den Schildbürgern. Der *Fortunatus* kommt 1509 als erstes von ihnen in den Druck und es folgen rasch weitere Ausgaben zusammen mit einer langen Reihe von Übersetzungen nach: ins Französische und Italienische, ins Englische, Niederländische, Dänische und Schwedische, ins Ungarische, Polnische und Tschechische. In ganz Europa also ist der *Fortunatus* präsent und über zweihundert Jahre lang findet dort die Geschichte vom nie versiegenden Portemonnaie ihre Leser.

Mit dem *Fortunatus* befinden wir uns zumindest ungefähr also in jenem Zeitraum, in dem das Geld historisch aufgekommen sein dürfte. Wenn dem Mittelalter der Begriff von Geld fehlt und grob gesagt die Neuzeit über ihn verfügt, könnte es damals so weit gewesen sein. Das Mittelalter hat zwar alles andere als zeitlich scharfe Grenzen, in der Regel jedoch lassen es seine Periodisierungen in einem Zeitraum enden, der sich von wenigen Jahrzehnten vor 1500 bis wenige Jahrzehnte nach 1600 erstreckt. In diesem sogenannten ›langen‹ 16. Jahrhundert beginnt immerhin der noch viel länger bestehende Feudalismus des Mittelalters verdrängt zu werden von einem mehr oder weniger kapitalistischen Wirtschaften. Und da *kapitalistisch* ganz sicher nur *mit Geld* zu wirtschaften ist – sowenig dieser Zusammenhang bisher auch geklärt ist –, spricht dies durchaus für die Möglichkeit, dass die Glücksgöttin unseren Fortunatus um 1500 tatsächlich schon mit *Geld* bedacht hat.

Das scheint vor allem der Fortgang der Erzählung zu bestätigen. Denn unser Fortunatus ruht sich nicht auf seinem Säckel aus, sondern macht sich auf, um als *Handelsfahrer* die Welt zu durchkreuzen und auf diese Weise – seltsam genug – erst noch reich zu *werden.* Seine Wahl folgt damit dem historischen Vorbild seiner Zeit, denn zwischen dem 12. und 15. Jahrhundert sind es in Europa wirklich Handelsfahrer, die die größten Vermögen anhäufen – Vermögen, die heute unmittelbar bereits als »Kaufmanns*kapital*« bezeichnet werden. Nach dieser modernen Deutung wäre die Handelsschifffahrt also eine Vorform von Kapitalismus, aus welcher sich später dann irgendwie der »richtige« entwickelt hätte. Und so hätte es bereits im 12. Jahrhundert nicht nur selbstverständlich Geld gegeben, sondern wäre dieses Geld durch seine Akkumulation bereits zu *Kapital* geworden.

Wir aber müssen uns zuvor noch immer fragen: War das so bezeichnete »Kapital« überhaupt schon Geld? Und war es einfach schon deshalb kapitalistisch, weil es so *viel* gewesen ist? Nein, selbst ein

Fachmann, der in diesem historischen Zusammenhang unbedenklich von »*Kapital*akkumulation« spricht, muss konstatieren, wie wenig das Akkumulierte wirklich als Kapital eingesetzt, also jeweils wieder investiert wurde, um daraus *mehr* zu machen. Was er da »Kapital« nennt, wurde »weder schnell noch unbegrenzt« akkumuliert, sondern blieb »im Handel naturgemäß begrenzt«. Wie ansehnlich die Gewinne dort auch waren, es steht fest,

> »dass nur ein Teil der Gewinne zur Erweiterung der Unternehmung verwendet wurde, die ja ohnehin meist nur auf einige Jahre geplant war und von der man nicht annehmen konnte, dass sie den Tod des Kaufherrn überdauern würde. Oft ging ein großer Teil der Gewinne in den Konsum, auch und gerade in den Luxuskonsum wie auch in den Erwerb von Liegenschaften. Grund und Boden stellten damals eine dauerhafte, auf die nächste Generation der Familie vererbbare Grundlage dar, im Unterschied zum temporären Charakter des Handelskapitals, das die Zeiten nicht überdauerte. Überhaupt entsprach es den damaligen Vorstellungen vom guten bürgerlichen Leben, mit wachsendem Erfolg und fortschreitendem Alter die aufregende Handelstätigkeit durch die geruhsamere Existenz eines Rentenbeziehers zu ersetzen und dazu einen komfortablen Landsitz zu erwerben, wenn nicht gar, so im Fall einiger besonders erfolgreicher Großkaufleute, der allgemein hoch geschätzte Adelstitel und der Besitz einer Herrschaft oder Burg hinzukamen. Mit anderen Worten: Kapitalakkumulation und Unternehmenswachstum waren unter den gesellschaftlichen und kulturellen Bedingungen des Mittelalters noch lange nicht zu den dominanten Zielen geworden, wie sie es später wurden. Vielmehr blieben Gewinn und Geschäftserfolg noch Mittel zum Zweck guten Lebens.«[90]

Das ist sehr gut zusammengefasst. Es bedeutet aber auch, dass »Kapitalakkumulation und Unternehmenswachstum« nicht nur keine »dominanten« Ziele waren, sondern *überhaupt keine Ziele*: Die Gewinne waren eben *nicht* darauf gerichtet, etwas zu akkumulieren und wachsen zu lassen, was als akkumuliertes und wachsendes »Kapital« notwendig das Ziel gehabt haben müsste, selbst zu überdauern und folglich auch ein »Unternehmen« überdauern zu lassen. Dieses Ziel *fehlt*, weil das Ziel ein *anderes* ist: Die Gewinne werden nicht akkumuliert und werden nicht Kapital, sondern gehen in den *Gebrauch* ein, sie werden *verbraucht* für alles das, was der damaligen Zeit ein gutes Leben heißt, und sei es ein Adelstitel.

Sieht man daher von den Einsprengseln einer »kapitalistischen« Deutung ab, beschreiben diese historischen Ausführungen ziemlich exakt, wie der weitere Lebensweg des Fortunatus verläuft. Eigentlich, so würde man annehmen, müsste der Glückliche nur noch in seinen Säckel greifen und sonst keinen Finger mehr rühren. Doch für die Zeit des *Fortunatus* ist die Vorstellung eines unerschöpflichen Münzvermögens offenbar so zwingend an die Unternehmungen eines Handelsherrn gebunden, dass die Erzählung nicht umhinkann, auch Fortunatus zu einem solchen zu machen. Nicht ohne Grund lässt sie ihn in Famagusta beheimatet sein, einer bedeutenden Seestadt auf Zypern, in der eine Genueser Gesellschaft schon seit 1232 Handelsprivilegien besaß. Um die Handelsvormacht auf der großen Insel fochten lange Zeit zwei europäische Städte, die so mächtig waren, sich schon damals kolonialen Besitz anzueignen: 1374 setzt sich auf Zypern die Stadt Genua durch, 1464 gewinnt Venedig die Oberhand. Fortunatus also lebt an einem umkämpften Knotenpunkt des mittelmeerischen Güterhandels.

Und nun verkehrt sich bei Fortunatus die reguläre Reihenfolge nur insofern, als er dank seinem zauberischen Säckel über Reichtum verfügt, *bevor* er ihn überhaupt machen muss. Fortunatus vollzieht den Rückzug auf Landbesitz, wie er für den damaligen Handelsfahrer üblich war, nur dass er ihn vollzieht, *bevor* er sich auf seine Handelsfahrten begibt. Sobald er nämlich mit Fortunas Geschenk in die Heimat zurückkehrt, lässt er sich dort einen Palast errichten, stiftet dann den Bau einer Kirche, kauft Zins und Rente zu ihrem Unterhalt und sorgt so nicht nur für seine angesehene Stellung, sondern ebenso für sein Seelenheil. Außerdem verdient er sich mit dieser Maßnahme das Wohlwollen des Königs in einer Weise, dass dieser ihm persönlich zur Heirat mit einer Grafentochter und so zum Adelstitel verhilft. Zu einer guten Versorgung fehlen unserem Fortunatus damit nur noch, wie es heißt, *»land und leütt«*, also gut feudalistisch und so gar nicht kapitalistisch, Ländereien mit den daran gebundenen Hörigen, die sie ihm bearbeiten. Und siehe da, der König weiß dem Glückbegünstigten auch noch einen Grafen zu nennen, der gerade die passende Herrschaft zu verkaufen hat, Schloss und Stadt mit Land und Leuten und allem, was sonst noch dazu gehört. Fortunatus kauft sie – und *jetzt* ist er versorgt.

Fortunatus also verfügt bereits zu Beginn seiner Laufbahn als Handelsfahrer über den »komfortablen Landsitz«, in den sie sonst bestenfalls mündet, und führt die »geruhsamere Existenz« eines Herrn, der von dem lebt, was ihm sein Land und seine Leute liefern. Sein Reichtum ist an das gewünschte Ende gekommen, Fortunatus könnte es dabei bewenden lassen und wäre nicht einmal mehr auf seinen Säckel angewiesen, der ihm das Ergebnis der Handelsfahrerei vorweggenommen hat: den Reichtum an Münzen. Aber der Erzähler kann nicht anders, er zwingt Fortunatus gewissermaßen nachzuholen, was sein Zaubersäckel ihn hat überspringen lassen, nämlich den *Erwerb* des Reichtums, der eine solche Existenz einträgt. Fortunatus wird *post festum* zum Handelsherrn:

> »Fortunatus ließ sich eilends eine gute Galeere mit allen Vorzügen machen, und während man die Galeere noch machte, bestellte er auch Kaufleute ein und sandte sie nach Kaufmannschatz, um allerlei Waren zu kaufen, von denen er wusste, dass sie im Heidenland gebraucht werden. Fortunatus überlegte, was er dem Sultan für Geschenke bringen könnte, da er wohl wusste, dass alle Nationen, die nach Alexandria kommen, ausnehmend große Geschenke bringen, besonders die Venediger und Florentiner, die dem Sultan reichlich Goldsamt und Gewänder von unterschiedlicher Seide bringen, so viel, wie es ihm angenehm ist. Und eilends sandte Fortunatus nach vielen guten Meistern des Goldschmiedehandwerks und ließ sie von Silber und Gold eine kostbare Kredenz machen mit allem, was man brauchen kann oder mag, Bechern, Trinkgefäßen, Flaschen, Schüsseln, Tellern, Platten, Bratspießen, Bratrosten, Kesselhaken, und überhaupt allem, was man brauchen kann oder mag, einem König zum Gebrauch.«[91]

Die Gaben an den Sultan galten wie üblich dem guten Einvernehmen und sollten insbesondere erwirken, dass er die Handelstätigkeit der Fremden wohlwollend duldete. Die Handelsfahrer aus Venedig und Florenz beschenken ihn reich dafür, Fortunatus jedoch weiß sie mit seiner überreichen Gabe noch zu übertreffen. Die Erzählung lässt den Sultan die kostbare Kredenz auf 5000 Dukaten schätzen, sodass er »vermeint, das wäre sogar für eine große Stadt wie Venedig, Florenz oder Genua zu viel«, nämlich zu viel als Gegenleistung für sein bloßes Wohlwollen. Daher, so überlegt der Sultan, würde er nicht genügend tun, *»solt ichs ym nit wider keren«*, sollte er es also Fortunatus nicht noch eigens *vergelten*. Und er überlässt Fortunatus einhundert Ladungen Pfeffer, von denen es heißt, *»die warn wol so viel wert als die klainat so er ym geschenckt het«*, so viel wert wie die Kostbarkeiten, die »Kleinodien«, die Fortunatus ihm geschenkt hatte.[92] Fortunatus macht mit seiner Gabe also ausdrücklich kein Plus, aber er erreicht genau denjenigen Gewinn, um den es bei diesem Handel eben noch immer hauptsächlich geht: Er erhält Güter, die in seinem Heimatland fehlen.

Und das *bleibt* also für Fortunatus und seine Zeit der Sinn und das Ziel der Münzen, *und wären sie selbst in unendlicher Menge zur Hand*: Sie gehen ein in Güter zum Gebrauch. Die eingehandelten Güter sind nicht bloß das Mittel, um jeweils wieder Münzen zu bekommen, und dienen nicht zum Gewinn von noch mehr Münzen. Diese Güter werden nicht weiterverkauft, um zuletzt nur in weiter akkumulierten Münzreichtum zu münden, denn noch der größte durch Handel erzielte Reichtum an Münzen hat in dieser Zeit sein Ziel in diesem *anderen* Reichtum, in dem »wahren« Reichtum des Aristoteles, in den Gütern oder Waren.

Deshalb ist hier selbst reichlich angesammelter Reichtum »naturgemäß begrenzt«. Was Fortunatus einerseits *im eigenen Gemeinwesen* mit seinem Reichtum zu kaufen bekommt, stößt ja sehr rasch an eine Schranke. Was ihm seine Münzen dort einbringen, ist zwar bedeutend, es macht ihn zum adeligen Herrn über Land und Leute und sichert ihm die Versorgung auf die beste damals mögliche Weise, aber es bleibt beschränkt, es hat sein – glücklich befriedigendes – Ende. Im Inneren des Gemeinwesens bekommt Fortunatus für seine Münzen nur begrenzt etwas zu kaufen und für dies Begrenzte hätte es keinen

Sinn, seinen Münzbesitz immer weiter zu vermehren. Und aus demselben Grund dienen die Münzen auch *im Handel mit auswärtigen Ländern* nicht zu einer Akkumulation, die sich dann im Inneren einsetzen ließe. Auch im Außenhandel dienen Münzen nur für einen Gewinn an zusätzlichen *Gütern*, die das Angebot in der Heimat erweitern und zu denen sonst auch ein Dasein als Herr nicht verhelfen würde. *Für diese Güter* braucht es damals Handel und die Fahrten in ferne Länder.

Dass also Fortunatus, Herr über einen unerschöpflichen Reichtum an Münzen, auf diese Weise seine Fahrten unternimmt, zeigt, dass ihm Münzen noch immer nicht zu Geld geworden sind. Es ist zwar Reichtum, was sich Fortunatus wünscht, wenn er sich *gelts gnůg* wünscht, doch dieses *gelt*, das ihm die Münzen sind, er münzt es erst in Reichtum um: in den Reichtum an Gütern, in den Reichtum des Feudalherrn. Darin finden seine Münzen ihr Ziel, und daran haben sie ihre Grenze. Nicht ihre schiere Menge macht diese Mittel, etwas zu kaufen, schon zu Kapital oder macht denjenigen, der über sie verfügt, zum Kapitalisten. Erst dann, wenn sie einmal fortwährend weiter in Käufe eingehen müssen, um nicht mehr nur *begrenzt* als Tauschmittel zu fungieren, werden sie zu Geld. Wenn »Gewinn und Geschäftserfolg« nicht mehr nur in den Waren selbst, in den *Mitteln* »zum Zweck guten Lebens« bestehen, sondern wenn sich dies verkehrt und »Gewinn und Geschäftserfolg« selbst dieser *Zweck* geworden sind, dem die Waren nur zum Mittel dienen, dann erst berechnet sich solcher Gewinn nicht mehr zuletzt in Waren oder Münzen, sondern in Geld.

Das also steht in den Zeiten des Fortunatus erst noch bevor – aber es steht unmittelbar bevor.

I Ein Abweg

Leben von Kauf und Verkauf

Lange haben wir verweilt bei den Verhältnissen, die noch nichts von Geld kennen. Aber lange, sehr lange hatten diese Verhältnisse auch ihren festen Bestand. Nichts in ihnen drängte nach Geld, keine Entwicklung war in ihnen angelegt, die über sie hinaus auf Geld hätte leiten müssen. Geld war in diesen Verhältnissen undenkbar und grundsätzlich unabsehbar. Aber das Unabsehbare ist einmal eingetreten.

Den Unterschied, um den es gehen muss und der eine Zeit ohne Geld wie noch das europäische Mittelalter so entschieden von unserer Neuzeit mit Geld trennt, lässt sich nunmehr kurz und knapp benennen. Es ist der Unterschied, den wieder ein großer Mediävist sehr klar formuliert hat, Marc Bloch. Er sagt vom Mittelalter:

> »Die Gesellschaft jener Zeit war mit Kauf und Verkauf durchaus vertraut, doch sie lebte nicht wie die unsere von Kauf und Verkauf.«[93]

Der historische Umbruch muss sich zwischen diesen beiden gesellschaftlichen beziehungsweise gemeinschaftlichen Formen vollzogen haben: zwischen Gemeinwesen, die das Benötigte in der Hauptsache über wechselseitige Verpflichtungen verteilen, und einer Gesellschaft, deren Versorgung in der Hauptsache über Kauf und Verkauf verläuft. Das europäische Mittelalter liegt insgesamt noch diesseits dieses Umbruchs, daher muss er sich vollzogen haben zwischen dem mittelalterlichen Feudalismus einerseits, der Kauf und Verkauf zwar kennt, in dem sie aber nur nebenher spielen, und kapitalistischem Wirtschaften andererseits, das ihn ablöst und in dem das Leben eines jeden zwingend von Kauf und Verkauf abhängig gemacht ist.

Mit einer derart großflächigen Feststellung scheint zunächst wenig gewonnen. Doch mit der Verdrängung feudalistischer Verhältnisse durch kapitalistische ist eine sehr viel genauere Aussage getroffen, als man vielleicht glauben möchte. Sie ist zwar alles andere als genau, was eine zeitliche Terminierung dieses Umbruchs anbelangt. In einer anderen Hinsicht aber könnte sie nicht genauer sein. Denn dass die so stabilen Feudalverhältnisse in einer solchen Weise abtreten, ereignet sich historisch nur ein einziges Mal:

> »Dies geschah tatsächlich nur in einem Bereich der Welt, nämlich in Westeuropa und in Teilen des Mittelmeerraums.«[94]

So resümiert Eric Hobsbawm. Dieser historische Umbruch vollzieht sich nicht allgemein, nicht früher oder später überall, sondern stellt eine lokalisierbare Ausnahme dar. Er muss sich also Bedingungen verdanken, zu denen es ausschließlich und spezifisch nur in diesem weiteren Westeuropa gekommen ist. Es muss diesen spezifischen Unterschied geben zwischen Westeuropa und dem Rest einer davon unberührten Welt, einen in seiner Dimension also bedeutsamen Unterschied. Ein solcher Unterschied findet sich tatsächlich.

Bei seinem Resümee geht Hobsbawm von der Beobachtung aus, dass all die älteren Gemeinwesen, die ich hier archaische nenne, in einem weiten Sinn »feudalistisch« zu nennen sind: mit den frühen Gemeinschaften beginnend »und von China über Westafrika vielleicht sogar bis Mexiko«. Und wirklich weisen jene Verhältnisse, die wir bisher betrachtet haben, sehr allgemeine Züge auf, die auch den Feudalismus des Mittelalters kennzeichnen. Das *verpflichtende Band* ist lateinisch *foedus* und gibt dem Feudalismus seinen Namen. So heißt er nach ebender *Verpflichtung*, die zwischen unterschiedlich gestellten Menschen besteht und sie anhält, dem jeweils Höheren Abgaben zu leisten und dem jeweils Geringeren etwas von ihnen zukommen zu lassen. Diese bindende und verbindende Verpflichtung, dieses *foedus* war tatsächlich Grundlage all jener Gemeinwesen, von denen Hobsbawm spricht. Und diese Grundlage war es, bis es »nämlich in Westeuropa und in Teilen des Mittelmeerraums« – und einzig und allein dort – etwas anderem weicht. Dies andere werden die Europäer zwar umgehend mit beispielloser Gewalt in alle Welt exportieren, nicht ruhend, bis dem noch der letzte Flecken Erde unterworfen ist.

Aufgekommen und entstanden aber ist es als eine historische Aberration von jenen so stabilen und weitgefasst »feudalistischen« Verhältnissen. Dass sich an ihre Stelle die Geldverhältnisse setzen, ist ein *Abweg*, auf den die Historie allein im westlichen Europa gerät.

Verwerfungen

Daher »müssen wir vor allem erklären, warum dies im Bereich Europas und des Mittelmeerraums geschah und nicht irgendwo sonst«.[95] Unser historischer *Ausgangspunkt* ist also der Feudalismus des europäischen Mittelalters, der Kauf und Verkauf zwar kennt, aber vornehmlich *auf etwas anderem* beruht. Die Mächtigen verfügen über Land, von dem sie leben, und über Leute, die es ihnen bebauen und die ihnen zu liefern haben, wessen sie bedürfen. Das Land wird entweder ausschließlich für diese Oberen bestellt, als Salland, oder sie überlassen es als Lehen anderen, ihren »Leuten«, und fordern dafür einen Anteil an der Ernte, Frondienste und was zu fordern sie sonst noch die Macht besitzen. Was handwerklich hergestellt werden muss, dafür haben sie innerhalb des Herrenhofs ihre Werkstätten, in denen wiederum eigene oder aber herumziehende Leute bereiten, was benötigt wird. Es wird gesponnen und gewoben, es finden sich Schmiede, Wagner oder Bierbrauer ein. Und was dann noch fehlt, wird von außen eingehandelt oder wird gekauft, so es denn irgendwo zu kaufen ist: auf einem der kleinen lokalen Märkte, die zeitweise abgehalten werden, oder von einem der Händler, die mit Waren aus größerer Ferne durch die Lande stapfen. Die Versorgung ist demnach so weit wie möglich autark und nur zu einem geringen Teil angewiesen auf Käufe: auf Zukauf.

Der Handel, der zu solchem Zukauf Gelegenheit gab, war in Europa während einer lang anhaltenden Zeit der Völkerstürme gründlich zurückgegangen, als Angriffe von Arabern, von Ungarn und Normannen das Land regelmäßig ausgeraubt und zerstört hinterließ und die Bewohner zwangen sich in engen Burgen zu verschanzen. Doch diese feindlichen Übergriffe finden einmal fast geschlossen ihr Ende. Und das ergibt eine tiefgreifende Veränderung, die zusammen mit anderen historischen Bedingungen den europäischen Feudalismus auf jenen sonderlichen Abweg führen sollte.

Vom 12. Jahrhundert an, als zuletzt noch die Normannen aufhören präsent zu sein, erfahren alle Bereiche des gemeinschaftlichen Lebens eine erhebliche Belebung. Der Ackerbau wird nun weniger unterbrochen, kann weniger bedrängt betrieben werden und ergibt reichere Ernten. Es kommt zur Dreifelderwirtschaft und zur Ablösung des Hakenpflugs durch einen Pflug, der die ganze Scholle wendet, und damit zu größeren Erträgen und besserer Ernährung. In bereits besiedelten Regionen verdichtet sich die Bevölkerung, in unberührten schaffen sich neue Siedler durch Rodungen Platz. Deutsche Kolonisten etwa dringen bis in die slawischen Länder jenseits von Elbe und Oder vor. Mit der Hanse wird der gesamte nördliche Raum für den Warenverkehr erschlossen, von den Niederlanden und England über die Ostsee bis ins Baltikum, und bringt Güter ins westliche Europa, die diesem bisher gemangelt hatten. Oberitalienische Städte wie Genua, Venedig und Pisa beginnen den Mittelmeerraum bis tief in den Orient zu befahren und im Verlauf des 13. Jahrhunderts hat sich ihr Handel so weit ausgedehnt, dass sie Seide aus China, Edelsteine und Gewürze aus Ostindien oder Perlen vom Persischen Golf heranschiffen. Schließlich richten sie regelmäßigen Seeverkehr auch in den europäischen Norden ein und beginnen so das südliche und nördliche Europa, die bis dahin wenig Verbindung kannten, zu einem gemeinsamen großen Handelsraum zu vereinen.

Neben die kleinen lokalen Märkte treten Handelsplätze mit größerem Einzugsgebiet und es werden große Messen für den Warenumschlag eingerichtet. Die bedeutendsten finden in Städten der Champagne statt, wo sie über das Jahr verteilt von einer zur anderen wechseln. Auch diese Messen leisten die Verbindung größerer Handelsräume und schließen so gemeinsam mehrere Länder an einen wachsenden Strom von Waren an. Für die Geschäfte auf den Messen bilden sich rasch Verfahren heraus, die es ermöglichen, dass nicht mehr jeder Kauf und Verkauf mit barer Münze vollzogen werden muss, und die vor allem helfen das starke Schwanken zwischen Zeiten mangelnder und überreichlich vorhandener Münzen auszugleichen. Denn die lange Dauer der noch immer nur vereinzelten Handelsfahrten bringt es mit sich, dass Phasen geballter Kauftätigkeit bei Ankunft eines Transports mit solchen abwechseln, in denen gar nichts anfällt, weil man auf den nächsten Transport warten muss. So werden etwa Obligationen als einfache Zahlungsaufträge zwischen Handelsniederlassungen eingeführt oder die Wechsel, die einen Zahlungsaufschub mit einem Umwechseln der Münzsorten verbinden. Man organisiert Versicherungen der Handelsfahrten mit dem Schiff, die gegen eine bestimmte Summe für den nicht ungewöhnlichen Fall, dass eine Ladung verloren geht, wenigstens einen Teil des erwartbaren Gewinns in Münzen auszahlen. In einzelnen Verträgen verbinden sich Partner jeweils zu einer Unternehmung, um Risiko und Gewinn zu teilen. Und für eine Reihe von Händlern, nachträglich gerne als frühe Bankiers gedeutet, werden Münzen und Edelmetalle selbst zur hauptsächlichen Handelsware.

Entsprechend nimmt auch die Münztätigkeit zu. Die Kirchenschätze, die von den Normannen mit Vorliebe geplündert worden waren, können nun bei Bedarf wieder zur Münzung dienen, aber es werden auch neue Erzminen erschlossen und bestehende nachdrücklicher ausgebeutet. Der zunehmende Fernhandel schlägt sich darin nieder, dass Münzen von größerem Gewicht und höherem Wert geprägt werden. Der Solidus etwa, der sehr lange nur eine Rechengröße war, feiert im 13. Jahrhundert seine Wiederauferstehung als reale Silbermünze, die zwölf Denaren entsprach, und allenthalben kommt es zu größeren Münzen mit sprechenden Namen wie *grossi*, *gros*, *groats* beziehungsweise *Groschen*. Selbst das Münzen von Gold, das Karl der Große aufgegeben hatte, nun wird es reaktiviert. In Italien beginnt Florenz gegen 1250 mit dem Florin und Venedig, um einige Jahre versetzt, mit dem Dukaten. Die Goldmünzen, mit denen man es in England und Frankreich fast zeitgleich versucht, treffen zunächst auf keinen rechten Bedarf, können sich einige Jahrzehnte später jedoch durchsetzen. In Böhmen ist es 1325 so weit, Lübeck etwa folgt 1340, während Goldmünzen in Polen und Schweden bis ins 16. Jahrhundert auf sich warten lassen – ein Beleg für die abweichenden Gegebenheiten außerhalb Westeuropas.

Mit dergleichen Einzelheiten ließe sich noch lange fortfahren und so wäre bequem der Eindruck zu erwecken, allein das Anwachsen von

Handel, Münz- und Finanzverkehr ergäbe, lange genug fortgesetzt, irgendwann auch Geld und eine Gesellschaft, die von seiner Verwendung bei Kauf und Verkauf zu leben beginnt. Manche dieser Einzelheiten mögen Symptome dafür sein, dass es in diese Richtung geht, doch selbst alle zusammengenommen könnten sie es nicht *bewirken*. So einfach geht eine derartige Revolution nicht vonstatten. So überschwemmt der Fernhandel zum Beispiel nicht das ganze Land mit seinen Münzen, sondern er führt zu großen Münzvermögen allein bei den Händlern – oder bei den Betreibern eines entsprechenden Bergbaus. Nur sehr wenige Leute gehen etwa in größerem Umfang mit den neuen Goldmünzen um und selbst mächtigste Potentaten müssen sie sich bei entsprechendem Bedarf von diesen Leuten borgen. In den Händen der Aristokraten dienen diese Münzen aber keineswegs dazu, dann per Handel weitere Gewinne zu erzielen, sondern sie kommen lediglich als Verbrauchsdarlehen zum Einsatz: Der Adel bezahlt damit seine Feldzüge, seine Verwaltung, große Bauten und *verbraucht* die Münzen also nur, die er zu leihen nimmt, und investiert sie nicht etwa. Oft genug stellt sich heraus, dass seine nicht beliebig steigerbaren feudalistischen Einkünfte nicht hinreichen, um die geliehenen Summen zurückzuzahlen. Sie *nicht* zurückzuzahlen, dazu haben die Adeligen jedoch die Macht, ebenso wie sie die Macht haben, ein Darlehen einzufordern. Noch immer ist es also diese herrschaftliche und feudalistische Macht und nicht an ihrer Stelle die des Geldes, welche entscheidet. Und eben weil diese Macht noch nicht auf Münzreichtum beruht, führt sie Ende des 13. Jahrhunderts zum Ruin selbst reichster Handelshäuser, die Unmengen an Münzen verleihen müssen, aber nicht zurückerhalten. 1341 verdichten sich die Zusammenbrüche zu etwas wie einem allgemeinen Crash.[96]

Für sich genommen also ist der Reichtum an Münzen, den der zunehmende Fernhandel ermöglicht, noch immer eine Sackgasse, die zwar von außen nach innen verläuft, aber dort alsbald endet. Wie es uns der *Fortunatus* so trefflich vorführt: Noch um 1500 mündet selbst ein größtmögliches Münzvermögen in die Anschaffung von Land und Leuten, in eine Herrschaft also, von der man ordentlich feudal leben kann. Das Vermögen kommt ins Land, um dort Ruhe zu finden, nicht um dort weiter als Tauschmittel zu agieren und zu kursieren.

Dazu fehlen *im* Land noch immer die Möglichkeiten: Selbst wenn einige wenige über Truhen voller Gold verfügen, es ist, als lebten sie an einem Ort, wo sich weit und breit nur ein einziger Tante-Emma-Laden findet, in dem es etwas zu kaufen gibt. Die Reichen mögen daher reich sein, aber nicht an *Geld*.

Damit es zu Geld kommt, braucht es zwar auch *viel* von dem, was dann als Geld fungieren wird. Doch muss dieses *viel* vor allem auf die Möglichkeit und zugleich auf die Notwendigkeit treffen, nicht bloß irgendwelchen Verkäufen zu *entstammen*, sondern immer weiter auch in Käufe *einzugehen*. Und diese Notwendigkeit ergibt sich tatsächlich, und zwar genau dort, wo die historische Entwicklung in Westeuropa von derjenigen im gesamten Rest der Welt spezifisch abweicht: in den Städten. Max Weber hat dies als die eine Besonderheit herausgearbeitet, in welcher das mittelalterliche Europa von allen übrigen Regionen dieser Erde abgewichen ist. Europas großer Abweg setzt damit ein, *dass sich europäische Städte aus dem Zusammenhang der feudalistischen Herrschaft und damit aus dem Zusammenhang ihrer gemeinschaftlichen Versorgung lösen*.[97]

11 Neustadt

Grund zu Gründungen

1218 fertigt der König und spätere Kaiser Friedrich II. einer nicht lange vorher gegründeten Stadt namens Bern die sogenannte Handfeste aus, einen Basisvertrag über die Rechte dieser Stadt. Das Schriftstück beginnt so:

> »Da Berchtold, Herzog von Zähringen, die Stadt Bern gegründet hat mit all den Freiheiten, die Herzog Konrad der Stadt Freiburg im Breisgau zugestanden hatte, und sie auch mit Freiheiten nach dem Recht der Stadt Köln beschenkt hat, mit Bestätigung von Kaiser Heinrich und mit Zustimmung aller anwesenden Fürsten des römischen Reiches, so wollen wir hiermit euch und allen anderen, die diese Urkunde in Zukunft lesen werden, kundtun, dass wir kraft unserer königlichen Machtvollkommenheit die Stadt Bern und all ihre Bürger, die gegenwärtig dort wohnen oder später in die Stadt ziehen, in unsere und des römischen Reiches Herrschaft und Schutz genommen haben. Wir machen euch und eure Nachkommen frei und lösen euch von allen Diensten, zu denen ihr gezwungen wart, ausgenommen lediglich den Zins von euren Häusern und Hofstätten: Für jede auf Reichsgrund liegende Hofstatt, die 100 Fuß breit und 60 Fuß tief ist, sollen 12 Pfennige üblicher Münze gezahlt werden. Durch die Zahlung dieses Zinses sollt ihr und sollen eure Nachkommen frei sein von allen anderen Verpflichtungen gegenüber uns, unseren Nachfolgern oder Stellvertretern. Diese Freiheit und Immunität bestätigen wir euch und euren Nachkommen kraft königlicher Gewalt.«[98]

Damit ist teils umständlich, aber hoch konzentriert äußerst Wichtiges gesagt. Über das Stadtrecht entscheidet zwar als Territorialherr ein Herzog und in letzter Instanz dessen oberster Lehnsherr, der König.

Doch sie entscheiden bereits nach bestehenden Vorbildern, das Stadtrecht, das sie verleihen, ist kein Einzelfall, sondern – zumindest *wird* es das – die Regel. Und es enthält die höchst eigentümliche Verfügung, dass die Feudalherren die Bürger der Stadt von all den Diensten *ausnehmen*, die den Feudalherren sonst zustehen.

An deren Stelle fordern sie lediglich noch in bestimmten Fällen eine Zinszahlung. Doch nicht dem ohnehin mäßigen Zins gilt das Interesse, dem sie ihre Ansprüche opfern, sondern dem Handel, der in der Handfeste ausführlich zur Sprache kommt. Da heißt es etwa:

> »Allen Fremden, die zur Zeit des Marktes in die Stadt kommen, erlasse ich den Zoll. Ich verspreche ihnen kraft königlicher Freiheit für ihre Her- und Rückreise Frieden und Sicherheit an Leib und Gut, allein denjenigen ausgenommen, der gegen einen Bürger gewalttätig gewesen ist. Wird ein Kaufmann während der Zeit des Marktes beraubt und nennt er den Räuber, so sorge ich für Rückgabe des Gutes oder leiste ich Entschädigung.«

Oder:

> »Wir wollen auch, dass zur Zeit des Marktes die Kaufleute auf den Straßen der Stadt oder auf Reichsgrund, wo sie nur wollen – nicht jedoch auf dem Eigengut der Bürger – Verkaufsstände aufschlagen dürfen ohne Entgelt und Widerspruch. Kommt es zwischen den Kaufleuten und den Bürgern zu Streit, so sollen nicht ich oder mein Stellvertreter entscheiden, sondern die Bürger selbst und zwar nach dem Recht der Kaufleute, insbesonders nach dem Recht der Kaufleute aus Köln.«

Denn das gibt es bereits, ein eigenes Recht unter Kaufleuten. Entscheidend aber steht über alldem: »Jeder, der an diesen Ort kommt und hier bleiben will, soll in Freiheit hier wohnen können.«

Das ist mit dem berühmten Schlagwort gemeint: *Stadtluft macht frei*. Jeder soll von den Feudallasten befreit sein, der in die Stadt kommt und dort ansässig werden will. Allein für die Bereitschaft, die Stadt mit zu besiedeln, wird ihm eine Freiheit verliehen, die – so heißt es gleich zu Beginn der Handfeste – *auf Dauer* für ihn und seine Nachkommen gelten soll. Es ist eine Freiheit, die für die Stadtbürger *insgesamt* bedeutet: entlassen zu sein aus genau den Verpflichtungen, die sonst die feudalistische Ordnung als Ganze tragen.

Das ist etwas ungeheuerlich Neues. Und es ist diese eine Abweichung, die das westliche Europa jener Zeit wegführt von der Ordnung, wie sie in allen anderen Regionen der Welt bestand. Auch ohne sich bereits ganz von den feudalistischen Verhältnissen zu lösen, weist die Stadtfreiheit mit einem Mal insgesamt aus ihnen hinaus. Es ist diese Scheide, an der Westeuropa auf einen Abweg gerät.

Was aber hat dazu geführt?

In den Jahrhunderten nach 1100 kommt es auf dem Gebiet des Heiligen Römischen Reichs zu einer bedeutenden Zahl neuer Stadtgründungen, auf die der Großteil der heutigen Städte in diesem Raum zurückgeht. Es handelt sich um gezielte Gründungen durch die Territorialherren und nicht lediglich um ältere Siedlungen, die irgendwann zu Städten erhoben werden. Diese deshalb so genannten Gründungsstädte werden tatsächlich neu angelegt, ihre Initiatoren sorgen für ein Straßennetz und eine Parzellierung in Grundstücke und diese haben sich dann zu füllen. Und dabei hat die große Zahl solcher Gründungen drei wichtige Aspekte. Zunächst muss auffallen, dass überhaupt die *Möglichkeit* besteht, viele neue Städte zu gründen, denn sie müssen sich immerhin mit Menschen füllen. Folglich müssen so viele Menschen auch unterwegs gewesen sein, das heißt: nicht mehr fest gebunden in ihrem Raum und an eine Herrschaft. Und den Feudalherren muss das Auftreten dieser Vielzahl von Menschen so sicher bekannt gewesen sein, dass sie sich auf solche Stadtgründungen einlassen oder sich zu ihnen gedrängt sehen konnten. Denn wenn Menschen in derart großer Zahl frei genug waren dazu, diese Städte zu besiedeln, bestand zweitens ganz offenbar auch die *Notwendigkeit*, sie neu zu binden. Dann muss nämlich ihre Ungebundenheit eine Gefahr dargestellt haben für das Feudalwesen der wechselseitigen Gebundenheit. Und drittens schließlich muss bei den Mächtigen, die sich reihenweise dafür entscheiden, diese Menschen neu anzusiedeln, das Interesse bestehen, es *in dieser Weise* zu tun.

Getrennte Welten

Der erste dieser Aspekte ergibt sich offensichtlich aus dem enormen Bevölkerungszuwachs, den Europa zwischen dem 11. und 13. Jahrhundert erlebt, eine Zunahme um das Doppelte oder Dreifache, wie man annimmt. Aber es muss auch einen Grund haben, dass dieser Zuwachs eine solch grundstürzende Veränderung nach sich zieht. Diesen hat Henri Pirenne als Erster und noch immer gültig angeben können:

> »Seit der Mitte des 10. Jahrhunderts zeigen die Völker Westeuropas, nunmehr befreit von den Raubzügen der Sarazenen, Normannen und Ungarn, einen steigenden Geburtenüberschuss, dessen Einzelheiten zwar nicht mehr genau zu erkennen sind, wohl aber die Folgen für das kommende Jahrhundert. Die grundherrschaftliche Wirtschaftsordnung vermag ihn immer weniger aufzusaugen. Die Massen, welche ihren väterlichen Hof verlassen müssen, um sich neue Verdienstquellen zu erschließen, sind im Wachsen begriffen. Der niedere Adel vor allen Dingen, dessen Lehen sich nur auf den ältesten Sohn vererben, weiß nicht wohin mit den jüngeren Söhnen. Aus diesen rekrutierten sich bekanntlich jene normannischen Abenteurer, welche sich in Süditalien festsetzten, Wilhelm dem Eroberer nach England folgten und aus denen auch der Gewalthaufe des ersten Kreuzzuges formiert wurde. Die Flucht der Landbevölkerung in die aufblühenden Städte, wo sich um dieselbe Zeit der neue Stand der Kaufleute und Handwerker bildet, ist ohne einen beträchtlichen Bevölkerungszuwachs nicht zu verstehen. Die Tendenz verstärkt sich im 12. Jahrhundert und dauert ohne Unterbrechung bis zum Ende des 13. Jahrhunderts.«[99]

Die Vielen also, die da in die Städte drängen, sind in gewisser Weise bereits aus dem feudalistischen Zusammenhang gefallen, der jeden persönlich an Haus und Herrschaft bindet. Und sie drängen nicht allein in die Städte, die erst noch entstehen müssen, sondern sind auch unterwegs auf der Suche nach Boden, von dessen Bestellung sie leben können.

»Der Ausdruck *Gäste* [advenae, hospites], der uns in den Urkunden vom 12. Jahrhundert an immer häufiger entgegentritt, ist höchst bezeichnend für eine Entwicklung, die sich damals innerhalb der ländlichen Bevölkerung vollzieht. Wie der Name sagt, hat man darunter einen neuen Ankömmling, einen Fremden zu verstehen. Es ist ein Siedler, ein Eindringling auf der Suche nach kultivierbarem Neuland. Woher stammen diese Leute? Sicherlich einesteils aus jener Menge von Landstreichern, die [...] gleichzeitig auch die ersten Kaufleute und Handwerker in den Städten abgaben, andernteils aber aus grundherrlichen Hintersassen, die sich der Leibeigenschaft entzogen hatten. Denn der Gast ist seinem Stande nach gewöhnlich frei, obschon er zumeist von unfreien Eltern abstammt. Wer hätte aber seinen eigentlichen Rechtsstand aufspüren können, nachdem er sich einmal dem ›Ursprungsland‹ entzogen hatte und den Nachstellungen des Grundherrn entgangen war? Weil niemand seine Person beansprucht, ist er sein eigener Herr und Meister.

Diesen Gästen boten sich herrenlose Länder im Überfluss dar. Denn es gab unermessliche, nicht in festem Besitz befindliche Wüsteneien, Wälder, Heiden und Sümpfe, die nur der Gewalt der Territorialherren unterstanden. Sich dort festzusetzen, genügte eine einfache Ermächtigung. Und weshalb sollte diese verweigert werden, da doch solche Neuankömmlinge kein altes Recht verletzten? Vielfach beginnen sie ohne vorherige Anfrage zu roden, trockenzulegen und anzubauen, wie es sich für Siedler auf Neuland gehört. Seit Beginn des 12. Jahrhunderts z. B. lassen sich freie Einwanderer in den weiten Räumen des ›Forstes von Theux‹ nieder, der dem Fürstbischof von Lüttich zugehört, ohne im übrigen von diesem herbeigerufen worden zu sein. Niemand hatte vor ihnen diesen Versuch gewagt. Die Besiedlung ist so gut das Werk jener freien Pioniere, dass bis zum Ende des Ancien Régime die Leibeigenschaft in dieser Gegend unbekannt blieb.«

Es ist eine Freiheit negativen Ursprungs: dass Menschen aus dem Verband, in dem sie gehalten und versorgt waren, herausgefallen oder nicht mehr von vornherein aufgenommen sind. Für sie ist das gleichbedeutend mit der Not, neue Versorgung finden zu müssen, für die Herren aber mit der Gefahr einer zahlenmäßig gewichtigen Gruppe unkontrollierter Bevölkerung. Zugleich aber muss es im Interesse der Grundherrschaften liegen, sie als neue Siedler zu gewinnen und daher keiner neuen Botmäßigkeit zu unterwerfen, denn jedem solchen Versuch könnten sich die ungebundenen »Ankömmlinge« unschwer entziehen. Deshalb wird es zu einem weithin geübten Verfahren, ihnen ungenutztes Land zur Urbarmachung zu überlassen und sie, wenn auch nicht mehr in persönliche Abhängigkeit zu bringen, so doch zu Zins und Abgaben zu bewegen. Auch dafür werden Siedlungen neu gegründet.

> »Der Rechtsausdruck für die neuen Siedlungen, villae novae, ist nicht weniger bezeichnend als derjenige der Gäste, für die sie bestimmt sind. Er zeigt an, dass sie Neuankömmlingen, Fremden, Einwanderern, mit einem Wort: Siedlern zugedacht sind. Schon dies ist ein scharfer Kontrast zur Grundherrschaft, was um so merkwürdiger ist, als der Gründer der neuen Anlagen meist zugleich Besitzer einer oder mehrerer Herrschaften ist. Er kennt somit die grundherrschaftliche Wirtschaftsorganisation, vermeidet es jedoch sorgfältig, sich davon beeinflussen zu lassen. Warum tut er dies, wenn nicht, weil er sie als nicht geeignet erachtet, den Wünschen der Landsuchenden zu genügen, die er beizuziehen gedenkt? Nirgends bemerkt man den geringsten Kontakt der alten Grundherrschaft mit den Ausbausiedlungen, nicht der leiseste Versuch, letztere an die curtes [Höfe] anzugliedern oder sie gar der Jurisdiktion der villici [Hofverwalter] zu unterstellen. Keine direkte Linie führt von der einen zur andern. Es handelt sich um getrennte Welten.«

Die Trennung dieser Welten ist von größter Bedeutung. Denn sie erfordert nun eine neue, gleichsam sekundäre Verbindung: An die Stelle persönlicher Abhängigkeiten und Verpflichtungen tritt die unpersönliche Verbindung über Kauf und Verkauf. Stadt und Land und Höfe treten einander nun gegenüber als *getrennte* und in diesem Sinn *freie*, nämlich *nicht einander verpflichtete* Welten. Die Bürger verfügen zwar noch lange auch im Stadtgebiet über Gärten, aber aus ihnen gewinnen sie ganz allgemein nicht mehr genug, um sich ganz davon ernähren zu können. Und wohlgemerkt, sie beziehen ihre Lebensmittel auch nicht mehr vonseiten einer Herrschaft, der sie unterstehen würden. Sofern sie nicht wiederum selbst Land und Leute erwerben, müssen sie sich versorgen, indem sie ihre Nahrung von den umliegenden Bauern *kaufen*. Und dies veranlasst wiederum die Bauern planvoll dafür zu sorgen, dass es bei ihnen auch etwas zu *kaufen* gibt.

> »Der Bauer hatte bisher nur für sich und die Herrschaft geackert und geerntet. Nun sieht er sich mehr und mehr veranlasst, und zwar proportional zur wachsenden Zahl und Bedeutung der Städte, einen Überschuss für den dortigen Bedarf herauszuwirtschaften. Das Getreide verlässt die Speicher. Es gelangt in Umlauf, sei es, dass es der Bauer selbst auf dem benachbarten Markt verkauft oder dass Händler die Ernte an Ort und Stelle übernehmen.«[100]

Bauern versorgen die städtischen *Märkte* mit ihren Erzeugnissen, sie *verkaufen* sie. Und so gelangen die Bauern auch umgekehrt an die Münzen, die sie einerseits gut gebrauchen können und andererseits bald dringend benötigen. Sie können sie gut gebrauchen für die Anschaffung von Dingen, die in der Stadt zu bekommen sind, und benötigen sie alsbald dringend für ihre Grundherren, die ihrerseits zunehmend Abgaben in Münzen fordern. Denn die Herren sind wiederum auf Münzen angewiesen, um einem Handel, der sich mehr und mehr in den Städten konzentriert, die Waren abzugewinnen, deren sie für Luxus und Repräsentationszwecke bedürfen. Und was sie dafür an Münzen benötigen, verschaffen sie sich passenderweise dadurch, dass sie den Städten, wo sie immer mehr davon auszugeben haben, Münzen als Zins abverlangen.

Eine neuartige Abhängigkeit

Kauf und Verkauf spielen auf diese Weise aber nicht nur zwischen den getrennten Bereichen, sondern vor allem auch innerhalb der Städte selbst eine zunehmend bedeutende Rolle. Die verschiedenen und sehr weit spezialisierten Handwerke verkaufen ihre Produkte an Bauern und Aristokraten, doch ebenso an die übrigen Bürger und Städter. Die Kaufleute sind nicht mehr nur Fahrende, sondern werden in den Städten ansässig. Auch das ist als Neuerung wichtig, denn damit erst findet der Fernhandel die entscheidende Fortsetzung nach innen. Für die ansässigen Kaufleute gilt nicht mehr, dass sie die Waren nur einführen und den Handel mit ihnen dem Höker überlassen würden, sie übernehmen den Verkauf in Stadt und Umland selbst in eigener Regie. Eine stärkere Nutzung der Märkte macht es daher nötig, sie öfter, wenn nicht gar täglich abzuhalten, und bringt größere Handelsplätze gar dazu, eigene Markthallen zu errichten, »die heute noch beeindruckend sind« – wie die Hallen von Paris.[101] Und die neue Stadt mit ihren freigesetzten Menschen lässt Kaufleute auch beginnen, Waren für den Export herstellen zu *lassen*, also andere Stadtbewohner, die darauf angewiesen sind, dafür zu entlohnen.

So tritt das *Verhältnis von Kauf und Verkauf* nicht nur vereinzelt, sondern in einem mehr und mehr systematischen Zusammenhang an die Stelle der persönlichen Abhängigkeit und Verbindung zwischen höher und niedriger Gestellten. Und das tut seine Wirkung auf verschiedenste Art und Weise. Herrenhöfe geben ihre Werkstätten auf, wenn deren Produkte nun besser auf einem städtischen Markt zu erstehen sind. Liegt ein Weinberg zu weit entfernt vom übrigen Besitz, wird er verkauft, wenn sich der Wein auch über eine näher gelegene Handelsstraße beziehen lässt. Grundherren geben Salland, also Grund und Boden, dessen Erzeugnisse ihnen unmittelbar und vollständig zugutekamen, als Erblehen an Bauern, von denen sie dann lediglich Abgaben, aber diese in Münzen, fordern können. Leibeigene werden freigelassen, weil sie dafür Zahlung leisten müssen und den Boden dennoch weiter bebauen, von dem sie von da an Abgaben leisten müssen. Oder: Im Einzugsbereich der großen Handelsstraßen lässt man davon ab, auf seinem Land möglichst *alle* die verschiedenen Nahrungsmittel anzubauen, die man braucht, und beschränkt sich auf solche Pflanzen, denen der eigene Boden am ehesten entspricht und die am besten auf ihm gedeihen. Denn das Fehlende kann man nun dazukaufen.

Und dieser systematische Zusammenhang von Kauf und Verkauf hat die verhängnisvolle Eigenschaft, sich zu einem Teufelskreis zu schließen. Wenn die Möglichkeiten zunehmen, etwas über Kauf zu erwerben, geht dies notwendig Hand in Hand mit einer zunehmenden *Abhängigkeit* davon. Das Kloster, das seinen Weinberg abgegeben hat, weil es seinen Wein jetzt über den Handel beziehen kann, ist darauf *angewiesen*, den Rebensaft erstens weiterhin über den Handel beziehen und ihn dann zweitens auch in Münzen bezahlen zu können. Der Herrenhof, der auf seine Werkstätten verzichtet, weil er das ehemals dort Produzierte in der nahegelegenen Stadt zu kaufen bekommt, *muss* es nun dort zu kaufen bekommen und *braucht* die Barschaft, um es zu bezahlen. Die *villa nova*, die sich auf den Anbau bestimmter Pflanzen spezialisiert, weil die übrigen gegen Bezahlung erhältlich sind, kann nur noch überleben, wenn sie von nun an verlässlich gegen Bezahlung erhält, was sie braucht, und wenn sie zu dessen Bezahlung in der Lage ist. Und so fort.

Wohlgemerkt: Es ist der *Verlust* und die *Absenz* der sonst feudalistisch organisierten und gewährleisteten Versorgung, die diesen neuen Zusammenhang zwischen zunehmend *möglichen* und zunehmend *benötigten* Käufen bedingt. Und weil er seinen Ursprung in den Städten hat, zeigt er sich in den Städten auch besonders ausgeprägt als das, was er ursprünglich ist: als *Mangel* an Versorgung. Ein Großteil der städtischen Bevölkerung lebt in einer katastrophalen Armut, gegen die sich jedes Darben, zu dem es auf dem Land kommen konnte, harmlos ausnimmt. Sofern einige dieser Armen von den Begüterten für ihre Arbeit entlohnt werden, erhalten sie ihren Lohn regelmäßig noch in Naturalien, aber in einer Spärlichkeit, die schon früh Aufstände heraufbeschwört. Die großen Münzvermögen ergeben sich weiterhin allein aus dem Fernhandel und sammeln sich nur bei wenigen Einzelnen oder Familien. Andererseits fallen in den Städten erhebliche allgemeine Kosten an, für die sie Steuern erheben und an allen Ecken und Enden Bezahlung in Münzen verlangen müssen.

Brücken sind zu bauen, Kanäle, Aquädukte, Brunnen, aber auch Lagerhäuser, Öfen, Pressen und Mühlen, Hospitäler werden eingerichtet und womöglich, das kostspieligste Unterfangen, braucht man unbedingt eine Kathedrale. Die Städte sind rasch auf eigene Finanzinstitute und Rechnungshöfe angewiesen. Und sobald nur die städtische Rechnungslegung einsetzt, zeigt sich auch dort ein bis dahin unbekanntes Phänomen: Schulden, die das Gemeinwesen macht, Schulden der öffentlichen Hand.

Tatsächlich sind es gerade Schulden, worin sich die massive Zunahme von Käufen und Verkäufen am deutlichsten niederschlägt. Sie bedeutet ja die Zunahme von Anlässen, bei denen Münzen für Kauf und Verkauf gebraucht werden beziehungsweise gebraucht *würden*, wo sie aber fehlen. Nicht nur die Städte, auch die mehr oder weniger hohen Herrschaften, die sich immer häufiger darauf verlegen müssen, Dinge gegen Münzen zu kaufen, anstatt sie von ihren Hintersassen geliefert zu bekommen, geraten umgehend mit ihren Zahlungen in Rückstand. Die Einkünfte an Naturalien, über die sie sonst verfügen und die ihnen bisher für ein gutes Leben ausgereicht haben, finden noch zu wenig Gelegenheit, sich in Münzvermögen zu verwandeln. Einerseits mangelt es dafür an – zumindest standesgemäßen – Möglichkeiten, solche Einkünfte zu verkaufen, zum andern fehlen dazu unmittelbar die Münzen. Deren Zahl bleibt hinter dem kontinuierlich wachsenden Volumen an Käufen und Verkäufen zurück, vor allem zirkulieren sie zu wenig, werden also, einmal über den Ladentisch gegangen, zu selten wieder ausgegeben.

Die Konsequenz ist, dass eine Entwicklung, die den steigenden Bedarf an Münzen bedingt und die das 12. und 13. Jahrhundert beherrscht hat, vorerst wieder einbricht. Es kommt zu einer Phase, die Jacques Le Goff unumwunden eine große »Geldkrise« genannt hat.[102] Richtig betrachtet ist sie jedoch keine Krise *des Geldes*, sondern eine unausweichliche Krise *auf dem Weg zum Geld*: Überhand nehmen nicht etwa die Münzen und andere Dinge, die als Tauschmittel dienen können, sondern die Anlässe, wo es der Tauschmittel bedürfte und wo sie deshalb mehr und mehr *fehlen*. Doch schon zu diesem frühen Zeitpunkt vermag auch eine solche Krise keine Umkehr der Bewegung mehr zu bewirken: Die Notwendigkeiten, etwas kaufen und verkaufen zu können, werden mehr und immer fordernder. Es ist eine Bewegung, die kein Zurück mehr kennt – trotz einer damals einsetzenden Phase tief einschneidender Wechselfälle, trotz Katastrophen wie der Pest und dem Hundertjährigen Krieg, die Bevölkerung und Besiedlung verheerend zurückgehen lassen, aber auch trotz Sensationen wie der Entdeckung Amerikas und dem Raub von Unmengen seiner Edelmetalle. Es ist eine Bewegung, die zwar hie und da ins Stocken gerät, die sich aber klar in eine Richtung fortsetzt. Die Schwierigkeiten, die ihr der Mangel an Münzen und Metall bereitet und denen die Herrschaften durch vielfältiges Manipulieren am Metallgehalt der Münzen beizukommen versuchen, nur um die Probleme ungewollt noch weiter zu verschärfen, verdichten sich in der Mitte des 15. Jahrhunderts zu einer berühmten Münz-Hungersnot: The Great Bullion Famine, wie man sie genannt hat.

Wo Kauf und Verkauf aber systematisch und zunehmend notwendig werden, bedeutet das: Die Versorgung mit allem, was Menschen brauchen und gebrauchen, verschiebt sich von den Formen feudalistischer Verteilung dazu, dass dergleichen gekauft wird und gekauft werden muss. Kauf und Verkauf gewinnen gegenüber der tradierten Versorgung systematisch an Gewicht – bis sie einmal das Übergewicht erhalten. Denn Kauf und Verkauf nehmen zu, bis die Waage umschlägt: bis die Waagschale, auf der *sie* ins Gewicht fallen, sich senkt, weil auf ihr das *größere* Gewicht liegt.

III Der Umschlag ins Neue

Zwei Waagschalen

Die feudalistischen Gemeinschaften versorgten sich *in der Hauptsache* über Redistribution und nur *daneben* über Kauf und Verkauf, während wir uns heute *in der Hauptsache* über Kauf und Verkauf versorgen müssen und nur *daneben* noch an manches, was wir brauchen, *nicht* über Kauf und Verkauf gelangen. In beiden Fällen oder zu beiden »Zeiten« gibt es also die redistributive Versorgung *und* die Versorgung über Käufe, aber jeweils einer von ihnen kommt *das entscheidende Gewicht* zu. Die zwei gegensätzlichen Arten der Versorgung verhalten sich insofern wie Gewichte auf den gegenüberliegenden Schalen einer Waage. Und die kann umschlagen.

Wir haben gesehen, dass die beiden Schalen im Westeuropa des Mittelalters tatsächlich gegeneinander in Bewegung geraten und in den Städten und in ihrem Umfeld die feudalistische Versorgung einer Versorgung über Kauf und Verkauf zu weichen beginnt. Für die Gesamtheit der europäischen Gemeinwesen bleibt damit die ältere Art der Versorgung zwar vorerst noch bestimmend, sodass ihr größeres Gewicht die Waagschale auf ihrer Seite weiterhin gesenkt hält, doch die Gewichte verlagern sich immer weiter.

Es ist das Umschlagen eines *gesellschaftsweit* bestimmenden Zusammenhangs und wird daher kaum augenblicklich vor sich gehen, wie man das Licht anknipst. Gleichwohl kommt mit ihm etwas spezifisch und radikal *Neues* auf, dessen Auftreten nicht bloß im Strom der Zeiten verflossen sein kann. Es muss seinen Anfang haben, den Moment oder wenigstens den Zeitraum, in dem der historische Verlauf *in dieses Neue umschlägt.* Dass Kauf und Verkauf, was sie bis dahin niemals waren, für die Versorgung *allgemein bestimmend* werden, es muss gewaltige Auswirkungen haben, da es die *Entstehung von Geld* bewirkt und bedeutet. Und diese Auswirkungen müssen zu greifen sein, in historischen Phänomenen, die von einem ersten Bestehen des Neuen, vom ersten Auftreten des Geldes zeugen: die klar bekunden, wann der Umschlag in dieses Neue nicht mehr nur bevorsteht, sondern erfolgt ist.[103]

L'oeconomie politique

Wirtschaften bedeutet archaisch jeweils im weitesten Sinn die Führung eines *oikos*, eines Hauses oder Haushaltes. Es meint das Bebauen des notwendig dazugehörigen Landes und jeden weiteren Erwerb all der Dinge, von denen die Angehörigen eines *oikos* leben und von denen sie einige der Gemeinschaft weiterzureichen haben. Dieses Bestellen des eigenen »Hauses« hieß bei den antiken Griechen berühmterweise *oikonomia*. Die *polis*, das Gemeinwesen, umfasst zwar alle *oikoi*, die zu ihr beitragen, kennt über sie hinaus jedoch keine eigene *oikonomia*. Die *polis* und das Wirtschaften des *oikos* gehören jeweils eigenen, getrennten Bereichen an.

Unter den modernen Geldverhältnissen dagegen ist es eine Selbstverständlichkeit, dass die »Wirtschaft« als ein eigener gesellschaftlicher Bereich – und als *entscheidender* gesellschaftlicher Bereich – notwendig auch die Angelegenheit des Staates ist, also der modernen Form eines Gemeinwesens. Jeder Staat hat heute sein Wirtschaftsministerium und seine Wirtschaftspolitik und für uns versteht es sich von selbst, dass Ökonomie und Politik notwendig zusammenhängen, also *verbunden* sind. Eine solche Verbindung von Ökonomie und Politik hat es archaisch nirgendwo gegeben, sie ist in der Antike undenkbar und undenkbar im Mittelalter. Sobald aber mit *Geld* gewirtschaftet wird, muss es die Verbindung geben und muss sie zentrale Bedeutung gewinnen: als »politische Ökonomie«.

Der Begriff kommt gegen Ende des 16. Jahrhunderts *neu* auf. Es ist ein Begriff, der »in dieser Zusammensetzung bis dahin undenkbar war«: weil sich bis dahin nirgends die Wirklichkeit gefunden hatte, die er bezeichnet. Mit seinem Aufkommen findet »eine gesellschaftliche, von den Zeitgenossen erfahrene Zäsur« ihren Ausdruck, die außerordentlich tief reicht:

»Denn trotz aller Unterschiede zwischen Antike und Mittelalter, trotz des immer gesehenen Zusammenhangs zwischen *oikos* und *politike*, eine Verbindung derselben war bis dahin einfach nicht vorstellbar. Ökonomie und Politik gehörten verschiedenen, genau abgegrenzten Bereichen an. Dabei müssen wir uns klarmachen, wie außerordentlich schwierig es für uns ist, eben aufgrund der neuzeitlichen Entwicklung, dieses fundamentale und radikale Auseinanderfallen von öffentlich und privat, diese Trennung zwischen dem ›Raum der Polis und dem Bereich des Haushaltes und der Familie, schließlich den Tätigkeiten, die der Erhaltung des Lebens dienen und denjenigen, die sich auf eine allen gemeinsame Welt richten‹, überhaupt zu verstehen. Denn was immer ›ökonomisch‹ war, nämlich notwendig zum Leben des einzelnen, auch zum Überleben der Gattung, war ›privat‹; damit galt es als nichtpolitisch, es gehörte nicht dem Bereich des ›Öffentlichen‹ an.«[104]

Also muss sich die Ökonomie von der Bewirtschaftung eines *oikos* jetzt gewandelt haben in die Ökonomie einer »Wirtschaft« mit ihrer notwendigen Verflechtung in die Belange des Staats und in die Sphäre des Politischen. Louis de Mayerne Turquet prägt den Begriff der »oeconomie politique« vermutlich um 1590, verwendet ihn in einem Werk, das 1611 im Druck erscheint und dem 1615 der *Traicté de l'oeconomie politique* von Antoine de Montchrétien auf dem Fuß folgt. *Mit einem Mal* also wird damals die Verbindung von Politik und Ökonomie gedacht, da sie jetzt real besteht: da Ökonomie eine andere geworden ist, als sie es je zuvor war; da der Begriff der »Ökonomie« als einer »politischen« etwas grundsätzlich Neues, noch nie Dagewesenes bezeichnet.

Wie bedeutend der Umschlag in dieses Neue war und wie sehr er *augenblicklich* wirkte, erweist sich daran, dass seinen Zeitgenossen im selben Moment, da er erfolgt ist, bereits so unvorstellbar ist wie uns heute, dass es jemals anders gewesen sein könnte. Da es für Montchrétien *jetzt* selbstverständlich ist, dass ein Staat seinen öffentlichen Haushalt haben und es eine politische *oikonomia* geben muss, kann er sich schon nicht mehr vorstellen, dass es je anders gewesen wäre – obwohl es bis zu ebendiesem Moment noch anders war. Montchrétien ist blindlings überzeugt, *schon immer*, auch zu Zeiten eines Xenophon und Aristoteles, müssten Ökonomie und Staat zusammengehört haben. Deshalb, so schreibt er,

> »kann ich mich nur wundern, wie sie in ihren politischen Schriften, die sonst so sorgfältig geschrieben sind, diesen öffentlichen Haushalt vergessen konnten, auf den die Notwendigkeiten und Aufgaben des Staates vor allem gerichtet sein müssen«.[105]

Für Montchrétien und seine Zeit gilt es als unmöglich, die Ökonomie von der Politik zu trennen, »ohne die Hauptsache von ihrer Gesamtheit zu reißen«, wie er sagt. Denn jetzt ist sie zu *dieser Hauptsache* geworden. Und unverständlich wurde, was einmal war.

Carentia pecuniae

Wenn allgemein Kauf und Verkauf das Wirtschaften bestimmen, wird diejenige Art von Gewinn, die vorher nur der Höker macht, zu einem *allgemeinen* und *die Gesellschaft bestimmenden* Phänomen. Daher wird sich die Verachtung, die solchen Gewinnen beim Höker gegolten hat, nicht halten können und werden sie die Anerkennung als gesellschaftliche Normalität finden müssen. Dann nämlich wird es allgemein zur Normalität, dass mit – nunmehr – *Geld* auch Geld*gewinne* zu erzielen sind. Und wenn es mit Geld also zur Selbstverständlichkeit wird, dass es Geld abwirft, wird zur Selbstverständlichkeit, dass es in diesem Sinn *Zinsen* trägt.

> »Versetzen wir uns aber in die Rolle eines die Vergangenheit erforschenden Zeitreisenden, so stellen wir fest, dass wir die Uhr gar nicht so weit zurückdrehen müssen, um eine Welt vorzufinden, in der das Zinsennehmen alles andere als selbstverständlich war. Wählen wir beispielsweise das frühe 13. Jahrhundert, plaudern wir mit einem Geistlichen oder mischen wir uns unter die eifrigen Studenten einer der neu gegründeten Universitäten, so wird man uns lehren, dass der Wucher – jede Zusatzforderung bei der Gewährung eines Darlehens – nicht nur verabscheuungswürdig und

ungerecht, sondern darüber hinaus auch eine schwere Sünde sei. Gut dreihundert Jahre später, mitten im 16. Jahrhundert, befinden wir uns dann in einer Zeit des Übergangs: Der Handel kommt schon lange nicht mehr ohne zumeist versteckte Zinsforderungen aus, das Wucherverbot wird mehr und mehr angefochten und die weltliche Gesetzgebung, etwa in England oder in den niederländischen Provinzen, unternimmt erste zögerliche Schritte, Zinsgeschäfte bis zu einem vorgegebenen Höchstsatz zu erlauben. Besuchen wir die berühmte spanische Universität von Salamanca, so können wir bei Gesprächen in den dortigen Wandelgängen oder in einer der umliegenden Weinstuben erfahren, dass bereits recht viele Juristen und Theologen, die angesehenen spanischen Spätscholastiker, das Zinsennehmen in immer zahlreicheren Fällen gutheißen. Im frühen 17. Jahrhundert, ein Blick nach London oder Amsterdam mag dies bestätigen, ist dann dieser Meinungsumschwung in den führenden europäischen Handelsnationen bereits zu einem grossen Teil vollzogen: Der Zins ist als wirtschaftliche Notwendigkeit anerkannt!«[106]

Und so gibt es mit Beginn des 17. Jahrhunderts auch »die Vorstellung eines über die Münze hinausgehenden Geldbegriffs«, eines Begriffs von Geld, der dem unseren entspricht.

Im 13. Jahrhundert hatte Petrus Olivi ein frühes erstes Mal davon geschrieben, Münzen könnten unter bestimmten Umständen als Kapital fungieren und Zins abwerfen – die Realität der Hökerei. Was einem Aristoteles einst widernatürlich erschienen war, gegen Ende des 15. Jahrhunderts wird im Gegensatz dazu argumentiert, es entspreche der Natur, dass Münzen sich wie ein fruchtbares Gut verhielten: So wie ein Feld nur Früchte trage, wenn jemand mit ihnen wirtschafte, brächten auch Münzen nur unter dieser Voraussetzung Gewinn ein. Deshalb habe der Eigentümer von Münzen genauso wie der Eigentümer eines Feldes Anspruch darauf, für die zeitweise Vergabe seines Eigentums belohnt zu werden. Die herrschende Lehre schränkt damals allerdings noch ein: wenn ihm *tatsächlich* einmal Frucht oder Gewinn entgangen sind, das heißt wenn der Verleiher der Münzen mit ihnen in diesem Fall nachweislich einen Gewinn erzielt hätte, aber nun nicht erzielen konnte. Es ist die Lehre des *lucrum cessans*, eines im Einzelfall *entgangenen Gewinns.*

Diese Lehre wird später ersetzt – und führt so zum »Höhepunkt der scholastischen Zins- und Wucherlehre« – durch Leonard Lessius, »denjenigen Theologen, dessen Ansichten zu den Themen Zins und Wucher am entschiedensten die Ankunft eines neuen Zeitalters zum Ausdruck bringen«. Zu Beginn des 17. Jahrhunderts nimmt Lessius nur eine kleine Verrückung an der älteren Lehre des *lucrum cessans* vor und doch spiegelt sich in ihr das Ganze eines historischen Umschlags. Dort war Zins die Entschädigung für eine Einbuße, die jemand durch das Verleihen tatsächlich erlitten haben musste. Das Recht, Zins zu nehmen, war also gebunden an den einzelnen, *individuell* gegebenen Fall. Lessius aber konnte inzwischen *allgemein* voraussetzen, »dass unter gewissen Rahmenbedingungen die Verfügungsgewalt über liquide Mittel mit verschiedenen Vorteilen verbunden sei, die darauf begründeten, dass mit an Ort und Stelle vorhandenem Geld Chancen wahrgenommen werden könnten, die andernfalls ungenutzt vorübergingen«. Wenn jetzt jemand Münzen verleiht, die ihm deswegen fehlen, gilt dies nunmehr als ein Fall von *carentia pecuniae*, wie ihn Lessius definiert, von *fehlendem Geld.* Und der bedeutet inzwischen *allgemein*, dass dem Verleiher damit ein Gewinn entgeht, da nunmehr mit *Geld* auch *allgemein* Gewinne zu erzielen waren. Folgerichtig war Zins nunmehr *generell* gerechtfertigt und musste *generell* gezahlt werden.

> »Damit ändert sich der Sachverhalt aber gewaltig: Was dem einzelnen Individuum widerfährt, verliert jegliche Bedeutung. Was zählt, ist einzig der Markt und der darauf bestimmte, allgemein gültige objektive Preis für den Verzicht auf Liquidität.[107]

Jetzt ist es *der Markt*, der zählt. Zu diesem historischen Zeitpunkt gibt es ihn, »den« Markt. Kauf und Verkauf haben sich über die individuelle Gebundenheit erhoben und von ihr gelöst, indem sie verdichtet sind zu diesem einen, übergreifenden Markt.

In einer Studie hat Craig Muldrew für das England der Zeit zwischen 1500 und 1750 untersucht, »welche Art von sozialen und kulturellen Beziehungen zwischen jenen Leuten existierte, die Güter kauften und verkauften«.[108] Denn Kaufen und Verkaufen müssen mit wachsender Bedeutung in die »sozialen und kulturellen Beziehungen« hineinwirken. Und Muldrew stellt fest: Käufe und Verkäufe nehmen in der zweiten Hälfte des 16. Jahrhunderts signifikant an Häufigkeit zu. Die Ladungen des Binnenhandels werden umfangreicher, die Zahl der Güter, die in einem Haushalt vorhanden sind, schnellt nach oben, die Buden und Bierschenken vermehren sich rapide, in Shrewsbury zum Beispiel »von 70 in den 1560er Jahren auf 220 in den 1620er Jahren, also um mehr als das Dreifache, während die Bevölkerung der Stadt nur fast um die Hälfte stieg, nämlich von 4700 auf 6300«.

> »Auch im Bereich des Einzelhandels ist diese Expansion nachvollziehbar, eindrucksvoll demonstriert durch den enormen zahlenmäßigen Anstieg und die steigende Vielfalt der Waren, die man gegen Ende des 16. Jahrhunderts in den Geschäften finden konnte. Dieser Anstieg gestaltete sich noch viel dramatischer als der Zuwachs der in den Haushalten vorhandenen Waren. Vor 1550 war die Anzahl produzierter Waren in den Wohnstätten der Handwerker sehr gering, bis in die 1560er Jahre sollte sie sich jedoch vervierfachen. In der Sammlung von Verlassenschaftsinventaren aus Lincolnshire war dieser Anstieg noch dramatischer als in Chesterfield. Hier stieg die durchschnittliche – auf das gesamte Sample bezogene – Anzahl der Waren in den Geschäften von 17 auf 163, was einen zehnfachen Anstieg zwischen den 1530er Jahren und dem Ende des Jahrhunderts bedeutet! In Southampton verdoppelte sich – in einem Sample aus 80 Inventaren – die Anzahl der Waren in den Geschäften innerhalb eines wesentlich kürzeren Zeitabschnittes von nur 20 Jahren. In den 1570er Jahren gab es in Southampton drei Geschäfte mit über 1000 angebotenen Waren, darunter einen Händler mit hunderten verschiedenen Arten von Tuch, Tapisserien, verschiedensten Kleidungsstücken sowie weit

über 100 Büchern. Daneben gab es einen Apotheker mit über 1000 verschiedenen Sorten von Medizin, Süßwaren, Salben, Pillen und Pflastern sowie einen weiteren Kaufmann, der neben einem Lager von über 2500 Ellen Tuch noch hunderte von Messing- und Zinnkrügen, hunderte Paare Handschuhe, tausende Glasperlen, 51 Ries Papier (in etwa 25 400 Bogen), 155 Hüftgürtel und 20 Fass Teer besaß. Ähnliche Geschäfte fanden sich auch in anderen kleineren Städten schon ab den 1570er Jahren.«[109]

Eine drastisch wachsende Menge an Waren muss in eine entsprechende Menge von Käufen und Verkäufen eingegangen sein, die in dieser Vielzahl zu tätigen waren, damit sich das Halten einer solchen Warenmenge lohnte. Ihr hatten also auch Tauschmittel in entsprechend großer Menge gegenüberzutreten. Dafür jedoch reichte die Menge an Münzen auch nicht annähernd mehr aus. Also müssen die Tauschmittel ihr materialgebundenes und daher mengenmäßig beschränktes Dasein als Münze überschreiten, so wie der Begriff von *Geld* notwendig über die bloße Münze hinausgeht. Als es zu Geld kommt, bedarf es eines Geldes in Form von *Kredit.*

»Da nur begrenzte Mengen an Gold- und Silbermünzen in Umlauf waren, basierte diese ökonomische Expansion auf einer stetig steigenden Zuhilfenahme von Krediten, wovon viele – wie für eine Gesellschaft mit einem hohen Grad an Analphabetismus nicht überraschend – formlos abgewickelt wurden. Obwohl die verschiedenen Auffassungen über Kredite in der Zeit vor dem 18. Jahrhundert sich tendenziell auf Fälle von Geldverleih konzentrieren, wurde der bei weitem überwiegende Anteil der Kredite als normativer Teil von zehntausenden von tagtäglichen Marktkäufen und Dienstleistungen gewährt. Jeder Haushalt im Lande, vom Almosenempfänger bis hin zum königlichen Haushalt, war bis zu einem gewissen Grad in die Maschen eines immer komplizierteren Netzwerks von Krediten und Obligationen eingebunden, mit denen Transaktionen kommuniziert wurden.

Kaufleute schlossen ihre Geschäfte auf Kredit ab, Handwerker arbeiteten auf Kredit und viele dieser Leute hatten wiederum

Schulden bei Armen, meistens für ausständige Löhne, kleine Käufe oder erledigte Arbeiten. Im Jahre 1625 erklärte Henry Wilkinson, dass ohne die ›gelegentlichen Schulden‹, die für Käufe und Verkäufe notwendig waren, ›das Leben des Menschen nicht besteht‹«.[110]

Hier gilt es: Die Menschen leben also von dem, wofür die »gelegentlichen Schulden« notwendig sind, nämlich von Kauf und Verkauf.

Da in diesem Zeitraum auch die Preise anziehen, war insgesamt, von der Mitte bis zum Ende des 16. Jahrhunderts gerechnet, »die Nachfrage nach Geld wahrscheinlich um annähernd 500 % gestiegen«. Zu dieser extremen Zunahme führt ein *ökonomischer* Zusammenhang, der zwischen den Menschen einer ganzen Gesellschaft entstanden ist:

> »Die Menschen waren dauernd in verstrickte Netze aus ökonomischen und sozialen Abhängigkeiten eingebunden, die ihre Haushalte durch die zahllosen Vertrauensbeziehungen in den Millionen von Abmachungen mit anderen Haushalten an ihren Wohnorten, aber auch darüber hinaus, verbanden. Obwohl die Gesellschaft durch die hierarchische Abstufung von Status, Vermögen und Patriarchat segmentiert war, so war sie doch noch immer zusammengebunden durch vertragsmäßig ausgehandelte Kreditbeziehungen, die sich über die gesamte soziale Skala erstreckten.«[111]

Das gilt für England, von dem Craig Muldrew schreibt. Doch es gilt ebenso – wenn auch teilweise verzögert – für die anderen Länder »in Westeuropa und in Teilen des Mittelmeerraums«. Länderübergreifend zeigt sich dort ein Marktgeschehen als Bestandteil einer Art Weltwirtschaft. Fernand Braudel fasst es so zusammen, dass damals »die soziale Konjunktur, genau wie die alltägliche Wirtschaftskonjunktur, deren Auf und Ab sie mitmacht oder aufzeigt, trotz unverkennbarer Abweichungen von Land zu Land in ganz Europa weitgehend synchron verläuft«.[112]

Dass der europäische Abweg in den Veränderungen des sogenannten ›langen‹ 16. Jahrhunderts kulminiert und dass er bis etwa 1620 endgültig umgeschlagen ist in das Neue, dafür gibt es natürlich noch viele weitere Indizien. Mittelalterliche Handelsgesellschaften wie die der Medici in Florenz oder der Fugger und Welser in Augsburg werden etwa überflügelt von Einrichtungen wie dem Genueser Asiento-System, das nicht mehr mit einem enormen Vorrat an Münzen, sondern vornehmlich mit Wechseln arbeitet. Das Einzelunternehmen als Rechtseinheit, die Firma mit Handelsnamen und separatem Gesellschaftsvermögen nimmt volle Gestalt an. Einrichtungen wie der Inhaber-Schuldschein lösen sich von ihrer Bindung an den individuellen, namentlich festgeschriebenen Schuldner und finden mit Indossament und Diskontierung gewissermaßen ihre Vollendung zu Kreditinstrumenten. Sie können frei weitergegeben werden als verrechenbare »Papiere«, treten nicht mehr nur vorübergehend an die Stelle von Münzen, sondern können nunmehr selbst kursieren: als Geld. Die regelmäßige und doppelte Buchführung gelangt zu ihrer Vollendung. Im Jahre 1608 ist es Simon Stevin, der die Bilanz dafür als notwendig erkennt und so auf den neuen, einen systemischen Zusammenhang des Geldkreislaufs reagiert.[113] Und mit ebendiesem Kreislauf kommt es sofort auch zu der strikt neuzeitlichen, uns so selbstverständlich vertrauten Erscheinung einer allgemeinen, schleichenden Inflation. Die »Preisrevolution des 16. Jahrhunderts« hat man sie später genannt, und das mit Recht nicht deswegen, weil die Preise in einem Maß gestiegen wären, das uns heute revolutionär anmuten würde; im Gegenteil stiegen sie nach heutigen Maßstäben überaus moderat. Die Revolution besteht vielmehr darin, *dass* die Preise kontinuierlich stiegen – parallel in *allen* Ländern dieser Wirtschaft einer europäischen Welt. Als übergreifender *ökonomischer* Zusammenhang mehrerer Länder beginnt ein europäischer Weltmarkt damit, die Preise nach einem insofern »*weltweiten* – durch *Geld*angebot und *Geld*nachfrage bestimmten – Preisniveau«[114] auszurichten.

Und es kommt zu einer völlig neuen Art von Krisen – *hier* nimmt es mit ihnen seinen Anfang. Bis dahin bedrohte jede schlecht ausfallende Ernte die Menschen mit Hunger, derlei Hungerkrisen waren so alt wie der Landbau selbst. Gegen Ende des 16. Jahrhunderts aber schlägt der Mangel an Nahrungsmitteln mit einem Mal durch auf eine Wirtschaft, die eben *nicht mehr* nur im Landbau und dem Bewirtschaften eines *oikos* besteht. Jetzt *leben* die Menschen nicht mehr nur von all dem, was sie nährt, sondern von den Mitteln, es zu *kaufen*. Wenn also die Nahrungsmittel mangeln, bedeutet es jetzt nicht mehr nur diesen Mangel, sondern den Mangel an jenen Mitteln, von denen jetzt das Leben aller *zuerst* und *bestimmend* abhängt: den Tauschmitteln, den Mitteln zu Kauf und Verkauf – oder kurz: der Kaufkraft.

> »Die Kaufkraft der breiten Massen wurde in den Teuerungsjahren von den Nahrungsmitteln aufgesogen. Für die Güter des ›gehobenen‹ Bedarfes, wozu in den Notjahren bereits Fleisch und die Kleidung gehörten, blieb wenig oder nichts mehr übrig. Damit stockte auch der Absatz vieler Gewerbe, und von hier aus ergab sich noch ein zusätzlicher Druck auf die Realeinkommen der Mittel- und Unterschichten der städtischen Bevölkerung. Ludwig Lavater, der erste Systematiker der Teuerungskrisen auf Predigerkanzeln, beschrieb die Arbeitslosigkeit, die in Teuerungsjahren zu entstehen pflegte: ›Es geschieht gemeinlich in den Teuerungen, daß arme Taglöhner und Handwerksgesellen nichts zu werken finden. Denn die, so sie sonst anstellten, die behelfen sich mit ihrem Völkli und sonst, wie sie mögen, um minders Kosten willen‹«.[115]

Die Kosten, *sie* entscheiden jetzt. Jetzt entscheidet das *Geld*, das erst einmal verdient werden muss, ehe es für die Dinge auszugeben ist, die jedermann unmittelbar zum Leben braucht.

Lavater, nicht der bekannte Vertreter der Physiognomie, sondern ein früherer Träger dieses Namens, veröffentlicht sein Büchlein mit Predigten zu »Teuerung und Hunger« im Jahre 1571, unmittelbar unter dem Eindruck der ersten großen Krise dieser neuen und neuzeitlichen Art. Lavater selbst klassifiziert sie als eine ›allgemeine‹, denn tatsächlich: »Die Teuerung, die zu Beginn der 1570er Jahre entstand«, sie »erstreckte sich vom fernen Moskau über das mittlere Europa bis nach Spanien und Italien.«[116] Hungerkrisen werden europaweit zu *Wirtschaftskrisen*:

»Als im Sommer 1570 ›Wein, Getreid und Korn trefflich aufschlugen‹, beobachtete der Verfasser [eines in Augsburg entstandenen Gedichts dieser Zeit], daß die ›Wollherren‹, das waren Verleger und Fabrikanten von Textilwaren, und die anderen Bürger, die Arbeiten zu vergeben hatten, Aufträge kürzten:

> Welcher im Sinn hätt, was zu bauen,
> den hätt es jetzt nit bald gerauen
> zog sich auf das genauest ein,
> bracht mannichem Handwerksmann groß Pein.«[117]

Und nicht nur in den Städten, durch die Abhängigkeit des Umlandes von der städtischen Wirtschaft galt: »Auch auf dem Lande fehlte es an Arbeit und Brot.« Es fehlt an Arbeit, weil es an dem Geld fehlt, das sie kostet und das für sie zu zahlen wäre; und weil es an Arbeit fehlt, die bezahlt wird, fehlt es allen an Geld, die darauf angewiesen wären, für ihre Arbeit Geld zu bekommen – und so fehlt es ihnen an Geld, auf das sie angewiesen wären, um davon Brot zu kaufen, da dieses Brot nun Geld kostet. So hängt das Leben aller an dem, was sie brauchen, sobald sie von Kauf und Verkauf zu leben und folglich abzuhängen beginnen: am Geld.

Und so grenzenlos, wie sich damit die Abhängigkeit aller vom Geld erweist, so grenzenlos ist, wo es ausbleibt, die Armut – eine *neue*, eine bisher *unbekannte* Art von Armut:

»Der Autor [des Augsburger Gedichts] berichtet, daß man sich mit Rüben, Nesseln, Kraut und Gras, wovon selbst die Schweine krank wurden, behalf. Auch hätte man gefallenes Vieh und Kälber, die vor der Zeit geboren, gegessen. Aber der Hunger blieb:

> Ich hab selbst viel Kinder gesehen,
> denen der Leib heraus tät gan,
> kunnten weder sitzen noch stan,
> sie lagen elend auf der Gassen,
> drei, vier beieinander saßen,
> ihre Eltern hätten sich verborgen,
> und mußten auf die Rodler sorgen,
> die ihnen täten viel zu Leid.

Alt, jung, gesund, krank ohn Unterscheid
warfen sie da mit großer Zwangnuss
in elend, stinkende Gefängnuss
in finster Türen und Gewölb.«

So viel ist hier übrig von einer Versorgung, die einmal alle eingeschlossen hat.

Im Jahre 1622 konstatiert der Engländer Edward Misselden: »Geld ist jetzt zum Preis für alle Dinge geworden, was am Anfang nicht so war«. *Jetzt* ist es dazu geworden, *jetzt* gibt es einen Preis für alle Dinge. Misselden selbst hat noch verfolgen können, wie es dazu wurde: »Nach und nach sind alle Dinge mit Geld bewertet worden und wurde Geld der Wert von allen Dingen.«[118] Und so schlagen die Verhältnisse um in ein bis dahin unbekanntes Gegenteil: »Was seine Natur und was die zeitliche Abfolge betrifft, kommt Geld erst nach der Ware, doch so, wie es heute in Gebrauch ist, wurde es das Erste und die Hauptsache.«[119]

Dritter Teil

WAS GELD IST

Prolog

»Neuer auß Münster vom 25. des Weinmonats im Jahr 1648 abgefertigter Freud- und Friedenbringender Postreuter« – unter diesem Titel beeilt sich ein Flugblatt die freudige Botschaft zu verkünden: Endlich wieder Friede![120] Ein Holzschnitt zeigt den Reiter, wie er, das Posthorn an den Lippen, kraftvoll über Gräber und zerbrochene Waffen hinwegsetzt. Im Hintergrund sind drei Städte zu sehen, beschriftet als Wien, Paris und Stockholm. Oben im Himmel bläst von links ein Engel in die Trompete der FAMA, der Kunde, die von Mund zu Mund eilt. Und von rechts bringt auf geflügelten Schuhen Götterbote Merkur den Brief mit der alles entscheidenden Aufschrift: PAX.

Unterhalb des Holzschnitts vermeldet der Postreiter in alexandrinischen Versen ausführlicher, was es da zu bejubeln gibt:

> Ich komm von Münster her gleich Sporenstreichs geritten /
> und habe nun das meist deß Weges überschritten /
> Ich bringe gute Post und neue Friedenszeit /
> der Frieden ist gemacht / gewendet alles Leid.
> Man bläst ihn freudig auß mit hellen Feldtrommeten /
> mit Kesselpaucken Hall / mit klaren Feld-Clareten.
> Mercur fleugt in der Lufft/ und auch der Friede / Jo /
> Gantz Münster / Oßnabrugg vnd alle Welt ist froh

– weil er zu Ende ist, der größte Krieg dieser noch so jungen Neuzeit. Denn wie jung sie auch sein mag: Das, *was* sie zu dieser Neuzeit macht, ihr radikal und epochal *Neues*, es vollzieht sich in Verwerfungen, die sogleich auch einen radikal neuen und epochalen Krieg erzwingen, einen grauenhaft langwierigen Krieg. In deutschen Landen wird er der Dreißigjährige heißen. *Jetzt* nämlich, zu Beginn des 17. Jahrhunderts, ergibt sich zum ersten Mal, was vorher undenkbar war und keinen irgend möglichen Grund gehabt hätte: dass die europäischen Mächte fast *gesamt* gegeneinander zu Felde ziehen. Es ist ein Konflikt solch flächenhafter Ausbreitung, dass er »geradezu als der erste Weltkrieg Europas« bezeichnet werden muss.[121]

Allein die Friedensverhandlungen ziehen sich über fünf Jahre hin und werden der vielen Kriegsparteien wegen parallel in zwei Städten geführt, in Osnabrück und Münster. Erst im »Weinmonat« Oktober des Jahres 1648 ist es so weit und Vertreter aller beteiligten Mächte unterzeichnen in Münster den Friedensvertrag. Von dort kommt unser Postreiter spornstreichs daher, um es hinauszutrompeten:

> Der Höchste sey gelobt / der Friede ist getroffen /
> fortan hat männiglich ein besser Jahr zu hoffen /
> der Priester und das Buch / der Rahtherr und das Schwerdt /
> der Bauer und der Pflug / der Ochse und das Pferd.

Alle – das ist die Bedeutung von »männiglich« – können fortan auf bessere Zeiten hoffen. Und der Postreiter beschwört noch einmal gut mittelalterlich die ständische Ordnung, indem er Lehrstand, Wehrstand und Nährstand nennt, in Gestalt des Priesters, des Ratsherrn und des Bauern. Aber was sie betrifft, belässt er es bei dieser kurzen Aufzählung, denn es sind jetzt nicht mehr so sehr Buch, Schwert und Pflug, auf die sich alle Hoffnung richtet. Kurz streift der Postreiter noch die Fürsten, die nicht länger in Kanzleien zu schwitzen, und die städtischen Ratsherren, die nicht länger in Sorgen zu sitzen haben. Im Mittelpunkt des Jubels über ein nicht länger bedrohtes Leben stehen jedoch andere, denen unser Bote deshalb den Großteil seiner Verse widmet. Für eine Gruppe von ihnen lässt er gar – neben jenem Höchsten, der für alle da ist – einen eigenen Gott auftreten:

> Auch Ich / der Kaufleut Gott Mercur / komm hergedrungen /[122]
> und hab mich mit dem Brieff durch Lufft und Tufft
> geschwungen /
> Ihr Kaufleut seyt wolauff und habt ein guten Muth /

Die Kaufleute verdienen es, dass sich ihretwegen Merkur persönlich aufmacht. Aber nicht nur sie und ihre Waren sind jetzt, was zählt:

Ihr Handwercksleute auch / es wird alls werden gut.
Zu Wasser wird fort‹an› man sicher können handeln /[123]
und ohne Noht zu Land auff Messen ruhig wandeln /
die Waren werden wol zu reisen abegehn /
die Läden und Gewölb voll lauter Kauffer stehn /

Jetzt ist nicht mehr nur entscheidend, dass die guten Waren überhaupt ankommen und zur Versorgung dienen können, sondern dass sie ihre *Käufer* finden, dass sie allesamt *gekauft* werden. Feine Seidenstoffe und was die Kauffahrer sonst noch alles heranschaffen, es hat inzwischen vor allem diesen einen höheren Sinn: tüchtig verkauft zu werden.

Man wird ja Tag für Tag den Seidenzeug ausmessen /
und zu Mittag vor Müh nicht einen Bissen essen /
Gewürz und Spezerey verkauffen wol mit Macht /
bey lauter Centnern wegwägen Tag und Nacht.
Der Schuster wird sein Geldt vor Schuh nicht können zehlen /
Den Schneider wird das Volck umb neue Kleider quelen /
Der Breuer nimbt nicht ab / der Becker der wird reich /
Der Kirschner füttert stäts / und feyret keinen Streich.

Mit eingekehrtem Frieden soll vor allem das Kaufen und Verkaufen wieder florieren – und entscheidend dabei: das Geld. Wichtiger als Fürsten, Bauern und Priester sind jetzt die Vorgänge, bei denen Kauf und Verkauf dazu führen, dass der Schuster zu »Geldt« kommt und es im besten Fall gar nicht mehr zählen kann. Der Warenverkehr von außen und das Handwerk im Innern greifen ineinander und werden dank der Vielzahl von Käufern dafür sorgen, dass vor Arbeit kein Händler und kein Kürschner mehr die Zeit findet, mittags einen Bissen zu essen oder eine Pause zu »feiern«.

Das Kriegsende bewirkt auch, dass bei Bauern und Gärtnern alles wieder ungestört gedeihen kann, und es bedeutet nicht mehr nur, dass alle gut versorgt werden können mit Hirse, Weizen, Hanf und Gerste, mit Kraut und Rüben, Zwiebeln und Kohl, sondern:

Ihr Gärtner werdet dann zu Marckt können fahren /
und lösen manchen Batz auß euren grünen Wahren /

und *damit* können sie es sich dann gut gehen lassen:

> dann kehret ihr mit Lust fein in ein Küchlein ein /
> und esst ein stücklein Wurst und lescht den Durst mit Wein;

was wiederum für andere das entscheidende Beste bedeutet:

> Ihr Wirthe freut euch auch / der Friede trägt euch ein /
> Es wird die Stub und Stall voll Gäst und Pferde seyn /

mitsamt den einträglichen, nämlich Geld eintragenden Folgen.

Nach einem Krieg, der seit 1620 tobte, wird jetzt der Friede gefeiert, weil dank ihm *die Geschäfte* wieder laufen werden. Das Wohlergehen, das er verspricht, besteht jetzt darin, dass alle wieder *zu Geld* kommen. Uns leuchtet heute selbstverständlich nichts eher ein, als dass gute Zeiten genau *das* versprechen. Genau das jedoch ist *neu*. Nur wenige Jahrzehnte vor diesem Krieg hatte es sich damit noch nicht so verhalten und hatte es sich noch *nie* und *nirgends* so verhalten. Erst jetzt steht im Mittelpunkt jeder Hoffnung auf Wohlergehen nicht mehr etwas wie die alte Ordnung der Stände, von welcher die Versorgung aller abhing, sondern das Geld, von dem man nunmehr lebt.

Nicht sehr lange vor diesem Krieg war es in den Städten überhaupt erst dazu gekommen, nun aber ist bemerkenswert: Nach dreißig Jahren eines erschöpfenden Kriegs gilt es uneingeschränkt *noch immer*. All das Blutvergießen, das er mit sich brachte, die Verwüstungen des Landes, Hunger und Seuchen, aber auch die rasenden Hexenverfolgungen, die nicht etwa dem Mittelalter angehören, sondern wiederum nicht grundlos erst in *dieser* Zeit aufflammen, sie haben in den »dreißig« Kriegsjahren über ein Drittel etwa der deutschen Bevölkerung dahingerafft. In derselben Zeit sind zweifellos auch Kauf und Verkauf katastrophal zurückgegangen – und *trotzdem* blieb die neue Notwendigkeit bestehen, dass in den Städten jeder vor allem *Geld* braucht, um davon zu leben. Gerade erst war Geld dort zum Hauptvermittler der Dinge geworden, die man zum Leben benötigt, und schon kann selbst der radikalste Rückgang aller Geldgeschäfte diese Notwendigkeit nicht mehr rückgängig machen.

Zu ihr hatte eben nicht bloß eine *zunehmende Häufigkeit* von Gelegenheiten zu Kauf und Verkauf geführt, die sich durch eine *abnehmende* Tendenz während Kriegszeiten wieder in die ältere, feudalistische Versorgung hätte zurückentwickeln können. Letztere war vielmehr abgebrochen und *das* hatte, wo es geschehen war, eine Versorgung über Käufe und Verkäufe erzwungen und mit deren Überwiegen auch den Umschlag ins Geld. Der frühere Versorgungszusammenhang *bleibt* also verdrängt, wo sich auf diese Weise einmal Geld über ihn gesetzt hat. Und so zerfallen in dreißig Jahren Krieg zwar allenthalben die *Möglichkeiten*, zu Geld zu kommen, zerfällt aber nicht mehr die *Notwendigkeit*, erst zu Geld zu kommen, um dafür das Nötige zu erhalten. Deshalb muss sich jetzt, nach Abschluss des Krieges, alle hoffnungsvolle Freude auf neue Geschäfte richten, auf Geschäfte, die Geld einbringen.

Und mehr noch: Mit dem Zusammenhang, der über die Versorgung und die Mittel zum Leben bestimmt, ändert sich ja nicht weniger als der *lebensentscheidende* Zusammenhang eines Gemeinwesens. Das heißt, *das Gemeinwesen selbst* nimmt einen veränderten, einen ganz und gar *neuen* Charakter an, sobald es darin um Geld geht statt um feudalistische Verteilung. Nach langen Jahren der Verhandlung wird 1648 schließlich der Vertrag zum Westfälischen Frieden unterzeichnet. Und dieser Vertrag ist berühmt dafür, dass sich hier zum ersten Mal moderne *Staaten* als Souveräne gegenübertreten und nicht mehr die feudalen Herrscher über Personenverbände. Der Friedensvertrag von Münster, den der Postreiter froh verkündet, ratifiziert *die Geburtsstunde des Staates.* So weit, so überaus weit reicht die Wirkung dessen, was mit dem Geld neu in die Welt kommt.

I Reines Tauschmittel

Bis heute hält man Geld für eine Erfindung der Menschen und glaubt es also einer Vernunft entsprungen, die sie dabei hätten walten lassen. Die Menschen hätten sich Geld zum Mittel ihres Tauschens und zum Diener ihrer Versorgung geschaffen und so wäre es jetzt und immer ihrem Willen unterworfen. Es müsste sich verhalten, wie sie es sich denken, und müsste sein, was sie erdachten.

Die Geschichte des Geldes erzählt etwas anderes. Niemand hat Geld je eingeführt und niemand konnte auch nur auf die Idee kommen, Geld einzuführen: Geld ergibt sich blindlings. Es ergibt sich blindlings, da es dazu als Momentum der hier beschriebenen historischen Verschiebungen kommt. Dass sie umschlagen in dieses unbekannt Neue, vollzieht sich ohne Absicht und ohne dass es jemand auch nur erkannt hätte. Denn wohlgemerkt, Geld entsteht damals so vollständig unerkannt, dass es *bis heute* niemand vermocht hatte zu erkennen. Bis heute waren wir blind dafür, dass das Geld *in jener Zeit* entsteht – und *nicht* mit den ersten Münzen und *nicht* schon bei den Hominiden.

Als Geld auftritt, tritt es daher auch nicht sichtbar als *das Neue* auf. Aufgrund der Bedingungen, die Geld entstehen lassen, kann es nicht einmal sein, dass das Geld als *etwas* Neues auftritt, als eine neue Art von *Ding*, eine neue Art von Münzen etwa, eine neue Art von Papieren oder sonst ein Etwas, auf das man hätte mit dem Finger zeigen können. Geld tritt vielmehr auf, indem sich die Tauschmittel, die bisher in Dingen bestehen, in eines wandeln, das *nicht* in ihnen besteht.

Was zunächst nur wie ein Rätsel klingen mag, lässt sich nunmehr erklären. Folgendes ist dafür wichtig: Das Aufkommen von Geld ist historisch bedingt durch das *Abhängig-Werden* ganzer Gemeinwesen davon, dass ihre Einwohner *voneinander kaufen* und *einander verkaufen* können, was sie kontinuierlich zum Leben brauchen. Es vollzieht sich also ein Umsturz in der Art und Weise, *wie Menschen aufeinan-*

der angewiesen sind: Es wird zu einer gesellschaftlichen Notwendigkeit, dass alle *in kontinuierlich fortgesetzten Käufen* für ein Tauschmittel erhalten, was sie brauchen, und *in kontinuierlich fortgesetzten Verkäufen* ebendieses Tauschmittel erhalten, das sie dafür brauchen. Für eine ganze Gesellschaft wird es damit zur lebensbestimmenden Notwendigkeit, *ein Tauschmittel* fortgesetzt und kontinuierlich aus Verkäufen hervor- und in Käufe eingehen zu lassen. Das Tauschmittel *innerhalb dieses spezifischen gesellschaftlichen Zusammenhangs*, dieses *in sich* veränderte Tauschmittel – ist Geld.

Die Geburtsstunde des Geldes ist daher zugleich die Geburtsstunde *seiner* Notwendigkeit. Es ist die Geburtsstunde der *Abhängigkeit vom Geld*. Ungewollt, und ohne sich dessen bewusst zu sein, geraten Menschen auf das Geld, indem sie in die Abhängigkeit davon geraten.

Reines Sein

Bevor es historisch zu dem *allgemein notwendigen Tauschmittel* kommt, sind es stets Dinge, die man für etwas zahlt, können Dinge gegen etwas getauscht werden und werden manche von ihnen eigens für diesen Zweck genormt, nämlich unter anderem zu Münzen geprägt. So lange bleiben all diese Dinge selbst noch Güter, auch die gemünzten Stücke Edelmetall, da sie alle nur *unter anderem* als Tauschmittel verwendet werden. Sie werden eben *nicht* kontunierlich fortgesetzt für Käufe benötigt und können deshalb jederzeit aus ihrer Verwendung als Tauschmittel wieder ausscheiden. Sobald dagegen eine Gesellschaft in ihrer Versorgung insgesamt von Käufen und Verkäufen abhängt, schließen sich die Tauschmittel zu einer *Einheit*: zu dem *einen* Tauschmittel, das dann, kontinuierlich fortgesetzt, nicht mehr *unter anderem*, sondern *ausschließlich* als Tauschmittel fungiert. Das neue *Kontinuum* aus Käufen und Verkäufen, auf das eine solche Gesellschaft angewiesen ist, bedingt auf dieser Seite des Tauschs auch das *kontinuierlich eine* Tauschmittel, das *nur noch Tauschmittel* ist. Im Gegensatz zu den Dingen und Gütern, die gleichsam nur *nebenbei* zu Tauschmitteln gedient hatten und damit weiterhin als Güter und *nicht nur* als Tauschmittel zu verwenden waren, ist dasjenige, das *ausschließlich als Tauschmittel fungiert*, nicht mehr Gut: Es ist *stattdessen* Geld.

Auf diese Weise nämlich trennen sich die zwei Seiten bei Kauf und Verkauf systematisch gegeneinander ab, so wie wir es heute vom Umgang mit Geld kennen. Waren es bis dahin stets auf *beiden* Seiten Dinge und Güter, die man gegeneinander tauschte, ein Mantel hier gegen gemünzte Silberstücke da, sind es jetzt nur noch auf der einen Seite Güter, denen auf der anderen das *reine* Tauschmittel gegenübersteht, Geld, das nicht mehr zu den Gütern zählt.

Und auf diese Weise formt sich jetzt Geld nach jenem *einheitlichen* Begriff, der noch dem Mittelalter gefehlt hatte. Heute ist uns der einheitliche Begriff von Geld geläufige Selbstverständlichkeit, und zwar gerade in der Trennung von Geld einerseits und Gütern oder Waren andererseits. Auch wenn wir sie uns nicht bewusst machen, für uns ist diese Trennung das Normalste von der Welt: Wir kennen Geld als das spezifisch *eine* Tauschmittel, dem alle nur denkbaren und schätzbaren Güter, die sich mit ihm kaufen lassen, *in ihrer Gesamtheit* als Waren gegenüberstehen. Das war es, was Misselden erkannt hatte: Geld, das *eine*, ist der Preis für *alle* Dinge geworden.

Mit Geld kaufen wir Waren; und Ware ist, was sich mit Geld kaufen lässt. Zwar lässt sich mit Geld auch Geld kaufen, sodass es sich dabei selbst zur Ware wird – schon etwa wenn wir Euro in Franken wechseln, kaufen wir ja mit Geld anderes Geld, nur jeweils in Summen unterschiedlicher Währung. Aber damit ist die wesenhafte Trennung von Geld und Ware keineswegs aufgehoben. Auch gekauftes Geld ist Geld und wird nicht etwa zu einem Teil alles dessen, was dem Geld spezifisch als *Ware und Gut* getrennt gegenübersteht. Geld bleibt systematisch geschieden von den Waren, sofern sie Güter sind und eben *nicht wiederum Geld*. Denn nur wenn sich mit Geld zuletzt *Güter* als Ware und Nicht-Geld kaufen lassen, ist Geld überhaupt nur Geld.

Der Unterschied zwischen Tauschmitteln und *reinem* Tauschmittel, zwischen den zahlreichen Dingen, die *unter anderem* Tauschmittel sind, und Geld, das *nichts sonst* ist als Tauschmittel, scheint auf den ersten Blick verschwindend gering. Und doch tun sich bereits mit ihm all die Abgründe auf, die zwischen einer Welt ohne Geld und der Welt mit Geld liegen. Was immer Geld ausmacht und was es mit dieser Welt macht, es liegt einbeschlossen in diesem Wörtlein »rein«.

Schon unmittelbar besagt es etwas Ungeheuerliches. Denn es besagt: Geld, das als das *reine* Tauschmittel *nichts sonst ist als Tauschmittel*, ist tatsächlich *nichts sonst*. Geld ist nicht *etwas*, es ist *nichts*. Es besteht nicht aus *etwas*, das als Tauschmittel dienen würde, sondern ist dieses *Als-Tauschmittel-Dienen* nur noch selbst. Geld ist nicht *etwas*, das außerdem in der Funktion als Tauschmittel verwendet würde, sondern besteht ausschließlich darin, als das Tauschmittel zu *fungieren*. Geld besteht wirklich und wahrhaftig in *nichts*.

Und das hat unendlich weitreichende Folgen. Deren erste liegt eigentlich auf der Hand, aber schon sie wird kaum beachtet. Als das reine Tauschmittel muss Geld jeweils wieder in Güter getauscht werden, *um weiterhin Geld und Tauschmittel zu sein*. Geld muss sich wieder in ein Gut als Ware tauschen lassen, sonst fungiert es nicht mehr als Tauschmittel und ist *eben dadurch* kein Geld mehr. Wo Geld nicht mehr als Geld *fungiert*, *ist* es nicht mehr Geld und erweist es sich als das *nichts*, in dem es besteht. Geld muss sich, um zu bleiben, was es ist, immer wieder und immer weiter in etwas tauschen lassen, das es *nicht* ist, in ein Gut. Wer für sein Geld nicht zuletzt etwas *anderes als Geld* bekommt, hat kein Geld in der Hand. Mit Geld, das er hat, muss er irgendwann etwas kaufen können, was *nicht Geld* ist, sonst ist *nicht Geld*, was er da hat.

In diesen denkbar schärfsten Widerspruch tritt das *reine* Tauschmittel zu den Dingen und Gütern allgemein – und damit auch zu jenen Dingen und Gütern, die sonst nur unter anderem als Tauschmittel verwendet wurden. Sie bleiben sie selbst, bleiben das Ding oder Gut, das sie sind, auch wenn mit ihnen in Ewigkeit nichts mehr getauscht wird: Hirse bleibt Hirse, Kauris bleiben die schönen Naturgebilde, gemünzte Goldstücke bleiben gemünzte Goldstücke und bleiben, selbst zu Schmuck umgearbeitet, weiterhin Gold. Dass sie getauscht werden können, bleibt ihnen äußerlich, sie sind nicht darauf angewiesen, als Tauschmittel zu fungieren, um gleichwohl das zu sein, worin sie bestehen und als was sie getauscht werden können. Geld dagegen, das darauf angewiesen ist und nur darin besteht, als Tauschmittel zu fungieren, ist daher nicht mehr Ding und nicht mehr *etwas*. Als das *reine* Tauschmittel kann das Geld nur in *nichts* bestehen.

Dass dem so ist, gehört für uns zur alltäglichsten Wirklichkeit. Es zeigt sich zum Beispiel darin, dass Geld auf Konten geführt wird. Auf diesen Konten »liegt« zwar Geld, liegt aber offenkundig *nichts*. Weder werden dort Gegenstände gelagert noch überhaupt etwas, worin dieses Geld bestehen würde. Ein Konto verzeichnet keine Äpfel oder Birnen, die irgendwo wie in einem Kontor für ihren Besitzer aufbewahrt würden, und verzeichnet auch keine Münzen oder Goldbarren in einem Schließfach. Konten führen Geld ausschließlich in notierten und irgendwie festgehaltenen *Zahlenwerten*. Konten *verzeichnen* und *beurkunden* einen Zahlenwert *als* Geld: als eine Summe, mit der sich etwas kaufen lässt, die selbst aber in nichts sonst besteht, als *dass* sie als eine solche Summe *verzeichnet* und *beurkundet* wird.

Geld ist Zahl, aber ist wiederum nicht *etwas*, das gezählt wird: Es ist *reine* Zahl.

Material gegen Nominal

Dem scheint zu widersprechen, dass es Bargeld gibt, mit dem wir noch immer umgehen. Von den Unsummen an Geld, die heute kursieren, machen Münzen und Geldscheine zwar nur einen geringen Bruchteil aus, aber es gibt ihn. Und ohne Zweifel, bei Münzen und Geldscheinen hat man etwas Reales und nicht *nichts* in der Hand.

Doch ebenso zweifellos ist das greifbar Reale, woraus Münzen und Scheine bestehen, nicht ihre Eigenschaft, *Geld* zu sein. Oder umgekehrt: Nicht ihr *Material*, das geprägte Metall oder das aufwendig bedruckte Papier, *ist* Geld. Mit dem handfesten Material von Bargeld hat es nichts anderes auf sich als mit der Notation von Geld auf einem Konto: Es dient lediglich dazu, Geld in einer bestimmten Summe zu *beurkunden*. Münzen und Scheine sind zwar mit Händen zu greifen, sind aber nur die greifbaren Dokumente, die ihrem Eigentümer bezeugen, dass sie in der Menge des aufgedruckten Wertes *als Geld anzuerkennen* und *als Geld zu verwenden* sind. Ihre Materialität ist nicht identisch mit ihrer Funktion als Geld. Diese Funktion einerseits und die Materialität andererseits sind zwar im Bargeld aneinander gebunden, sie treten dort aber zueinander *in Widerspruch* wie das Geld insgesamt zu den Dingen, von denen es sich abtrennt: als das, was *nicht Ding* und daher auch *nicht Material* ist.

Das zeigt sich sehr einfach. Wer eine Geldmünze nur als das *Material* verwendet, das sie einerseits ist, und sie etwa in einer Prägemaschine, die manche Museen aufstellen, zu einer Plakette umpresst, der hat mit der Plakette noch immer Material in der Hand, aber kein Geld mehr. Wer Geldscheine als Sammler schätzt und archiviert, sie also ihrer Verwendung als Geld entzieht, der verwahrt in seiner Sammlung statt Geld nur noch das bunte Spezialpapier. Ein Geldschein lässt sich zerschneiden, aber die Hälfte des Papiers ist nicht etwa halb so viel Geld wie der ganze Schein, sondern ist gar kein Geld. Wer mit einem Haufen Dollarnoten ein hübsches Feuerchen macht, um sich die Hände daran zu wärmen, hat sie mit Gewinn als Material verwendet, nicht aber als Geld. Werden Münzen oder Geldscheine grob genug beschädigt, so verlieren sie ihre Eigenschaft und damit ihren Wert als Geld, aber nicht, weil das Geld als solches beschädigt worden wäre, sondern weil es durch das beschädigte Material nicht mehr *gültig bezeugt* wird. Sobald das Material, in dem irgendwelches Bargeld besteht, als Zeuge für seine Eigenschaft als Geld versagt, löst sich diese Eigenschaft in genau das *nichts* auf, in dem Geld wirklich besteht. Wäre dieselbe Summe auf einem Konto verzeichnet gewesen, nämlich seinem Wesen entsprechend als der reine, in nichts bestehende Zahlenwert, hätten keine Prägemaschine, keine Sammelleidenschaft, keine Schere und kein Feuerchen ihm etwas anhaben können. Dass ihm dergleichen etwas anhaben *kann*, wenn es als bares Ding und Material auftritt, steht im Widerspruch zu seinem Wesen *als Geld*.

Und dieser Widerspruch musste auch historisch zu Tage treten. Als Geld aufkommt, kann es zunächst nicht anders, als zu großen Teilen in barer Münze zu kursieren. Also kursiert es so weit auch in Gestalt der gleichen, ja derselben Münzen, die es schon vor seinem Aufkommen gibt. Wenn der gesellschaftliche Umschlag erfolgt, mit dem sich die bisherigen *Tauschmittel* in das *reine Tauschmittel Geld* verwandeln, sind die bestehenden Münzen für einige Zeit *beides zugleich*: Zu ihrem Dasein als einem der dinglich gegebenen Tauschmittel tritt die Funktion als das reine Tauschmittel *hinzu*. Dieser Widerspruch in *einem* Ding – einem Ding, von dem immerhin eine ganze Gesellschaft abhängt – muss Schwierigkeiten bereiten. Und das tut er tatsächlich, sobald Geld aufgekommen ist. Denn damals kommt es sofort zu der berüchtigten Zeit der *Kipper und Wipper*.

Sie hat zur Voraussetzung, dass die bestimmend werdende Abhängigkeit einer Gesellschaft von Kauf und Verkauf, parallel zum Entstehen von Geld, den Bedarf an Tauschmitteln in die Höhe treiben musste. In den entsprechenden Ländern Europas sah man sich daher vom 16. Jahrhundert an gedrängt, die Ausgabe von Münzen immer weiter zu steigern. Zusätzlich zu den gängigen Silbermünzen wurden nun auch kupferne geprägt, doch auch die Ergänzung durch kleine Münzwerte vermochte einen Bedarf an Geld nicht zu decken, der weit über der Menge lag, in welcher dafür Silber zur Verfügung stand. Und so setzte bereits um das Jahr 1570 eine Art Wettlauf der Münzverschlechterung ein, bei dem vor allem die kleineren Silbermünzen mehr und mehr mit Kupfer, Zinn oder Blei »gestreckt« wurden, um so dem vorhandenen Prägemetall mehr Stücke abzugewinnen.

Dieses Vorgehens befleißigen sich die Münzstände bis hinauf zu Bischof, Kurfürst und Kaiser. Illegal richten sie sogenannte Heckenmünzen ein, Prägestätten zur verdeckten Herstellung »schlechterer« Münzen, deren Betrieb sie regelrecht verpachten. Und mit einem eigens organisierten Vertrieb sorgen sie dafür, dass diese minderen Münzen jeweils aus dem eigenen Territorium hinausgeschafft und in anderen Gebieten in Umlauf gebracht werden. Dort haben die damit beauftragten Leute dann umgekehrt möglichst viele der dort umlaufenden »besseren« Münzen einzusammeln und der heimischen Münzstätte wiederum als Material für weitere Verschlechterung, also vermehrte Münzproduktion zuzuführen. So wurde planmäßig nach Münzen mit höherem Silbergehalt gesucht und ebendas trägt der Zeit ihren Namen ein: Die höherwichtigen Münzen konnten nur durch Abwiegen, durch das *Kippen* und *Wippen* auf einer Waage, herausgefunden und ausgesondert werden.[124]

Doch das alles muss Schwierigkeiten heraufbeschwören, die bis dato unbekannt waren und über die in zahllosen Flugschriften vor allem die Städter beredte Klage führen. Was die Schwierigkeiten bereitet, ist nicht die »Verschlechterung« der Münzen als solche, denn zu ihr hatten auch schon frühere Zeiten gegriffen, wenn sie das Münzmaterial mit minderen Metallen strecken mussten, weil das edlere nicht in ausreichendem Maß zur Verfügung stand. Was jetzt zu Nöten führt, ist die neue, erst jetzt entstandene Doppelnatur der Münzen, als Material *und* als reines Tauschmittel.

Wenn die Münzen zu Geld werden, fungieren sie damit zum ersten Mal als *Wert*, dem die gekaufte Ware als *Gegenwert* entsprechen soll. Münzen erhalten als Geld – und wirklich *erst* als Geld – einen *Nominalwert*. Er ist ein *Wert*, der als *nominaler* neben denjenigen tritt, der nun entsprechend auch dem *Material* der Münzen zugeschrieben wird. *Nominalwert* einerseits und *Materialwert* andererseits sind in der Münze aneinander gebunden und werden zu Beginn notwendig als der *gleiche* eine Wert der Münze aufgefasst und bestimmt – und zwar so, dass er nach Möglichkeit einer bereits vorher bestehenden Tauschrelation zwischen Münze und einzelnen Waren entspricht. Ihrem Wesen nach aber sind beide Werte in derselben Weise voneinander geschieden, wie sich Geld von den Gütern oder das reine von den dinglichen Tauschmitteln scheidet. Und so *werden* sie denn auch – kippend und wippend – voneinander geschieden.

Denn das Material einer Münze lässt sich ganz handfest mindern und ihr abzwacken, ohne dass dies, zumindest vorläufig, ihren nominalen Tauschwert mindern würde. Was einer Münze an Material genommen wird, und sei es durch eine »schlechtere« Legierung, mindert ihr Material, aber nicht ihren Nominalwert. Das ihr entnommene Material verliert die Münze nicht an Nominalwert, aber es ergibt *zusätzliches Material*, das nunmehr auch *zusätzlichen Wert* darstellt, Materialwert *als Tauschwert*. Und zusätzlichen Tauschwert zu gewinnen, daran muss jedem in einem Gemeinwesen gelegen sein, in dem jeder auf Tauschmittel angewiesen ist. Dort muss sich jeder dazu angestachelt sehen, aus einer Münze dergestalt Material *als Wert* herauszuschlagen. Und so geschieht es, nicht nur wie beschrieben durch die Münzstände, sondern auch dadurch, dass man ganz privat Münzen befeilt und beschneidet.

Die damit heraufbeschworenen Probleme liegen auf der Hand. Nominalwert und Materialwert der Münzen treten allenthalben auseinander. Doch der Nominalwert von Münzen geminderten Materials kann nicht *auf Dauer* über dem dadurch geminderten Materialwert liegen, vielmehr muss jeder, der mit solchen Münzen umgeht, darauf achten, dass *nicht er* diese Differenz als Verlust verbuchen muss, selbst wenn er sie selbst herbeigeführt haben sollte. Da die Münzstände das Material von Goldmünzen und größeren Silbermünzen in der Hauptsache unangetastet lassen, muss die allgemeine »Verschlechterung« der übrigen Münzwerte also dazu führen, dass diesen im Verhältnis zu jenen bald auch nominal weniger Wert zuerkannt wird. Durch den so verursachten Wertverlust braucht es immer mehr von den kleineren Münzen, um dem Wert einer größeren zu entsprechen, und das erhöht den Druck, mehr von ihnen herzustellen. Sie werden immer noch weiter »verschlechtert«, um der absehbar folgenden Entwertung jeweils wieder ein Stück zuvorzukommen. Die Entwertung stachelt sich selbst zu immer höherem Tempo an: Sie wird galoppierend.

Daraus folgt nicht nur für alle die Not, von Münzen schwindenden Werts leben zu müssen. Die »schlechteren« Münzen *verdrängen* auch die »besseren«. Wer etwas zu bezahlen hat, wird dafür von seinen Münzen möglichst diejenigen mit dem geringsten Materialwert hinlegen und die mit höherem Materialwert behalten. Käufe und Zahlungen werden mit den jeweils schlechtesten Münzen getätigt, was einen weiteren Wettlauf nach unten auslöst und das Kaufgeschehen zusätzlich verunsichert. Jeder Käufer muss ebenso konsequent versuchen mit Münzen von minderem Material zu bezahlen, wie jeder Verkäufer konsequent vermeiden muss sie anzunehmen. Die »besseren« Münzen werden systematisch dem Kaufgeschehen entzogen, die metallene Geldvermehrung beschneidet sich mehr und mehr selbst und erreicht nur das genaue Gegenteil der Vermehrung, die sie – mit gesellschaftlicher Notwendigkeit – erreichen müsste.

Vermehrung und Wertverlust der Münzen schaukeln sich gegenseitig auf und die Entwertung legt exponentiell an Geschwindigkeit zu. Gegen 1620 stürzt der Wert der Kippermünzen derart rapide ab, dass sich die Landesherren zu einem gemeinsamen Eingreifen gezwungen sehen. In einer konzertierten Aktion gelingt es ihnen im Jahr 1621, den Schaden vorläufig zu begrenzen, den das *Aufkommen* von Geld auf die beschriebene Weise dem *Umgang* mit Geld zufügt.

Sie »verrufen« das Kippergeld, ziehen es ein und müssen in einem höchst aufwendigen Verfahren die legierten Metalle erst wieder voneinander scheiden, um aus ihnen neue Münzen von festem Feingehalt zu prägen, zumeist Taler und deren Teilstücke. Doch damit ist nichts weiter als die Ausgangssituation wiederhergestellt und nichts am eigentlichen Problem gebessert, also kommt es noch im selben Jahrhundert zu einer »Zweiten Kipperzeit«. Nur langsam kristallisiert sich heraus, was allein helfen kann: den Geldwert von Münzen *offiziell* von ihrem Material zu lösen – also nachzuvollziehen, was das Geld *seinem Wesen nach* tut. Ende des 17. Jahrhunderts werden sogenannte Land- oder Scheidemünzen eingeführt, deren Materialwert so weit unter ihrem Nominalwert liegt, dass er keine Rolle mehr spielen kann. Sie kursieren *allein* noch nach dem Nominalwert, der dann ihr *Wert als solcher* ist: wie es dem Geld entspricht.

Noch ist der mögliche Widerstreit damit nicht völlig aufgehoben, da neben den Scheidemünzen weiterhin die vollwichtigen kursieren. Deshalb kommt es weiterhin noch zu ähnlichen Schwierigkeiten, bis man endlich die Ablösung des Nominalwerts und damit der Geldnatur der Münzen von ihrem Material explizit und dauerhaft vollendet und *alles* Geld, das noch als Münze umläuft, zur Scheidemünze macht. Es dauert lange, bis es so weit ist, Deutschland etwa vollzieht diesen Schritt erst zur Zeit des Ersten Weltkriegs. Inzwischen aber sind sämtliche kurrenten Geldmünzen auch Scheidemünzen in diesem Sinn: Was ihr Material an möglichem Wert darstellt, gilt für null und nichtig gegenüber dem Geldwert, den diese Münzen damit *nur noch* als solchen bekunden.

Kreditwesen

Der historische Verlauf von den traditionellen Münzen über ihre erst teilweise, dann flächendeckende Ersetzung durch Scheidemünzen und weiter zu einer heute möglichen Abschaffung des Bargelds, dieser Verlauf gehört zur *Durchsetzungsgeschichte* des Geldes. Und er ist nur *ein* Beispiel dafür, wie sich diese Geschichte vollzieht. Als das Geld aufkommt, ist es das reine Tauschmittel – von Anfang an. Aber diese

Reinheit braucht ihre Zeit, sich in einer Realität durchzusetzen, die von ihr nichts kennen konnte und nicht nach ihr eingerichtet war. *Reines* Tauschmittel ist Geld seinem Wesen nach und *deshalb* von Anfang an, doch alles, was dem eine entsprechende Realität verschafft, muss erst nach und nach gefunden und eben durchgesetzt werden. Und erst seit nicht allzu langer Zeit ist ein Stand erreicht, der das Geld so weit wie nur möglich seinem Wesen entsprechen und als das *nichts* reiner Zahlenwerte agieren lässt: elektronisch in Form bloßer Daten gespeichert und vom Handy aus für jeden weltweit so zu bewegen, als bräuchte es dafür weder Zeit noch Raum.

Dass Geld heute so weit *real* in Gestalt reiner Zahlenwerte kursiert, entspricht seinem Wesen, hat aber in dieser Realität viele und massive Voraussetzungen, die dafür erst geschaffen werden mussten. Wie es zu ihnen kommt, das macht die lange Geschichte der Durchsetzung des Geldes aus. So bedurfte es etwa der Herausbildung überaus mächtiger Institutionen, um durchzusetzen, dass Menschen auch auf Dauer bloße Zahlen als Tauschwerte anerkennen, die sie im Tausch gegen reale Güter annehmen müssen. Und ebenso bedarf es jetzt eines gewaltigen Aufwands an realen Gerätschaften, um Geld in bloßen Zahlenwerten festzuhalten, und zwar gerade wenn sie wesensgemäß als reine Daten verarbeitet werden. Dafür braucht es ungezählte Computer und Server, braucht es deren Fertigungsanlagen, braucht es Kühlaggregate, braucht es Leitungen, Sendemasten, Satelliten, braucht es eine gesamte, alle Länder umfassende Infrastruktur bis hin zu den Kraftwerken für die Unmengen an Energie, die weltweit für elektronisch geführte Konten draufgehen. Alles an realen Voraussetzungen dafür, dass Geld *rein* fungieren kann, ist Ergebnis gezielter und bewusster Anstrengungen, die dafür unternommen werden müssen. Angetrieben aber sind sie davon, was mit dem Geld blindlings in die Welt kommt.

Eine weitverbreitete Überzeugung, die heute besteht, stellt die Sache auf den Kopf und meint, nicht das Geld der reinen Zahlen, sondern gerade umgekehrt allein bares Geld wäre seinem Wesen nach wirkliches Geld. Eine moderne Entmaterialisierung und Virtualisierung, so geht dieser Glaube, hätte das Geld seines ursprünglich handfesten Wesens entfremdet und hätte so erst die Krisen heraufbeschworen, die ihm aktuell zusetzen. Die heute nicht mehr zu übersehende Loslösung des Geldes aus der Welt der realen Dinge wird als Perversion eines ursprünglichen, »richtigen« und »guten« Geldes gedeutet. Diese müsse deshalb rückgängig gemacht oder wenigstens im Zaum gehalten werden, um die Gefahr künftiger Geldkrisen zu bannen. Das Schlimmste, was passieren könnte, wäre die komplette Abschaffung von Bargeld und nur das blanke Gegenteil würde folglich Rettung versprechen, eine Rückkehr zu Bar- oder einem irgendwie entsprechenden Vollgeld: je weniger virtuell, desto besser.

Als reines Tauschmittel ist das Geld jedoch virtuell von seinem Anfang an. Die Virtualität, die heute so sehr ins Auge sticht, seine Verwendung in Zahlenwerten ohne irgendwelche reale Substanz, sie ist kein Abirren vom ursprünglichen Pfad der Tugend, sie selbst gehört dem Geld ursprünglich und notwendig zu. Das beweist sich historisch auch darin, dass seine so verstandene Virtualisierung *sofort* real wird, als es Geld gibt. Von Anfang an kursiert Geld nicht nur in Gestalt von Münzen, sondern auch in Formen, in denen es offen als das reine Tauschmittel auftritt.

Und das sind zunächst nicht von ungefähr die Konten. Zu ihnen kommt es erstmals im Zusammenhang mit der privaten Emission von Geldnoten. Die Goldschmiede der Londoner Lombard Street etwa, die schon längere Zeit Münzkredite vergeben hatten, gehen um das Jahr 1640 dazu über, für die Münzeinlagen von Kaufleuten und adeligen Grundbesitzern Konten einzurichten. Die Summen der hinterlegten Münzen quittieren sie der großen Anzahl wegen auf standardisierten Bögen, den Goldsmith' Notes. Und es ist kein Wunder, bis zu ihrer Rückeinlösung in Münzen fungieren auch diese Noten schon unmittelbar als Geld, sie werden also weitergegeben, zur Bezahlung eingesetzt und dafür anerkannt. Je dringlicher die allgemeine Notwendigkeit, Tauschmittel einzusetzen, umso sicherer mussten sich auch solche Papiere direkt als Tauschmittel und Geld verwenden lassen. Mit der steigenden Notwendigkeit der Geldverwendung schwindet umgekehrt die Notwendigkeit, die auf Papier notierten Geldwerte wieder in die hinterlegten Münzen zurückzuwechseln. Und weil die ausgegebenen Noten deshalb nie samt und sonders zur gleichen Zeit wieder zur Einlösung vorgelegt werden, vermag ihr Emittent auch mehr Noten auszugeben, als Münzen bei ihm eingelegt sind. Er vergibt also, über den Münzvorrat hinaus, Noten *rein* als Geld – er schöpft Geld als Kredit.

Und dieses Verfahren, das Geld von den Münzen zu lösen, wird nicht nur in der Lombard Street eingesetzt. Es entspricht so sehr der gesellschaftsweit entstandenen Erfordernis, über Geld zu verfügen, dass mit dem Stockholms Banco bereits 1656 die erste Bank gegründet wird, die kurz darauf mit staatlichem Privileg Banknoten emittiert. Sie startet zwar als private Unternehmung, arbeitet jedoch von Anbeginn so weitgehend unter staatlichen Vorgaben, dass sachgerecht schon alsbald ihre Verstaatlichung erfolgt. Es macht sie zur ersten der Staats- oder Zentralbanken, die nun zu einer obligaten Einrichtung werden. Mit ihnen wird Geld unmittelbar zum Geschöpf eines Staats und werden Geldscheine zu dem, was heute gesetzliches Zahlungsmittel heißt.

Doch das Geld wartet noch nicht einmal die Zwischenstufe als Papiergeld ab, um *rein* als Geld aufzutreten. Und wir kennen sie bereits, diese früheste Form, in der sich Geld als das reine Tauschmittel zeigt. Muldrew hatte festgestellt, dass es damals zu »zehntausenden von tagtäglichen Marktkäufen und Dienstleistungen« gehörte, auf Kredit gewährt zu werden: »Kaufleute schlossen ihre Geschäfte auf Kredit ab, Handwerker arbeiteten auf Kredit und viele dieser Leute hatten wiederum Schulden bei Armen, meistens für ausständige Löhne, kleine Käufe oder erledigte Arbeiten.«[125] Als in der zweiten Hälfte des 16. Jahrhunderts die Anzahl der Güter, die gekauft werden können, und die Anzahl der Gelegenheiten, wo gekauft werden muss, explosionsartig zunehmen, geht dies Hand in Hand mit einer massenhaften Verbreitung formloser Kredite. Was zu kaufen ist, wird zumeist eben nicht mit Münzen bezahlt, sondern man »merkt« oder notiert sich stattdessen die zu zahlende Schuld und verrechnet sie später, wenn Münzen dafür parat stehen, mit anderen »gemerkten« Schulden. Die Münzen allein, als die *dinglich* gegebenen Tauschmittel, reichen von Anfang nicht mehr aus, wenn eine ganze Gesellschaft beginnt von Kauf und Tauschmittel zu leben. Muldrew errechnet, dass der um das Fünffache gestiegenen Nachfrage nach Geld eine lediglich um knapp zwei Drittel gestiegene Versorgung mit Münzen gegenüberstand.[126] Daher muss die Verwendung von Münzen über weite Strecken umgangen werden, indem man Geldwerte eben *nur verzeichnet*. Verzeichnet werden sie *als Schulden* und *Kredit*: Weil die Münzen den Anforderungen von Geld nicht mehr genügen, tritt Geld umgehend in einer Form auf, die ihm genügt.

Und das tut es in der Form von Schulden und Kredit so allgemein, dass sich 1609 in Amsterdam eine erste Girobank gründet, die Amsterdamsche Wisselbank. Sie geht über das massenhaft geübte *informelle* Gewähren von Kredit hinaus und betreibt den nötigen Kreditverkehr *offiziell*. Auf ihren Konten verzeichnet sie Geldwerte als Forderungen und Schulden und verrechnet sie bereits länderübergreifend. Gleiche Bankgründungen erfolgen fast zeitgleich auch in anderen Städten, 1619 etwa in Hamburg oder 1621 in Nürnberg. So wirkt sich aus und bestätigt sich zugleich, was Muldrew beschrieben hatte: das komplizierte Netzwerk von Krediten, in welches alle Haushalte eingebunden waren.

11 Wert, absolut relativ

Dass Geld reines Tauschmittel ist, ergibt notwendig, dass es als *Wert* fungiert. Die Zahlenwerte, in denen Geld notiert wird, ohne sonst in etwas zu bestehen, sie beziffern den Wert, *um den* es jeweils *gegen Waren zu tauschen ist*. Das reine Tausch*mittel* ist Tausch*wert* und in dieser Funktion ist Wert Geld.

Dass Geld und Wert zusammenhängen, kann niemandem entgehen und bedarf kaum der Erklärung. Doch *wie* sie zusammenhängen, bedarf es umso nachdrücklicher. Nicht zufällig geht es ja mit der Erklärung von Wert wie mit der von Geld: Beide halten wir für menschlich-ursprünglich – nur dass dieser Irrglaube beim Wert noch tiefer reicht. Denn was das Geld anbelangt, hatte man sich ja für lange Zeit mit einem Ursprung zufriedengegeben, der nur wenige tausend Jahre zurücklag, und erst der jüngsten Gegenwart ist es gelungen eine Theorie zurechtzuschustern, die das Geld für so alt erklärt wie die Menschheit selbst. Beim Wert dagegen kam gar nicht erst die Frage auf, wie lange es ihn geben könnte: So unangefochten halten wir ihn für ewige Natur.

Selbstverständlich gibt es deshalb auch die Lehren, die das Geld aus dem Wert *ableiten* wollen, als wäre er das noch tiefer Natürliche und deshalb Ältere. Georg Simmel etwa widmet dem die Hälfte seiner sonst bedeutenden *Philosophie des Geldes* und selbst Marx beginnt sein *Kapital*, indem er Wert schon im Warentausch ansetzt und aus ihm das Geld hervorgehen sieht. Damit ist der wahre Sachverhalt aber schlicht auf den Kopf gestellt: Wert *ist* nicht Urgrund und Ursprung des Geldes, Wert *hat* umgekehrt seinen Urgrund und Ursprung im Geld.

Geld = Wert

Wert liegt nicht von Natur aus dort, wo wir ihn schon immer für gegeben halten, er liegt nicht in den Dingen, nicht in den Gütern, nicht in den Waren selbst. Wir hatten festgestellt: Einen Wert, wie wir ihn heute voraussetzen, haben sie *nicht schon immer* gehabt. Niemals war von ihm die Rede, niemals wurde in Waren Wert gesehen und nie hatte jemand ein Gut mit der Vorstellung gegen ein anderes getauscht, sie wären einander *äquivalent* und hätten *gleichen Wert* – niemals, bevor sich alles das mit dem Auftreten von Geld verkehrt. Hätten die Dinge *von Natur aus* Wert, müssten sie ihn aber *zu allen Zeiten* gehabt haben. Oder wenn Menschen in Waren *natürlicherweise* Wert sehen würden, hätten auch sie ihn dort *zu allen Zeiten* sehen müssen – wie man es heute ja tatsächlich allgemein annimmt. Und das haben sie nicht.

Wenn wir also heute Wert in den Waren sehen und voraussetzen, tun wir das, *obwohl er nicht in ihnen liegt*. Wir setzen Wert *zu Unrecht* in den Dingen voraus – und tun es dennoch. Es muss etwas geben, was uns dazu zwingt.

Klären wir aber zuerst, *wozu* es uns überhaupt zwingt: Was alles setzen wir voraus, wenn wir in den Waren *Wert* voraussetzen? Marx zum Beispiel, der es mit Nachdruck tut, gibt – immerhin – sehr klar zu erkennen, welche Voraussetzungen er dabei macht. Er geht davon aus, dass Waren eine »gemeinsame Wertform besitzen«, und diese sei »die Geldform« – das wisse jeder, »wenn er auch sonst nichts weiß«. Marx aber glaubt damit zu wissen, dass aus jener »Wertform« der Waren folglich auch »die Genesis dieser Geldform nachzuweisen« wäre. Aus dem Wert getauschter Waren hätte sich das Geld ergeben und ließe sich aus ihm erklären. Und dafür müsse der »einfachste« Fall den Ausgangspunkt bilden, den Marx so bestimmt: »Das einfachste Wertverhältnis ist offenbar das Wertverhältnis einer Ware zu einer einzigen verschiedenartigen Ware, gleichgültig welcher.«[127] Marx geht also von einem Tausch *Ware gegen Ware* aus, in dem es dezidiert noch *ohne Geld*, aber *mit* dem schon immer vorausgesetzten *Wert* zugehen soll.

In einem Kauf oder Tausch *Ware gegen Ware* sieht Marx die »einfache Wertform« realisiert. Sie besage: Eine Ware sei *gleich* einer anderen oder sei die andere *wert*. Marx notiert es, mit *x* und *y* als Variablen für eine jeweils passende Menge, in Form einer Gleichung:

»x Ware A = y Ware B oder: x Ware A ist y Ware B wert.«[128]

In passenden Mengen seien Ware A und B *gleich*. Doch da es sich um »zwei *verschiedenartige* Waren« handeln soll, seien sie nicht als diese bestimmten Waren gleich, sondern *in ihrem Wert*: Ware A und B seien *als Werte* gleich und insofern *gleich viel* wert. Das soll das Gleichheitszeichen besagen, das Marx zwischen ihnen setzt.

Mit dieser *besonderen Form* von Gleichheit, ihrer *Wertgleichheit* oder *Äquivalenz*, ist also vorausgesetzt, erstens dass beide Waren überhaupt *Wert* hätten und zweitens dass es dieser Wert sei, worin sie beide *gleich* sind: Wert *als das Gleiche* in den *unterschiedlichen* Waren. Wert muss sich folglich, wie Marx ausdrücklich feststellt, als gemeinsames *Drittes* in den getauschten Waren finden, als ihr *tertium comparationis*. Anders jedoch als üblicherweise bei einem Vergleich ist Wert kein gemeinsames *Merkmal* der verglichenen Elemente. Wenn in einem klassischen Beispiel etwa Achilles mit einem Löwen verglichen wird, gilt als das *tertium comparationis* von Löwe *und* Achilles ihre Tapferkeit, ein Merkmal also, das beide *für sich genommen* aufweisen und in dem sie vergleichbar sind. Ein solches je gemeinsames Merkmal der Waren aber kann Wert nicht sein. Ihren gleichen Wert sollen Ware A und Ware B ja als *beliebige* Waren haben, *gleichgültig*, was sie sind und *welche* Merkmale sie tragen. Als »Ware A« und »Ware B« sind sie Platzhalter für virtuell *alle unterschiedlichen* Waren.

Wert ist vorausgesetzt als der identisch *eine*, ohne sich als eines ihrer qualitativen Merkmale in den Waren zu finden, und daher selbst ohne jede qualitative Unterscheidung. Also kann Wert in sich nur *quantitativ* bestimmt und nur *zahlenmäßiger* Unterscheidung fähig sein. In *virtuell allen unterschiedlichen* Waren soll sich Wert jeweils einzig und allein als eine bestimmte *Menge* finden, *als reines*, *qualitätsloses Quantum*, und da in *beliebig allen* Waren, auch als ein Quantum *von jeder beliebigen Größe*. Also muss Wert in *sämtlichen möglichen Zahlenwerten* auftreten können: Wert muss als die reine Menge – wie ein Zahlenstrahl – *frei skalierbar* sein.

Und so sind es drei Bestimmungen, die Marx' »einfache Wertform« enthält und die tatsächlich unsere Vorstellung von Wert ausmachen:

- Wert als den je *einen*
- in virtuell *allen* Gütern
- und daher als *reine Menge* in frei skalierbaren Zahlenwerten.

Keine dieser Bestimmungen muss uns je zu Bewusstsein kommen und doch ergeben genau sie unsere Vorstellung von Wert. Wenn wir etwas *äquivalent* tauschen, unter der Vorstellung *gleichen Werts* in den getauschten Gütern, ist unsere Vorstellung notwendig *so* bestimmt. So denken wir Wert, so setzen wir Wert voraus und so ist ohne Zweifel richtig beschrieben, was Wert für uns *ist*. Aber noch einmal, so hat es ihn nicht schon immer gegeben. Wie also kommt es zu ihm – das heißt: Wie kommen wir zu dieser Vorstellung?

Bevor es noch mit Geld zugeht, bemessen die Menschen bei einem Kauf nach Schätzung paarweise nur *Gut an Gut, Ware an Ware – ohne* das *tertium* eines Werts in ihnen. Kaufen wir dagegen mit Geld, das nicht mehr Gut oder Ware ist, geht es folglich nicht mehr *Ware gegen Ware*, sondern *Ware gegen* spezifisch und ausschließlich *Geld – immer nur* gegen Geld. Was dann jeder beliebigen Ware gegenübertritt, ist nicht mehr jeweils eine andere Ware, sondern ist stets das identisch *eine* Tauschmittel, das sich dadurch definiert, dass es *nicht Ware* ist: Geld.

Eben dadurch aber ist Geld zugleich darauf angewiesen, immer wieder und immer weiter *gegen Ware getauscht* zu werden. Wer für Ware, die er *verkauft*, Geld bekommt, muss mit diesem Geld wieder Ware *kaufen* können – sonst wäre für ihn nicht mehr Geld, was er bekommen hat, und er hätte seine Ware für *nichts* statt für Geld verkauft. Auch die *Ware*, die jemand für Geld verkauft, für das er wieder *Ware* kaufen muss, muss daher letztlich immer wieder *in Ware* getauscht werden. Und so kann sich der Schein ergeben, wir hätten es bei einem Kauf mit Geld noch immer mit einem »einfachen« *Ware gegen Ware* zu tun, in welchem das Geld lediglich vermittelnd zwischen Ware und Ware tritt, ohne sonst etwas zu verändern. In Wahrheit jedoch belässt es dieses Dazwischentreten von Geld nicht bei einem nur leicht variierten *Ware gegen Ware*. Denn Geld vermittelt eben nicht mehr zwischen einer *bestimmten* Ware und einer *anderen bestimmten* Ware, sodass sie auch vermittelt über Geld noch paarweise *aneinander* und nach Schätzung bemessen würden. Sondern Geld vermittelt virtuell *alle* Waren mit virtuell *allen anderen*. Und so ändert sich alles.

Geld leistet den Tausch von Ware gegen jede andere Ware, indem es ihn aufspaltet in zwei *getrennte* Tauschvorgänge. Statt *Ware A gegen Ware B* heißt es dann:

Ware A gegen *Geld*
↓
Geld gegen Ware B
↓
⋮
↓
Geld gegen Ware X
↓
Geld gegen Ware Y
↓
Geld gegen Ware Z
↓
⋮

Mit dem Dazwischentreten von Geld wird das archaische Gegenüber von Ware und Ware also aufgebrochen zu einer *Abfolge* Ware–*Geld* und wieder *Geld*-Ware: Es wird *sistiert* zu einem Tausch Ware–*Geld*, um *als dieser* wieder und virtuell unendlich oft *fortgesetzt* zu werden.

Geld verwandelt daher

die Paarung	Ware	bemessen an		Ware
		|		
in unzählige Abfolgen	Ware —	*Geld*		
		↓		
beziehungsweise		*Geld*	—	Ware.

So wird sichtbar: Das *Bemessen* der Waren aneinander wird in der Form von Geld sistiert zu einer getrennten, rein *für sich bestehenden Größe*, die nunmehr *als solche* in Waren zu tauschen ist. Geld tritt als ein *tertium* zwischen die Waren, zwischen virtuell sämtliche Waren.

An dieser reinen Größe Geld, die nicht mehr selbst schätzbares Gut, sondern allein dafür schätzbar ist, dass sie sich in schätzbare Güter tauschen lässt, können wir nichts mehr nach Schätzung bemessen. Sie wird vielmehr selbst das Maß, ein Maß *in sich*, reines Quantum als *rein für sich bestehende* Größe zwischen den Waren. Und dazu wird Geld nach der folgenden, inzwischen wohlbekannten Logik. Geld kann als das *eine* und *reine* Tauschmittel, das in virtuell jede Ware zu tauschen ist, selbst *nur quantitativ*, als *reine Menge* bestimmt sein. Und da es für virtuell *alle* Waren einstehen muss, hat es selbst in virtuell jeder möglichen Menge aufzutreten, muss es frei skalierbar *sämtliche Zahlenwerte* annehmen können. Und es ergibt sich:

- Geld als das je *eine*
- getauscht in virtuell *alle* Güter
- und daher als *reine Menge* in frei skalierbaren Zahlenwerten.

In diesen drei Bestimmungen ergibt sich Geld aus seinem historisch bedingten Wesen als reines Tauschmittel. Es sind unverkennbar dieselben Bestimmungen, die sich beim Wert ergeben haben. Und so erweist sich, woher sie dort stammen. Am Wert finden wir sie nur gedanklich *vorausgesetzt*, am Geld dagegen beschreibt sich, wie es zu ihnen kommt. Sie ergeben sich *historisch* daraus, dass eine gesellschaftliche Umwälzung das Hervortreten des reinen Tauschmittels Geld bedingt und dass Geld als reines Tauschmittel zugleich Wert *nach diesen Bestimmungen* ist. Wert ergibt sich in seinen Bestimmungen mit dem Aufkommen von Geld und durch das Aufkommen von Geld.

Gleichsetzung

Die Herleitung von Wert ist demnach geleistet, *sobald die Genese des Geldes erkannt ist*. Das erklärt zugleich, weshalb es so leichtfallen musste, statt den Wert aus dem Geld umgekehrt und verkehrterweise aus dem Wert das Geld abzuleiten. Wer falsch voraussetzt, Wert hätte schon *vor* dem Geld bestanden, kann bequem zeigen, dass sich Geld nach denselben Bestimmungen richtet wie der Wert, und muss falsch daraus folgern, sie hätten sich beim Geld aus der Natur des Wertes ergeben. Nur bliebe durch die Verkehrung dann unerklärlich, wie Wert seinerseits zu diesen Bestimmungen gekommen wäre. Wert muss als etwas *natürlich* und *ursprünglich* Gegebenes erscheinen mitsamt der Unterstellung, wir würden Waren bei einem Tausch *natürlicherweise* als Werte gleichsetzen: weil nur eine so unterstellte *Natur* jede weitere Erklärung erübrigt. Wert lässt sich nicht erklären, solange nicht die Genese des Geldes ihre Klärung gefunden hat.

Aber weiter. Wert kommt also in der Form von Geld auf – und er kommt *erst* in der Form von Geld auf. Geld als reines Tauschmittel *ist* unmittelbar Wert, Wert im Tausch gegen Waren. Den Waren steht Wert in Form von Geld als reine für sich bestehende Menge gegenüber, an der sich die Waren nicht mehr wie an einer anderen Ware qualitativ bemessen lassen. Stattdessen lassen sich nun die Waren *selbst* nur *als reine Menge* auf die reine Menge Geldwert *beziehen*. Bei Käufen mit Geld müssen wir *setzen*, die gekaufte Ware sei dieser reinen Menge *gleich*: gleich dem *Wert*, um den sie zu kaufen ist. Und damit setzen wir, die Ware sei, da einem Wert *gleich*, selbst *Wert*.

Es folgt daraus: Erst Geld bedingt überhaupt die Form der *Gleichsetzung* bei Kauf und Verkauf. Erst mit Geld kommt es zu etwas anderem als der qualitativen *Bemessung* von Ware an Ware und zu dieser *anderen Art Bezug* von Ware nunmehr auf Geld. Geld wird als reines Quantum Wert in Ware getauscht, daher kann die Ware, die ja gerade *nicht* reines Quantum ist, nur als seinesgleichen *gesetzt* werden. Wenn Waren mit Geld zu kaufen sind, ergibt sich unabdingbar diese Art der Setzung: die *Gleichsetzung* von Geld und Ware – ihre Gleichsetzung *als Wert*.

Das ist es, was uns zwingt Wert in den Waren zu setzen und vorauszusetzen. Geld zwingt uns Wert in die Waren hineinzusehen, ihnen einen Wert zuzuschreiben, den sie *eben nicht* von sich aus aufweisen. Wir *müssen* Wert in den Waren sehen, *obwohl sich dieser Wert nicht in den Waren findet*. Das Geld erfordert zwingend einen Schein, der zwingend trügt: Wert in den Waren.

Für uns gehört es zur eingängig alltäglichen Wirklichkeit. Eine Ware »hat« für uns so viel Wert, wie Geld und Geldeswert für sie zu zahlen beziehungsweise zu bekommen ist. Diesen Wert können wir auf keinerlei Weise an der Ware selbst ablesen, er muss uns *angegeben* werden. Was sie kostet, sehen wir der Ware nicht an, sondern das sagt uns ihr Preis. Und den wiederum sagt uns nie die Ware von sich aus: Was für sie zu zahlen ist, wird ihr stets nur wie ein Preisschild äußerlich angeheftet, es wird ihr *zugeschrieben*. Auch wenn wir bei vielen Gelegenheiten überzeugt sein werden, dass eine Ware *mehr* wert oder *weniger* wert sei als der Preis, den sie kostet, wir schreiben ihr in jedem Fall *Wert* zu, *der einem Preis in Geld entspräche*. Um unsere alltäglichen Käufe ordnungsgemäß tätigen zu können, müssen wir grundsätzlich anerkennen und voraussetzen, dass Waren den Wert »haben«, der in Geld für sie zu zahlen ist, und dass er deshalb für sie zu zahlen wäre, *weil* sie ihn hätten.

Marx hatte den Wert als gemeinsames Drittes in den Waren zum *Ausgangspunkt* seiner Herleitung von Geld gemacht. Nun aber erweist sich die Vorstellung eines Werts in den Waren im Gegenteil als das *letzte* Glied eines genetischen Zusammenhangs, der mit dem in einer historischen Situation aufkommenden Bedarf an einem reinen Tauschmittel beginnt und mit der Setzung des Wertes von Gütern endet. Wenn Marx schreibt, »x Ware A = y Ware B«, hat er allein mit dem *Gleichheitszeichen* bereits das gesamte gesellschaftsweite Tauschgeschehen vorausgesetzt, in dem Käufe über Geld getätigt werden und Waren eben nicht mehr *an Ware bemessen*, sondern nur noch *einer Geldsumme gleichzusetzen* sind. Nur unter dieser historischen Voraussetzung ergibt sich diese Form der *Gleichung* und ihres Zeichens =. Beide liegen nicht in der Natur des Warentauschs, sondern ergeben sich einzig und allein durch das Geld. Nur unter der Voraussetzung, dass es Geld gibt, ist logisch vorauszusetzen, dass jede beliebige Ware *als Wert* einer anderen gleich sei – so wie Marx seine Gleichung ausschreibt: »x Ware A ist y Ware B wert«.

Doch damit zeigt sich nun noch etwas anderes: Mit seinen Erklärungen zu Geld und Wert *musste* Marx und muss praktisch *jeder* am falschen Ende, nämlich an diesem *Schlusspunkt* des Entstehungszusammenhangs ansetzen, solange er nichts von dessen *Ausgangspunkt* weiß, von der historischen Genese des Geldes. So lange, und das heißt *bis jetzt*, musste jede Theorie von Geld und Wert derart verkehrt beginnen – und musste sie daher auch verkehrt folgern.

Wert/Ware

An dieser Stelle sind wir im Zentrum dessen angelangt, was Geld ausmacht. Wir sind vorgedrungen in das ruhende Auge jenes Orkans, den Geld und Wert in aller Wirklichkeit entfachen. Hier herrscht die Ruhe einer eisigen Abstraktion, deren Temperaturen standzuhalten sicher nicht leicht fällt. Und doch ist es nötig sich ihnen auszusetzen, denn nur von hier aus, nur ausgehend von diesem Pol kalt-klarer Betrachtung kann sich nach und nach zu erkennen geben, wie der Sturm, in dessen Auge wir verweilen, seine unvorstellbare Gewalt zu entfesseln vermag.

Schon an dieser Stelle geben sich angespannteste Widersprüche zu erkennen, in denen Geld und Wert zur Welt der Waren treten. Ich nenne für jetzt drei:

- *Zum einen*: Geld tritt als reines Tauschmittel *heraus* aus dem Kreis der Güter und Waren und nimmt so, *außerhalb* und *getrennt* von ihnen, die Form von Wert als reinem Quantum an. Zugleich tritt Geld aus dem Kreis der Güter und Waren nur heraus, indem es fortlaufend *in sie getauscht* werden muss, und diese Art Tausch erzwingt wiederum die Setzung, dass sich *Wert in den Waren* finde. Gerade also, dass sich Geld *außerhalb* und durch *Abtrennung* von den Waren erst zu Wert formt, bedingt, dass dieser Wert *in* ihnen und an sie *gebunden* erscheint. Mit der Setzung, einer Geldmenge gleich und selbst Wert zu sein, werden Güter und Waren zu *Trägern* dieses Werts: Sie tragen, dieser *Setzung* nach, jenen Wert *in sich*, der sich mit dem Geld *außerhalb ihrer selbst* ergeben hat.
- *Zum anderen*: Geld besteht als reines Tauschmittel in einer Größe rein für sich und besteht insofern *absolut*. Zugleich aber, da es fortgesetzt in Waren getauscht werden muss, besteht es nur *bezogen* auf Waren, nur *in Relation* zu virtuell allem, was nicht Geld ist. In

diesem notwendigen Bezug auf sein absolutes Gegenteil ist Geld folglich das Gegenteil von absolut, nämlich absolut *relativ*. Es entspricht der notwendig doppelten Daseinsweise von Wert: als Geld und in den Waren. Im Geld besteht Wert *rein in sich* – und insofern *absolut*. In den Waren besteht Wert *rein in dem Bezug* jeder Ware auf sämtliche anderen: Ihr Wert ist immer nur eine Größe in Relation zu dem Wert aller anderen – und insofern *relativ*. Nur in der notwendigen *Relation* auf Waren und als Wert-*Relation* zwischen den Waren besteht Geld *absolut*.

- *Zum dritten*: Geld ist als reines Tauschmittel reines Quantum und besteht selbst in *nichts*. Zugleich ist Geld damit das Tauschmittel für virtuell jedes nur denkbare *Etwas*, das sich mit ihm kaufen lässt. Geld steht für *alles* und besteht doch – eben dadurch – selbst in *nichts*. Und mehr noch: Da in einer Gesellschaft, die von Kauf und Verkauf lebt, alle vom Geld abhängen, wenn sie bekommen wollen, was sie brauchen, steht Geld nicht nur *für* all das, sondern *vor* all dem, was sie brauchen. Jeder, der etwas mit Geld kaufen muss, braucht *zuerst* Geld, um es kaufen zu können. Erst Geld bedeutet für ihn allgemein *jedes* nur denkbare und erreichbare *Etwas*. Geld, das selber *nichts* ist, wird allen zum *Inbegriff* von *etwas*, zum Inbegriff *seines absoluten Gegensatzes*. Geld wird der Inbegriff von allem, was *nicht* Geld ist: Inbegriff alles wirklich Bestehenden – Inbegriff dieser wirklichen Welt.

Und das führt noch einmal weiter. Dieselbe Gleichsetzung, die uns zwingt in allem wirklich Bestehenden Wert zu sehen, zwingt uns umgekehrt dazu, auch alles wirklich Bestehende im Geld zu sehen. Die Gleichsetzung bei Kauf und Verkauf verleiht dem Geld notwendig den Schein universal bestehender Wirklichkeit. Geld, das sich als ein *Nichts* jeder greifbaren Wirklichkeit entzieht, erscheint gerade umgekehrt als der gediegene Kern unserer Wirklichkeit. Geld, das ohne Substanz ist, erscheint als Substanz schlechthin.

Dieser Schein *trügt* und er *muss* trügen. Er stellt sich nicht zufällig ein, er ist kein Irrtum von Leuten, die bloß nicht genau genug über solche Dinge nachgedacht hätten. Der Schein einer Substanz von Wert ergibt sich mit derselben Notwendigkeit, mit der wir bei einem Kauf

Güter und Geld gleichsetzen müssen. Selbst Waren, die in Dienstleistungen bestehen, bestehen ja in etwas bestimmt Wirklichem und sind insofern, auch wenn nicht materiell, so doch *substanziell* gegeben, sie haben ihren bestimmten Inhalt. Und indem wir Waren und Güter, alles in diesem Sinn Substanzielle, durch Gleichsetzung mit Wert versehen, halluzinieren wir im Wert zugleich ihre Substanz – ihre eine *gemeinsame* Substanz.

Exkurs: Gezählte Funktionen

Heute zählt es zum Allgemeinwissen, dass Geld mehrere Funktionen hätte. Und der Wissenschaft genügt das sogar zu seiner Definition: Geld wäre, was die verschiedenen Funktionen von Geld habe. Da es der Ökonomik an einem klaren und »allgemein akzeptierten« Begriff von Geld fehlt, nimmt sie mit dieser offen zirkulären Bestimmung vorlieb, wohl wissend, dass sie nichts taugen kann. Zu sagen, Geld wäre dadurch definiert, dass es tut, was es tut, liefert keine Definition, sondern kapituliert davor. Aber auch ohne dass Geld damit definiert wäre: Es trifft nicht einmal zu, dass Geld verschiedene Funktionen hätte.

Geld ist nicht *etwas*, das seine Funktionen *hat*. Dass sie etwas dergleichen sind, trifft nur auf die traditionellen *dinglichen* Tauschmittel zu, aber genau nicht mehr auf das *reine* Tauschmittel Geld. Wer von mehreren Funktionen spricht, die das Geld hätte, belegt damit nur seine Unkenntnis des Unterschieds zwischen Tauschmittel und reinem Tauschmittel. Als dieses ist Geld eben nicht mehr etwas *mit* dieser oder jener Funktion, es ist nicht einerseits ein Ding, das außerdem mit einer bestimmten Funktion zu verwenden wäre, so wie ein Hammer Hammer ist und sich mit der Funktion verwenden lässt, einen Nagel in die Wand zu schlagen. Dass Geld reines Tauschmittel ist, bedeutet, dass es für sich genommen in *nichts außerhalb* seiner Funktion besteht, nicht also wie der Hammer, der aus Holzstiel und Metallkopf *besteht* und unter anderem seine Funktion des Nageleinschlagens *hat*. Geld ist *nichts außer* seiner Funktion, Geld ist *nichts als* die Funktion, gegen Ware getauscht zu werden: Geld also *ist* diese Funktion, es *hat* sie nicht.

Und das bedeutet auch, dass Geld als diese *reine* Funktion nur in dieser *einen* Funktion bestehen kann. Ein Ding, irgendein *Etwas* kann neben einer Funktion, die es hat, noch weitere Funktionen haben, so wie der Hammer nicht allein zum Einschlagen von Nägeln dienen kann, sondern zum Beispiel auch zum Zerkleinern von Steinen. Geld dagegen ist als reines Tauschmittel *nur* reines Tauschmittel: Es ist *nur* die Funktion, als reines Quantum Wert gegen *etwas* von gesetzt gleichem Wert getauscht zu werden.

In dieser einen Funktion liegt zwar sehr viel, nichts aber von anderen Funktionen. Meistens werden vier genannt, die das Geld haben soll: neben der Funktion als *Tauschmittel* noch die als *Zahlungsmittel*, die Funktion als *Wertmesser* und schließlich die als Schatzbildner oder als *Mittel zur Wertaufbewahrung*. Eine solche Art der Unterscheidung charakterisiert aber gerade *nicht* das Geld, sondern sein Gegenteil: Verhältnisse, in denen es *ohne* Geld zugegangen ist. Dort lässt sich sinnvoll unterscheiden zwischen Mitteln, die zum Tausch dienten, dann Mitteln, die bei einer bestimmten Zahlung übergeben werden mussten, weiter Mitteln, an denen die Schätzung bei Tausch oder Zahlung bemessen wurde, und schließlich Mitteln, die als Vermögen zählten. Denn im archaischen Zusammenhang, anders als bei einem Wirtschaften mit Geld, sind diese »Mittel« jeweils *Dinge* und nur als solche *Dinge* lassen sie sich überhaupt danach unterscheiden, ob sie getauscht oder ob sie gezahlt werden, ob man sie an etwas anderem bemisst oder ob sie als Vermögen gelten können.

Solange es noch *nicht mit Geld* zugeht, können bei den spezifisch *unterschiedlichen* Gelegenheiten spezifisch *unterschiedliche* Dinge verwendet werden. Um Nahrung zu kaufen, dienen als *Tauschmittel* zum Beispiel Kauris und spezifisch nur Kauris, während Sklaven etwa das Tauschmittel für importierte Güter sind. Um dagegen Zahlung zu leisten bei einer Heirat, müssen es beispielsweise Kupferbarren sein und dann gelten nur sie als das passende *Zahlungsmittel*. Wenn es darum geht, unterschiedliche Dinge aneinander zu bemessen, rechnet man etwa in Rindern, also dient in diesem Fall Vieh als etwas, das wir heute *Wertmesser* nennen, nur dass es noch nicht um etwas wie »Wert« gegangen ist, sondern um Schätzung. Und um die häusliche Kiste mit Schätzen und Vermögen zu füllen, die seinem Eigentümer entsprechende Achtung einbringen, können prächtige Stoffe oder Gerätschaften aus Gold und Silber vonnöten sein, denen dabei die Funktion eines heute so genannten *Schatzbildners* oder *Wertaufbewahrungsmittels* zukommt – wiederum abgesehen von der Tatsache, dass es dabei nicht um »Wert« ging. Für jede dieser Gelegenheiten konnte eine jeweils *eigene Art* von Dingen, von »Mitteln« vorgesehen und zugelassen sein: Kauris für den Tausch, Kupfer für die Zahlung, Rinder für die Schätzung, Prunkzeug für den Schatz. Wenn es dagegen um Geld geht, bleibt von diesen Unterschieden genau so viel übrig, wie Geld *in sich* an Unterschieden zulässt: nichts.

Wenn wir etwas mit Geld kaufen, fungiert es dabei unverkennbar als *Tauschmittel*. Geld ist Tauschmittel und in dieser Funktion besteht das Geld ohne jeden Zweifel.

Doch auch wenn wir mit Geld heute unsere Steuern oder eine Strafe zahlen und insofern im archaischen Sinn eine *Zahlung* leisten, fungiert Geld noch immer als Tauschmittel und nicht als irgendetwas anderes. Für das Geld ist es völlig gleichgültig, ob mit ihm Ware bezahlt wird oder eine Strafe beziehungsweise Steuern bezahlt werden. *Beides*, Kauf *und* »Zahlung« sind, wenn sie mit Geld erfolgen, *Zahlungen* und stellen nicht etwa unterschiedliche Geldfunktionen dar. Auch der Tausch ist heute, mit Geld vollzogen und nicht mehr archaisch gesprochen, Zahlung. Nicht umsonst heißt das Geld heute *generell* »Zahlungsmittel« und ist es, in Gestalt von Währungen, »gesetzliches Zahlungsmittel«, auch wenn es – wie in den allermeisten Fällen – bei *Käufen* zur Bezahlung dient und insofern als Tauschmittel fungiert. Beim Geld fallen die Funktionen von Tauschmittel und Zahlungsmittel in eins. Tausch und Zahlung sind beim Geld dieselbe eine Funktion.

Dass Geld als Wertmesser dient, wäre nach heutiger Ansicht seine dritte Funktion. Und tatsächlich wird der Wert – wovon auch immer – heute grundsätzlich in Geld bemessen: Warenwert bemisst sich in Geldwert. Doch Geld *ist* dabei *selbst* der Wert, in dem sich die Waren als Werte bemessen. Geld steht den Waren *als Wert* gegenüber und über seine *Tauschfunktion* bezieht es die Waren als eine Form *von sich*, von Wert, nur aufeinander. Für diese Bemessung ihres Werts müssen Waren nicht aktuell oder jemals wirklich gekauft werden, ihr in Geld bemessener Wert gibt nur an, wie viel *in dem Fall, dass* sie gekauft oder bezahlt würden, an Tauschmittel dafür fällig wäre. Wenn Geld seine Funktion als Tauschmittel dabei also nicht aktuell ausübt, ändert das aber an dieser Funktion so wenig, wie sich an der Funktion eines Hammers etwas ändert, wenn man ihn gerade nicht benutzt. Die Wissenschaft, die da Geld nach verschiedenen Funktionen definiert, weist zwar zu Recht darauf hin, dass Geld bei einer Wertmessung nur *gedachter* Weise beteiligt ist. Diese Tatsache jedoch zu einer eigenen Funktion des Geldes zu erheben, ist in etwa so triftig, als wollte man das *Wissen* und den *Gedanken*, wie ein Hammer zu verwenden ist, zu einer eigenen Funktion des Hammers erklären, solange er nicht aktuell einen Nagel auf den Kopf trifft.

Ganz so bezieht sich die Lehre von den Geldfunktionen auch bei deren vierter, dem »Wertaufbewahrungsmittel«, nur auf die *ruhende* Funktion des Geldes, ohne damit eine *andere* Funktion entdeckt zu haben. Geld *ist* sistierter Wert und besteht grundsätzlich darin, als dieser Wert auf den nächsten Moment zu warten und zu drängen, in dem es wieder als Wert fungieren kann und gegen Ware getauscht wird. Dass Geld nicht unablässig aktuell in Käufen fungiert, sondern als Wert in dieser Funktion *festgehalten* ist, macht das reine Tauschmittel aus. Dass der Eigentümer einer Geldsumme sie aktuell nicht einsetzt, ändert nichts an der Funktion, in welcher er sie einsetzen *wird* und einzig einsetzen *kann*. Wert und insofern »aufbewahrten« Wert stellt jedes Geldvermögen überhaupt nur unter der Voraussetzung dar, dass es sich als dieser auch wird einsetzen lassen, um etwas zu kaufen oder zu bezahlen: in dieser *einen* Funktion des Geldes. Dass Geld, auch wo es *nicht* unmittelbar als solches fungiert, Geld und Geldwert *bleibt*, ist so wenig eine zusätzliche Funktion, wie es eine zusätzliche Funktion des Hammers ist, ab und zu in der Schublade zu liegen. Ausgerechnet den Umstand, dass eine Funktion auch *nicht* ausgeübt wird, zu einer eigenen Funktion zu erheben, ist – lustig.

Die einschlägige Aufzählung verschiedener Geldfunktionen klärt also nicht, was Geld ist, sondern führt nur davon ab. Durch die bloße *Unterscheidung* mehrerer Funktionen verdeckt sie bereits, dass der Wert, den ein Geldvermögen bewahrt, *derselbe* Wert ist, der in Geld bemessen wird, *derselbe* Wert, den Geld bei einer Zahlung darstellt, und *derselbe* Wert auch, um den Waren zu kaufen sind: Wert folglich auch in der nur *einen* Funktion, in der er besteht.

Was jedoch so grundsätzlich zu dem Fehler zwingt, Funktionen des Geldes zu unterscheiden, ist die falsch substanzielle Vorstellung, dass Geld *etwas* wäre und folglich wie eine Substanz seinen Wert »haben« müsste – und so auch seine Funktionen. Diese Vorstellung einer Wertsubstanz zeigt sich besonderes klar in dem Wort vom »Wertaufbewahrungsmittel«. Denn darin wird Geld wie eine Art Schublade betrachtet und als *Mittel* zur Aufbewahrung eindeutig von dem Wert geschieden, den jemand in ihr aufbewahren würde. Geld aber ist ja dieser Wert selbst, den es deshalb auch nicht aufbewahrt. Bestenfalls kann es diesen Wert *als sich selbst*, nämlich als reines Quantum im Tausch gegen ein passendes Quantum Ware, *bewahren* und *bewähren*.

III Ein Quantum *nichts* und sein *Etwas*

Geld, das für sich genommen in nichts Realem besteht, hat *seine* Realität allein in der Funktion, sich als reine Menge Wert in etwas Reales *tauschen* zu lassen: in Ware und Gut. Bei einem Kauf erhält jemand gegen eine bestimmte Menge Geld Ware von gesetzt jeweils gleich viel Wert. Durch die Gleichsetzung von Geld und Ware, die wir dabei zu leisten haben, erscheint Wert in beiden, einmal in Form von Geldwert und einmal in Form von Warenwert. Geldwert und Warenwert sind dieser Setzung nach das Gleiche und, als reine Quanta, auch gleich groß. Doch was auf diese Weise nach harmonischer Eintracht klingt, trägt eine Spannung in sich, die alles, was es mit sich führt, aus diesem Pol abstrakter Ruhe hinaustreibt und einer Gewalt aussetzt, die diese Welt zu zerstören droht.

Mit Geld erhalten wir seltsamerweise *etwas* für ein Quantum *nichts*. Sein Wert hat selbst keine Substanz, aber verschafft uns alles, was von Substanz ist. Geld realisiert sich für uns in Ware, aber es besteht nicht selbst in Ware oder in irgend*etwas*, sodass sich fragt, wie es überhaupt zu *bestehen* vermag. Seinem Bestand muss etwas, worin Geld *nicht* besteht, gleichwohl *Gewähr leisten*. Aber Geld kann seinen Wert verlieren. Geld und sein Wert können sich in nichts auflösen, in jenes *nichts*, das zurückbleibt, wenn Geld eben nicht mehr dazu fungiert, in *etwas* getauscht zu werden: wenn sich mit Geld nichts mehr kaufen lässt. Während es einerseits die *Macht* darstellt, über alles zu verfügen, was diese Welt hergibt, ermangelt Geld selbst, in *nichts* bestehend, auch dieser Macht und ist es auf eine solche Macht *außerhalb* seiner selbst angewiesen, die ihm diese Verfügungsmacht garantiert. Was ist diese Macht? Und was also ist dazu erforderlich, wenn Geld Geld *bleibt*, dass es seinen Wert bewahrt und sich weiterhin *etwas* damit kaufen lässt?

Vor allem aber: Wenn wir für Geld *etwas* bekommen, wie bestimmt sich, *wie viel* es ist? Geld, ein Quantum Wert, *realisiert* diesen seinen Wert allein in einem Quantum Ware, das sich mit ihm kaufen lässt. Deshalb ist für alle, die von Geld leben müssen, die entscheidende und oft genug lebensbestimmende Frage, *wie viel* sie für etwas zahlen müssen oder umgekehrt *wie viel* sie für ihr Geld bekommen: *wie groß* also das Quantum Ware ist, das welchem Quantum Geld und Wert entspricht. Es ist die Frage, um die sich beim Geld alles drehen muss: Wie bestimmt sich der Wert von Waren und wie bestimmt sich der Wert von Geld?

Wert in sich und Wert in Ware

Geld ist Wert und *nichts sonst als* Wert: *Geldwert* ist Wert *in sich*. Ware dagegen ist ein Gut und ist *außerdem* Wert. Durch ihre Gleichsetzung mit Geld wird einer Ware Wert zugeschrieben und ist er insofern an sie *gebunden*: *Warenwert* ist Wert *in Ware*. Anders als der Wert in Form von Geld besteht der Wert aufseiten der Ware nicht nur in sich, sondern in einem »Warenkörper«, in dem Gut oder dem *Etwas*, das eine Ware ist. Dieses Gut muss nichts körperlich Gegebenes sein, sondern kann auch etwa in einer Dienstleistung bestehen. Aber insofern eine solche Leistung ebenso wie ein Ding ihren bestimmten Inhalt und ihre Eigenschaften hat und insofern qualitativ und substanziell bestimmt ist, ist Ware in jedem Fall *etwas* und ist sie ein Gut. Und so besteht Ware in einem Gut, das *nicht Wert* ist, mit einem Wert, der *nicht Gut* ist, sondern diesem nur zugeschrieben wird.

Dieser geldwertförmige *Warenwert* ist nicht zu verwechseln mit dem, was heute »Gebrauchswert« einer Ware genannt wird – eine ausgesprochen unglückliche Wortwahl. Denn mit »Gebrauchswert« soll gerade dasjenige gemeint sein, was an einer Ware *nicht* ihr Wert ist, sondern das Gut als solches, das brauchbare und schätzbare *Etwas*. Mit »Gebrauchs*wert*« bezeichnet man an der Ware verwirrenderweise dasjenige als eine Form von »Wert«, was an ihr gerade *nicht* die Form von Wert hat, sondern was seinen Wert erst noch zugeschrieben bekommt. Marx, der selbst maßgeblich zur Verbreitung dieser Wortwahl beigetragen hat, bekennt deren Fehler einmal ein und korrigiert ihn so: Statt »Gebrauchswert« sei richtig von »Gebrauchs*gegenstand*«

zu sprechen und statt von »Tauschwert« direkt von »Wert«: Die Ware ist als Gut der zu gebrauchende Gegenstand und dem kommt, im Tausch gegen Geld, Wert zu.[129]

Dieser »Wert« der Ware, der richtig so genannte *Warenwert*, ist lediglich *gebunden* an ein brauch- oder schätzbares Gut. Doch diese Gebundenheit an den »Gegenstand« ist wiederum besonders wichtig, denn sie bildet den bedeutsamen Gegensatz zum *Geldwert*: Im Geld besteht der gleiche »Wert« in sich, *ohne* an ein *Etwas* gebunden zu sein. Geldwert und Warenwert jedenfalls sind beide Wert und insofern gleichen Wesens. Aber sie verhalten sich nicht gleich, sondern stehen durch diese eine unterschiedliche Bedingung im äußersten Widerspruch zueinander.

Wenn etwa Äpfel im Laden verfaulen, werden sie unverkäuflich und es verfault mit ihnen auch ihr Wert, ihr Warenwert. Als Wert der Äpfel gilt er allein dem Moment, wo sie möglichst um Geldeswert verkauft werden. Bleibt dies aus und ist eine Ware nicht mehr verkäuflich, verliert sich mit ihrer Verkäuflichkeit auch ihr Wert. Da er gebunden ist an die real bestehende Ware, bleibt auch ihr Wert nur bestehen, solange die Ware besteht, und hat es mit ihm ein Ende, wenn sie entweder aufhört zu bestehen oder wenn sie aufhört Ware und verkäuflich zu sein.

Und das heißt zugleich, dass der Warenwert nicht nur überhaupt dem Verkauf der Ware gilt, sondern auch nur *bis* zu ihrem Verkauf. Wenn die Ware erst einmal verkauft ist und keinen weiteren Verkauf mehr vor sich hat, wenn sie also aufhört *Ware* zu sein, hat ihr Wert seine Schuldigkeit getan und dankt gewissermaßen ab. Der Wert der Ware hat damit jemandem den Dienst geleistet, um dessentwillen er sie feilgeboten hat, und hat ihm mit ihrem Verkauf Geld eingebracht. Der Warenwert ist durch den Käufer der Ware in der Form von Geldwert an ihren Verkäufer gezahlt worden, ihr Wert ist von einem Eigentümer zum anderen gewechselt und hört damit in der Ware auf zu sein.

Ist die Ware verkauft, ist sie nicht länger Ware, sondern nur noch Gut. Das Kilo Äpfel hat Geld gekostet und kostet jetzt nichts mehr. Die Äpfel haben und brauchen keinen Wert mehr, der ihrer Verwandlung in Geld gelten würde und bis dahin gegolten hatte. Zwar können die Äpfel und kann jedes Gut auch *wieder* verkauft und damit *erneut* zu Ware und zu einem Träger von Wert gemacht werden. Oder es kann zum Beispiel längst gekaufter Schmuck bei einem Versicherungsfall *erneut* als Wert behandelt und eine Summe Geld für ihn ausbezahlt werden oder man schätzt ihn bei irgendeiner anderen Gelegenheit *wieder* in einer Geldsumme. Aber auch das heißt nur, dass der Wert einer Ware nicht schon mit ihrem *ersten* Verkauf sein Ende finden muss. *Jedes* Gut kann zur Ware gemacht und als Ware für geldwert betrachtet werden, daher kann dies auch jedes *schon einmal* verkaufte Gut. Und trotzdem geht es bei einer Ware, eben da sie ein Gut ist, zuletzt immer um ihren *Gebrauch* und kann es bei Waren keinesfalls darum gehen, sie nur immer wieder und immer weiter zu *verkaufen* – als wären sie unmittelbar Geld. Eine Ware muss früher oder später in ihren Gebrauch als Gut münden und damit hat es früher oder später auch mit ihrem Wert ein Ende: einerseits, weil sie dann *nicht noch einmal* verkauft oder weil *nicht noch einmal* für sie gezahlt wird; aber andererseits auch, weil sich die Güter dieser Welt notwendig *verbrauchen*.

Oft besteht schon ihr Gebrauch unmittelbar darin, sie zu verbrauchen. So gebrauchen wir etwa Lebensmittel dafür, sie zu verspeisen, und ist jede Dienstleistung im selben Augenblick, da sie erbracht ist, als solche schon verbraucht. Es kann aber auch eine Zeit lang dauern, bis sich etwas verbraucht hat, etwa wenn wir Kleidung tragen und sie irgendwann abgetragen ist, oder wenn ein Hammer zum Familienbesitz gehört, den mehrere Generationen schwingen können, bis er seinen Dienst aufgibt. So gut wie alles, was real auf dieser Welt besteht, verbraucht sich und hört schon deshalb einmal auf, als Ware verwendbar oder *weiter* verwendbar zu sein und damit Warenwert tragen zu können. Mit dem Gut, an das er gebunden ist, *verbraucht sich* auch sein möglicher Warenwert.

Und das tut Wert in Form von *Geld* gerade *nicht*: da er dann nicht an ein Gut gebunden existiert. Aber das *erscheint* uns anders. Wenn wir unser Kilo Äpfel kaufen, so verwandelt sich uns eine bestimmte Menge an Geldwert in die Äpfel, weil wir mit ihm für ihren Warenwert aufkommen. Wir bekommen die Äpfel, haben für sie soundso viel Geldwert ausgegeben und haben ihn nicht mehr, und spätestens wenn die Äpfel einmal gegessen sind, ist für uns auch von dem Warenwert nichts mehr übrig. Für uns scheinen sich also Warenwert und Geldwert mehr oder weniger *gemeinsam* zu verflüchtigen. Doch der Geldwert hat sich nur *für uns* verflüchtigt, besteht aber *für sich* genommen weiter. Der Geldwert, den wir für die Äpfel ausgegeben haben, ist ja an den früheren Eigentümer der Äpfel gegangen und besteht jetzt als *sein* Eigentum unverändert weiter. Der Geldwert ist lediglich aus unserem Eigentum ins Eigentum eines anderen gewechselt und bleibt sonst der identisch selbe, der er war und eben überhaupt ist. Stets und ausnahmslos geht er als *derselbe* und auch als *dieselbe Menge* Geldwert in einen Kauf ein, als die er aus dem Kauf auch hervorgeht. Die 3,99, die wir für die Äpfel ausgeben und die uns aus den Händen schwinden, sind exakt die 3,99, die der Händler einnimmt, und werden exakt diese 3,99 auch sein, wenn wiederum er sie für *etwas* ausgibt.

Geldwert, diese *reine* Zahl zu tauschenden Werts, wird per Gleichsetzung gegen den Wert von Waren getauscht. Doch während sich dieser Warenwert mitsamt den Waren verbraucht oder, wenn sie nicht weiter verkauft ober bezahlt werden, verliert, besteht der Geldwert fort, um als *dieselbe Zahl* immer und immer wieder in andere Ware getauscht und noch einmal einem Warenwert gleichgesetzt zu werden. Geldwert bleibt sich nicht nur beim Tausch selber gleich, sondern auch *nach* dem Tausch, dann, wenn es mit dem Warenwert sein Ende nimmt. Als reine Zahl bleibt sich Geldwert *stets* und *notwendig* gleich, für einen jeweils weiteren, nachfolgenden Tausch. Die 100 Euro, mit denen der eine etwas kauft, streicht der andere, der es ihm verkauft, jedes Mal als dieselben 100 Euro ein, um sie als dieselben 100 Euro wieder selbst für Kauf und Bezahlung einzusetzen. Auch wenn er sie in der Regel als Teil einer größeren Summe oder unterteilt in kleinere Summen wieder ausgeben wird, sie bleiben egal in welcher Stückelung die 100 Euro, die er für Ware erhalten hat und für die er wieder Ware erhalten will.

Nominell – und das heißt eben: *als reine Zahl* – kann sich Geldwert nicht verlieren und kann nicht einmal mehr oder weniger werden, sondern besteht unverwandt und unverwandelt fort. Und dasselbe gilt für die Menge an Warenwert, die sich mit ihm kaufen lässt und der er im Tausch nicht umsonst *gleichgesetzt* wird: Als Geldwert ist jede Summe immer gleich der Summe Warenwert, die mit ihr bezahlt wird. 100 Euro Geldwert bezahlen immer und ausnahmslos genau 100 Euro Warenwert, nicht mehr und nicht weniger. Also müssen sich alle *Veränderungen* im Geldwert oder Warenwert, die wir gleichwohl kennen, muss sich jeder Wertverlust oder Wertzuwachs bei Geld und Waren anders erklären.

Reines gegen substanzielles Quantum

Dass Geld seinen Wert verliert, ist vollkommen gewöhnlich: Inflation gehört heute zu den alltäglichsten Erscheinungen und hat historisch tatsächlich sofort eingesetzt, als das Geld aufkam. Damals erschien es als »Preisrevolution«, dass die Preise überhaupt im Allgemeinen stiegen, kontinuierlich und flächendeckend. Denn vorher und ohne Geld hatte es immer nur vereinzelt zu Teuerungen kommen können, wenn etwa die Ernte ausfiel oder sich anderweitig ein Engpass in der Versorgung ergab. Im 16. Jahrhundert dann, als mit dem Geld auch die allgemeine Inflation einzusetzen beginnt, steigen die Preise zunächst sogar mäßiger als heute üblich und keineswegs exorbitant.[130] Eine »Revolution« war an diesem generellen Anstieg der Preise einzig und allein, dass er *neu* war – so neu wie damals das Phänomen des Geldes. Weshalb Geld üblicherweise zu Inflation führt, bleibt noch zu erklären, in jedem Fall bezeugt sie einen Wertverlust von Geld, der noch nicht einmal die Ausnahme darstellt. Genauso kann Geld aber auch an Wert zulegen – und beides, an Wert gewinnen und an Wert verlieren, können entsprechend natürlich auch die Waren. Veränderungen der Wert*größe*, von Geldwert *und* Warenwert, sind zweifellos Realität.

Da nun weder Geldwert noch Warenwert *in sich* mehr Wert oder weniger Wert werden oder mehr Wert oder weniger Wert »haben« können, muss sich, was wir Wertzuwachs oder Wertverlust nennen, auf eine Größe *außerhalb* des Werts beziehen. Als Wertgröße erscheint ausschließlich *das quantitative Verhältnis zwischen einer Wertmenge und der Menge einer Ware als Gut*. Da 100 Euro Geldwert grundsätzlich und ohne Unterschied nur gegen dieselben 100 Euro

Warenwert zu tauschen sind, kann sich jeder mögliche Unterschied bei ihnen nur darin ergeben, *wie viel* von *welchem Gut* diesen 100 Euro entspricht, nämlich mit ihnen zu kaufen ist oder zu kaufen wäre.

Einer Geldsumme können beispielsweise 50 Kilo Kartoffeln entsprechen. Und wenn man für dieselbe Summe das eine Mal 50 Kilo bekommt, bei einem anderen Mal aber 55 Kilo, entspricht derselben Menge Wert dann eine größere Menge an Gut; oder, wenn bei einem anderen Mal nur 45 Kilo, eine kleinere. Dieselbe Wertsumme realisiert sich jeweils in mehr oder in weniger Ware, in mehr oder in weniger Gut. Das heißt: Dem Wert, der für die Ware zu zahlen ist, entspricht jeweils mehr oder weniger von dem, was diesen Wert *trägt*, was aber selbst gerade *nicht* dieser Wert *ist*.

Und doch ist es genau dieser Fall, den wir so deuten, dass das Geld dabei größeren oder geringeren *Wert* habe: der Fall, dass seinem Wert mehr oder weniger an *Gut* entspricht. Diese Deutung ergibt sich, indem wir das Verhältnis zwischen einem Quantum *Wert* und einem Quantum *Gut* gleichwohl als Verhältnis zwischen jeweils *zwei Werten* auffassen, jeweils *Wert* auf *beiden* Seiten des Verhältnisses: als wäre demnach nicht nur das Geld, sondern auch das Gut – insofern es Ware ist – unmittelbar Wert.

Wenn man daher für 100 Euro einmal 50 Kilo Kartoffeln bekommt, bei einer anderen Gelegenheit aber nur noch 45 Kilo, entsprächen diese ihrem früheren Wert nach lediglich 90 Euro, während sie jetzt 100 Euro kosten. Also hätten die 100 Euro, die nur noch ein Warenquantum einbringen, das einmal 90 Euro wert war, in diesem Fall um 10 Prozent an Wert verloren. Wenn man für dieselbe Menge Geldwert bei Gelegenheit 10 Prozent weniger an Gut bekommt, wird dieser Menge Geldwert insofern nicht nur 10 Prozent weniger *Gut*, sondern 10 Prozent weniger an *Warenwert* gleichgesetzt. Der Unterschied zwischen zwei Mengen an Kartoffeln wird so als ein Unterschied rein zwischen Werten verstanden. Und Wert verglichen mit Wert, Wertquantum verglichen mit Wertquantum, lässt sich damit als *Veränderung* innerhalb nur *eines* Wertquantums auffassen: als Wertverlust oder Wertgewinn. Was sich in Wahrheit daraus ergibt, dass einer Menge *Geldwert* eine größere oder geringere Menge an *Gut* gleichgesetzt wird, wird auf diese Weise als Verhältnis zwischen einer

Menge *Geldwert* und einer größeren oder geringeren Menge *Warenwert* aufgefasst. Und damit wird es so gedeutet, dass entweder der Wert des Geldes für sich genommen steige oder falle – oder dass umgekehrt der Wert der Ware falle oder steige. Es ergibt sich die täuschende, aber zwingende Vorstellung, Geld und Ware hätten jeweils *in sich* mehr oder weniger Wert.

Die Kartoffeln alleine könnten mit ihrem veränderten Preis allerdings noch nicht besagen, dass Geld *insgesamt* an Wert verloren oder zugelegt hätte. Falls eine bestimmte Sorte Kartoffeln teurer wird, kann zur gleichen Zeit eine andere Sorte weiterhin so viel kosten wie vorher, und so hätte das Geld zwar gegenüber jener Sorte an Wert verloren, aber nicht gegenüber dieser. Und entsprechend gilt das natürlich für sämtliche Waren: Diese oder jene kann teurer werden, während andere im Preis sinken und wieder andere ihren Preis beibehalten. Und selbst wenn der Preis bei mehreren Waren *gemeinsam* steigt oder fällt, kann er bei jeder von ihnen *in unterschiedlichem Maße* steigen oder fallen. Eine Inflation oder auch Deflation von Geld *allgemein* kann sich daher erstens nur bei einer Änderung der Preise ergeben, die *allgemein* in derselben Richtung verläuft, und lässt sich zweitens grundsätzlich nur als Mittelwert aus den Preisen einer gewissen Auswahl von Waren, eines irgendwie festgelegten Warenkorbs, errechnen.

Einfacher stellt sich diese Berechnung dar, wenn Geld – gleichsam als Interim – nicht bereits auf Ware, sondern zunächst direkt auf anderes Geld bezogen wird. Das ist der heute übliche Fall, dass ganze Währungen direkt aneinander bemessen werden. Der Geld- oder Wechselkurs, wie er dann heißt, beziffert das quantitative Verhältnis, in welchem etwa die Einheit Euro zu der des Dollar oder zu der des Franken steht und das damit sogleich die gesamte in einer bestimmten Währung umlaufende Geldmenge gegenüber der gesamten Geldmenge bewertet, die in einer anderen Währung umläuft. Wenn sie gegeneinander ab- oder aufgewertet werden, vollzieht sich diese Veränderung also erstens unmittelbar zwischen *Werten* weil unmittelbar zwischen den verschiedenen *Geld*-Einheiten. Und zweitens gilt sie dann nicht bloß punktuell zwischen Geldwert und einer bestimmten Ware, sondern in größerem Umfang, für eine weit verbreitete Menge an Geld. Gemeinsam hat das zur Wirkung, dass in der Form des Währungsvergleichs ein steigender oder fallender Geldwert sehr viel direkter und umfassender festzumachen ist als darin, worin er letztlich dennoch besteht, in dem Verhältnis eines Quantums Geldwert zu einem Quantum Ware und Gut.

Bedeutsam, ja von allerhöchster Bedeutung aber ist dieses Verhältnis, da es notwendig und ausschließlich in einer Gesellschaft gilt, die von Geld lebt. In ihr sind alle darauf angewiesen, über Geld an die benötigten Güter zu gelangen, und dieses Geld kann jedem immer nur als ein größeres oder geringeres Quantum zur Verfügung stehen. Also kommt es für jeden darauf an, wie viel an welchen Gütern ihm dieses Quantum verschaffen mag. Wie viel ihm davon für welche Ware abverlangt wird, entscheidet über sein Leben. Deshalb ist für jeden entscheidend, wie viel Geld für eine Ware verlangt wird: wie viel eine Ware kostet oder wie viel Wert sie insofern »hat«.

Wie aber bestimmt sich *das quantitative Verhältnis zwischen einem Gut und seinem Wert*? Wodurch ist vorgegeben, wie viel an Geldwert für eine Ware verlangt wird und wie viel Warenwert sie in diesem Sinne »hat«, *sodass* er für sie zu verlangen ist? Denn immerhin, verlangt wird dieser Wert mit derart gnadenloser Härte und Unnachgiebigkeit, dass Menschen verhungern dürfen, wenn sie ihn nicht berappen können, dass ganze Länder darben müssen, wenn zu wenig von solchem Wert in ihnen »geschöpft« wird, und dass eher die ganze Welt draufgehen kann, bevor auf die Geldforderung für etwas verzichtet würde, das zur Bewahrung dieser Welt vonnöten wäre.

Auf die Frage, wie sich die Größe von Warenwert bestimmt, haben sich bis heute nur Erklärungen gefunden, die konsequent dem beschriebenen Schein eines substanziell in den Waren gegebenen Werts unterliegen. Die Lehre von einer solch scheinbaren Wertsubstanz kann es nur in zwei Varianten geben: Eine muss den Wert von Waren fest im *Subjekt*, die andere fest im *Objekt* von Kauf und Verkauf gegründet sehen. Wenn bei jedem Kauf *jemand* für *Waren* zu zahlen hat, entscheidet sich die »subjektive« Wertlehre für diesen *jemand*, dessen Nachfrage in Abhängigkeit vom Angebot über den Wert einer Ware bestimmen soll; wogegen die »objektive« Wertlehre entsprechend für die *Waren* optiert, die alle unterschiedlich viel von einer gemeinsamen Eigenschaft aufweisen und damit bestimmen würden, wie viel jeweils für eine Ware zu zahlen sei. Beide Theorien haben heute ihre entschiedenen Verfechter, aber beide gehen fehl. Eine zutreffende Erklärung von Wert und Wertgröße wird jenseits von ihnen anzusetzen haben.

Exkurs: Theorie des Scheins I – Grenznutzen

Die Theorie von einer subjektiven Wertsubstanz besteht in dem Versuch, die Wertgröße der Waren aus der Größe der Wertschätzung zu erklären, die sie bei ihren Käufern finden. Insofern erklärt diese Theorie die Wertschätzung *zur Substanz* von Wert: So groß wie die Schätzung einer Ware sei, so groß sei *deshalb* auch deren Wert. Der Wert einer Ware würde der Wertschätzung entsprechen, die ihr gelte, und würde sich aus ihr berechnen lassen.

Landläufig bekannt ist diese Lehre als die Erklärung des Warenwerts aus *Angebot und Nachfrage*. Und ohne Zweifel können Angebot und Nachfrage ihren Einfluss darauf haben, wie viel eine Ware kostet, nach einem Mechanismus, der so gerne und so häufig strapaziert wird, dass ich ihn hier nicht eigens beschreiben muss. Für die subjektive Werttheorie allerdings genügt es nicht, wenn Angebot und Nachfrage lediglich *Einfluss* auf den Wert von Waren haben, sie müssten vielmehr *vollständig* über diesen Wert bestimmen; und schon gar nicht genügt es, dass Angebot und Nachfrage ihren Einfluss lediglich haben *können*. Die subjektive Werttheorie muss behaupten, dass *notwendig* und *ausschließlich* Angebot und Nachfrage über den Wert der Waren bestimmen, weil nur dann die subjektive Wertschätzung kein bloßer Faktor, sondern *als solche* die Erklärung von Wert und Wertgröße wäre – als deren Substanz.

Das birgt die Schwierigkeit, dass wir die Schätzung für etwas keinesfalls in der Weise empfinden, in welcher aber der Wert besteht: nämlich *beziffert*. Wie schon dargelegt, können wir die Wertschätzung für etwas oder für jemanden nicht in einem Zahlenwert angeben. Egal, welche Einheit wir wählen wollten, ob nun Euro, Dollar oder bloße Wertpunkte, Schätzung wird nicht in gezählten Einheiten empfunden, nicht in bezifferbarer Menge oder Größe. Nicht einmal bei Gelegenheiten, wo es so weit wie möglich nach Angebot und

Nachfrage geht, bei einer Versteigerung etwa, schätzt ein Käufer irgendetwas bereits in der Form des Werts, den er dafür zu zahlen bereit ist. Wenn jemand ein bestimmtes Gemälde, das man Leonardo da Vinci zuschreibt, für sage und schreibe 450 312 500 Dollar ersteigert, darf man nicht annehmen, er habe nur in sich hineinhorchen müssen, wie sehr ihm das Gemälde am Herz liege, um feinsäuberlich auf diese Zahl in Dollar zu kommen.

So geht es mit Angebot und Nachfrage ganz allgemein: Wann immer die Schätzung von etwas oder die Nachfrage nach etwas übertragen wird *in einen Geldwert*, gründet dies nicht darin, dass diese Nachfrage bereits für sich genommen die Form eines Zahlenwerts auf einer Skala hätte. Es gründet vielmehr darin, dass uns das Geld eine solche Skala von Zahlenwerten vorgibt und uns deren Form aufzwingt. Wertschätzung und Nachfrage müssen erst in diese skalierten Geldwerte *umgeformt* und *umgerechnet* werden, wenn sich aus ihnen die Wertgröße von Waren ergeben soll. Was die subjektive Werttheorie also versuchen muss, ist es, diese *Umrechnung* von Schätzung in Geldeswert so systematisch zu leisten, als würde sie sich mit der zwingenden Notwendigkeit eines Naturgesetzes ergeben.

Die Anfänge der Lehre, die dieses Kunststück versucht, liegen im 18. Jahrhundert. 1738 formuliert der Mathematiker Daniel Bernoulli deren Grundannahme, die Hermann Heinrich Gossen im folgenden Jahrhundert dann zur Werttheorie ausarbeitet. Joseph Schumpeter und andere nehmen sie später auf und können bereits ihre allgemeine Durchsetzung feiern. Und obwohl längst vielfach nachgewiesen wurde, dass diese Lehre die Wirklichkeit verfehlt, ist sie heute die gewiss am weitesten verbreitete Werttheorie – allerdings auch dank der Tatsache, dass viele ihrer Anhänger sie nur vom Hörensagen kennen.

In einem Punkt jedenfalls hat diese Lehre ohne Zweifel recht: *Wenn* sich die Wertgröße aus der subjektiven Schätzung soll erklären lassen, dann kann sie sich *nur so* erklären, wie es diese Theorie mit sehr viel Anstrengung und mathematischer Genauigkeit auskonstruiert hat. Eine subjektive Werttheorie muss, streng durchdacht, zu genau dieser Lehre führen. Es ist die Lehre vom sogenannten *Grenznutzen*.

Alles, was jemand – das »Subjekt« – an einer Ware schätzen mag, benennt und definiert diese Theorie einheitlich als den »Nutzen«, den die Ware für ihn habe. Ob nun jemand ein Gemälde seiner Schönheit wegen schätzt oder dafür, dass es die Wand über dem Sofa belebt; ob er ein Hemd dafür schätzt, dass es ihn wärmt oder dass er damit anständig gekleidet ist; egal, ob er eine Speise dafür schätzt, wie sie schmeckt, ob dafür, wie appetitlich sie angerichtet ist, oder dafür, dass sie einfach momentan seinen Hunger stillt; und egal auch, ob er an einer Ware vielleicht jeweils alles zugleich schätzt: Was immer ihm an einer Ware liegen mag, diese Theorie fasst es zusammen unter dem »Nutzen«, den die Ware für ihn mit sich bringt. Gleichgültig *jede Art* der Schätzung wird von dieser Theorie damit von Anfang an passend auf eine *einheitliche Größe* reduziert, auf eine Größe, in der von jeder Qualität, der doch Schätzung allein gelten kann, *abgesehen* ist. Und natürlich ahnt man, was die Grenznutzentheorie mit dieser definitorischen Reduktion der Schätzung auf eine *nicht-qualitative Größe* vorhat.

Mit der Definition eines einheitlichen »Nutzens« allein ist er aber noch nicht in der Weise *quantifiziert*, wie er es als Wertsubstanz sein müsste. Um es so weit zu bringen, macht diese Lehre eine eigentümliche Annahme. Der zurechtdefinierte »Nutzen« einer bestimmten Ware, so behauptet sie, nehme für ihren prospektiven Käufer nicht einfach zu, je mehr er von ihr zur Verfügung habe. Mit jedem noch so geringfügigen zusätzlichen Stück einer Ware werde dessen jeweils zusätzlicher Nutzen stattdessen kontinuierlich *geringer*. Von jeder beliebigen Ware wäre demnach für jedes beliebige Subjekt der Nutzen bei der ersten gekauften Einheit am größten, der Nutzen der zweiten schon etwas geringer, derjenige der dritten noch geringer und so fort, bis zum Beispiel die zehnte gar keinen Nutzen mehr hätte und der Nutzen der elften sogar in sein Gegenteil, ins sogenannte Übel umschlüge. Der Nutzen der *jeweils zuletzt* gekauften oder zu kaufenden Einheit, »Grenznutzen« genannt, soll also stets unter dem der jeweils vorangehenden Einheiten liegen.

Dass es sich so verhalte, eine Mischung aus Definition und luftiger Annahme, erklärt die Grenznutzenlehre stolz zum »Gesetz«: zum Gossenschen Gesetz oder dem »Gesetz des abnehmenden Grenznutzens«. Und selbstverständlich hat sie für dieses Gesetz auch ihre klassischen Beispiele. Eines davon geht so: Jemand hat Hunger, geht deshalb an einen Würstelstand und kauft sich eine Bratwurst. Wenn er sie gegessen hat, ist der Hunger ein wenig gestillt, und darin besteht der Nutzen, den der Kauf der Wurst für den Hungrigen hatte. Aber sein Hunger ist noch nicht ganz gestillt, er kauft sich also eine zweite Wurst und diese zweite Wurst stillt seinen Hunger zwar weiter, aber irgendwie weniger als die erste Wurst. Folglich ist der Nutzen, den es für den Hungrigen mit sich bringt, die zweite Wurst zu kaufen, geringer als beim Kauf seiner ersten. Und so geht es weiter: Er könnte immer noch eine Bratwurst kaufen, die dritte würde ihn weniger sättigen als die zweite, die vierte weniger als die dritte, und mit jeder weiteren Wurst nähme ihr Nutzen ab, bis unser Esser gar keinen Hunger mehr hätte und ihm die nächste Wurst null Hunger stillen und null Nutzen bringen würde. Wollte er nach dieser Null-Wurst dennoch weitere Würste kaufen und essen, würde ihm davon schlecht und immer noch schlechter und anstelle eines bloß abnehmenden Nutzens würde sich ein zunehmendes Übel, in diesem Fall also Übelsein einstellen.

Was ist dazu zu sagen? Man möchte nicht ausschließen, dass sich in den vielen Jahren, seit diese Theorie besteht, irgendwer wirklich einmal derart absurd verhalten hat, ausschließlich Würstchen nach Würstchen zu vertilgen, bis sein Hunger passgenau auf null gebracht war und ihm beim nächsten schlecht geworden ist. Es ist allerdings schwer zu glauben, dass jedes dieser seltenen Male jemand dabeistand und dokumentiert hätte, nicht nur *dass* der Hunger nachließ, sondern *um welchen jeweils geringeren Betrag* der Hunger mit jeder weiteren Wurst gestillt war. Geradewegs ausgeschlossen scheint es dann, dass ein Forscher *oft genug* auf solche Würstchenesser gestoßen wäre, um angesichts unzähliger Male ausnahmslos gleichen Kaufverhaltens und Sättigungsverlaufs platterdings ein Naturgesetz feststellen zu müssen. Und offensichtlicher Humbug ist schließlich die Behauptung, dass es bei *jedem* Kauf und bei *egal welcher* Ware so zuginge wie an unserer absurden Würstchenbude und dass sich auf diese Weise jedes Mal bestimmen würde, *wie viel Wert* jedes einzelne Würstchen und jede einzelne Ware habe.

Schon beim Hunger, der immerhin wirklich Stück für Stück und Bissen für Bissen gestillt wird, verhält es sich anders, als diese Theorie es behauptet: Irgendwann ist man wohl satt, aber man ist nicht nach einem Teller Suppe halb satt, nach einem weiteren Teller aber, statt ganz satt zu sein, nur dreiviertel und nach dem dritten Teller dann sieben Achtel. Erst recht trifft dergleichen nicht bei allen möglichen anderen Waren zu, bei Kühlschränken, bei Tampons, bei Opernkarten, Reifenwechsel oder Fußpflege. Ginge es nach einem Gesetz, wie es die Grenznutzentheorie behauptet, *müsste* es das jedoch: Es müsste ausnahmslos, in jedem einzelnen Fall und bei jeder Art von Ware vollständig und immer nur so zugehen wie an der ausgedachten Würstelbude.

Man sieht dieser Theorie auf den ersten Blick an, dass für sie keine empirischen Erhebungen angestellt wurden, die erbracht hätten, Hunger würde mit jedem Bissen nicht nur abnehmen, sondern *um etwas weniger* abnehmen als mit dem Bissen zuvor. Nichts in dieser Art ließe sich überhaupt empirisch erheben, jeder Versuch, Bissen für Bissen den *Grad* der Sättigung messen zu wollen, wäre vergeblich. Es ist unübersehbar: Diese Theorie hat nicht die Wirklichkeit studiert und ihr ein Gesetz oder, bescheidener, wenigstens ein Modell abgewonnen, sondern schneidert sich ein Modell zurecht, das leistet, was sie wünscht, und erklärt dies dreist zur Wirklichkeit. Was sie erklärt, ist ausnahmslos konstruiert, damit sich theoretisch ergibt, was sich ergeben soll, die subjektive Schätzung einer Ware in der Form eines bestimmten *Quantums* Wert. Das »Gesetz des abnehmenden Grenznutzens« ist exakt so ausgelegt und ausgetüftelt, dass sich die Schätzung damit als *quantifizierbar* darstellen lässt.

Dafür nämlich bringt jenes »Gesetz« Angebot und Nachfrage gezielt in die Form einer mathematischen Funktion. Es fasst beide als *kontinuierlich* beziehungsweise *infinitesimal veränderliche* Größen auf: Mit jedem *beliebig kleinen Zuwachs* der Warenmenge, des *Angebots*, soll auch die Menge ihres Nutzens, der *Nachfrage*, eine jeweils *beliebig kleine Veränderung an Zuwachs* erfahren. Und diese Veränderung muss außerdem einen in unendlich kleinen Schritten *zunehmend abnehmenden* Zuwachs ergeben, den dafür mathematisch eigens ausgetüftelten »abnehmenden Grenznutzen«. Denn nur mit ihm ergibt sich eine Kurve, die ein Maximum bildet: an dem Punkt, wo der Grenznutzen nicht mehr steigt, bevor er wieder sinkt. Um dieses Maximum geht es dieser Theorie: Es ergibt den benötigten *Punkt*, an dem die so gedeutete Nachfrage »gesättigt« wäre und der deshalb diejenige Wertmenge darstelle, welche die kaufenden Subjekte bereit seien für eine Ware maximal zu zahlen. Die Kurve sieht so aus:

Abnehmender Grenznutzen

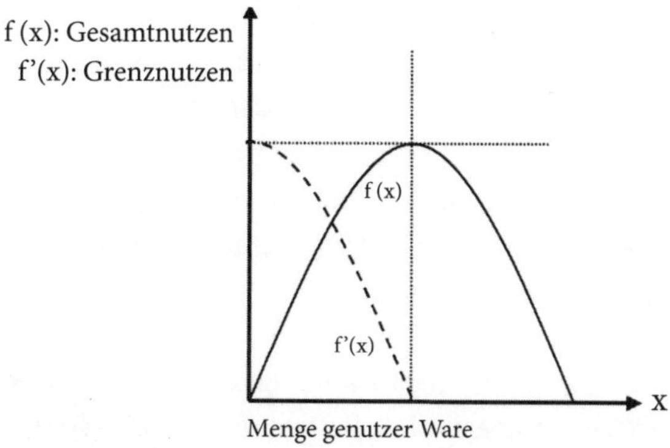

Sie ist das Ziel und der Sinn der lustigen Konstruktion, dass nicht eine Bratwurst so sättigt wie die andere, sondern dass eine Bratwurst hinter die andere geschaltet kontinuierlich immer weniger Zuwachs an Sättigung bringen würde. Nur ein solch fiktives Bratwurstkontinuum – denn wie die Kurve zeigt, müsste hier jedes einzelne Bratwurst*atom* weniger sättigen als das zuvor verzehrte – führt zu dem erwünschten Maximum, zu jener Stelle im Kurvenverlauf also, wo dem nächstfolgenden Wert auf der x-Achse der Warenmenge der erste infinitesimal *geringere* Wert auf der y-Achse des »Nutzens« entspräche.

Berechnet, und zwar auf Heller und Cent berechnet, wie es Warenwerte nun einmal sind, ist auch mit diesem braven Graphen allerdings noch gar nichts. Um es so weit zu bringen, schlägt diese Theorie zahllose weitere Purzelbäume, die es sich nicht lohnt nachzuvollziehen. Noch vor ihren Berechnungen im Einzelnen offenbart die Lehre vom Grenznutzen so viel an konstruierter Verdrehung der Wirklichkeit, dass sich ihr eigener Nutzen damit erledigt hat. So muss sie nicht nur ansetzen, dass *alle* Käufer von *jeder* Ware und *immer* genau so viel würden anschaffen wollen, bis das nächste Bisschen davon ihnen

Überdruss verursachen würde, wo doch schon die Anschaffung eines Kühlschranks wenig Ähnlichkeit mit dem sättigenden Verzehr einer Bratwurst aufweist. Sondern ebenso muss diese Lehre sämtliche Käufer auch abwägen lassen, wie viel sie von den *verschiedenen* Waren anschaffen wollten, um dann mit dieser Warenauswahl *insgesamt* zu einer Sättigung ganz knapp vor dem Überdruss zu gelangen. Und zu guter Letzt müsste sich der Wert einer jeder Ware vor allem dadurch errechnen lassen, dass entweder alle Käufer genau gleich viel für eine Ware zu zahlen bereit wären, womit sie den Wert der Ware bestimmt hätten, oder, wenn nicht gleich viel, müsste für jede Ware der von unterschiedlichen Käufern unterschiedlich empfundene »Nutzen« eruiert und daraus ihr Wert als Durchschnitt errechnet werden – was weder wirklich durchgeführt wird noch überhaupt durchzuführen wäre.

Der Versuch, aller Wirrnis beizukommen, die das »Gesetz des abnehmenden Grenznutzens« impliziert, sei getrost seinen Theoretikern überlassen, die darin ja ernsthaft Bemerkenswertes leisten. Denn noch einmal: Sie konstruieren mit großer Konsequenz aus, wie sich die Wirklichkeit verhalten *müsste, wenn* allein die subjektive Schätzung über die Wertgröße der Waren entschiede. So aber verhält sich die Wirklichkeit nicht. Doch das verkraftet diese Theorie mühelos und *bleibt* anerkannt. Denn ihr zugrunde liegt jener Schein, der so unverbrüchlich für Wirklichkeit gilt: dass Wert in den Waren liege.

Wer diesem Schein erliegt, muss diese Theorie für wahr und wirklich halten; es sei denn, er hält ihr objektives Gegenstück für wahr und wirklich, die Arbeitswertlehre.

Exkurs: Theorie des Scheins II – Arbeitswert

So notwendig, wie sich die subjektive Werttheorie einen infinitesimalen »Grenznutzen« zurechtlegen muss, um die Größe eines jeden Warenwerts allein in den kaufenden »Subjekten« gründen zu lassen, so notwendig muss die objektive Werttheorie, um die Wertgröße unabhängig von jedem subjektiven Faktor in den Waren selbst sehen zu können, auf den Wert von »Arbeit« geraten.

Die »Arbeitswertlehre« findet sich bereits in der klassischen politischen Ökonomie, stammt also nicht von Marx, ist aber insbesondere mit seinem Namen verbunden. Entsprechend entfaltet sich die objektive Wertlehre bei ihm gewissermaßen gegenläufig zur subjektiven: Während die Grenznutzentheorie umso haltloser wird, je weiter sie in die Einzelheiten geht, wird es bei Marx umso gehaltvoller, je weiter er vordringt. Verkehrt sind bei ihm Ausgangspunkt und Grundvoraussetzung, das Apriori eines Werts in den Waren. Das nimmt seiner Theorie im Ganzen ihre Wahrheit, verhindert aber nicht, dass er in seiner Analyse vieles triftig darstellt und, besonders auffallend, seinem Grundfehler selbst in der Lage ist zu widersprechen. Dennoch, es gibt diesen Fehler und wieder besteht er darin, den Wert als substanziell vorauszusetzen.

Marx spricht geradezu mit Vorliebe von »Wertsubstanz«, von einer »wertbildenden Substanz«, vom Wert als der »gemeinschaftlichen gesellschaftlichen Substanz« der Waren. Nachdrücklich bekennt er sich also zu einer substanziellen Deutung des Werts, und mehr noch, er hält sie, die hier als ein durch das Geld erzwungener *Schein* dechiffriert wurde, seinerseits stolz für die kritische *Durchbrechung* des entgegengesetzten Scheins. Wert *scheine* nur »zunächst« die *reine Bezugsgröße* zu sein, die er nach meiner Herleitung wirklich ist, so erklärt Marx, während er »die Sache näher« betrachten und eine Wertsubstanz in den Waren ausfindig machen werde: einen den Waren immanenten Wert oder – hier synonym verwendet – Tauschwert.

> »Der Tauschwert erscheint zunächst als das quantitative Verhältnis, die Proportion, worin sich Gebrauchs[gegenstände] einer Art gegen Gebrauchs[gegenstände] anderer Art austauschen, ein Verhältnis, das beständig mit Zeit und Ort wechselt. Der Tauschwert scheint daher etwas Zufälliges und rein Relatives, [und im Gegensatz dazu scheint] ein der Ware innerlicher, immanenter Tauschwert […] eine contradictio in adjecto. Betrachten wir die Sache näher.«[131]

Denn bei näherer Betrachtung soll sich herausstellen, dass »ein der Ware innerlicher, immanenter« Wert keinen Widerspruch darstellt, sondern wirklich existiert.

Wie bekannt sieht ihn Marx für gegeben an, sobald nur Ware gegen Ware getauscht wird. Es ist der Fehler, den wir von Marx' »einfacher Wertform« kennen: Ein Tausch von Ware gegen Ware heißt für ihn bereits unmittelbar, *ohne* die Vermittlung und *ohne* das Auftreten von Geld, dass die Waren als *Werte* getauscht und als Werte einander *gleichgesetzt* würden. Marx eröffnet sein Hauptwerk zwar berühmterweise mit der Feststellung:

> »Der Reichtum der Gesellschaften, in welchen kapitalistische Produktionsweise herrscht, erscheint als eine »ungeheure Warensammlung«, die einzelne Ware als seine Elementarform. Unsere Untersuchung beginnt daher mit der Analyse der Ware.«[132]

Gleichwohl beginnt Marx eben *nicht* mit der Analyse der Ware innerhalb *kapitalistischer* Gesellschaften, sondern mit der Analyse – wie er glaubt – der Ware *als solcher*. Das ist der schwere, der kapitale Fehler, mit dem sein *Kapital* einsetzt. Kapitalistisch wirtschaftende Gesellschaften wirtschaften notwendig mit Geld, Marx jedoch, da er »mit der Analyse der Ware« noch *vor* dem Geld beginnt, beginnt damit, sie als eine Wirtschaft *ohne* Geld zu analysieren: Er analysiert zu Beginn die kapitalistische als eine *nicht* kapitalistische – das muss schiefgehen.

Dass Wert in den Waren läge: Was genetisch und als bloße Setzung aus dem Geld *folgt*, setzt Marx voraus, um verkehrt und umgekehrt das Geld genetisch daraus abzuleiten. Mit einem Stolz, der in diesem Fall so gar nicht angebracht ist, verkündet er:

> »Hier gilt es jedoch zu leisten, was von der bürgerlichen Ökonomie nicht einmal versucht ward, nämlich die Genesis dieser Geldform nachzuweisen, also die Entwicklung des im Wertverhältnis der Waren enthaltenen Wertausdrucks von seiner einfachsten unscheinbarsten Gestalt bis zur blendenden Geldform zu verfolgen. Damit verschwindet zugleich das Geldrätsel.«[133]

Ganz im Gegenteil: Wenn Geld abgeleitet wird aus einem »Wertverhältnis der Waren«, das *vor* dem Geld bestanden haben müsste, in Wahrheit aber davor *nicht* bestanden hat, muss Geld für immer ein Rätsel bleiben. Nachdrücklich pocht Marx auf den Glauben, den er schlicht für eine Offenbarung hält, dass Wert nicht vermittelt über Geld, sondern unmittelbar in den Waren gegeben sei: »Das einfachste

Wertverhältnis ist *offenbar* das Wertverhältnis einer Ware zu einer einzigen verschiedenartigen Ware, gleichgültig welcher.« Und damit haben wir den Salat: die »einfache Wertform« als blindlings gemachte Grundvoraussetzung, aus der sich Geld und Kapital erklären soll.

Aus ihr gewinnt Marx auch das Herzstück seiner Kritik der politischen Ökonomie. Es ist seine höchst folgenreiche *Wertlehre*. Um sie herzuleiten, genügen ihm drei Schritte. Der erste:

> »Nehmen wir [...] zwei Waren, z. B. Weizen und Eisen. Welches immer ihr Austauschverhältnis, es ist stets darstellbar in einer Gleichung, worin ein gegebenes Quantum Weizen irgendeinem Quantum Eisen gleichgesetzt wird, z. B. 1 Quarter Weizen = a Ztr. Eisen.«

Das trifft, wie gesagt, nicht zu: Das direkte, *nicht geldvermittelte* Austauschverhältnis bloß zweier Waren, von dem Marx hier ausgeht, ist nicht nur nicht *»stets«*, es ist *niemals* Gleichsetzung und *niemals* in einer Gleichung darstellbar. Marx aber verfolgt das falsch Vorausgesetzte konsequent weiter:

> »Was besagt diese Gleichung? Dass ein Gemeinsames von derselben Größe in zwei verschiednen Dingen existiert, in 1 Quarter Weizen und ebenfalls in a Ztr. Eisen. Beide sind also gleich einem Dritten, das an und für sich weder das eine noch das andere ist. Jedes der beiden, soweit es Tauschwert, muss also auf dies Dritte reduzierbar sein.«[134]

Dieses gemeinsame Dritte müsste also, so besagt die »Gleichung«, jeweils *in* den »zwei verschiednen Dingen« *existieren* und in beliebig jeder Ware enthalten sein: *voilà* ihre gemeinsame Substanz. Der zweite Schritt:

> »Dies Gemeinsame kann nicht eine geometrische, physikalische, chemische oder sonstige natürliche Eigenschaft der Waren sein. Ihre körperlichen Eigenschaften kommen überhaupt nur in Betracht, soweit selbe sie nutzbar machen, also zu Gebrauchs[gegenständen]. Andererseits aber ist es grade die Abstraktion von ihren Gebrauchs[gegenständen], was das Austauschverhältnis der Waren augenscheinlich charakterisiert.«

Und deshalb braucht es einen dritten Schritt: Was bleibt übrig, wenn bei Gütern oder Gebrauchsgegenständen von allen ›natürlichen‹ Eigenschaften abstrahiert wird? Marx sieht nur eine Möglichkeit: »so bleibt ihnen nur noch eine Eigenschaft, die von Arbeitsprodukten«. Und damit ist sie für Marx gefunden: die Wertsubstanz von Waren.

Als eine solche Substanz müsste sie sich schon immer in Waren gefunden haben, deshalb sieht sich Marx bemüßigt, in diesem Punkt von historischer Blindheit geschlagen, sie bereits anhand eines antiken Beispiels nachzuweisen. Aristoteles hatte sich Gedanken gemacht über einen Tausch »Haus gegen Polster«. Und Marx fragt:

> »Was ist das Gleiche, d. h. die gemeinschaftliche Substanz, die das Haus für den Polster im Wertausdruck des Polsters vorstellt? So etwas kann ›in Wahrheit nicht existieren‹, sagt Aristoteles.«

Und hat damit völlig recht. Marx aber weiß es besser:

> »Warum? Das Haus stellt dem Polster gegenüber ein Gleiches vor, soweit es das in beiden, dem Polster und dem Haus, wirklich Gleiche vorstellt. Und das ist – menschliche Arbeit.«[135]

Marx hält etwas Gleiches in allen Waren ausdrücklich und konsequent für »wirklich«. Er setzt die *Gleichung* der Waren voraus, sieht darin die Setzung eines *Gleichen*, aber erkennt es nicht als die *bloße Setzung* und glaubt daher an dessen strikte *Wirklichkeit*.

Dass sich die Setzung dieses Gleichen erst historisch mit dem Geld ergibt, dass es sie in der Antike *deshalb* noch nicht gegeben hat und dass dieses Gleiche für Aristoteles deshalb *zu Recht* keine Wahrheit und keine Wirklichkeit hatte, davon weiß Marx nichts und will er nichts wissen. Das ist besonders bitter, weil sich niemand anders als Marx des entscheidenden historischen Einschnitts eigentlich bewusst ist. Denn er fährt an dieser Stelle fort:

> »Dass aber in der Form der Warenwerte alle Arbeiten als gleiche menschliche Arbeit und daher als gleichgeltend ausgedrückt sind, konnte Aristoteles nicht aus der Wertform selbst herauslesen, weil die griechische Gesellschaft auf der Sklavenarbeit beruhte, daher

die Ungleichheit der Menschen und ihrer Arbeitskräfte zur Naturbasis hatte. Das Geheimnis des Wertausdrucks, die Gleichheit und gleiche Gültigkeit aller Arbeiten, weil und insofern sie menschliche Arbeit überhaupt sind, kann nur entziffert werden, sobald der Begriff der menschlichen Gleichheit bereits die Festigkeit eines Volksvorurteils besitzt. Das ist aber erst möglich in einer Gesellschaft, worin die Warenform die allgemeine Form des Arbeitsprodukts, also auch das Verhältnis der Menschen zueinander als Warenbesitzer das herrschende gesellschaftliche Verhältnis ist.«

Hier ist Marx ganz knapp an der Wahrheit, die er so gründlich verfehlt. Die »Gleichheit und gleiche Gültigkeit aller Arbeiten« gilt ihm falsch für schon immer gegeben, nur dass sie sich in frühen Zeiten noch nicht richtig hätte »herauslesen« lassen und damals noch nicht hätte »entziffert werden« können – so entschuldigt Marx gnädigerweise die vermeintliche Blindheit des Aristoteles: »Nur die historische Schranke der Gesellschaft, worin er lebte, verhindert ihn herauszufinden, worin denn ›in Wahrheit‹ dies Gleichheitsverhältnis besteht.« Zu entziffern, worin »dies Gleichheitsverhältnis besteht« und nach Marx schon immer bestanden hätte, das herauszufinden, herauszulesen und zu entziffern sei »erst möglich in einer Gesellschaft«, die Marx sehr richtig beschreibt. Es entgeht ihm zwar, dass jene Gleichheit als das »Geheimnis des Wertausdrucks« überhaupt erst in dieser Gesellschaft *aufkommt*, statt in ihr bloß zum ersten Mal *entzifferbar* zu werden. Richtig aber erkennt er, dass darin »das herrschende gesellschaftliche Verhältnis« der Menschen untereinander dasjenige von *Warenbesitzern* ist, unmissverständlich also das gesellschaftliche Verhältnis, in dem die Menschen von Kauf und Verkauf leben. So beschreibt Marx, leider ohne es zu erkennen, spezifisch jene Gesellschaft, die mit *Geld* umgeht und wo *Wert* in Form von Geld überhaupt erst als das gemeinsame Gleiche aller Waren auftritt.

Betrachten wir nun weiter das allen Waren gemeinsame *Gleiche*, das Marx in den Waren ausgemacht haben will: eine ebenso *gleiche* »menschliche Arbeit«. Es würden sich zwar durchaus auch *andere* Gemeinsamkeiten der Waren finden als die Eigenschaft, Arbeitsprodukt zu sein, nämlich dass alle Waren *etwas* sind, oder auch nur, *dass* sie als Güter grundsätzlich über Eigenschaften verfügen müssen, die sie für Menschen brauchbar oder schätzbar machen. Dergleichen aber kann Marx hier nicht gebrauchen, von diesen Eigenschaften ist keine *quantifizierbar*, wie es Marx' beabsichtigte Begründung des Werts in den Waren aber erfordert. Als gedachte *Wertsubstanz* benötigt Marx etwas, das wie der Wert selbst ein *reines Quantum* darstellt. Und dafür wählt Marx beziehungsweise die Arbeitswertlehre konsequenterweise das Einzige, was dafür infrage kommt, nämlich etwas, das in die Waren lediglich *eingeht*. Das gesuchte *Gleiche* darf sich an ihnen lediglich *vollziehen* können, als ein von außen eingespeistes Quantum. Deshalb greift Marx nicht zu der abstrakten Gemeinsamkeit aller Waren, ein qualitativ bestimmtes *etwas* zu sein, sondern wählt er etwas, das Menschen an Waren vollziehen: »Arbeit«.

Marx macht seinen Fund, ohne herzuleiten, wie er auf ihn kommt. Vielmehr lässt er sich umgekehrt von ihm zwingen, eine weitere Vorannahme zu machen: Wenn sich in sämtlichen Waren »menschliche Arbeit« finden soll, muss er voraussetzen, dass nur dasjenige Ware sein kann, woran Menschen tätig geworden sind. An jeder Ware müssten Menschen gearbeitet haben, damit die Menge der an sie »verausgabten« Arbeit die Größe ihres Werts bestimme. Schon das muss Marx und seine Wertlehre in Schwierigkeiten bringen, da sich unschwer Waren aufführen lassen, die ohne das Zutun von Menschen zu dem geworden sind, als was sie jemand verkauft. Doch dieser Schwierigkeit ist sich Marx bewusst, er widmet sich ihr ausführlich und wir können sie hier ohne Weiteres auf sich beruhen lassen. Denn die entscheidende Schwierigkeit ist eine andere.

Es ist dieselbe, vor die sich entsprechend auch die subjektive Werttheorie gestellt sieht: Während diese jede Form der an Qualitäten gebundenen Schätzung zu einem *rein quantitativ* bestimmten »Nutzen« abstrahieren musste, muss es der Arbeitswertlehre gelingen, all die konkreten, qualitativ unterschiedlichen Tätigkeiten, mit denen Menschen Waren herstellen, auf *rein quantitativ* bestimmte »Arbeit« zu bringen. Marx sieht das in aller Schärfe: Mit der allen Waren unterstellten Eigenschaft, Arbeitsprodukt zu sein, ist nicht nur von den qualitativen Eigenschaften der Waren abstrahiert, sondern auch von denen der Arbeiten, die zu einem Produkt führen.

> »Es ist nicht länger Tisch oder Haus oder Garn oder sonst ein nützliches Ding. Alle seine sinnlichen Beschaffenheiten sind ausgelöscht. Es ist auch nicht länger das Produkt der Tischlerarbeit oder Bauarbeit oder der Spinnarbeit oder sonst einer bestimmten produktiven Arbeit. Mit dem nützlichen Charakter der Arbeitsprodukte verschwindet der nützliche Charakter der in ihnen dargestellten Arbeiten, es verschwinden also auch die verschiedenen konkreten Formen dieser Arbeiten, sie unterscheiden sich nicht länger, sondern sind allzusamt reduziert auf gleiche menschliche Arbeit, abstrakt menschliche Arbeit.«[136]

Und diese muss, als Wertsubstanz der Waren, als Quantum bemessen sein.

> »Ein Gebrauchs[gegenstand] oder Gut hat also nur einen Wert, weil abstrakt menschliche Arbeit in ihm vergegenständlicht oder materialisiert ist. Wie nun die Größe seines Werts messen? Durch das Quantum der in ihm enthaltenen ›wertbildenden Substanz‹, der Arbeit. Die Quantität der Arbeit selbst misst sich an ihrer Zeitdauer, und die Arbeitszeit besitzt wieder ihren Maßstab an bestimmten Zeitteilen, wie Stunde, Tag usw.«[137]

Das hieße: Die Menge an Arbeit, die in eine Ware eingeht, bemäße sich objektiv an der Zeit, in der diese Arbeit aufgewandt wird, und wäre, so bemessen, zugleich objektiv die Menge Wert, die eine Ware hat. Wie viel Wert in ihr stecken soll, ergäbe sich daraus, wie lange an ihr gearbeitet wurde. Und auf diese Weise, so muss die Arbeitswertlehre behaupten, wäre die Menge an Wert fest und messbar in der Ware selbst gegeben.

Diese Behauptung hat eine wichtige Implikation, bei der es einen Moment zu verweilen gilt. Nach erfolgter Arbeit an einer Ware stünde deren Wert fest und damit müsste ihr Wert bedeutsamerweise unabhängig sein von ihrem jeweiligen *Preis*. Denn der Preis von Waren kann immerhin von einer Sekunde zur anderen wechseln, und selbst wenn man annimmt, das sich der Preis in der Regel nach dem Wert einer Ware richten oder ihn mehr oder weniger frei umspielen würde, er wäre keinesfalls identisch mit einem Wert, der doch – als Substanz – fest in ihr gründen würde. Während der Wert *real* in der Ware gegeben wäre, würde der Preis ihr bloß *nominell* zugeschrieben. Marx schreibt wie in Stein gemeißelt: »Die Ware als solche *ist* Tauschwert, sie *hat* einen Preis.« Für Marx und die Arbeitswertlehre muss es einen Unterschied zwischen Wert und Preis geben, so real und »so wenig bloßer Namensunterschied, dass in ihm vielmehr alle Ungewitter, die der Ware im wirklichen Zirkulationsprozeß drohen, konzentriert sind«.[138] Als Beispiel für solche Ungewitter nennt Marx, dass eine Ware beim Verkauf eben nicht den *Preis* erzielt, der ihrem *Wert* entspräche, oder gar dass sie überhaupt nicht verkauft wird, also überhaupt keinen Preis erzielt und insofern keinen Preis mehr hat – während sie auch dann noch ihren Wert als die Wertsubstanz »Arbeit« in sich tragen müsste. Jedenfalls steht außer Frage: Der Preis, den eine Ware nur hat, sofern sie ihn erzielt, *kann* sich bloß *nominell* an die Ware heften, er kann keinesfalls substanziell und real in der Ware gründen. Die Frage ist nur: Tut es ihr *Wert*? Wenn er sich substanziell und real in den Waren finden soll, wie es die Arbeitswertlehre zu ihrem Apriori macht, *darf* Wert den Waren nicht bloß nominell zugeschrieben werden, sondern müsste er von ihrem Preis nicht bloß dem Namen, sondern dem Wesen nach unterschieden sein.

Für die Arbeitswertlehre ist diese Scheidung von Wert und Preis konstitutiv, mit ihr steht und fällt sie als die Theorie einer Wertsubstanz. Und wir stehen damit an dem Punkt, wo wir sie zusammen mit dieser Scheidung *fallen* sehen.

Marx weiß: Als die Substanz von Wert müsste »Arbeit« auch die abstrakte, »gleiche«, *rein quantitative* Form von Wert aufweisen. Arbeit bräuchte selbst ein qualitätsloses, rein quantitatives Maß, wonach sich ihre Menge bestimmen ließe, und dafür kommt nur infrage, was Marx deshalb so eilends benannt hat, nämlich die bloße Zeitdauer – *wie lange* an einer Ware gearbeitet wird: »Die Quantität der Arbeit selbst misst sich an ihrer Zeitdauer, und die Arbeitszeit besitzt wieder ihren Maßstab an bestimmten Zeitteilen, wie Stunde, Tag usw.« Nur gerät auch dieses Maß noch nicht abstrakt genug, oder richtiger: nicht *passend* abstrakt. Denn mit der Uhr in der Hand, in Minuten, Stunden und Tagen lässt sich ausschließlich die *konkrete*, die *wirklich* in der Zeit verlaufende Arbeit messen, und von der ist in der »gleichen menschlichen Arbeit« abstrahiert, wie Marx weiß. Würde die Dauer *wirklicher* oder *konkreter* Arbeit zum Maß von Wert genommen, ergäbe sich der berühmte Widersinn, dass ausgerechnet die Ware desjenigen am meisten Wert hätte, der mit ihr am meisten Zeit vertrödelt: Je langsamer der Arbeiter, desto wertvoller, was er herstellt. Marx, der das klar erkennt, pocht deshalb darauf, dass eben *nicht* die konkrete Arbeit, sondern erst und ausschließlich die *abstrakte* als Wertsubstanz zu messen wäre – aber wie nun: in Zeiteinheiten?

Wenn nicht mit der Uhr in der Hand, wie lässt sich die Dauer von etwas messen, das so abstrakt sein soll wie der Wert? Marx gibt die einzig mögliche Antwort: Nur indem eine Gesellschaft sie als solche *anerkennt*, als *so viel* Arbeitszeit nämlich, wie nicht bloß individuell, sondern *allgemein* nach den Maßstäben und dem Stand ebendieser Gesellschaft für die Herstellung einer Ware benötigt wird: »Denn nur die gesellschaftlich notwendige Arbeitszeit zählt als wertbildend«, sagt Marx.[139] Aber damit geht es ja nur noch einmal weiter: Woran wird bemessen, wie viel Arbeitszeit für eine Ware »gesellschaftlich notwendig« ist? Auf welche Weise wird festgestellt, wie viel Zeit eine Gesellschaft bereit ist jeweils für die Herstellung der einzelnen Waren als notwendig anzuerkennen? Gibt es denn Kommissionen, die für jede Warenart turnusmäßig die gesellschaftlich notwendige Arbeitszeit errechnen? Gibt es Instanzen, die entsprechend detaillierte Informationen darüber sammeln und auswerten, was der technische Stand bei den verschiedenen Waren an Produktionsdauer hergibt? Geben die Staaten Listen heraus, auf denen sämtliche Waren danach taxiert sind, wie viel Zeit je aktuell als »wertbildend« anerkannt wird, um sie herzustellen? Und wird ein solcher gelisteter Arbeitszeitbedarf dann direkt zur Grundlage dessen genommen, wie viel Wert jede Ware hat, wie viel sie in Dollar oder Euro wert ist?

Nein, nichts dergleichen. Auch Marx weiß das und erklärt: Was eine Ware wert ist, wird *in keiner Weise* an den Arbeitsvorgängen selbst gemessen, folglich auch nicht – obwohl er es behauptet – in Zeit, weder als Durchschnittswert noch per Expertise. Wie viel an Wert einer Ware zukommt und wie viel also, wie Marx es erklärt, an abstrakter Arbeit für eine Ware gesellschaftlich notwendig ist, bemisst sich auch für Marx allein daran, *wie viel wirklich für sie gezahlt wird.*

Der gesellschaftliche Ort, wo über die Menge Wert einer Ware entschieden wird, ist der Markt, und was dort entscheidet, ist: was sie an *Geld* kostet, wie viel also die über den Markt vermittelte Gesellschaft bereit ist für sie zu zahlen. Das heißt, der Wert einer Ware und das Quantum gesellschaftlich notwendiger »Arbeit«, das in ihr stecken soll, bemessen sich an dem Preis, den sie auf dem Markt erzielt: Ihr Preis ist ihr Wert.

Marx leitet es nicht allzu deutlich her, aber er spricht es zuletzt mit aller Deutlichkeit aus, womit er die eigene Wertlehre widerruft: »Die Menschen beziehen also ihre Arbeitsprodukte nicht aufeinander als Werte, weil diese Sachen ihnen als bloß sachliche Hüllen gleichartig menschlicher Arbeit gelten.« So hatte es die Lehre von der Arbeit als Wertsubstanz aber behauptet. Jetzt heißt es:

> »Umgekehrt. Indem sie ihre verschiedenartigen Produkte einander im Austausch als Werte gleichsetzen, setzen sie ihre verschiednen Arbeiten einander als menschliche Arbeit gleich. Sie wissen das nicht, aber sie tun es.«[140]

Marx dagegen weiß es, tut aber, als hätte er nie das Gegenteil behauptet:

> »Erst innerhalb ihres Austauschs erhalten die Arbeitsprodukte eine von ihrer sinnlich verschiednen Gebrauchsgegenständlichkeit getrennte, gesellschaftlich gleiche Wertgegenständlichkeit. Diese Spaltung des Arbeitsprodukts in nützliches Ding und Wertding betätigt sich nur praktisch, sobald der Austausch bereits hinreichende Ausdehnung und Wichtigkeit gewonnen hat, damit nützliche Dinge für den Austausch produziert werden, der Wertcharakter der Sachen also schon bei ihrer Produktion selbst in Betracht kommt.«[141]

Und das entspricht nun genau dem, was in diesem Buch entwickelt wurde. Denn *wann* hat »der Austausch bereits hinreichende Ausdehnung und Wichtigkeit gewonnen«, damit Dinge »für den Austausch«, also dafür hergestellt werden, *verkauft und gekauft* zu werden? Richtig: *nicht* schon dann, wenn nur eine Ware gegen eine andere getauscht wird, sondern erst *in einer Gesellschaft*, in der Waren grundsätzlich gegen *Geld* verkauft werden. *Über das Geld* also erhalten die Waren ihre »Wertgegenständlichkeit«, nämlich »erst innerhalb ihres Austauschs«: wenn sie mit Geld gekauft werden – für ihren Preis.

So widerlegt Marx – völlig korrekt – seine Substanzlehre vom Wert. Aber er widerruft sie nicht. Gegen die eigene bessere Einsicht hält er weiter fest an dem Schein, den das Geld uns trügerisch vorgibt: Wert in den Waren. Mit dem Glauben an eine Wertsubstanz erliegt Marx selbst einer jener Ideologien, gegen die er mit seinem *Kapital* angetreten war, und sehr zu dessen Nachteil. Es ist bekannt, wie viel nicht nur für Marx an dieser Lehre hängt, sondern mehr noch für diejenigen, die ihr zuverlässig das Falscheste entnommen haben: zum Beispiel die Festlegung darauf, Kapitalismus wäre allein durch seine Verwendung der »Arbeit«, also durch seine *Produktionsweise* definiert; oder die Unterscheidung zwischen einer *Arbeitszeit*, für die der kapitalistische Unternehmer bezahle, und einer, die er sich, in Ausbeutung des Arbeiters, *unbezahlt* als *surplus* aneignen würde; oder überhaupt der Glaube, Arbeit als solche wäre die Quelle von Wert und allem Reichtum.

Dagegen hatte sich schon Marx selbst ärgerlich zur Wehr gesetzt. Und trotzdem hat seine Lehre vom Arbeitswert nicht zuletzt die großen Sozialismen dieser Welt, die es mit dem Geld besser machen wollten als der Kapitalismus, mit einer verkehrten Theorie von diesem Geld arbeiten und an ihr zugrunde gehen lassen. Das war nicht im Sinne von Marx, aber seine Substanztheorie des Wertes hat dazu gedient.

Wert oder Preis

Geld besteht für sich genommen in *nichts*, als dass es sich in *etwas* tauschen lässt. Dabei ist Geld der *Wert*, *um den* es in Waren zu tauschen ist, und wird deshalb, durch die Gleichsetzung mit ihnen, in Waren *als Werte* getauscht. Ebendiesen Wert, ihren Wert in Geld, tragen die Waren daher nicht von sich aus, er wird ihnen vielmehr zugeschrieben und *kann* ihnen nur zugeschrieben werden. Da Wert überhaupt erst in Form von Geld und damit *außerhalb und getrennt von den Waren* entsteht, *kann* er sich nicht in den Waren finden. Und so kann sich Wert auch nicht als eine bestimmte *Größe* in ihnen finden. Die Waren können nicht enthalten, *wie viel* sie wert sind oder *wie viel* Wert sie »haben«: weil sie ihn *gar nicht* haben.

Andererseits haftet ihnen Wert mit der denkbar größten Kraft an. Denn noch einmal: In einer Gesellschaft, die von Geld lebt, sind wir alle auf Gedeih und Verderb gezwungen mit Geld umzugehen, sind wir also auf Gedeih und Verderb gezwungen anzuerkennen, dass Waren Geld kosten, und dazu, Wert in die Waren hineinzusehen. Die Härte und Unnachgiebigkeit, mit der – wenn es nach Geld geht – für Waren Geld gefordert werden muss, muss daher als die Härte und Unnachgiebigkeit *des Wertes selbst* erscheinen, den wir in den Waren sehen.

So trifft der Warenwert in charakteristisch gegensätzlicher Weise auf. Einerseits ist er ohne jeden Halt in den Waren, während er andererseits mit dem festesten Halt in sich *und* in den Waren zu bestehen scheint. Zum einen wird er den Waren ganz offensichtlich bloß zugeschrieben und muss seine Größe oder Menge insofern beliebig, unabhängig von ihnen zu wählen sein. Zum anderen ist er den Waren offensichtlich alles andere als beliebig zugeordnet, sondern tritt als eine ebenso substanziell gegebene Größe auf, wie es die Waren und Güter sind. Es sind widersprüchliche Erscheinungsweisen desselben *einen* Werts, die sich beide und *in ebendiesem Widerspruch* aus der Genese und dem Wesen des Werts ergeben. Heute aber, in Unkenntnis dessen, deuten und unterscheiden wir sie bequemerweise als zwei tatsächlich *getrennte* Größen: als einerseits den »Preis« und andererseits den »Wert« einer Ware. Ihr *Preis*, der nie wirklich feststeht, sondern ohne Weiteres hier und dort unterschiedlich hoch ausfallen und sich von einem Moment zum anderen verändern kann, scheint uns deshalb nicht identisch mit dem *Wert*, der einer Ware stattdessen substanziell verpflichtend zugehören würde: volatiler Preis gegenüber substanziellem Wert.

Von wenig sonst ist der ökonomische Sachverstand heute so einhellig überzeugt wie davon, dass der Wert einer Ware von ihrem Preis zu unterscheiden und ihr Preis nicht dasselbe wäre wie ihr Wert. Es ist konstanter Bestandteil ökonomischer Theorien, aber kann sich auch auf eine ganz alltägliche Erfahrung stützen. Tatsächlich versuchen wir bei unseren Einkäufen regelmäßig abzuschätzen, ob der Preis einer Ware ihrem Wert entspricht oder nicht. Das heißt, dass wir unwillkürlich, was wir als den Wert einer Ware empfinden, von dem Preis unterscheiden, der aktuell für sie verlangt wird. Mit jedem Mal, wo uns eine Ware billiger oder teurer als gerechtfertigt erscheint, treffen wir eine Unterscheidung zwischen Wert und Preis der Ware. Und das tun wir auch, wenn uns eine Ware genauso viel wert erscheint, wie sie kostet, wenn uns also ihr Wert und ihr Preis übereinzustimmen scheinen. Den Wert, den wir ihr zuschreiben *würden*, vergleichen wir mit demjenigen, der als Preis für sie verlangt wird, und darüber kommen wir zu dem Ergebnis, entweder sie entsprächen einander oder eben nicht. Werbegeschenke zum Beispiel arbeiten gezielt mit ihrer hohen »Wertanmutung«, also damit, dass ihr Wert deutlich *höher anmutet*, als derjenige an Preis für sie zu zahlen hat, der sie zu Werbezwecken verschenkt. Und selbstverständlich arbeitet damit die Präsentation von Waren ganz allgemein: Ihr Wert soll möglichst groß erscheinen *im Vergleich zu* ihrem Preis.

Gleichwohl belegt diese Wertempfindung oder »Wertanmutung« keineswegs einen realen Unterschied zwischen Wert und Preis. Unser Empfinden, wie viel etwas wert sein könnte, heftet sich zum einen individuell an dessen Eigenschaften: an sein gediegenes Aussehen, wie angenehm es sich in unserer Hand anfühlt, wie gut wir es brauchen können, und so fort. Dieses Empfinden ist also, was ich als die Schätzung eines Dings beschrieben habe und was wir bei dieser Gelegenheit, so gut es eben geht, *in Geldwert umzurechnen* versuchen. Zum anderen haben wir meist einen Bezugsrahmen an einer Vielzahl vergleichbarer Waren, um abzuschätzen, welchen Preis wir bei einer Ware jeweils *erwarten* können. Das Ergebnis dieser Erwartung oder Schätzung, der *erwartete* oder *empfundene* Wert, kann natürlich von dem Wert abweichen, den uns das aktuelle Preisschild einer Ware fordernd und humorlos vor Augen hält. Das aber heißt nur, dass Wert*empfindung* und *notierter* Preis nicht dasselbe sind. Der empfundene *Wert* ist gleichwohl nichts anderes als der *Preis*, den wir erwarten würden.

Die heute übliche Unterscheidung von Wert und Preis entspricht also durchaus unserer unwillkürlichen und unreflektierten Empfindung. Aber wie diese ergibt sie sich allein aus dem Schein, den das Geld erzwingt: Wert wäre substanziell gegeben. Da es der Preis einer Ware so offensichtlich *nicht* ist, muss er diesem Schein zufolge etwas anderes sein als ihre Substanz an Wert. Doch jede solche Unterscheidung steht sofort vor der unlösbaren Frage, weshalb der Preis einer Ware so leicht von einem fest gegründeten Wert abweichen könnte. Was hätte ihr Preis dann überhaupt mit einem solchen Wert zu tun? Da allein ihr Preis angibt, wie viel für eine Ware *wirklich* zu zahlen ist, nicht aber ein vom Preis möglicherweise abweichender Wert, welche *Wirklichkeit* hätte dann ein solcher Wert? Wie substanziell könnte er sein, da er nirgends sichtbar und wirksam auftritt außer in den Theorien, die ihn predigen, weil sie ihn voraussetzen?

Nein, in Wahrheit hat der Wert einer Ware keine Substanz und kann daher kein von ihrem Preis getrenntes Dasein haben. Doch damit stellt sich die gleiche Frage nur umgekehrt: Da die Preise von Waren variieren können, was verleiht ihnen dann als einer Form des Werts trotzdem irgendwelchen Halt? Ohne Zweifel ist ja der Preis von Waren eine hart umkämpfte Größe und ist also die Wert*größe*, ist die *Menge* an Wert, um die eine Ware zu kaufen ist, alles andere als beliebig. Die Größe eines Warenwerts hat *auf jeden Fall* etwas Verpflichtendes, obwohl sie *im Einzelfall* ganz erheblich variieren kann. Auch als nicht-substanzielle und daher rein relative Größe ist sie dennoch nicht nur relativ in dem Sinn, dass sie völlig frei zu wählen wäre.

Fern jeder Beliebigkeit steht zum Beispiel einerseits fest, dass ein Fahrrad mehr kostet und insofern mehr Wert hat als eine Packung Kaugummi, und wie banal es auch sein mag, das muss seinen Grund haben. Andererseits sind schon ganze Unternehmen mitsamt Produktionsanlagen für eine einzige D-Mark verkauft worden und damit für weniger, als heute in der Regel die Packung Kaugummi kostet. Das Wertverhältnis in dem einen und das Wertverhältnis in dem anderen Fall können sich gleichwohl nicht einfach widersprechen, keines hebt offensichtlich das andere auf oder macht es unwirksam. Sondern *beide Male* und *in jedem Fall* muss es etwas geben, wonach sich das Wertverhältnis dabei richtet.

Da gibt es Auktionen, bei denen über Preis und insofern Wert einer Ware allein der Käufer mit seiner Entscheidung bestimmt, wie viel

Geld er für sie zu zahlen bereit ist. Genauso gibt es jedoch den strikt entgegengesetzten Fall, zum Beispiel bei einem neu eingeführten Produkt wie den ersten Handys, wo das verkaufende Unternehmen ganz für sich kalkuliert, wie viel eine Ware kosten soll. Dann aber kann eine Kalkulation auch ergeben, dass ein Handy entweder mehrere Hundert Euro kostet oder aber nur einen einzigen, falls zugleich ein Vertrag mit entsprechender Laufzeit abgeschlossen wird. Oder wenn ein Antiquar aufgrund seiner Abschätzung zehnmal so viel für das gleiche und gleich gut erhaltene Buch verlangt wie ein anderer, können doch beide Bücher verkauft werden und haben sie dann eben unterschiedlich viel Wert. Dieselbe Ware kann bekanntlich mehr kosten, wenn sie einzeln, oder weniger, wenn sie im Dutzend mit anderen ihresgleichen verkauft wird. Angesichts entsprechend hoher Nachfrage können Preise weit über dem kalkulierten Minimum liegen oder werden noch darunter angesetzt, um überhaupt irgendwelche Nachfrage zu wecken und die Ware nicht zum Ladenhüter werden zu lassen. Aber es geht auch wieder umgekehrt und eine Patek Philippe wird eigens grotesk teuer verkauft, damit Nachfrage nach ihr bei Leuten entsteht, die es goutieren, wenn sich eine Ware nur wenige andere leisten können.

Solche Varianten, Überlegungen und Kalkulationen, die über die Höhe eines Preises bestimmen, sind Legion. Jeweils könnte man versucht sein, sich dabei über die haltlose Unterschiedlichkeit der Preisbildung mit der Annahme zu beruhigen, nicht der so wenig einheitlich bestimmte *Preis* wäre jeweils der *Wert* der Ware, sondern ein Wert, den die Ware irgendwie *eigentlich* hätte und von dem die Preise nur aus den verschiedensten Gründen abweichen könnten. Das wäre aber wieder nur eine weitere Version der substanziellen Deutung von Wert. Keine von den vielen unterschiedlichen Spielarten, wie sich Preise bestimmen können, stellt auch nur eine Art Normalfall dar, von dem die anderen bloß Ausnahmen wären, um ihn als Regel zu bestätigen. Sondern gleichermaßen *jede* dieser Varianten gehört zur Wirklichkeit des Wertes, der mit dem Geld auf die Welt kommt. Also muss sich aus dessen Wirklichkeit auch erklären, wie solche ungreifbare Variabilität gleichwohl in ein System der Wertgrößen gehört, das an Härte nicht zu überbieten ist.

IV Wertgesetz

Für die Erklärung, wie sich Wert als Größe bestimmt, müssen wir noch etwas weiter ausgreifen. Geld, das reine *Quantum*, kann seine von Grund auf lebensbestimmende Wirkung überhaupt nur in der Form seiner *Quantität* haben, der Quantität von Wert. Bei deren Erklärung geht es deshalb nicht bloß um Rechenexempel oder um mathematische Modelle, es geht vielmehr um eine gesamte systematische Logik, die mit dem Geld in die Welt kommt. Und folglich geht es dabei auch um die Logik, nach der uns dieses System zwingt, so an uns selbst und an der Welt zu handeln, wie es die Menschen heute tun.

Auf immer zu realisieren, niemals realisiert

Geld unterliegt einer banalen, aber strikten Notwendigkeit: Geld muss, um Geld zu *sein*, als Geld *fungieren*. Da es in nichts besteht und also in nichts seinen festen Bestand hat, muss es sich als das, was es ist, jeweils wieder *bewähren*. Geld muss jeweils wieder als es selbst fungieren, indem Menschen es gegen Waren tauschen.

Für das Geld selbst bedeutet diese Funktion nichts weiter, als dass es seinen Eigentümer wechselt und aus dem Eigentum des einen zu dem Eigentum eines anderen wird. Für den einen realisiert sich dabei eine Summe Geld in Ware und für den anderen realisiert sich Ware in einer Summe Geld. Für ihn aber muss sich diese Summe, damit sie nicht nur Geld *war*, sondern weiterhin Geld *ist*, wieder und weiterhin als Geld bewähren und sich für ihn in Ware *realisieren*. Dennoch ist jede Summe, wenn sie sich auf solche Weise als Geld bewährt, danach *wieder* dieselbe Summe Geld und muss sich als Geld wiederum in einem Kauf und Verkauf bewähren. Und falls ihr das gelingt, muss sie sich danach wieder bewähren, und wenn ihr dies gelungen ist, muss es genauso wieder und immer wieder sein: *Jedes Mal*, wenn einer Summe Geld gelingt, was dem Geld gelingen muss, gelingt es ihr nur, indem es ihr sogleich wieder und wieder gelingen muss.

Insofern gelingt es dem Geld *nie*: Geld realisiert sich niemals. Das heißt genau gesagt: Geld, das sich im Tausch für jemanden in Ware realisiert, realisiert niemals *sich* in Ware. Es verschafft jemandem die reale Ware und bedeutet für ihn also die Realisation dieser Ware als sein Eigentum. Aber nur *für ihn* realisiert sich das Geld dabei in Ware, es wird *für ihn* zur Ware, nicht *für sich* genommen. Eine Geldsumme wird im Tausch nicht selbst zu der Ware, die jemand mit ihr kauft, sondern *bleibt* für sich genommen *Geld* – im Besitz eines neuen Eigentümers – und bleibt weiterhin der strikten Notwendigkeit unterworfen, als Geld zu fungieren und sich jemandem in Ware zu bewähren. Geld ist niemals abschließend in Ware *realisiert*, Geld hat sich nur immer wieder und immer weiter in Ware *zu realisieren*.

Dieses auf immer fordernde Wesen des Geldes, so notwendig es zum Geld gehört, erleben wir ebenso notwendig ständig als das schiere Gegenteil: Wir kaufen etwas für eine Summe Geld, die Ware ist da, das Geld ist weg. Für uns ist damit Schluss mit dieser Geldsumme, für uns besteht sie *nicht* fort, sondern hat *sich* in Ware realisiert. Auf das Geld trifft dennoch das Gegenteil zu. Es *fungiert* als eine Menge Wert, wenn es sich für uns in etwas Reales verwandelt, aber wird dabei nicht *selbst* dieses Reale, sondern *bleibt* die in Wert quantifizierte *Tauschfunktion*: das in Ware nie *realisierte*, sondern in Ware weiter und auf immer *zu realisierende*, auf immer *nicht-reale* Unding. Solange Geld besteht, besteht jede Summe in einer virtuell unendlichen Reihe von notwendig aufzusuchenden Gelegenheiten, als Geld zu fungieren.

Das aber heißt auch: Geld ist niemals *gedeckt*. Es gibt keine Ware, in der sich das Geld je abschließend als Wert realisieren würde und in der es seinen Wert in diesem Sinne »hätte«. Es gibt keine Ware, in welcher der Wert von Geld, sei es von Münzen, sei es von Scheinen oder kontogeführten Zahlen, »eigentlich« bestünde. Es gibt weder eine einzelne solche Ware, und wäre es Gold, noch gibt es eine Menge verschiedener solcher Waren, einen Warenkorb also, in welchem der Wert von Geld real bestehen könnte. So wirkt sich der Widerspruch zwischen Ware und Geld aus: Ware tritt bei ihrem Verkauf als Wert an die Stelle von Geld und bleibt anschließend sie selbst, sie bleibt das Gut, solange dieses Bestand hat; eine Summe Geld dagegen tritt bei einem Kauf an die Stelle einer Ware, bedarf aber, um weiterhin Geld und sie selbst zu bleiben, kontinuierlich fortgesetzt dessen, was Geld *nicht selbst* ist, nämlich weiterer Waren, an deren Stelle es treten kann. Da Geld für *seine* Fortdauer der Fortdauer seiner *Funktion* bedarf, bedarf jede Summe Geld eines auf immer fortgesetzten, *eines unendlichen Warenstroms.*

Die »Deckung« von Geld, soweit von ihr die Rede sein kann, besteht gerade nicht in einem festen Kern seines Werts, der Geld sicher zu Geld und damit als solches »sicher« machen würde. Geld muss vielmehr genau dort gedeckt werden, wo es *aufhört* als Geld zu fungieren und wo es als Geld, nämlich als das reine Tauschmittel, *versagt.* Das war lange Zeit zwischen Staaten der Fall, die der eigenen Währung zwar in ihrem Inneren Geltung verschaffen konnten, aber nicht genauso in anderen Staaten. Für Zahlungen, die über solche Grenzen der Geldgeltung hinweg zu tätigen waren, musste daher ein *Geldersatz* gefunden und verwendet werden, und das waren in einem solchen Fall insbesondere etwa die Edelmetalle Gold oder Silber. Sie springen dabei nicht etwa als »eigentliches« Geld in die Bresche, sondern sind wirklich nur Ersatz. Wo seine Funktion als Tauschmittel endet, endet das Geld als das *reine* Tauschmittel und muss es zurückfallen in die Gestalt, aus der es sich dazu einmal erhoben hatte: in die Gestalt des *material* gegebenen Tauschmittels. Es ist dann, *statt* Geld zu sein, wieder *etwas.*

Wo immer die Geltung von Geld brüchig wird oder ganz zusammenbricht, in Kriegszeiten, in Zeiten abnormer Inflation, aber auch schon bei etwas Alltäglichem wie einer Insolvenz, braucht es andere Sicherheiten als bloß die allgemeine Angewiesenheit darauf, dass Geld weiter als Geld fungiert. Wer das nötige Geld nicht aufbringen kann, muss mit seinem Haus dafür geradestehen. Wo man für Geld nichts mehr bekommt, dienen Zigaretten zum Tausch. Oder wo es dem Geldwert sonst an Verlässlichkeit fehlt, müssen andere Dinge als »Werte« belegen, für wie viel jemand »gut« ist. Sie alle treten *an die Stelle* von Geld und dies jeweils mit der Absicht, sie nur *zwischenzeit-*

lich an die Stelle von Geld treten zu lassen. Möglichst bald soll jeweils wieder »richtiges« Geld den Ersatz ersetzen.

Aber auch als Staaten bereits in großem Umfang ihre verschiedenen Währungen untereinander als Geld und Wert anerkannten, haben sie noch einmal in einem besonderen Moment und in besonderer Weise auf den Gedanken der Gelddeckung zurückgegriffen. Nach dem Zweiten Weltkrieg wurde das System von Bretton Woods eingerichtet, mitsamt Weltbank und Internationalem Währungsfonds zu seiner Durchsetzung und Kontrolle. Der Wechselkurs aller beteiligten Staatswährungen wurde in einer sehr engen Bandbreite an den amerikanischen Dollar gebunden und dieser an eine festgelegte Menge Gold. Auf diese Weise waren alle Summen, die in jenen Währungen umliefen, gedachterweise in Gold gedeckt und hätten der Form nach in Gold getauscht werden können. Aber nicht nur, dass ein solcher Umtausch den Geldverkehr aufgrund der geringen Beweglichkeit von Gold sofort hätte zusammenbrechen lassen und dass der ständig sich ausdehnenden Geldmenge auch die Goldreserven der gesamten Welt nicht lange hätten entsprechen können. Vor allem war mit der Goldbindung die Daseinsweise von Geldwert wieder verdoppelt in einen *material* und einen rein *nominal* gegebenen. Und das musste zu Schwierigkeiten führen, wie es schon zu Zeiten der Kipper und Wipper zu Schwierigkeiten geführt hatte. Zwar ließ sich in diesem Fall nichts von den in Fort Knox gelagerten Barren abknapsen, aber umgekehrt konnte und durfte sich auch der nominale Geldwert nicht so verändern und weniger oder mehr werden, wie es der Gang der Geschäfte verlangt hätte. Das System musste an diesen Schwierigkeiten zerbrechen und ist an ihnen zerbrochen. Anfang der siebziger Jahre war es mit dem Bretton-Woods-Abkommen vorbei.

Geld kann nicht in Gold und in nichts sonst bestehen und kann nicht durch irgendetwas gedeckt sein. Damit es besteht, damit es *sich* erhält und also *seinen Wert* »behält«, muss es sich jeweils wieder als Wert *bewähren*. Allein darin, *wie es dies tut*, besteht sein Wert.

Zukunft ohne Gegenwart

Da Geld nach jedem Kauf, in den es eingeht, in weitere eingehen muss, bindet es jeden einzelnen Kauf an eine virtuell unendliche Reihe *nachfolgender* Käufe. Ebenso aber bindet es jeden Kauf umgekehrt an eine virtuell unendliche Reihe von Käufen, *denen* er nachfolgt: *vorangegangener* Käufe. Mit der Aufspaltung des Austauschs von Waren in die *Abfolge* getrennter Vorgänge, in einerseits Verkäufe, wo jemand für etwas Geld bekommt, und andererseits Käufe, wo er für dieses Geld wieder etwas bekommen muss, bildet es virtuell unendliche *Reihen* von Käufen und Verkäufen. Es sind Reihen, die sich von jedem aktuellen Augenblick aus in beide zeitlichen Richtungen erstrecken, in die Vergangenheit und in die Zukunft.

So stiftet das Geld eine ganz eigene Zeitstruktur. Es unterliegt ihr und es zwingt zu ihr. Geld bindet jede *vergangene* Gelegenheit, bei der es sich in Ware realisiert hat, an notwendig *folgende* Gelegenheiten, bei denen es sich wieder in Ware realisieren muss, wenn es Geld und Wert bleiben soll. Für jede Geldsumme ist jedes Stück ihrer *Vergangenheit* die stete Anweisung auf eine *Zukunft*, in der sie sich erneut einzulösen hat. Vergangenheit und Zukunft jeder Realisation von Geldwert erstrecken sich virtuell – *nur* virtuell, nicht etwa real und historisch – jeweils ins Unendliche, da es für das Geld weder eine *erste* vergangene Realisation in Ware geben kann noch eine *letzte* zukünftige. Gerade seine Gegenwart kennt jedoch im Widerspruch zu dieser virtuell *ad infinitum* sich dehnenden Vergangenheit und Zukunft *keinerlei* zeitliche Ausdehnung.

Zwischen vergangenen und bevorstehenden Kaufvorgängen hat das Geld seine Gegenwart, indem es aktuell einen Kaufvorgang vollzieht. Dessen Vollzug hat für das Geld aber nicht die geringste Dauer: Geld verweilt auch nicht für den Bruchteil einer Sekunde *in* einem Kauf. Den Wechsel seines Eigentümers vollzieht das Geld als rein logischen Vorgang, der nur diese zwei Zustände kennt: *vollzogen* und *nicht vollzogen*. Zeitlich gesprochen heißt das: *bereits* vollzogen und *noch nicht* vollzogen – also Vergangenheit und Zukunft des Vollzugs. Der Eigentumswechsel kennt kein Verweilen in einer Gegenwart, die man etwa umschreiben könnte: *für eine gewisse Zeit lang dabei, voll-*

zogen zu werden. Jede Summe Geld muss zwar, um als solche fortzubestehen, dem Moment zustreben, in welchem sie wieder als Geld fungiert und sich für jemanden in gekaufter Ware realisiert, aber sie hat in dieser Funktion keinen Bestand, der andauern würde, sie verharrt nicht darin. Die Geldsumme geht in einen Kauf ein und geht *im selben Akt* und *im selben Moment* aus ihm hervor. Das Eingehen in einen Kauf ist beim Geld identisch mit seinem Hervorgehen aus diesem Kauf: Es wechselt *aus* der Hand des einen, indem es *in* die Hand des anderen wechselt. Die Gegenwart des Geldes, die Ausübung seiner Funktion, vollzieht sich in einem Zeitpunkt mit der Ausdehnung null.

Deshalb kennt das Geld nicht das geringste Verweilen. Kein einziger Kauf, kein einziger dieser für das Geld so entscheidenden Augenblicke, in denen es sich für jemanden in Ware realisiert, lässt eine Geldmenge realisiert *sein.* Jeder Kauf macht die getauschte Summe *sofort* und ohne Unterbrechung wieder zu Geld, das *sofort* und ohne Unterbrechung auch weiter danach verlangt, sich in Ware zu realisieren. Wann immer Geld durch den Kauf von Ware einlöst, was es stetig einzulösen hat, es verschafft ihm für keine Sekunde eine Atempause. In jeder seiner Summen besteht das Geld als die *unablässige* Forderung nach weiterer Realisierung in Waren.

Zu Wert wird Geld zwar einerseits gerade als die festgehaltene, als die *sistierte* Tauschfunktion, doch gerade als solche ist es unablässig darauf angewiesen, immer wieder zu fungieren und *nicht sistiert* zu bleiben. Geld verharrt als die auf einem Konto oder in einer anderen Form der Beglaubigung festgehaltene Zahl stets in der zwanghaften Erwartung des Moments, wo es beim Kauf von Ware wieder als Wert fungiert. Da sich diese Funktion aber buchstäblich in einem Zeit*punkt* vollzieht, in einem Punkt ohne zeitliche Ausdehnung, verbringt das Geld nicht bloß die *meiste* Zeit sistiert und in Erwartung des nächsten Kaufs, sondern so verbringt es *alle* seine Zeit. Das bedeutet, dass Geld *seine gesamte Zeit* unablässig dabei ist, auf die nächste seiner Realisierungen als Wert zu *drängen.*

Von Wert zu mehr Wert

Geld ruht nicht als Wert in den Waren. Geld saugt Waren an und speit sie wieder aus – daran hat es seinen Wert. Geld hat seinen Bestand als Wert, solange dieser Durchlauf an Waren nicht abreißt. Anders als die Ware, die sich notwendig verbraucht, indem sie gebraucht wird, verbraucht sich Geld ja gerade nicht, solange es als Geld gebraucht wird. Stattdessen braucht es dafür immer wieder neue Ware, um sich in diesem Sinne nicht zu verbrauchen: damit es sich als *Wert* erhält. Geld braucht immer und immer weiter Waren, um Geld und Wert zu bleiben, und erzwingt es daher, dass immer und immer mehr Teile dieser Welt zu Waren gemacht werden, damit sie gegen Geld verkauft werden können. Geld erzwingt *die Verwandlung der Welt in Waren.*

Und diese Notwendigkeit, der Welt Teile abzupressen, die sich als Ware verkaufen lassen, besteht für das Geld in jeder einzelnen Summe. Jede einzelne Summe bedarf, um Geld zu bleiben, eines nicht endenden Warenstroms, in dem sie sich jeweils wieder und immer weiter realisieren muss. In jeder seiner Summen erfordert Geld eine jeweils unendliche und eine deshalb *niemals ausreichende* Menge an Waren. Geld erzwingt die Verwandlung der Welt in eine Menge von Waren, die diese endliche Welt niemals erbringen kann. Was immer sich der Welt an Waren abgewinnen lässt, es kann sich zu keiner Menge summieren, die dem Geld je *genügen* würde. Daher muss diese Verwandlung der Welt in Waren *mit aller Rücksichtslosigkeit* verfahren – rücksichtslos gegen diese Welt. Geld, das nicht Verbrauchbare, fordert unendlichen Verbrauch.

Geld ist *als solches* unersättlich. Seine Unersättlichkeit entspringt keiner Gier der Menschen. Nicht weil die Menschen immer mehr Güter haben wollten, können sie vom Geld nicht genug bekommen. Nein, Geld selbst *ist* nicht endende Gier und nötigt die Menschen, dieser Gier zu gehorchen. Geld zwingt die Menschen, wo sie von Geld leben, unerbittlich dazu, zu Geld zu kommen. Um aber zu Geld zu kommen, *müssen* sie danach gieren, die Welt in Ware zu verwandeln, damit diese Ware sich ihnen in Geld verwandle. Dazu zwingt sie das Geld, indem es sie zwingt alles dafür zu tun, dass Geld nicht seinen

Wert verliert, sondern fortbesteht. Das Geld perpetuiert *sich selbst*, als diesen *Zwang*.

Doch das Geld fordert noch mehr: Es erfordert immer *mehr von sich*. In einer Gesellschaft, die über Geld vermittelt lebt, ist jeder auf Geld angewiesen und dieses Geld bekommt jeder nur *von anderen* und nur *für etwas*, das er ihnen verkauft. Geld kann man von anderen nur für etwas an Ware fordern, die man dafür herstellt oder bereitstellt. Doch über diese Her- oder Bereitstellung von *Ware* geht es beim Geld notwendig noch hinaus. Da in einer solchen Gesellschaft *allgemein* nur über Geld zu bekommen ist, was man braucht, ist Geld auch für alles Mögliche aufzuwenden, was man zur Her- und Bereitstellung von Waren benötigt: für Material, für die Dienste anderer oder ganz allgemein für seinen Lebensunterhalt, für Aufwendungen also, mit denen man sich funktionstüchtig erhält, um überhaupt etwas zum Verkauf anbieten zu können. In aller Regel also kostet eine Ware denjenigen, der sie gegen Geld verkaufen möchte und noch bevor er sie gegen Geld verkaufen kann, selbst bereits Geld. Und das heißt: Damit jeder erreicht, worum es ihm mit dem Verkauf seiner Ware gehen muss, nämlich dass sie ihm Geld einbringt, muss er für sie *mehr* an Geld bekommen, *als sie ihn gekostet hat*. Die *Menge Geldwert*, die er für seine Ware fordert, unterliegt daher der Notwendigkeit, sich für ihn *in einer größeren Menge Geld und Wert* zu realisieren, als er für die Herstellung oder Bereitstellung der Ware aufwenden musste.

Und damit ergibt sich – banal, aber unnachgiebig – das Gesetz: Wer Waren verkauft, muss ihren Preis und Wert so ansetzen, dass ihm zuletzt *mehr Geld* für sie gezahlt wird, als er Geld für sie gezahlt hat. Geld bewährt sich überhaupt nur dann als *Wert*, wenn es sich für jemanden in Waren von *mehr Wert* realisiert, als er zu deren Her- und Bereitstellung jemand anderem an Wert zu realisieren gab. Der Vergleich, den das Geld in der so spezifischen Bindung seiner Vergangenheit an seine Zukunft unablässig einfordert, der Vergleich zwischen dem Quantum Wert, als welches es sich bei einem vergangenen, und dem Quantum Wert, als welches es sich bei einem nachfolgenden Kauf in Ware realisiert, hat grundsätzlich einen *Gewinn* zu ergeben. Dieser Gewinn ist nie garantiert, es können auch Verluste ins Haus stehen. Der Gewinn ist aber unbedingt *erfordert*, er ist absolut notwendig *für den Fortbestand von Geld und seinem Wert*. Für jeden Geldeigentümer, für jedes Geldsubjekt gilt das Wertgesetz: Nur wenn ihm Waren mehr an Wert einbringen, als an Wert für sie aufzuwenden war, ergibt sich ein Geldgewinn und hat sich ihm Geld dadurch als Wert bewährt.

So und nur so bestimmt sich die Wertgröße von Waren – denn so und nur so wird über die Wertgröße von Waren *entschieden*. Wie viel eine Ware wert ist und wie viel Geld also für sie verlangt wird, muss *nach diesem Gesetz* entschieden werden. Derjenige, der darüber zu entscheiden hat, der Verkäufer von Ware, muss ihren Wert und ihren Preis so bestimmen, dass sich ihm die dafür eingesetzte Menge Wert bewährt, indem sie ihm Wert abwirft – ein *Mehr* an Wert.

Dieses Gesetz gibt dem Wert seine mögliche Härte: die Unnachgiebigkeit, mit der er für etwas an Waren gefordert werden muss. Und zugleich ermöglicht dieses Gesetz dem Wert die volatile Beweglichkeit, die ihn als Preis kennzeichnet: da es nicht über die Wertgröße der jeweils *einzelnen* Ware entscheidet. Das Wertgesetz bezieht sich ja nicht auf die Wertgröße einzelner Waren, sondern auf den Wert, der nur *überhaupt* für jemanden unter dem Einsatz von Waren herausspringen muss. Damit ist nicht vorgegeben, wie sich dieser Wert und Mehrwert auf die einzelnen Waren zu *verteilen* hätte. Deren Wert wäre in seiner jeweiligen Größe nur dann spezifisch an die *einzelnen* Waren gebunden, wenn er *substanziell* an sie gebunden wäre – und das eben ist er nicht. Über den Wert der *einzelnen* Ware kann ihr Eigentümer vielmehr *frei* entscheiden, gebunden nur durch das Gesetz, dass ihm Waren *insgesamt* Geldwert einbringen müssen.

Das heißt: Nicht jede einzelne Ware muss ihrem Verkäufer jeweils auch Mehrwert einbringen. Der Verkauf von Waren muss ihm nur *insgesamt* mehr einbringen, als es ihn kostet, ihren Verkauf zustande zu bringen. *Das* gibt das Wertgesetz vor.

Nur in den seltensten Fällen wird sich der Preis einer Ware ausschließlich danach richten, dass er nur genau den Einkaufspreis dieser einen Ware übersteigt. Das träfe etwa zu, wenn jemand ein gebrauchtes Fahrrad kauft, um es als dieses Einzelstück mit einem Aufschlag auf den gezahlten Preis wieder zu verhökern. Schon jeder Einzelhändler, der mehrere unterschiedliche Waren anbietet, muss bei der Festlegung ihres Werts weitaus mehr berücksichtigen als nur ihren jeweiligen Einkaufspreis. Er hat zum Beispiel Kosten für seinen Laden, für dessen Miete, dessen Heizung und Instandhaltung, er hat Kosten für Angestellte und Aushilfen, hat Kosten in der Form von Zinsen für aufgenommene Kredite und so weiter. Alle diese Kosten gehen mit in die Rechnung ein, nach welcher ihm der Verkauf seiner Ware insgesamt mehr einbringen als kosten soll. Alle Kosten muss er durch entsprechend gewählte Warenpreise *in toto* wieder versuchen hereinzubekommen, die Gesamtsumme der Kosten plus einen gewissen Betrag als Gewinn. Dieses Gesamt muss er auf die Preise der Waren schlagen, die er verkauft: Er muss sie auf die Preise der einzelnen Waren verteilen. *Wie* er sie jedoch verteilt, das heißt, *wie viel* davon er auf den Preis *welcher* Ware schlägt, darüber bestimmt nicht das Wertgesetz, das ist vielmehr ganz *seine* Angelegenheit beziehungsweise die Angelegenheit betriebswirtschaftlicher Kalkulationen.

Er kann versuchen diese Kosten-plus-Gewinn in die Preise all seiner Waren gleichmäßig einzurechnen, als einen festen Prozentsatz ihres Einkaufspreises. Viel eher wird er jedoch gemischt kalkulieren, bei bestimmten Waren mit weniger, bei anderen mit mehr Aufschlag im Verhältnis zu ihrem individuellen Gestehungspreis – falls der sich überhaupt individuell feststellen lässt. Auch die Nachfrage kann an dieser Stelle in die Preisgestaltung hineinspielen. Lässt sich für eine Ware mehr verlangen, weil sie entsprechend nachgefragt wird, wird ihr Preis sehr wahrscheinlich auch mit einer höheren Gewinnspanne angesetzt als bei anderen Waren. Aber umgekehrt werden Waren also auch mit geringerem Gewinn bepreist, ja sogar so, dass sie für sich genommen ohne Gewinn oder gar mit Verlust verkauft werden. Den Verlust an der einen Stelle haben dann Gewinne an einer anderen auszugleichen – und wären es Gewinne an der Börse. Der Wert solcher Waren liegt dann zwar unter dem, was sie kosten müssten, um jede für sich Gewinn einzubringen, trotzdem gehorcht er dem Wertgesetz: Es verpflichtet ein Geldsubjekt zu seinem Gewinn, ohne diesen Gewinn zu garantieren.

Das Wertgesetz macht dabei nicht einmal Vorgaben, wer als ein solches Geldsubjekt zählt. Es können die für sich wirtschaftenden Individuen sein, es können Unternehmen sein, Konzerne oder anderes.

Und wenn selbst ein ganzes Unternehmen nur rote Zahlen schreibt, kann dies einem Konzern gleichwohl die Möglichkeit bieten, mit anderen Unternehmen oder Unternehmensteilen Gewinne zu erzielen, die solchen Verlust ausgleichen. Das Wertgesetz macht auch keine Vorgaben, innerhalb welcher Zeitspanne Gewinne anfallen müssen. Wenn die Geschäfte das ganze Jahr über defizitär verlaufen, aber das Weihnachtsgeschäft alles wieder herausreißt, dann haben elf Monate jeweils Verlust ergeben, aber aufs Jahr gesehen wäre es derjenige Gewinn, zu dem das Wertgesetz verpflichtet. Und das Wertgesetz gibt schließlich nicht einmal vor, *welche* Kosten es im Einzelnen sind, die dank passend gewählter Preise überstiegen werden müssen: Zählen zum Beispiel die Kosten für den eigenen Lebensunterhalt zu den Voraussetzungen, Ware verkaufen zu können, oder dürfen sie nicht dazu gerechnet werden? Da darf jeder rechnen und sich auch *ver*rechnen, wie er mag.

Frage: Wenn in den Preis von irgendwelchem Obst auch die Früchte hineingerechnet werden, die vor ihrem Verkauf vergammeln und also *nur* Kosten gemacht haben, und wenn das Kilo Äpfel deshalb statt 3,49 sogleich 3,99 Euro kosten soll, um Gewinn zu ergeben, welches davon ist der »wahre« Wert der Äpfel? Antwort: keiner: Die Frage nach dem »wahren« oder »realen« Wert einer Ware hat niemals Sinn, denn es gibt ihn nicht. Keine Ware »hat« je einen Wert, sondern es wird ein Wert für sie gefordert – und der ist ihr Preis. Wert kann den Waren immer nur zugeschrieben werden, nach einer Notwendigkeit, die niemals in der Ware liegt, sondern ihr – als gesetzmäßiger Zwang des Geldes – *äußerlich* bleiben muss.

v Kapital

Geld, das zu mehr Geld werden, Wert, der mehr Wert abwerfen muss: So formuliert sich unverkennbar die Bestimmung von *Kapital.* Da der Zwang zu *mehr* aber bereits für das Geld als solches besteht, ergibt sich, dass Kapital nichts anderes ist als Geld. Geld ist Kapital.

Dessen heute bestehenden Definitionen müssen dem selbstverständlich widersprechen. Wenn Geld bereits bei den Hominiden von Hand zu Hand gegangen oder spätestens mit den Münzen in Umlauf gekommen sein soll, aber der Umgang mit Geld als *Kapital* historisch deutlich später einsetzt, könnten Geld und Kapital keinesfalls identisch sein. Entsprechend unterscheidet man heute für gewöhnlich Geld im Allgemeinen von Kapital im Besonderen: Kapital wäre Geldwert in einer besonderen Form oder besonderen Verwendung. In der betriebswirtschaftlichen Bilanz etwa gelten nur bestimmte ausgewählte Summen als Kapital, in der Volkswirtschaft sind es die Produktionsmittel selbst, also Anlagen, Maschinen und alles sonst, was zur Herstellung von Waren dienen und so wiederum Geld einbringen kann. Und selbstverständlich haben sich – wie beim Wert – so auch beim Kapital Lehren eingestellt, die das neuzeitliche Phänomen in der üblichen historischen Verkehrung zur *allgemein menschlichen* Gegebenheit erklären und aus dieser *entstanden* glauben. Für Pierre Bourdieu und eine ganze Soziologie in seinem Gefolge wäre alles und jedes, was Menschen zur Erreichung irgendeines Zieles einsetzen, vom Hirnschmalz bis zum Fingernagel, vom Ölbild bis zum Nackenkissen, grundsätzlich schon immer ihr »Kapital« gewesen. Und wie es nach entsprechenden Lehren schon immer die Vorstellung von Wert gegeben haben soll, bevor er sich zu Geldwert spezifiziert hätte, so auch das Kapital als generelles Zielerreichungsmittel, bevor die Menschen daraus speziell ökonomisches Kapital machten. Und so wäre den Menschen mit der Einrichtung des Kapitalismus nur genau das geglückt, was ihnen von Natur aus entspräche.

Der aktuell herrschenden Wirtschaftsweise gibt »Kapital« ja tatsächlich den Namen. Das Wort ist im Italienischen ab dem 13. Jahrhundert nachgewiesen und kommt also noch zu Zeiten *vor* dem Geld auf. Es leitet sich ab von lateinisch *caput*, »Kopf, Hauptsache«, beziehungsweise von dem dazugehörigen Adjektiv *capitalis*, und wird mit dem Übergang zum 16. Jahrhundert Bestandteil der Handelssprache. Damals bezeichnet es ausdrücklich die *Güter*, die im Handel Gewinn einbringen können und die dabei, wie es wörtlich heißt, als das »Hauptgut« gelten, zu welchem die gewonnenen Güter den »Zins« darstellen. Wenn es dann später mit Geld zugeht, wird auch das Wort »Kapital« aufs Geld übertragen und meint dann einerseits Geld, das »investiert«, also eingesetzt wird, um spezifisch *mehr Geld* zu werden, und andererseits bereits die Waren, *in die* Geld »investiert« *ist*, um spezifisch *mehr Geld* abzuwerfen.

Investiert aber wird Kapital einfach immer nur *als Geld*. Kapital ist niemals eine besondere Art von Geld im Unterschied zu einem anderen, einem »normalen« Geld. Der Notwendigkeit, investiert und *mehr* Geld zu werden, soll *dem Namen nach* nur das Kapital unterliegen, doch *der Sache nach* unterliegt ihr das Geld insgesamt. Geld ist nicht immer *erfolgreiches* Kapital, es ist nicht immer Kapital, dem es *gelingt*, zusätzlichen Geldwert abzuwerfen. Aber es ist immer Geld, das mehr werden *soll* und, um Geld zu bleiben, mehr werden *muss*. Zu Kapital wird Geld nicht durch den Erfolg bei der eigenen Vermehrung, sondern durch den *Zwang* zu diesem Erfolg.

Und dieser Zwang, er ist der berühmte und zu Recht berüchtigte Wachstumszwang des Geldes.

Der Zwang …

Dass Geld immer *mehr* werden muss, erklärt sich bereits aus seiner Genese. Wo eine ganze Gesellschaft vom Einsatz eines Tauschmittels zu leben beginnt, wird dieses Tauschmittel zu Geld. Und es ergibt sich notwendig, dass jeder bereits eine Menge Geld aufzuwenden hat, um zu *mehr* als dieser aufgewandten Menge Geld zu kommen, zu jenem *Mehr* nämlich, von dem er zu leben hat.

Diese Logik ist für uns heute vollkommen selbstverständlich und gleichsam »alternativlos«. Dadurch fällt es uns schwer, auch nur so weit aus dieser Logik auszuscheren, dass wir ihre eigentümliche Besonderheit erkennen würden. Denn zu ihr kommt es *ausschließlich* unter der Voraussetzung, dass es mit Geld zugeht und dass es also wirklich dieses *selbe Eine* ist, das ausgegeben *und* das eingenommen wird. Denn nur wenn es *dasselbe* ist, was aufgewendet werden muss, um an *dasselbe* zu kommen, geht das eine als Minus vom anderen ab und muss das Ganze ein Plus ergeben. Weil nur genau dann, wenn es Geld ist, dasselbe *abgeht* von dem, was jemand *hereinbekommen* muss, muss es *mehr* von diesem Selben sein, was er hereinbekommt. Nur die *Einheit* des reinen Tauschmittels Geld zwingt zu dessen *Vermehrung*, ausschließlich das Geld führt zu dieser Art von Wachstumszwang.

Das ist der Grund, weshalb noch das Mittelalter nichts von solchem Wachstum wusste. Und *keine* Zeit und *keine* Gemeinschaft, die anders als mit Geld gewirtschaftet hat, wäre je auf die Idee gekommen, dass ihr Wirtschaften ein stetes *Mehr* abwerfen müsste. Wo nicht Geld, sondern nur die Güter selbst zu erwirtschaften sind, ist jedes Gut für sich bereits Gewinn. Die Scheffel Getreide, die dort in einem Sommer wachsen und reifen, sind Getreide und können Hunger stillen, egal ob es mehr oder weniger Scheffel sind als im Sommer davor. Jede Kartoffel, die dort aus dem Boden geholt wird, ist Ertrag, ohne dass von ihr die Möhren abgezogen werden müssten, die jemand schon früher einmal verspeist hat. Von den Broten, die heute aus dem Ofen kommen, muss niemand erst das Holz abrechnen, das er für sie verfeuert hat, damit nur noch der verbleibende Rest von Brot-*minus-Holz* zu verspeisen bleibe. Kein Gedanke könnte absurder sein. In genau dieser Weise absurd aber verhält es sich mit Geld – erst und ausschließlich mit Geld. Von dem Geld, das ein Bäcker für seine Brote einstreicht, muss er tatsächlich das Geld, das er für Holz und alles Mögliche sonst aufzuwenden hatte, *abrechnen*, um dann nur noch den Rest, jenes erhoffte *Mehr* an eingenommenem Geld verbrauchen zu können.

Dieser Zwang zu einem *Mehr* vom selben Einen kann sich also nur an diesem selben Einen ergeben, am Geld, und an diesem *muss* er sich ergeben. Zugleich lastet er damit auf einer gesamten vom Geld abhängigen Gesellschaft. In ihr sehen sich nicht bloß Einzelne gezwungen auf die Vermehrung ihres Geldes zu achten, sondern alle: Die Gesellschaft muss insgesamt mit ihrem Geld *mehr* Geld erwirtschaften. Das bedeutet, es muss nicht nur für den Einzelnen *mehr* an Geld herausspringen, sondern Geld muss in seiner gesamten Menge *mehr* werden. Und es bedeutet außerdem, dass jede Geldmenge nicht bloß konstant, sondern exponentiell steigen muss. Denn jede Menge Geld, die zu *mehr*, zu einer größeren Menge an Geld geworden ist, wird damit ebendiese *größere Menge* Geld, die wieder darauf angewiesen ist, *mehr als sie selbst* zu werden. Also muss sie für den gleichen Grad an Steigerung auch *um eine größere Menge* zulegen und jeweils wieder *um eine noch größere* werden und um immer noch einmal *mehr*.

So erklärt sich der Wachstumszwang, dem unsere Wirtschaft so offensichtlich folgt und folgen muss. Vom Geld geht er aus, das Geld gibt ihn vor und mit dem Geld wird er unentrinnbar. Gleichgültig, wie es sich die Menschen im Einzelnen wünschen, dieser Zwang zum Wachstum besteht, *sobald* eine Gesellschaft mit Geld umgeht. Und er muss also fortbestehen, *solange* sie mit Geld umgeht.

Diese Feststellung trifft uns empfindlich, denn sie ist geradezu unerträglich. Wir alle haben den Wachstumszwang zwar vor Augen und wissen, dass er besteht. Und doch will niemand so recht daran glauben, eben *weil* der Gedanke unerträglich ist.

Zum einen wissen wir ohne den geringsten Zweifel, dass unsere Wirtschaft, da sie über Geld verläuft, dazu verdammt ist, dieses Geld wachsen zu lassen. Denn nichts anderes bedeutet die biedere Tatsache, dass es in dieser Art Wirtschaft grundsätzlich und flächendeckend darum gehen muss, Geld-*Gewinne* zu erzielen. Das Wirtschaften mit Geld setzt dieses Geld notwendig dafür ein, *mehr* davon zu erwirtschaften. So kennen wir es ganz alltäglich, in dieser Form ist uns der Wachstumszwang völlig geläufig, ja, halten wir ihn für eine Naturgegebenheit, als könnte es gar nicht anders sein. Wir sehen, jedes Unternehmen muss Gewinn machen, sonst geht es bankrott, geht es unter und hört auf, ein Unternehmen zu sein – zum augenblicklichen Schaden aller, die daran hängen und davon zu leben hätten. Jedes Unternehmen muss das ihm zur Verfügung stehende Geld so einsetzen, dass es mehr Geld damit erwirtschaftet, muss die einzunehmenden und auszugebenden Summen gegeneinander aufrechnen und alle Anstrengungen dafür unternehmen, bei dieser Gewinn-und-Verlust-Rechnung auf einen Gewinn zu kommen.

Dieses Ziel entspringt keinem Wahn des Unternehmers und verdankt sich nicht der Gier seiner Manager. Jede gutgemeinte Entscheidung einer Konzernleitung, *weniger* Geld einfahren zu wollen, als das Unternehmen investiert hat, wäre ebenso unsinnig wie die gutgemeinte Empfehlung, man müsse den Markt bremsen, indem man ihm das Gewinnemachen untersagt. Die Notwendigkeit, mit Geld *mehr* Geld zu erwirtschaften, ist Realität – sie macht genau jene »Realität« aus, auf die heute gepocht wird, sobald etwa realitätsferne Umweltschützer zu hohe, nämlich zu hohe Kosten verursachende Standards anmahnen. Was immer diese Notwendigkeit erzwingt, es ist berühmterweise »alternativlos« – und ist es in der Tat: *solange es mit Geld zugeht*.

Dabei sind nicht nur einzelne Unternehmen auf Gewinne angewiesen, *alle* Unternehmen sind es. Und wiederum nicht nur sie, eine gesamte »Wirtschaft« ist darauf angewiesen, dass es Unternehmen gibt, die Gewinne machen. Geld braucht ein *allgemeines*, ein *gesamtes* Wachstum, da *alle* darauf angewiesen sind, die auf Geld angewiesen sind. Alle Geldsubjekte, von jedem Einzelnen, der von Geld leben muss, und jedem Unternehmen, das nur mit Geldgewinnen überlebt, über die Städte und Kommunen, die von solchen Gewinnen zehren, bis zu den Ländern und Staaten und schließlich, nach dem heute erreichten Stand, bis zu einer ganzen Weltwirtschaft des Geldes, sie alle benötigen Geld, benötigen deshalb Geld-Gewinne und benötigen deshalb eine *wachsende* Menge an Geld.

Und nicht nur dass diese Menge überhaupt wachsen muss. Schon wenn Geld zwar wächst, aber sein Wachstum *nicht groß genug* ausfällt, stürzt es die Wirtschaft in eine Krise. Auch diese Krisen sind nicht zu leugnende Realität, sind eine Wirklichkeit, die jeder vor Augen hat und die bewirkt, dass es vielen Leuten unmissverständlich zum Erschrecken schlechter geht als sonst. Einer »Marktwirtschaft« und, in diesem Sinn, einer Geld-Wirtschaft geht es bekanntermaßen nur dann ihren Maßstäben entsprechend »gut«, wenn sie »wächst«. Ein solches Wachstum zu befördern, ist das eingestandene Ziel der Wirtschaftspolitik aller modernen Staaten. Und nicht umsonst betreiben diese höchsten Mächte unserer Welt ganze Ministerien in dem Interesse, jene noch höhere Macht, von der auch sie abhängen, zu Gewinnen anzuregen und anzustacheln.

Das also ist allgemein bekannt. Und doch herrscht ebenso allgemein die umgekehrte Überzeugung, Wachstum wäre kein Zwang, sondern ergäbe sich aus einem bloßen Wahn: Wachstum müsse nicht sein. Denn heute führt man das Geldwachstum zumeist auf eine unterstellte Gier der Menschen zurück statt auf den objektiv im Geld angelegten Zwang. So reduziert man das Wachstum auf ein bloß subjektiv bedingtes Phänomen und setzt voraus, die Menschen müssten lediglich von ihrer wahnhaften Gier ablassen, schon wäre auch auf das wirtschaftliche Wachstum zu verzichten.

Und so gehen wir wider besseres Wissen ganz allgemein davon aus, es läge vollständig in der Verfügung von uns Menschen, wie sich das Geld zu verhalten hätte. Diese Annahme nämlich liegt auch den vielen Vorschlägen und Forderungen zugrunde, wie dem Wachstum beizukommen, wie der Markt zu »entschleunigen« und wie statt auf Gewinne etwa auf ausreichend Klimaschutz zu achten wäre – *ohne doch vom Geld zu lassen*. Egal ob sich diese Vorschläge bloß allgemein an »die Menschen« richten oder an Parlamente und Regierungen, sie haben nur Sinn unter der falschen Voraussetzung, dass Menschen und politische Mächte frei darüber entscheiden könnten, ob Wachstum sein muss oder nicht. Dass sie in Wahrheit *nicht* darüber zu entscheiden haben, sondern einem Zwang unterliegen, an dessen Macht niemand heranreicht, ist jener unerträgliche Gedanke, dem wir verständlicherweise versuchen auszuweichen. Daher wollen wir von dem Zwang, von dem wir wissen, zugleich so gar nichts wissen.

Und genau dabei hilft auch die fest eingeführte, aber irrige Unterscheidung zwischen Geld und Kapital. Tatsächlich gibt es ja Anlass zu glauben, nur bei Kapital würde es um seine Vermehrung gehen, während Geld als solches keinerlei Wachstum bräuchte. Und vorausgesetzt, der Wachstumszwang entspränge menschlicher Gier, wäre es daher speziell die Gier derjenigen, die mit Kapital umgehen oder in deren Händen Geld zu Kapital werde. Nur deren Unersättlichkeit würde die übrige Menschheit mit ins Unglück reißen, und nur sie,

Kapitalisten, Unternehmer und Börsianer, müsste man am Verfolg übertriebenen Wachstums hindern – beispielsweise durch Okkupation der Wallstreet – und das Problem hätte sich erledigt.

Der Anlass, Geld in dieser Weise von Kapital zu unterscheiden, kleidet sich zuweilen in die halb scherzhafte Klage, es gebe ungerechterweise zwei Arten von Geld: Geld, das immer weniger, und Geld, das immer mehr werde. Mit dem ersteren, mit bloßem »Geld« habe es Otto Normalverbraucher zu tun. Ihm rinne sein Geld ohne Unterlass durch die Finger. Unter Mühen verdient, müsse er es alsbald wieder ausgeben für alles, was er so brauche oder sich gönnen wolle. Für ihn bedeute Geld nie etwas anderes als das Mittel zum Kauf von Waren und Gütern. Eine ganz andere Art von Geld wäre dagegen das »Kapital«. Es diene nicht dazu, Güter zu ihrem Verbrauch zu erwerben, sondern sei allein das Mittel, um *sich* darüber zu vermehren. Kapital sei eine Art von Geld, über welches nur diejenigen verfügten, die ohnehin mehr als genug davon hätten. Denn nur die Geldmengen, die jemandem über das Lebensnotwendige hinaus zur Verfügung stünden, wären Kapital und ließen sich einsetzen, um eben *am Kapital* Geld zu verdienen und *aus Kapital* mehr Geld zu machen: Kapital als eine Art von Geld mit der besonderen Gabe, mehr Geld hervorzubringen.

Diese Gegenüberstellung hat ihre Wahrheit, aber nur begrenzt. Ohne Frage haben wirklich viele Menschen nicht genug Geld, um es außer fürs Lebensnotwendige noch dafür einzusetzen, mehr Geld daraus zu machen. Wer zum Beispiel für Geld arbeitet und nur so viel verdient, dass es zum Nötigsten reicht und er keine Rücklagen bilden kann, die er nicht irgendwann selbst verbrauchen müsste, verfolgt mit seinem Verdienst insofern tatsächlich nicht das Interesse, aus Geld mehr Geld zu machen. Er kann es ja nicht einmal verfolgen, da ihm das Geld dazu fehlt. Er ist wirklich in diesem Sinne nur »Verbraucher«, er setzt sein Geld *ausschließlich für Waren* ein, die er für sein Leben braucht. Das ändert sich zwar bereits, wenn jemand Geld auf dem Konto hat und dafür Zinsen bekommt oder wenn er irgendwelche Summen, die er nicht unmittelbar »verbraucht«, mit der Aussicht auf Gelderträge anlegt. Auch wenn er die Vermehrung seines Geldes dabei anderen überlässt, es ist doch Geld, das er einsetzt, um mehr

Geld zu erhalten. Sieht man jedoch von dieser Möglichkeit ab, könnte ein »Verbraucher« aufrichtig von sich behaupten, dass er mit seinem Geld nicht dessen Vermehrung betreibe.

Aus dieser Warte also *muss* es fast so scheinen, als könne das Geld einfach immer nur gleich gegen gleich in Ware getauscht werden, und damit wäre es gut: Nichts am Geld würde nach einem *Mehr* verlangen, nichts würde dazu zwingen, mit Geld mehr Geld zu machen. Und wenn daher alle bescheiden genug mit dem Geld umgingen, bräuchte es kein Wachstum – und man könnte zu *Degrowth* übergehen. Doch diesen Blickwinkel des »Verbrauchers« einzunehmen, heißt die Rechnung ohne das Geld machen.

Aus der Warte dessen, dem das Geld lediglich zu seinen Gütern verhilft, spielt es tatsächlich keine Rolle, ob er zum Lohn für seine Arbeit mit Geld bezahlt wird oder sich stattdessen direkt aus einer Auswahl von Waren bedienen dürfte; für ihn verschwindet das Geld als Vermittler von Waren mehr oder weniger vollständig aus der Rechnung. Aber nur *für ihn* verschwindet es. Das Geld, das ihm aus den Händen gleitet, indem er damit Ware kauft, besteht ja als die eigenständige Größe, die es ist, fort. Jede Geldsumme geht bei einem Kauf ins Eigentum eines anderen über, ist für diesen also ein Mittel des *Kaufs* und identisch damit für einen anderen Mittel des *Verkaufs*. Und deren widersprüchliche Seiten, Ware und Geld, machen auf der Seite des Geldes notwendig eine ganz andere Rechnung auf.

Während es für den Käufer um die *Ware* geht, geht es für deren Verkäufer um das *Geld*, das er für die Ware einstreicht. Und das heißt, er muss sehr wohl das Interesse verfolgen, dass sie ihm jenes *Mehr* an Geld einträgt, um das es bei einem Verkauf gegen Geld so grundsätzlich geht. Dieselbe Geldsumme, die der Käufer zahlt und die ihm insofern nur *verloren* geht, stellt für den Verkäufer notwendig eine der Summen dar, die seinen *Gewinn* enthalten sollen: ein *Mehr* über die Geldsumme hinaus, die er für die Erstellung der zu verkaufenden Ware aufgewandt hat. Die Geldsumme, die dem Käufer Ware einbringt, ist *identisch* mit der Summe, die dem Verkäufer sein aufgewandtes Geld – also: sein Kapital – ersetzen und darüber hinaus den benötigten Mehrwert bieten soll. Das Geld, das der eine nur ausgibt, ist Geld, das für einen anderen als Kapital fungiert.

Und das gilt nicht nur, wo der »Verbraucher« sein Geld *ausgibt*, sondern auch dort, wo er es *einnimmt*. Gesetzt den Fall, jemand verdient sein Geld nicht mit dem Verkauf produzierter Ware – womit er sogleich das offen kapitalistische Interesse zu verfolgen hätte, mehr einzunehmen, als sie ihn gekostet hatte –, gesetzt also, er verdient es allein mit der Arbeit, die er für andere verrichtet. Auch dann unterliegt dasselbe Geld, das er nur als äquivalenten Gegenwert für seine Arbeit erhält, für einen anderen zwingend dem Interesse, es zu vermehren. Für den Unternehmer ist das als Lohn gezahlte Geld notwendig Kapital, das er einsetzt, damit es ihm mehr Geld einbringt. Er wird Arbeiter und Angestellte nur einstellen, falls die Arbeit, die sie für ihn leisten, letztlich *mehr* einbringt, als er für sie zu zahlen hat. Nur wenn ihm der Verkauf von Ware, die unter Einsatz solcher Arbeit entsteht, dieses *Mehr* einbringt, lohnt sich das Ganze für ihn und kann er jemanden überhaupt als Arbeiter oder Angestellten entlohnen.

Aber so liegt es zwingend auch im Interesse des einfachsten »Verbrauchers«, der sein Geld verdienen muss, dass sein »Arbeitgeber« dank ihm dieses *Mehr* an Geld macht. Nach der Logik des Geldes muss auch Arbeitern und Angestellten daran liegen, dass sie ihn weniger kosten, als sie ihm einbringen, und dass er vor allem überhaupt Gewinne macht. Und mehr noch, sie und überhaupt alle müssen ein Interesse daran haben, dass nicht nur dieser Eine sein Geld vermehrt, dass nicht nur *seine* Geschäfte laufen, mit denen er Gewinn macht, sondern dass die Geschäfte *allgemein* laufen. Nur dann besteht die Aussicht, dass der einzelne Unternehmer genügend Abnehmer für seine so erarbeitete Ware findet und sie das nötige *Mehr* an Geld einbringt. Nicht nur seine direkten Kunden müssen dafür ihrerseits reichlich Geschäfte machen, sondern deren Kunden ebenso, und nicht nur im nächsten Umfeld, in derselben Stadt oder einigen umliegenden Städten, sondern die gesamte Wirtschaft eines Staates und die von vielen Staaten muss auf gewinnbringende Geschäfte getrimmt sein.

Auf diese Weise gerät das Wachstum, zu dem das Geld zwingt, unvermeidlich zum Interesse eines jeden. Alle haben es zu verfolgen. Alle sind gezwungen, jede Möglichkeit entweder selbst zu suchen oder aber dankbar gutzuheißen, bei der sich nicht nur Geld, sondern *mehr* Geld machen lässt.

… und die Möglichkeit, *mehr* zu werden

An diesem Punkt stellt sich aber die Frage, wie das Geld überhaupt die Möglichkeit hat, *mehr* zu werden. Eine einfache Tatsache nämlich scheint diese Möglichkeit auszuschließen. Bei jedem Kauf und Verkauf, bei jedem Einsatz von Geld also, bei dem es *mehr* werden müsste, ist ja die Summe, die der Käufer zahlt, mit der Summe identisch, die der Verkäufer von ihm erhält. Jedes Mal also bleibt auch die *Menge* Geld bei einem Kauf und Verkauf gleich, ohne zu- oder abzunehmen. Wie also ist ein Wachstum von Geld überhaupt möglich?

Die Option, Geld einfach zu vermehren, indem man mehr Geld einführt und zusätzlich umlaufen lässt, besteht *nicht*. Natürlich lässt sich gerade Geld, ein Quantum *nichts*, ohne Weiteres zu einem größeren solchen Quantum aufstocken. Geld als reine Zahl und als stets nur nominell bestehende Menge lässt sich unschwer ebenso nominell zu einer größeren Menge und Zahl erklären. Doch dies kann nicht jene Vermehrung leisten, zu der das Geld gezwungen ist: Es muss zu mehr *Wert* werden, das heißt, es muss sich in eine entsprechend wachsende Menge *Ware* tauschen lassen. Und das wäre nicht gegeben, wenn die Geldmenge lediglich als solche vergrößert wird. Jeder weiß: Wenn mehr Geld in Umlauf gebracht wird, ohne dass seinen Einheiten jeweils mehr Ware entspricht, stellt es nicht etwa mehr Wert dar, sondern verliert es nur an Wert. Die Ausweitung der Geldmenge *allein* ergibt kein *Mehr* an Wert, wie es das Geld benötigt, sondern würde seinen Wert im Gegenteil nur mindern.

Genauso wenig lässt sich dem Wachstumszwang des Geldes allein dadurch genügen, dass jeder, der etwas zu verkaufen hat, *mehr* dafür verlangt. Höhere Preise bringen ihm zwar ohne Zweifel mehr Geld in die Kassen, aber wieder gilt, dass allein dadurch ein *Mehr* an Geld nicht etwa ein *Mehr* an Wert darstellt. Jeder Gewinn, der sich ausschließlich erhöhten Preisen verdankt, hebt sich innerhalb der Gesamtmenge von Geld durch den Verlust auf, den diese Preise den Käufern bereiten. Wenn sie für die gleiche Ware mehr Geld zahlen müssen, bekommen sie ja fürs gleiche Geld nur weniger Ware. Also müssten sie die Preiserhöhung weitergeben und ihrerseits wofür auch immer mehr Geld verlangen. Und so ginge es nur reihum, bis alle ihre

Preise erhöht hätten und zuletzt alles teurer geworden wäre, ohne dass Geld im mindesten mehr Wert darstellen würde. Auch höhere Preise *allein* lassen den Wert von Geld nur sinken, anstatt zu mehr Wert zu führen.

Die Möglichkeit, als Wert zu wachsen, ergibt sich für das Geld auf eine andere Weise. Das Geld, das jeder braucht, kann er nur von anderen erhalten und für etwas, das er ihnen verkauft. Dabei ist es zwar nicht völlig ausgeschlossen, dass jemand einfach von vornherein genug Ware besitzt, um aus deren Verkauf sein Leben lang Geld zu beziehen. In der Regel jedoch werden alle gezwungen sein, um etwas gegen Geld verkaufen zu können, es zu *leisten* oder *herzustellen* oder zumindest dafür *tätig zu werden*. Um Geld zu erlangen, ist ganz allgemein die *Herstellung* oder *Bereitstellung* von Ware notwendig. Und weil das Geld außerdem dazu zwingt, dass *mehr* und *mehr* und dass also möglichst viel an verkäuflicher Ware entsteht, geht es auch darum, *möglichst viel* an Ware herzustellen.

Dafür ist das allererste Mittel, *nicht* nur allein und mit den eigenen zwei Händen zu Werke zu gehen, sondern noch weitere Hände und Tätige einzuspannen. Und in einer Gesellschaft, in der möglichst viel über Geld laufen muss, kann auch diese Zusammenarbeit nicht mehr über die Gemeinschaft und über wechselseitige Verpflichtung verlaufen, sondern verläuft ebenfalls notwendig über Geld: Wer dort andere Leute zur Herstellung von Ware einspannt, muss sie dafür mit Geld bezahlen.

Auf diese Weise aber kommt es zu einer ganz besonderen Ware. Wenn jemand anderen Leuten dafür Geld zahlt, dass sie für ihn Ware *herstellen* oder allgemein etwas *leisten*, was zur Herstellung einer Ware beiträgt oder selbst als Ware zu verkaufen ist, so bezahlt er nicht für das so hergestellte Gut. Er bezahlt in diesem Fall nicht *die* Arbeiten in dem Sinn, wie man etwa von den »Arbeiten« spricht, die ein Künstler ausstellt. Die Ware, die er kauft, ist nicht das *Ergebnis* des Arbeitens, sondern vielmehr dieses Arbeiten selbst, der *Vollzug* oder die bloße *Funktion* des Arbeitens: Er macht *das* Arbeiten zur Ware. Der Autohersteller, der jemanden für die Arbeit in seinen Hallen bezahlt, kauft ihm nicht das fertig hergestellte Auto ab, sondern lediglich den tätigen Aufwand, den er dort zu treiben hat. Wer andere dafür bezahlt, dass sie für ihn zur Herstellung von Ware beitragen, erkauft ihre *Bereitschaft dazu*. Es ist der Einsatz von jemandes Fähigkeiten, was hier gekauft und einer Menge Geld gleichgesetzt wird. So bringt es Geld zu dieser besonderen Ware: der bloßen Arbeits*kraft*.

Erst Geld macht das Tun *als solches* zur Ware und formt es überhaupt zum Gegenstand eines eigenen Begriffs. In diesem Sinn hat es »Arbeit« vorher weder gegeben noch geben können. Vorher, ohne Geld, war sie nur als die Anstrengung vorstellbar gewesen, als die Mühe oder gar Qual, die jemand auf sich nahm oder der er unterworfen wurde. Das ist der Sinn aller älteren, vor Zeiten des Geldes bestehenden Wörter, die wir nachträglich als »Arbeit« deuten. So verstehen wir etwa das lateinische *labor* oder *laborare* nur richtig, wenn wir assoziieren, dass da jemand an etwas zu *laborieren* hat. Der *labor* gilt als *improbus*, als schändlich und unehrenhaft, als eine Anstrengung, die so ganz anders, als es heute von der Arbeit gepredigt wird, sehr wohl schändet. Das griechische Wort *ponos* ist deutlich sichtbar mit der alten deutschen »Pein« verwandt und auch das Wort *arbeit*, *arebeit* oder *erebeit* hieß einmal ausdrücklich nur »Mühe, Mühsal, Not, die man leidet oder freiwillig übernimmt«, oder gar »Strafe«. Oder es bedeutete das Werk, etwas, was wir mit dem neuzeitlichen Begriff von Arbeit kaum anders als tautologisch umschreiben können: *arbeit* als »das durch Arbeit zustande Gebrachte«.[142] Aus diesem Werkstück und aus Mühe und Pein abstrahiert erst die Gleichsetzung mit Geld einen neuen, bis dahin undenkbaren Begriff: den der reinen *Funktion* des Tätigseins oder eben der Arbeit.

Denn ob man sie mit dem Wort »Arbeit« oder mit einem anderen Wort wie etwa dem »Tätigsein« belegt, macht dabei durchaus keinen Unterschied, so wie ihn sich heute manche von einer veränderten Bezeichnung erhoffen. Die Abstraktion, mit der das bloße *Tun* hier als Ware zu einer Einheit gefasst wird, liegt in ebendieser *Einheit*, nicht in dem Wort, das für sie gewählt wird. Und zur Einheit werden »Arbeit« oder »Tätigsein« ausschließlich durch Geld, nämlich durch die Gleichsetzung mit Wert. Erinnern wir uns: Solange es noch ohne Geld zugeht, kann zwar jemand eine Zahlung dafür erhalten, dass er sich für andere müht. Doch die Menge Hirse, die da beispielsweise gezahlt wird, gilt *ihm* zur Belohnung und wird nicht etwa – als Wert – dem gleichgesetzt, was er tut. Dort wird, was jemand tut, niemals als solches zur Ware und damit niemals zur begrifflichen Einheit.

Indem Geld also Arbeitskraft kauft, schafft es eine neue Art von Ware. Und zwar erschafft es mit ihr exakt diejenige Ware neu, die es für seine Mehrung benötigt. Denn diese Arbeit ist nicht bloß *eine* Ware, sondern eine *doppelte*, die zwei getrennte und unterschiedliche Waren enthält. Zum einen nämlich *ist* Arbeit Ware, da sie jemand kauft und Geld für sie bezahlt. Zum anderen aber *schafft* Arbeit Ware, denn für deren *Herstellung* wird das Geld in diesem Fall ja gezahlt. Bezahlte und gekaufte Arbeit ist Ware, die eine *andere* Ware zusätzlich hervorbringt. Wer für sie bezahlt, kauft mit ihr also *doppelte* Ware: die Arbeit anderer Leute *und* alles, was sie unter Einsatz dieser Arbeit hervorbringen.

Die hervorbringende Arbeit und das hervorgebrachte Ergebnis sind *getrennte* Waren und *getrennt* wird für sie auch gezahlt. Der Unternehmer, der einen anderen für seine Arbeit bezahlt, zahlt nur für sie, für diese »erste« Ware. Die »zweite« Ware, zu der es dank der »ersten« kommt, erhält er sozusagen eingeschlossen in deren Kauf. Für diese »zweite« zahlt dagegen ein anderer, nämlich deren Käufer. Jener zahlt für die Arbeit, dieser für deren Ergebnis. Doch jener, der nur für die Arbeit zahlt, erhält dafür nicht nur die Arbeit selbst, sondern außerdem noch das Geld für deren Ergebnis. Für ihn, der den ganzen Handel anrührt, gilt dies, als würde er nur ein und dieselbe Ware kaufen *und* verkaufen.

Mit Geld bezahlte Arbeit ergibt daher eine *Abfolge* von zusammengehörigen Kaufvorgängen, aufgespalten ähnlich wie der Tausch von *Ware gegen Ware* durch das Geld. Dessen Dazwischentreten führt ja zu dieser Spaltung:

Ware A = *Geld*
↓
Geld = Ware B.

Arbeit als Ware dagegen führt zu einer zwar entsprechenden, aber doch veränderten Abfolge. Jemand bietet *Geld* auf, um die Ware »Arbeit« zu kaufen, die ihm zusätzliche Ware einbringen soll, um nun diese wieder für *Geld* zu verkaufen – und zwar notwendig beziehungsweise möglichst für *mehr* Geld. Auch diese Abfolge ist aufgespalten in zwei getrennte Kaufvorgänge, jedoch mit einer wichtigen Besonderheit: Hier fungiert nicht Geld als Mittelglied zwischen unterschiedlichen Waren, sondern es fungiert die doppelte, zwei unterschiedliche Waren darstellende »Arbeit« als Mittelglied zwischen zwei unterschiedlich *großen* Einheiten Geld:

Geld = Ware 1
↓
Ware 2 = *Geld* +.

Die Abfolge Ware–*Geld*–Ware zeigt sich hier in bedeutsamer Umkehrung als *Geld*–Ware–*Geld*.

Die beiden Waren, die hier das Mittelglied bilden, werden jeweils getrennt voneinander gekauft beziehungsweise verkauft, also mit Geld gleichgesetzt. Bei beiden Käufen geht es demnach sauber äquivalent zu, beim Kauf der Ware »Arbeit« ebenso wie beim Kauf der mit ihrer Hilfe erarbeiteten zusätzlichen Ware: Beide werden jeweils für sich genommen einer passenden Menge Geld und Wert gleichgesetzt. Zugleich aber bilden sie eine Einheit als Arbeit und deren Ergebnis, als *Herstellung* und *Hergestelltes*. Und als diese Einheit bekommt derjenige, der *nur* die Arbeit kauft, gleichwohl *beide* in seine Verfügung. Er erhält, indem er die *eine* Ware kauft, die andere als *zusätzliche* Ware. Und so erhält er, indem er Arbeit kauft, ein *mehr* an Ware, das auch ein entsprechendes *mehr* an Geld einzubringen vermag.

Das ist sie, die Möglichkeit, die das Geld hat, *im Tausch gegen Ware* und also *in seiner Funktion als Geld* zu mehr Geld zu werden. Der Käufer von Arbeit kauft nicht wie der *kapēlos* dieselbe Ware, die er später mit einem Aufschlag teurer wieder verkauft. Sondern er kauft eine Ware und verkauft *getrennt davon* eine andere, auch wenn er diese mit jener *zusammen* gekauft hat. Damit bietet sich ihm unter strikter Beachtung von Äquivalenz die Möglichkeit, dem Wertgesetz zu gehorchen und für die verkaufte Ware mehr Geld zu verlangen, als er für die gekaufte zu zahlen hatte. So und nur so führt das Geld selbst zu mehr Geld und Wert.

Was sich nicht erreichen ließe, wenn *allein* die Menge an Geld oder *allein* die Menge an Waren zunimmt, ergibt sich durch die Doppelung, welche die »Arbeit« als Ware leistet: ein *Mehr* an Ware, in dem sich ein *Mehr* an Geld realisiert. Nur so kann es insgesamt zu Mehrwert kommen. Und insofern spielt »Arbeit« sehr wohl die entscheidende Rolle für den Wert von Geld: Als Wert bewährt sich Geld nur mittels Mehrwert, und diesen ermöglicht die besondere Ware Arbeitskraft. Doch sie *ermöglicht* ihn nur, Arbeit ist damit durchaus nicht selbst Wert und ist nicht etwa seine Substanz, für die sie von vielen gehalten wird. Arbeit ist selbst keine Menge von *einem und demselben* und so bestimmt sich nach ihr auch nicht die *Menge* Wert, die in einer Ware stecken soll. Arbeit als Ware ist einzig die mögliche Voraussetzung dafür, dass Geld mehr wird und sich als Geld und Wert bewährt.

Und als diese ist sie notwendig *gemeinsam* mit dem Geld aufgekommen. Als sich im europäischen Raum die feudalistische Versorgung zu einer Versorgung über Kauf und Verkauf verschiebt, geschieht dies, wie wir gesehen haben, im Zusammenhang damit, dass ein bedeutender Teil der Bevölkerung keine Aufnahme mehr in den feudalistischen Gemeinschaften findet. Die neu gegründeten Städte füllen sich mit Leuten, die keinem Herren mehr gehören oder verpflichtet sind und die daher auch nicht mehr in die Versorgung durch einen solchen eingeschlossen sind. Sie sind gezwungen, zum Lebensunterhalt Geld einzunehmen, indem sie etwas verkaufen. Da ihnen zumeist jeder Besitz fehlt und so auch die Mittel, überhaupt etwas Verkäufliches herzustellen, können sie nur *sich* verkaufen. Doch auch dies ist nun nicht mehr möglich in dem Sinn, der feudalistisch gegeben war, dass jemand in ganzer Person zum Eigentum eines anderen wird und daher auch seine Versorgung bei ihm fände. Stattdessen verkaufen sie als ihren einzigen veräußerbaren Besitz die zeitweise *Verfügung* über sich: das Recht, sie einzusetzen. Sie können nur ihre Arbeitskraft zum Verkauf stellen – und treffen mit diesem Angebot punktgenau auf den Bedarf derer, die auf ebendiese Ware zur Mehrung ihres Geldes angewiesen sind.

Nicht Zufall also oder findige Köpfe haben dem Geld zu seinem Mittel verholfen, mehr zu werden. Durch den Verlust der feudalistischen Versorgung kommt es zu der Abhängigkeit vieler von einer Versorgung über Kauf und Verkauf, kommt es mit dieser Abhängigkeit zugleich zu Geld und kommt es über diese Abhängigkeit auch zu jener neuen Ware, deren das Geld für seine Vermehrung und damit für seinen Fortbestand bedarf. Das ist der Zusammenhang zwischen dem Geld und der Arbeit als einer Ware, die ihm einerseits zufällt, die es sich andererseits aber selbst schafft und die, weil in dieser Form geschaffen *vom* Geld, auch wie geschaffen ist *für* das Geld.

Exkurs: »Abstrakt menschliche Arbeit«

Es war Marx, der die großflächige Verbreitung der Ware »Arbeit« historisch mit dem Auftreten des berühmterweise »doppelt freien« Arbeiters erklärte. Auch ohne das Wissen, wie dies mit dem Aufkommen von Geld zusammenhängt, sah Marx den historischen Grund dafür, dass Arbeit zur Mehrwert heckenden Ware wird, in der großen Zahl von Menschen, die gegen Ende des europäischen Mittelalters keinem Herrn mehr unterstehen und damit in zweierlei Hinsicht »frei« sind: *frei von aller Versorgung*, nämlich der Versorgung beraubt, die sonst mit der Abhängigkeit von einem Herrn gesichert war; und *frei, über sich selbst zu verfügen*, da kein Herr mehr entsprechende Rechte auf sie anzumelden hat und sie sich deshalb – notgedrungen zwar, aber aus freien Stücken – selbst verkaufen und anderen gegen Geld die Verfügung über sich als Arbeitskraft überlassen mussten. So zwingt sie die Freiheit von Versorgung dazu, die Freiheit, mit der sie über sich verfügen, anderen einzuräumen, und zwingt sie ihr Angewiesensein auf Geld dazu, dem Geld genau diejenige Ware zu bieten, auf die es angewiesen ist.

Und Marx hat ebenso – durchaus im Widerspruch zu seiner Arbeitswertlehre – von der richtigen Erklärung gewusst, wie Arbeit und Wert zusammenhängen. In einem Brief lässt er sich in der Wut auf einen unbedarften Kritiker seiner Wertlehre dazu hinreißen, sie anders zu begründen als sonst, und sieht dort »den Nachweis des wirklichen Wertverhältnisses« in der Tatsache, dass »jede Nation verrecken würde, die, ich will nicht sagen für ein Jahr, sondern für ein paar Wochen die Arbeit einstellte, weiß jedes Kind«.[143] Ja, für jede Gemeinschaft ist es lebensnotwendig, dass ihre Mitglieder unablässig erarbeiten, wovon sie zu leben hat. Aber erst in einer Gesellschaft, die von Geld lebt, macht dieses Geld, so weit es nur irgend geht, *alles Lebens-*

notwendige zu Ware und setzt sie einem Geldwert gleich. Nur genau dies stiftet den Zusammenhang zwischen Arbeiten und Wert: Es sind die *konkreten*, wirklich von Menschen verrichteten Arbeiten, auf die das Geld zugreift. Es ist keine irgendwie bereits abstrakt gegebene Arbeit, der dann das Geld entspringen würde. Keine Ware ist deshalb Geld wert, weil jemand an ihr gearbeitet und damit Arbeit in sie gesteckt hätte, sondern es ist – etwas komplizierter – umgekehrt: Weil die Waren, deren eine Gesellschaft bedarf, um nicht zu verrecken, Arbeit erfordern, muss eine durch Geld vermittelte Gesellschaft, die Geldwert braucht, um an ihre Waren zu kommen, gerade auch diese konkrete Arbeit zu Ware und Wert machen.

So *verwandelt* erst die geldvermittelte Gesellschaft konkrete Arbeit in Wert und damit in das, was Marx »abstrakt menschliche Arbeit« nennt. »Abstrakt« ist diese Arbeit nur *als* Wert, nämlich als die Ware, zu der sie gemacht wird, um sich für jemanden in Geld und Geldeswert zu verwandeln. In der Form von Wert ist bei der Arbeit davon abstrahiert, *was* sie an Ware herstellt, *wie* sie das tut, *wer* da etwas dafür tut, ob Mechaniker, Manager oder Reinigungskraft. Aber mehr noch, in der Form von Wert ist bei einer jeden Ware ja auch davon abstrahiert, ob da überhaupt jemand etwas *tut* und dafür seine Muskeln anspannen, sein Hirn anstrengen oder sich sonst irgendwie »verausgaben« muss. Was als Wert und was für Marx insofern als »abstrakte menschliche Arbeit« zählt, ist nichts weiter als das: was jemandem dafür bezahlt wird, dass ein anderer zu zusätzlicher Ware kommt.

Das heißt: Was da »abstrakt menschliche Arbeit« heißt, muss rein gar nichts an konkreter Arbeit enthalten. Nur die *konkret* von Menschen verrichtete Arbeit aber kann überhaupt *menschliche* sein. Wenn Marx also Arbeit in ihrer Wertform für »abstrakt« erkennt, müsste er auch diese letzte *konkrete* Bestimmung seiner abstrakten Arbeit fallen lassen und dürfte nicht an diesem letzten Rest an Konkretion festhalten. Trotzdem aber hat es auf eine andere Weise sein Recht, auch bei Arbeit *als* Wert davon zu sprechen, dass sie – geradezu *schrecklich* abstrakt – »menschliche« ist. Denn: Wenn bezahlte Arbeit geleistet wird, wird stets *jemand* dafür bezahlt, dass *jemand* zu zusätzlicher Ware kommt. Der Wert, den Arbeit als Ware darstellt, und das Geld, das für sie gezahlt wird, kann nur immer an *jemanden* gezahlt werden, eben weil es Geld ist. Ausschließlich *Menschen* können wofür auch immer diese *abstrakte* Form einer Zahlung leisten und sie erhalten. Eine Zahlung, ob nun für »Arbeit« oder irgendetwas sonst, kann nur Menschen von Menschen geleistet werden. Egal auch, an welche Art von Geldsubjekt die Zahlung zunächst gehen mag, an ein Unternehmen, einen Trust oder einen Staat, zuletzt können als Eigentümer von Geld nur Menschen figurieren und nur ihnen kann es, vom Geld gezwungen, um Gewinn in Geld gehen. Allein *dieser* Zusammenhang macht die *bezahlte* grundsätzlich zu »menschlicher« Arbeit.

Ein kurzes Gedankenspiel als Einwand: Was wäre mit einem Computeralgorithmus, der für einen Staatsfonds Handel treibt – wären es da noch Menschen, die mit Geld umgehen? Ja, auch dann wären es Menschen, die den Computer programmiert haben und die ihn handeln lassen, und vor allem wären Menschen letztlich die Eigentümer der Konten, über die der Computer Handel treibt. Auch wenn ein sonst anonymes Geldsubjekt wie der Staat als deren Eigentümer firmieren sollte, das Interesse, mit dem kontogeführten Geld zu mehr Geld zu kommen, muss *jemand* für den Staat verfolgen und dafür muss *jemand* über die Konten verfügen können.

Dass abstrakte Arbeit also spezifisch »menschliche« ist, ergibt sich allein dadurch, dass *Menschen* gezwungen sind, möglichst viel von ihren konkreten Arbeiten zu verkaufen und zu kaufen, sie als Ware Geld gleichzusetzen und damit als Wert und als *Abstraktum* zu behandeln.

So ist die verbreitete substanzielle Vorstellung von Wert, die auch Marx vertreten hat, zu korrigieren. Die Vorstellung, aus der konkreten und daher menschlichen Arbeit würde sich durch die Tauschabstraktion eine *Wertsubstanz* ergeben, die daher auch als *abstrakte* noch immer *menschliche* Arbeit voraussetzen würde, sie täuscht. Und sie gibt Anlass zu Verwirrung in den größten Dimensionen. Das beweist die reale Herrschaft, die sie einmal über die halbe Welt ausübte. Der Sozialismus eines mächtigen Staatenblocks machte aus der Überzeugung, nur der Arbeiter würde Wert schaffen, einen ganzen staatstragenden Kult. Nicht dass, wer arbeitet, möglicherweise etwas Brauchbares erzeugt, wurde ihm hoch angerechnet, sondern dass allein er es sei, der *Wert* schaffe und *mehr* Wert, als er verbrauche. Es wurde ihm dank dieser Hochachtung nicht etwa das Los erspart, für die Produktion von Wert und Geld rackern zu müssen und weniger Geld als das erarbeitete dafür zu bekommen. Soweit es nach der sozialistischen Staatsraison ging, hätten sich die Proletarier aller Länder lediglich vereinigen können, um sich feiern zu lassen, nicht aber, um ihrem Dasein als Proletarier ein Ende zu setzen. Marx, wenn er den Sozialismus noch erlebt hätte, der sich auf seinen Namen berief, hätte getobt. Dieser Sozialismus erhob den Arbeiter als Schöpfer allen Werts nur zu der hochachtungsvoll geehrten Lichtgestalt einer Gesellschaft, die ihre *Werte* gänzlich ihm verdanken würde. Die Bewunderung und Achtung, die er dafür offiziell genoss, hat die Sozialisten nicht dazu verleitet, ihm den Status des geldwertschaffenden Malochers zu ersparen und diesen Status insgesamt abzuschaffen, sondern hat *das Gegenteil gerechtfertigt*: am Dasein eines Proletariats unverrückbar festzuhalten. Damit, dass es gar nichts Höheres gebe als die Schaffung von Wert und dass Arbeit es sei, die ihn schaffe, war noch die niedrigste Arbeit verklärt zum Höchsten, worauf jemand nur stolz sein könne. Es ist derselbe Stolz, den auch in den explizit kapitalistischen Staaten diejenigen hegen, die sich dort gerne selbst als »Malocher« bezeichnen und hochleben lassen.

Arbeit kann jeden Stolz nur rechtfertigen dank der *Güter*, die sie zustande bekommt. Ausgerechnet aber als ihren innersten Sinn zu schätzen, dass solche Güter verkäuflich sind und dafür als *Werte* auf das ihnen Äußerlichste bezogen werden, auf *Geld*, ehrt die Arbeit widersinnig für diese *Abhängigkeit* vom Geld, für die Abhängigkeit davon, *verkauft* zu werden. An einer solchen Abhängigkeit ist nichts Heroisches und gibt es nichts, worauf man stolz sein könnte, als dass man sie vielleicht heroisch *erträgt*.

Dass da ein Arbeiter konkret durch den sachgerechten Einsatz seiner Hände und seiner Kenntnisse ein Werkstück formt, ist also zwar außerordentlich häufig die Voraussetzung dafür, dass da Mehrwert erwirtschaftet wird. Aber *keine* Arbeit im konkreten Sinn ist *notwendig*, um die Abfolge *Geld*–Ware–*Geld* + und damit Mehrwert zu realisieren. Als das wertschöpfende Mittelglied »Ware« gilt in dieser Abfolge vielmehr *alles*, was Voraussetzung ist dafür, dass jemand, der es als Ware 1 kauft, zusätzliche Ware 2 zu verkaufen bekommt. Noch einmal: Eine solche Voraussetzung ist *vor allem* Arbeit, die jemand konkret leistet, aber nicht sie allein. Wer einem anderen gegen Bezahlung auf welche Weise auch immer zu Ware verhilft, die derjenige für mehr als das bezahlte Geld verkaufen kann, erbringt die Leistung, als welche sich jene Ware 1 spezifisch definiert. Allein die *Bezahlung*, die jemandem zusätzliche, für *mehr* Geld verkäufliche Ware einträgt, macht das, wofür er da zahlt, zur wertschöpfenden Ware 1: zu Ware, die ihm zusätzliche Ware abwirft. Wertschöpfende Ware ist sie, egal, worin sie besteht, ob nun in Arbeit, die jemand leistet, oder nur in Boden, den sich jemand überschreiben lässt, oder worin auch immer.[144]

Die Bezahlung, die zusätzliche Ware heckt, kann sehr wohl einem Arbeiter gelten, der Lohn dafür erhält, eine solche Ware herzustellen oder bei ihrer Herstellung mitzuwirken. Es kann ein Angestellter sein, der sein Gehalt dafür bezieht, als Sachbearbeiter das Nötige zur Erfüllung von Versicherungsverträgen zu leisten, aus deren Erträgen ein Unternehmen sein Gehalt zahlt. Es kann ein Manager sein, dessen Einkünfte mitsamt entsprechenden Boni so exorbitant hoch liegen, weil seine geschäftlichen Bemühungen ein Unternehmen überhaupt erst in die Lage bringen sollen, entsprechend viel gewinnbringend zu verkaufen. Aber natürlich können auch Maschinen die bezahlte Voraussetzung für mehr Ware sein. Patent- oder andere Rechte können es sein, für die zu zahlen ist, damit eine bestimmte Ware überhaupt hergestellt und verkauft werden darf. Grund und Boden kann die bezahlte Voraussetzung für Gewinne sein, Boden, der entweder verkäufliche Früchte spendet oder der sich mit verkäuflichen Häusern bebauen lässt. Tiere lassen sich jemandem abkaufen, um aus ihnen Verkäufliches zu gewinnen oder um sie nach entsprechender, wiederum bezahlter Behandlung selbst wieder um mehr Geld zu verkaufen. Informationen müssen bezahlt werden, ohne die es nicht möglich wäre bestimmte Waren zu produzieren, die Übertragung von Daten, Speicherplatz, die Kontoführung, das Depot – und nicht zuletzt auch die Verfügung über ausreichend Geld selbst. Was davon als »Arbeit« zählen mag und was nicht, tut für den Mehrwert, der damit zu erzielen ist, nichts zur Sache.

Die Wirklichkeit des Mehrwerts

Jemand kauft mit Geld etwas, das zur *Erstellung* von Ware beiträgt, um die so *erstellte* Ware für mehr Geld zu verkaufen: Das ist der in sich höchst simple Zusammenhang, dessen es bedarf, damit Geld zu mehr Geld, Wert zu mehr Wert werden kann. Es ist der Zusammenhang, dessen es bedarf, damit es mit dem Geld funktioniert, und das heißt, damit es mit dem Geld weitergeht. Für den Mehrwert, um den es dabei zu tun ist, zählt einzig und allein die Differenz zwischen der Menge Geld, die für die Erstellung der Ware gezahlt, und der Menge Geld, die mit der so erstellten Ware eingenommen wird.

Wo das Geld herrscht, hat demnach jeder seine Berechnungen anzustellen, die dem Geld gelten, aber die sich ebendeshalb auch auf alle Güter richten müssen. Die Berechnungen müssen sich auf alles das Wirkliche richten, was *nicht* Geld ist, aber zu Ware und Geld und immer mehr Geld *gemacht werden* kann. Und das ist zuletzt *alles* Wirkliche dieser Welt, das ist zuletzt ihre *gesamte Wirklichkeit.*

Was immer Ware und Gut sein kann, es ist von dieser Welt – keine Feststellung könnte banaler sein. Und doch ist eine Besonderheit dabei: Waren und Güter, *sie* sind von dieser Welt, *nicht* aber das Geld, dem sie dienen müssen. Waren und Güter sind von dieser Welt, aber sie sind es *im Widerspruch* zum Geld. Als reines Quantum und reines *Nichts* entzieht sich das Geld der Welt des Wirklichen: Es ist nicht von dieser Welt, da es in nichts von dem besteht, worin diese Welt besteht. Geld braucht jedoch Waren, braucht die Güter dieser Welt, um sie *für sich* zu vernutzen, für *seinen* Fortbestand, für *seine* Vermehrung. Geld zwingt die Menschen diese Welt nach *seiner* Logik zu vernutzen, nach einer Logik, die dieser Welt nicht entspringt und die ihr nicht entspricht, sondern die ihr *widerspricht.*

Wenn daher die karg übersichtliche Logik von *Geld*–Ware–*Geld* + besagt: Jeder muss Geld einsetzen, um etwas verkaufen zu können, das ihm mehr Geld einbringt, so erhebt sich damit über den Menschen ein höchst anspruchsvoller Imperativ: *möglichst viel Geld* aus dem Verkauf *von immer mehr Teilen dieser wirklichen Welt* zu ziehen, die sie *für möglichst wenig Geld* zu Ware machen müssen. Dieser Imperativ des Geldes lässt sich sehr knapp aussprechen. Nicht so die

Wirklichkeit, auf welche die Menschen diesem Imperativ gehorchend seit über vier Jahrhunderten losgehen: Sie ist in ihrer Ausdehnung und Tiefe gar nicht mehr zu überblicken, ja kaum hinreichend zusammenzufassen. Und doch soll es in Andeutungen versucht sein.

Lebensbedrohlich hoher Verbrauch wäre in einer Welt ohne Geld nur unsinnig, da er einem Leben in dieser Welt offen widerspricht. Wenn es aber nach dem Geld geht, verkehrt sich, was Unsinn war, in Sinn, in *zwingend* zu verfolgenden Sinn: wirtschaftlichen Erfolg. Offen und mit dem besten Gewissen wird alles dafür getan, nicht nur möglichst viel zur Ware zu formen und möglichst viel Ware zu produzieren, sondern dass sich möglichst viel davon auch so schnell wie möglich verbraucht. Von den Meeren bis zum Regenwald, was auch immer die Natur bietet, es wird bis zur Verödung ausgelaugt. Werbung stachelt die Menschen von allen Seiten und in einem Umfang zum Kaufen an, der diesem noch eigens ressourcenverschlingenden Gewerbe reichlich zu tun gibt. Immer neues Interesse wird erregt für immer neue Produkte. Dass Neues sein müsse und nichts so unverzichtbar sei wie Innovation, wird als Norm moderner Weltanschauung durchgesetzt, neben allerhand zeitgemäßem »Lebensgefühl« und einer »Lebensqualität«, zu der etwa gehört, sich in immer kürzeren Abständen neue Kleidung anzuschaffen.

Um diese wachsende Menge an Neuem verkaufen zu können, muss alles, was bereits verkauft wurde, möglichst rasch auch wieder unbrauchbar werden, für obsolet gelten und macht dann als Müll weitere Probleme. Waren werden mit gezielt verkürzter Lebensdauer produziert, auf dass sie rasch genug erneuert werden müssen. Die Möglichkeit, schadhafte Waren zu reparieren, wird unterbunden, damit an ihrer Stelle komplett neue Waren zu kaufen sind, die mehr einbringen als die Reparatur. Und diese Logik wird mit zunehmender Schärfe verfolgt: Je länger das Geld bestimmt, desto konsequenter wird darauf geachtet, dass Waren alsbald Müll sind. Außerdem muss man darauf achten, dass es möglichst viele Abnehmer für sie gibt. Die Staaten dieser Welt haben alle ihre Programme, die eigene Bevölkerung möglichst zahlreich werden zu lassen, auf dass expandierende Märkte von einer möglichst expandierenden Anzahl von Marktteilnehmern bedient werden.

Sobald die Logik des Geldes einsetzt, machen sich die Menschen mit äußerster Gewalt daran, die Wirklichkeit in einer Weise umzustürzen, dass sich so viel wie möglich von dieser Wirklichkeit in Ware verwandelt. Eindrückliche Beispiele dafür gibt Marx in seinem Kapitel zur »sogenannten ursprünglichen Akkumulation«, das ich dafür ausdrücklich ehren will. Der berühmte Titel ist zwar falsch gewählt und verdankt sich einem logischen Zirkelschluss, in dem sich bislang jede historische Herleitung des Kapitalismus verfangen musste: Es hätte eine dem Kapitalismus *vorangehende* Akkumulation von gleichwohl Kapital gegeben.[145] Doch das tut den Beispielen, die Marx hier der Geschichte entnimmt, keinerlei Abbruch: Sie beschreiben nicht etwa ein Handeln *vor* der Geldlogik, sondern zeigen diese Logik in vollem Umfang wirksam – sei es auch zu Zeiten, als sie erst zu wirken *beginnt*.

Während des ›langen‹ 16. Jahrhunderts etwa geht in England ein großer Feudalherr nach dem anderen dazu über, seine Bauernschaft gewaltsam von Ackerland zu vertreiben, »worauf sie denselben feudalen Rechtstitel besaß wie er selbst«, und Gemeindeland, worauf er nicht den geringsten Rechtstitel besaß, der bäuerlichen Gemeinschaft zu entreißen und als Privatbesitz zu beanspruchen. Ihr Ziel ist die Verwandlung des Landes in Schaf- oder Viehweiden und die sollen ihnen nicht mehr die Abgaben ihrer Bauern eintragen, sondern etwas, das sich gegen Geld *verkaufen* lässt: Wolle. Die Schafweiden »sind leicht zu versehn durch wenige Hirten«, wie schon ein Zeitgenosse weiß, kosten also wenig Aufwand und bringen aber Geld ein.

> »Den unmittelbaren Anstoß dazu gab in England namentlich das Aufblühn der flandrischen Wollmanufaktur und das entsprechende Steigen der Wollpreise. Den alten Feudaladel hatten die großen Feudalkriege verschlungen, der neue war ein Kind seiner Zeit, für welche Geld die Macht aller Mächte [wurde]. Verwandlung von Ackerland in Schafweide ward also sein Losungswort.«[146]

Dafür enteignet er seine ehemaligen Bauern, lässt ihre Hütten niederreißen und gibt sie der Not und Armut preis. Das Verfahren grassiert – ein weiteres Beispiel:

> »Die Kelten Hochschottlands bestanden aus Clans, deren jeder Eigentümer des von ihm besiedelten Bodens war. Der Repräsentant des Clans, sein Chef oder ›großer Mann‹, war nur Titulareigentümer dieses Bodens, ganz wie die Königin von England Titulareigetümerin des nationalen Gesamtbodens ist. Als der englischen Regierung gelungen war, die inneren Kriege dieser ›großen Männer‹ und ihre fortwährenden Einfälle in die niederschottischen Ebenen zu unterdrücken, gaben die Clanchefs ihr altes Räuberhandwerk keineswegs auf; sie änderten nur die Form. Aus eigner Autorität verwandelten sie ihr Titular-Eigentumsrecht in Privateigentumsrecht, und da sie bei den Clanleuten auf Widerstand stießen, beschlossen sie, diese mit offner Gewalt zu vertreiben.«

Und der Staat weiß sogleich, was mit den Vertriebenen einer bestimmten Logik folgend anzufangen ist: »Im 18. Jahrhundert wurde zugleich den vom Land verjagten Gaelen die Auswanderung verboten, um sie gewaltsam nach Glasgow und andren Fabrikstädten zu treiben.« So werden auch sie noch nutzbar gemacht zur Gewinnung von Mehrwert, für einen neuen und eine *neue Art* von Herrn. Und weil, was zunächst reihenweise nur »als individuelle Gewalttat« verübt wird, einem *gesellschaftsweit* gültigen Interesse an Mehrwert entspricht, übernimmt es der Staat, diese »Form des Raubs« zu legitimieren, indem er etwa seine Bills for Inclosures of Commons erlässt, Gesetze für die Einhegung, also Privatisierung von Gemeindeland. Legitimiert und staatlich unterstützt ist denn auch, was, »ein Beispiel der im 19. Jahrhundert herrschenden Methode«, die Herzogin von Sutherland unternimmt:

> »Diese ökonomisch geschulte Person beschloss gleich bei ihrem Regierungsantritt eine ökonomische Radikalkur vorzunehmen und die ganze Grafschaft, deren Einwohnerschaft durch frühere, ähnliche Prozesse bereits auf 15 000 zusammengeschmolzen war, in Schaftrift zu verwandeln. Von 1814 bis 1820 wurden diese 15 000, ungefähr 3000 Familien, systematisch verjagt und ausgerottet. Alle ihre Dörfer wurden zerstört und niedergebrannt, alle ihre Felder in Weide verwandelt. Britische Soldaten wurden zur Exekution

> kommandiert und kamen zu Schlägen mit den Eingeborenen. Eine alte Frau verbrannte in den Flammen der Hütte, die sie zu verlassen sich weigerte. So eignete sich diese Madame 794 000 Acres Land an, das seit undenklichen Zeiten dem Clan gehörte. Den vertriebnen Eingebornen wies sie am Seegestad ungefähr 6000 Acres zu, 2 Acres per Familie. Die 6000 Acres hatten bisher wüst gelegen und den Eigentümern kein Einkommen abgeworfen. Die Herzogin ging in ihrem Nobelgefühl so weit, den Acre im Durchschnitt zu 2 sh. 6 d. Rente zu verpachten an die Clanleute, die seit Jahrhunderten ihr Blut für die Familie [sc. der Herzogin] vergossen hatten. Das ganze geraubte Clanland teilte sie in 29 große Schafpachtungen, jede bewohnt von einer einzigen Familie, meist englische Pächterknechte. Im Jahre 1825 waren die 15 000 Gaelen bereits ersetzt durch 131 000 Schafe. Der an das Seegestad geworfene Teil der Aborigines sucht vom Fischfang zu leben.«

Und folgerichtig geht es weiter: »Der Fischgeruch stieg den großen Männern in die Nase. Sie witterten etwas Profitliches dahinter und verpachteten das Seegestade den großen Fischhändlern von London. Die Gaelen wurden zum zweitenmal verjagt.«

Das ist kein Vergehen mehr, sondern in einer Gesellschaft, die vom Mehrwert lebt, lobens- und aller Ehren wert. So bezeichnet ein Zeitgenosse »die Prozedur in Sutherlandshire als eines der wohltätigsten *clearings* seit Menschengedenken«. Denn: »Wenn nach Verwandlung kleiner Bauern in Leute, die für andre arbeiten müssen, mehr Arbeit flüssig gemacht wird«, also in Liquidität verwandelt, »so ist das ein Vorteil, den die Nation wünschen muss«. Deshalb kann sie die *clearings* nur wünschen, diese »Bereinigung« des Landes von Leuten, die von dem Land gelebt, aber dabei keinen Mehrwert abgeworfen hatten. Und solche *clearings* hält natürlich ein Mensch, der unter der Herrschaft des Geldes lebt, sogleich für etwas, das es »seit Menschengedenken« gegeben hätte – nur dass dieses grundmenschliche Verfahren noch nie so »wohltätig« wäre eingesetzt worden. Diese *clearings* aber haben ihren schlechten Sinn einzig unter der Herrschaft des Geldes.

Was sie allerdings bedeuten, wusste ein anderer Zeitgenosse damals noch zu benennen: »Die schottischen Großen haben Familien expropriiert, wie sie Unkraut ausroden würden, sie haben Dorfschaften und ihre Bevölkerung behandelt, wie die Indier in ihrer Rache die Höhlen wilder Bestien«. Und er sieht sich daran erinnert, wie einmal die Mongolen gegen chinesische Provinzen zogen und im Kriegsrat überlegten, »die Einwohner auszurotten und ihr Land in Weide zu verwandeln. Diesen Vorschlag haben viele hochschottische Landlords in ihrem eignen Land gegen ihre eignen Landsleute ausgeführt.« Was einmal der schärfste denkbare Gegensatz war, das Verhalten gegenüber dem äußeren Feind und das Verhalten gegenüber den eigenen Leuten, hier, unter der Logik des Mehrwerts, wird der Widerspruch zur wohltätigen Normalität. Jetzt setzt diese Logik die zynische Verkehrung in Kraft, dass die Gemeinheiten der Privaten Wohltaten für die Gesamtheit bedeuten: *private vices, public benefits.*

Doch nicht genug damit, was den eigenen Leuten da angetan wird, sie müssen dafür auch noch verfolgt und bestraft werden. Denn »für die ihnen angetane Verwandlung in Vagabunden und Paupers« nimmt man sie selbst in die Verantwortung mit obrigkeitlichen Maßnahmen, denen es nicht an Brutalität mangelt: »Die Gesetzgebung behandelte sie als ›freiwillige‹ Verbrecher und unterstellte, dass es von ihrem guten Willen abhänge, in den nicht mehr existierenden alten Verhältnissen fortzuarbeiten.«

Einem jeden, dem die angestammten Lebensumstände zerstört wurden, drohen Auspeitschung, Einsperrung, Brandmarkung »mit rotglühendem Eisen« und schließlich Hinrichtung, wenn er »herumlungert«, sich nicht in die neuen Lebensumstände hineinzwingen lässt oder darin schlichtweg nicht unterkommt. Nur wer sich notgedrungen etwa der Knechtschaft in einer der aufkommenden Manufakturen unterwirft und unterwerfen kann, entgeht dem Schicksal, »als Sklave der Person zugeurteilt« zu werden, »die ihn als Müßiggänger denunziert hat«. Die gewaltsam der Möglichkeit beraubt wurden, sich weiter gemeinsam *mit* anderen ihren Unterhalt zu erarbeiten, sind nicht minder gewaltsam gezwungen, nur noch *für* andere zu arbeiten und Treibstoff für den großen Mehrwert-Motor abzugeben.

Was auf diese Weise zunächst mit offener Gewalt durchgesetzt wird, die Umwandlung von Grund und Boden in Privatbesitz und die Zwangseinweisung der Menschen in bezahlte »Arbeit«, um aus beidem Mehrwert zu gewinnen, heute ist es in den Heimatländern der Geldwirtschaft längst flächendeckend und so erfolgreich vollzogen, dass sich mittlerweile ein blutiges Einschreiten meist erübrigt. Heute gibt es hierzulande kein Fleckchen Erde mehr, von dem sich leben ließe und das nicht privates Eigentum wäre. Das versteht sich heute ebenso vollständig von selbst, wie dass es für die meisten nötig ist, in dieser Weise »Arbeit« für andere zu leisten, und dass jeder, der keine solche Arbeit »hat«, ganz selbst dafür verantwortlich ist. Zugleich aber, wo immer es heute noch etwas dergleichen durchzusetzen gilt, wird es weiterhin durchgesetzt und weiterhin mit aller gesetzlichen oder aber verbrecherischen Gewalt.

Durch- und umzusetzen ist auch, was die Logik des Mehrwerts sonst noch diktiert. So soll ja die Erstellung von möglichst viel Ware nur möglichst wenig Geld kosten. Das bedeutet, dass auch die Produktion von Ware möglichst massenweise erfolgen muss, weil dadurch auf die einzelne Ware umgerechnet weniger Kosten anfallen. Also ist etwa Massentierhaltung das Mittel der Wahl – und man weiß, was das bedeutet. Dem Verhältnis von Geldaufwand und Geldertrag zuliebe ist es notwendig, Äcker und Felder in Monokultur zu betreiben, mit heckenlosen Großflächen und unter Abtötung von allem Lebendigen, das sich erdreistet, neben der für den Verkauf produzierten Pflanze zu kreuchen und zu sprießen. Es steht fest, wie ein Unternehmen entscheiden muss, wenn es billiger kommt, für Autos Software zu entwickeln, die einen vorschriftsmäßig geringeren Schadstoffausstoß vortäuscht, als dass die Motoren selbst entsprechend schadstoffarm entwickelt würden. Dies Letztere wäre technisch möglich, würde aber einen höheren Geldaufwand bedingen und Zeit in Anspruch nehmen, in der aber keinesfalls der Verkauf der schädlicheren Autos unterbleiben darf.

Und nie ist es erst die allfällige Übertretung von Gesetzen, sondern sind es immer auch die übertretenen Gesetze selbst, die dieser Logik folgen. Denn sie *begrenzen* den erlaubten Ausstoß, um den begrenzten Ausstoß damit bedingungslos zu *erlauben*. Für die Warenproduzenten bedeutet es fraglos geringeren Geldaufwand, wenn ihnen die planmäßige Schädigung der Welt wenigstens in Grenzen erlaubt ist, statt dass sie ganz darauf verzichten müssten. Darauf nehmen die Staaten, interessiert an einem profitlichen Geschäftsgang, gerne Rücksicht und legen deshalb für das Auffälligste, was bei der Warenproduktion an schädlichen Stoffen anfällt, gesetzliche Grenzwerte fest. Die *begrenzte* Lizenz zum Schädigen macht es unanfechtbar, dass der Schädigung *Lizenz* erteilt ist. Durch die Begrenzung wird an die Stelle der Frage, *ob* der Schaden sein darf, die mehrwertfreundliche Frage gesetzt, wie groß er *auf jeden Fall* sein darf. Denn darin ist sinnigerweise eingeschlossen, dass er sein *muss* – nach der Logik des Mehrwerts.

Jeweils wäre es möglich eine Schädigung auch ganz zu vermeiden, *wenn es nicht nach Geld ginge*: indem entweder anders oder etwas anderes produziert würde oder wenn man gar, *horribile dictu*, irgendetwas *nicht* herstellen wollte. Ein technisches Beispiel: Die Fäden für Textilien werden heute auf Maschinen gesponnen, die mit extrem hoher Drehgeschwindigkeit arbeiten. Damit die Fäden die Belastung durch diese Geschwindigkeit aushalten und nicht reißen, werden sie mit bestimmten Chemikalien getränkt und gestärkt. Später werden die Chemikalien wieder herausgewaschen, und zwar zumeist erst vom Käufer der fertig hergestellten Kleidung und ohne dass er davon weiß. Und damit sind sie nicht aus der Welt, sondern gelangen dorthin, wo sie nicht guttun. Eine technische Möglichkeit, Fäden ohne diese Chemikalien zu verspinnen, bestünde nun einfach darin, die Maschinen langsamer laufen zu lassen. Doch die hohe Laufgeschwindigkeit hat ja ihren zwingenden Grund, sie macht die Herstellung der Fäden billiger, so kosten sie weniger Geld. Je schneller die Maschinen laufen, umso mehr Faden entsteht pro Zeiteinheit und also verteilen sich die anfallenden Kosten auf umso mehr Faden.

Nach demselben Imperativ braucht es die pflanzentötenden Gifte, braucht es Antibiotika für die Tiere oder braucht es den Hochdruck bei der menschlichen Arbeit. Die Gifte etwa führen zu größeren Ernten, weil sie größere Flächen in Monokultur zulassen: Insektizide töten die Schädlinge, die bei dieser Art des Anbaus überhandnehmen, und nebenbei noch unzähliges anderes Getier. Gifte ersparen die teurere Arbeit von Leuten, die störendes Unkraut mit der Hand entfernen würden. Also führt viel Gift zu wenig Kosten und wäre sein Einsatz zwar ohne Weiteres zu vermeiden, doch dies nur bei höherem Geldaufwand.

Tiere lassen sich kostengünstig halten und transportieren, wenn möglichst viele auf möglichst wenig Raum zusammengepfercht sind. Und weil manches lebende und empfindende Wesen darüber der Krankheit verfällt, werden sie möglichst gleich alle mit Antibiotika zum Durchhalten befähigt. Das spricht für kein gutes Leben dieser Tiere und tut später außerdem denen nicht gut, die das Fleisch essen, so wenig wie den Gewässern, in welche die antibiotischen Mittel der Kostenersparnis halber zuletzt auch noch gelangen. Es wäre also gut, wenn solche Mittel nicht eingesetzt werden müssten, und es wäre auch gut möglich, vorausgesetzt nur, die Tiere bekämen nichts Unerträgliches zu ertragen. Das aber würde zu viel kosten und das darf es nicht.

Dem scheint auf den ersten Blick Essen in Bio-Qualität oder scheinen auch »fair« gehandelte Waren zu widersprechen. Denn beides kostet in der Tat mehr und *darf* dieses mehr offenbar auch kosten: im Fairtrade, indem den Herstellern bessere Preise gezahlt werden, bei »biologischen« Lebensmitteln, indem die rücksichtsvolle und gesündere Herstellung höhere Kosten verursacht und damit höhere Preise erzwingt. Auf diese *Möglichkeit* höherer Preise stützt sich implizit etwa die Forderung, man müsse die schädlichen »konventionell« hergestellten Lebensmittel entsprechend verteuern, damit nicht mehr sie anstelle der anerkanntermaßen teureren »biologischen« gekauft würden. Und in dieselbe Richtung weist die weit verbreitete Schelte des »Verbrauchers«, der nur nicht genug für Schnitzel und T-Shirt zu zahlen bereit sei, so dass diese notgedrungen mit Gift und entsprechend gallig hergestellt werden müssten.

Mit beidem aber, mit jener Forderung und diesem Vorwurf, ist die Wirklichkeit des Geldes und seines Zwangs zu Mehrwert ausgeblendet. Solange irgendetwas, und sei es im besten Interesse für diese Welt, über Preise geregelt werden soll, ist es mitsamt dieser Regelung der Logik des Geldes unterworfen. Und die lässt zwar sehr wohl zu, ja, ist sogar sehr dafür, dass für Waren möglichst hohe Preise verlangt werden. Aber sie muss dieses Interesse zugleich strikt beschränken durch das teils gegenläufige Interesse an der Verkäuflichkeit von Waren. »Bio« – und es spricht von der ganzen Verrücktheit der Geldlogik, dass es einen eigenen Namen bekommen muss, wenn Lebensmittel *nicht* mit Gift und *nicht* unter Zerstörungen an Mensch und Natur hergestellt werden, da Gift und Zerstörungen sonst die »konventionelle« *Normalität* darstellen – kann wie »fairer Handel« in der kapitalistischen Wirtschaft nur als *Nische* existieren und niemals zur ökonomischen Normalität werden. Die höheren Preise, die auch bei »Bio« nur deshalb in dieser Höhe angesetzt werden müssen, damit sie Mehrwert ergeben, setzen einen entsprechend kaufkräftigen Kundenkreis voraus, der sie zu bezahlen vermag. Außer von dieser Klientel sind die Bio-Waren nicht zu bezahlen, außer an sie sind sie nicht zu verkaufen. *Alle* aber, wie es für eine *Normalität* von »Bio« nötig wäre, können nicht über diese Kaufkraft verfügen, denn es würde voraussetzen, dass sie alle zu entsprechend mehr Geld kommen und selbst für ihre Waren höhere Preise erzielen oder besser bezahlt werden müssten. Und das wiederum würde nur *alle* Preise in die Höhe treiben und nichts an dem Preisverhältnis zwischen »Bio« und »konventionell« ändern können. So muss es sein, wenn *alles* zwingend in demselben *Einen* bemessen und berechnet wird.

Und so kann es denn auch nicht anders sein, als dass die Mehrheit der Menschen unter unmenschlichem Druck zu arbeiten hat. Der Hochdruck, unter dem sie dabei stehen, ist unmittelbar der Kostendruck, der Zwang zu Mehrwert. Arbeit, für die jemand länger braucht, macht größere Kosten. Arbeit, die nicht zum Termin geliefert wird, kostet mehr Geld oder kostet gleich das ganze Geschäft. Arbeit, die nicht mit der Arbeit anderer mithalten kann, rechtfertigt nicht die Kosten, die sie macht, und macht insofern *zu große* Kosten. Um Gesundheit und Gemüt der Menschen, die heute zwar länger, aber alles andere als glücklicher leben, ist es entsprechend bestellt.

Denn auch das gibt das höchste aller Gesetze vor, nach dem Mehrwert sein muss: dass nur derjenige Geldaufwand *gerechtfertigt* ist, der mehr Geld einbringt. Das heißt zum einen, dass sich kein Geldaufwand, wofür auch immer, lohnt, wenn er zu wenig einbringt. Aber es heißt auch umgekehrt, dass für alles, was mehr Geld einbringt, *jeder* Aufwand gerechtfertigt ist. Das Erstere bedeutet, dass sehr vieles, was sinnvoll, ja, was unbedingt nötig wäre, nicht sein kann und nicht sein darf: weil es zu viel Geld kosten würde. Wenn ein Öltransporter verbotenerweise seine verschmutzten Tanks auf offener See ausspült, vermeidet er eine technisch mögliche, aber kostenträchtige Reinigung. Wenn Flugzeuge erlaubterweise vor der Landung überflüssiges Kerosin ablassen und damit über diese Welt verteilen, geschieht das, um einen kostspieligeren Umgang mit dem Treibstoff zu vermeiden, der sich nicht rechnen würde. Wenn nur die aufwendigsten Filter den Feinstaub aus der Abluft holen könnten, aber gar nicht erst vorgeschrieben sind, weil sie zu teuer wären, muss man auf ihren Einbau verzichten. Wenn bei einem brutalisierten Fischfang eine Unmenge ungewollt-unbrauchbaren »Beifangs« in den Netzen landet und erst verendet wieder ins Meer geleert wird, gilt es jede sinnvolle Rücksicht zu vermeiden, um Kosten zu vermeiden. Und so weiter – kurz: Weil es auf solche Weise mehr Geld kosten würde, der Erde die Vergiftung, Ausschlachtung und Aufheizung zu ersparen, müssen Vergiftung, Ausschlachtung und Aufheizung – Konferenz hin, Konferenz her – weiterhin sein.

Zwar kann es damit auch in der Logik des Geldes liegen, dass für die Herstellung von Waren möglichst wenig an Material, Energie oder Zeit verbraucht wird. So wird zum Beispiel aufwendig geforscht, wie ein Auto mit weniger an Metall auskommt, weil seine Herstellung dann weniger kosten würde. Doch mit dieser Sparsamkeit fügt sich das Ganze nicht zum Besseren. Auch wenn das einzelne Auto mit weniger Metall auskommt, verbraucht doch die wachsende Gesamtzahl an Autos insgesamt wieder mehr davon. Was im Einzelnen gespart wird, wird stets um ein Vielfaches überstiegen von dem, was im Allgemeinen für das nötige *Mehr* an Ware verbraucht werden muss. Aber nicht nur dadurch löscht der Imperativ des Mehrwerts alles an Spar- und Sorgsamkeit wieder aus. Dass für die Waren möglichst wenig Aufwand in Form von Kosten anfallen soll, wird ja *relativiert* durch die weitere Vorgabe, dass es damit zu möglichst viel Gewinn kommen soll. Wenn also nur bei einem entsprechenden Aufwand Gewinne zu erwarten sind, wird dann auch rücksichtslos *viel* Aufwand getrieben.

Um den Warenverbrauch zu beförden und jeden Einkauf möglichst einfach und bequem zu machen, werden die Waren nicht bloß aufwendig verpackt, sondern zuallermeist mitsamt Behältnis verkauft. Ein paar wenige Gramm von irgendetwas bekommen ihre eigene Dose, ihre eigene Flasche, ihr eigenes Glas mit Deckel, ihren eigenen Plastikbecher mit Deckfolie, ihre Packung aus Verbundmaterial und alles das bunt und werbewirksam und zusätzlich materialverbrauchend bedruckt. Das kostet zwar und belastet den Gewinn, ist aber doch Voraussetzung dafür, dass es zu diesem Gewinn kommt: Ohne diesen Aufwand verliefe der Verkauf des Buntverpackten weniger erfolgreich. Mit diesem Aufwand wird dagegen nicht nur eine unbeschreibliche Menge an Material verbraucht, sondern auch eine unbeschreibliche Menge an Müll produziert. Der tut dieser Welt erheblichen Schaden bis hinab in die Tiefen des Ozeans, wo Teile seines Plastiks unschöne Folgen haben. Aber jede Tonne Müll ist gerechtfertigt und muss sein, weil Geld Gewinne braucht.

Und so fort: Alles das ist und alles das bedeutet Mehrwert *wirklich*.

VI Unter Geldsubjekten

Noch ist nicht aufgewiesen, auf welche Weise sich das Geld in seiner Wertgröße bestimmt. Dass es jeweils wieder und weiter als Wert fungieren muss, um Geld zu bleiben, dafür sind die wichtigsten Voraussetzungen und davon sind die wichtigsten Folgen benannt. Doch solange wir nicht bis in die Verästelungen des Finanzmarkts vorgedrungen sind, bleibt noch immer dieses Entscheidende zu klären.

Bevor wir uns allerdings auf diese letzte Strecke zur Bestimmung des Werts begeben, heißt es jedoch drei Phänomene gesondert zu erfassen und zu bedenken, die wir bereits im Zusammenhang mit jenen Voraussetzungen gestreift haben. Alle drei gehören jeweils ganz grundsätzlich zum Geld, da es das Geld ist, das sie wesenhaft bestimmt. Das ist einmal das *Eigentum*, als welches Geld einzig existieren kann. Dann ist es die *Konkurrenz*, die um dieses besonders geformte Eigentum wüten muss. Und schließlich ist es der *Staat*, der die notwendig darum konkurrierenden Interessen auf die Einheit Geld festlegt und so zu einem einheitlichen Interesse am Geld zusammenzwingt.

Alle drei Phänomene werden heute wieder einmal für menschlich-ursprünglich angesehen. Und das sind sie – aber jeweils in bedeutend *anderen* Formen als den vom Geld geprägten. Die Gemeinwesen, die wir heute über alle Zeiten hinweg Staaten nennen, sind keine Staaten, bevor nicht das Geld sie dazu macht. Der Wettkampf, dem sich etwa die alten Griechen mit solcher Freude hingegeben haben, war keine Konkurrenz um eine Lebensgrundlage, die sie einander streitig machen mussten. Und das Eigentum, das die Menschen in archaischen Gemeinwesen einander verbunden hatte, steht in krassem Widerspruch zu dem Eigentum, das heute auf dem Ausschluss der anderen beruht.

Alle drei Phänomene würden zu ihrer Darstellung ganze eigene Bücher verdienen. Auf eine solche Ausführlichkeit muss ich hier verzichten. Ich beschränke mich bewusst auf drei Miniaturen.

Eigentum

Eigentum ist älter als das Geld und vielerlei sind die Weisen, in denen Menschen mit ihm umgegangen sind. Es gibt so wunderschöne darunter wie die der Arapesch. Heute dagegen herrscht die einzigartig giftige des Geldes – denn auch das Eigentum mutiert durch Geld in eine vorher nie gekannte Form.

Wie bei den Tauschmitteln, die einmal reale Dinge waren, vollzieht sich auch dies durch die Mutation ins *reine* Tauschmittel. Während alle Dinge für sich genommen existieren, egal ob sie jemand als sein Eigentum beansprucht oder nicht, ist Geld überhaupt *nur* als Eigentum denkbar. Als das reine Tauschmittel ist Geld *nichts* sonst als die sistierte Funktion, in etwas getauscht zu werden, und das heißt, von jemandes Eigentum in das Eigentum eines anderen zu wechseln. Eine Geldsumme, über die niemand als sein Eigentum verfügen würde, könnte niemand als Geld verwenden, sie würde nicht als Geld fungieren und *wäre* also kein Geld. Geld, das als Tauschfunktion *in nichts Realem* besteht, muss *in jemand Realem* seinen Eigentümer haben, sonst ist es nicht. Es braucht ihn als seinen Verwender, als denjenigen, der es als Tauschmittel fungieren *lässt* und *für den* es also als Tauschmittel fungiert. Das Geld braucht sein Geld*subjekt*.

Zu einem solchen Geldsubjekt wird in einer Gesellschaft, die von Geld lebt, jeder Einzelne, der in ihr lebt. Hier ist jeder mit lebensbestimmender Notwendigkeit Geldeigentümer und es hat für jeden lebensbestimmende und also allerhöchste Bedeutung, Geldeigentümer zu sein. Als Geldsubjekt muss sich jeder Geld *zu eigen machen*, nämlich von anderen einnehmen, und muss dieses Geld auch *anderen zu eigen geben*, nämlich bei anderen ausgeben. So treten sich alle getrennt als Geldeigentümer gegenüber, jeweils als Geldgeber und Geldeinnehmer, und hängen alle zugleich *als diese Geldeigentümer* zusammen.

Aber nicht nur die einzelnen Menschenkinder werden unter der Herrschaft von Geld zu Geldsubjekten, sondern über ihnen erheben sich in langer Folge noch allerlei höhere und komplexere dieser Subjekte. Jedes Unternehmen ist wiederum ein eigenes Geldsubjekt, ein Konsortium aus Unternehmen kann es sein, Banken sind es, Organisationen, Regionen und – wie bekannt – weiter bis hinauf zu den Staaten und womöglich ihren Bünden. Sie fungieren zwar jeweils als *unpersönliche* Eigner ihres Geldes, aber sind doch notwendig an die *Personen* derjenigen gebunden, die sich in ihnen zusammenfassen und die über die jeweiligen Summen zu verfügen haben. Trotz aller Staffelung der Geldsubjekte bis zu den staatlichen und überstaatlichen braucht Geld zuletzt stets *Personen* als sein Geldsubjekt – sei es auch nur als ausführendes Personal.

Und Geld also ist nicht *etwas*, das jemand zu seinem Eigen hat, sondern es ist *nichts als* Eigentum, es ist *reines* und *ausschließliches* Eigentum. Diese Geld-Form von Eigentum muss sich jedoch auf alles legen, was in einer solchen Gesellschaft auch sonst Eigentum heißen kann: auf alles Reale, womit sie umgeht und worauf sie zugreift. Denn all dies wird ja, wenn es jemand kauft oder allgemein in Geld bewertet, als jemandes *Eigentum* einer Summe Geld *gleichgesetzt*: Jemandes reales *Eigentum* wird gleichgesetzt dem Geld*eigentum* eines anderen. Wer Ware mit Geld kauft, erhält sie als ein Eigentum *von derselben Form*, in der das gezahlte Geld sein Eigentum war und wie Geld ganz allgemein Eigentum ist. All dies Reale wird selbst zu *ausschließlichem* Eigentum, und da es, als etwas Reales, nicht *reines* Eigentum sein kann, wird es zu radikal *ausschließlichem* Eigentum.

Was auf diese Weise nur abstrakt klingt und tatsächlich ja von einer allerdings höchst realen Abstraktion spricht, hat entsprechend reale und tiefgreifende Folgen. So wie sich das Eigentum an Geld *ausschließlich* auf das Geld selbst beziehen kann, bezieht sich das Eigentum an einer Sache, die man gegen Geld bekommt, *ausschließlich* auf ebendiese *Sache*. Was das bedeutet, wird nur klar, wenn man es in Vergleich setzt zu den Verhältnissen ohne Geld und vor dem Geld. Wenn dort etwas getauscht wird, wird es nach einer Schätzung getauscht, die grundsätzlich Gegebenheiten der Gemeinschaft mit einbezieht. Sie bezieht die jeweils besondere Situation mit ein, in welcher der Tausch stattfindet, die spezifische Bedeutung des Getauschten für die Gemeinschaft und vor allem die Stellung der Tauschenden in Bezug aufeinander. Der Tausch richtet sich dort nach den *Verpflichtungen*, die mit den getauschten Dingen verbunden sind. Und von diesen Verpflichtungen bleibt nichts, aber auch gar nichts übrig, wenn sich der Tausch über Geld, also unter Gleichsetzung mit Geld vollzieht.

Ebenso wie Wert durch diese Gleichsetzung ausschließlich und isoliert nur der Ware selbst zugeschrieben wird, so auch das Eigentum an ihr. Alle Verpflichtung, die mit ihr verbunden sein kann, jede Verpflichtung gegenüber anderen Menschen oder gegenüber einer spendenden Natur ist darin ausgelöscht. Dieses Eigentum ist keinem Gemeinwesen mehr verpflichtet, sondern hat einer solchen Verpflichtung radikal und auf immer abgeschworen. Darin zeigt sich noch die historische Ursprungsbedingung wirksam, unter welcher das Geld aufkommt. Die vielen Menschen, die damals herausfallen aus dem feudalistischen Zusammenhang der persönlichen Verpflichtungen eines jeden gegenüber den anderen, die vielen also, für die eine solche Verpflichtung nicht mehr galt, sahen sich *dadurch* gezwungen, ihre Versorgung in der Hauptsache ohne solche Verpflichtung und unpersönlich über Kauf und Verkauf zu erlangen – und damit schließlich über Geld. Unter der Herrschaft des Geldes ist jede Verpflichtung gegenüber anderen, die sich einmal an die Dinge knüpfte, ersetzt durch die eine und einzige Verpflichtung, einem anderen für sie Geld zu zahlen. Wer für etwas, das er kauft, Geld bezahlt, hat damit alle Verpflichtung gegenüber ihrem Verkäufer eingelöst, er hat es zu seinem Eigentum gemacht und kennt sonst keine Verpflichtung, die sich noch daran heften würde. Er hat das unbedingte, bezahlte und gekaufte Recht, zum Beispiel selbst Berge an Lebensmitteln oder hilfreichen Medikamenten zu verbrennen, sofern sie eben sein Eigentum sind.

Das muss auch das Verhältnis zwischen den Menschen bestimmen. Das geldförmige Eigentum ist das ausschließliche Verfügungsrecht über eine *Sache*, die da *jemand* zum Eigentum hat. Da er diese Sache über Geld aber nur von *jemandem* bekommen kann, der sie ihm verkauft, bezieht sich dasselbe *ausschließliche Verfügungsrecht* letztlich auf ebendiesen jemand selbst. Dass eine Ware über Geld den Eigentümer wechselt, bedeutet ja, dass sie aus dem Verfügungsrecht des einen in die des anderen überwechselt. Der Käufer bringt mit seinem Geld den Verkäufer dazu, ihm das Verfügungsrecht über das Gekaufte zu überlassen. Mit Geld verfügt also stets *jemand* genau genommen über *jemanden*: der Zahlende über den, den er bezahlt. Um

Waren mit Geld zu ihrem Eigentum zu machen, *verfügen Menschen* mit diesem Geld ausnahmslos *über Menschen*. Und um aus dem Verkauf von Waren umgekehrt Eigentum an Geld zu gewinnen, müssen Menschen grundsätzlich und ausnahmslos andere Menschen mit Geld *über sich verfügen lassen*.

Das aber vollzieht sich nicht etwa als Gemeinschaftswerk, sosehr die Menschen dabei auch voneinander abhängen und über einander verfügen mögen. Denn da sie dabei *mittels Geld* aufeinander angewiesen sind, vollzieht sich diese wechselseitige Abhängigkeit nicht mehr, wie einmal ohne Geld, unter der einschließenden Verpflichtung gegenüber anderen, sondern unter deren zwanghaftem *Ausschluss*. Die Verbindung, die das Geld über seine Form von Eigentum herstellt, ist ein Gegeneinander.

So muss eine geldvermittelte Gesellschaft als ganze darauf achten, möglichst vieles, um es zu Geld machen zu können, zunächst zum entsprechend *geldförmigen* Eigentum zu machen. Was vielen gehört oder worüber mehrere verfügen können, ist noch nicht in dem *ausschließlichen* Eigentum von jemandem, der es gegen Geld verkaufen will. In diese Art von Eigentum muss die Welt, wo das Geld herrscht, erst verwandelt werden. Das wurde sie und das wird sie weiterhin, mit aller Gewalt. Daher ist diese Welt heute so weit nur irgend möglich zu Privateigentum gemacht und unter Eigentümer aufgeteilt. Und dass es bei dieser Form des Eigentums eben um Geld geht, bedeutet genau: Wer etwas zu seinem Eigentum macht, um Geld dafür zu bekommen, muss es als dieses Eigentum allen anderen *entziehen*, muss sie davon *ausschließen*. Er muss es ja erst einmal *allen* vorenthalten, damit ihm *jemand* dafür das geforderte Geld bezahlt. Nur indem Güter in dieser Form von Eigentum jemandes ausschließender Verfügungsgewalt unterworfen und damit allen anderen *entzogen* werden, können diese anderen gezwungen werden, sie mit Geld zu kaufen.

Geld zwingt alle durch den Ausschluss jeweils aller anderen zu einer Gesellschaft von Geldeigentümern zusammen. Das ist die so einzigartig giftige Form, die das Geld dem Eigentum aufzwingt. Denn wir müssen uns klarmachen, was sie bedeutet, und das am besten gerade anhand der Fälle, wo Geld als der einzig mögliche Retter erscheint.

»Brot für die Welt« ist zum Beispiel der schöne sprechende Name einer modernen Organisation. Schön ist er dank seinem Programm, dass jeder auf der Welt genug zu essen haben soll. Andererseits hat dieses Programm seinen schönen Sinn, weil eben *nicht* jeder auf der Welt genug zu essen hat. Vielmehr hungern heute weltweit so viele Menschen, dass unsere Organisation Anlass sieht darauf hinzuweisen: »Grundnahrungsmittel müssen dauerhaft in ausreichender Menge vorhanden sein, damit alle Menschen aktiv und gesund leben können.« So informiert ein Flyer der Organisation, die ihrerseits aktiv wird, indem sie Spenden sammelt. Und selbstverständlich spendet da niemand Brot, man spendet *Geld* für die Welt.

Mit diesem Geld wird irgendwo und irgendwann erst jenes Brot *gekauft*, das hoffentlich den Hunger stillt: ein kleiner, aber folgenreicher Umweg. Selten wohl wird das Geld dabei namentlich für Brot ausgegeben, sinnvoller kauft man etwas, das nachhaltiger zu Nahrung verhilft, zum Beispiel: »100 € ermöglichen die Anschaffung eines Wasserbüffels für die Feldarbeit auf den Philippinen«, so der Flyer. Und so klärt sich nebenbei noch eine andere Selbstverständlichkeit: Es mangelt gar nicht an Brot und Nahrung für diese Welt – denn sie lassen sich anschaffen, also sind sie da und fehlen nicht! Getreide, Tatkraft, Wasserbüffel, alles, was die Menschen für ihr täglich Brot benötigen, gibt es auf der Welt, es muss bloß noch gekauft und bezahlt werden, dann kann es Hunger stillen. Folglich müsste niemand hungern – weshalb muss dann jemand hungern?

Es hängt am Geld, denn dass es mit Geld zugeht, bedeutet: Die 100 Euro braucht es, um den Büffel anzuschaffen, nicht jedoch, um ihn zu schaffen. Im Moment fehlt lediglich das Geld, das deshalb jemand spenden soll, aber es fehlt *nicht* der Wasserbüffel. Er steht ja zum Verkauf, es gibt ihn, jetzt, er lebt: Er steht sozusagen schon mit zweien seiner vier Beine auf dem philippinischen Feld. Nur loslegen kann er erst, wenn die 100 Euro kommen; dann *und nur dann* gibt es ihn auch wirklich – »für die Feldarbeit auf den Philippinen«. *Ohne* die 100 Euro gilt, dass es den Büffel, den es gibt, *nicht* gibt. Wenn das Geld nicht aufgebracht wird, wird es ihn für die nicht geben, denen er Nahrung und Überleben bedeutet. Kein Geld, kein Brot – auf dieser Welt.

Die 100 Euro braucht es, um den Büffel erst anzuschaffen, weil er Eigentum ist von jemandem, der für ihn Geld fordert und, weil er von Geld zu leben hat, fordern muss. Deshalb gibt es den Büffel nicht einfach, weil es ihn gibt, sondern fehlt er. Oder deshalb ist der Boden, auf dem Generationen ihr Leben verbracht haben und von dem sie sich aufs Beste ernährten, für den sie aber nicht genug Geld zahlen konnten, jetzt das Eigentum einer Fruit Company, was rechtfertigt, dass jene nichts mehr zu leben haben. Deshalb fehlt die Nahrung für die vielen, die deshalb hungern. Deshalb fehlt die Möglichkeit, Menschen das Leben von Müll zu ersparen. Deshalb fehlt die Möglichkeit, unersetzliche Waldflächen vor der Rodung zu bewahren, die seinem Eigentümer Geld einbringen muss. Deshalb fehlt die Möglichkeit, ganze Tierarten vor dem Aussterben zu retten. Und deshalb schließlich fehlt die Möglichkeit, all das Nötige zu tun, was heute als jemandes Eigentum bezahlt werden müsste, um die Welt vor weiterer Zerstörung zu bewahren.

Das bedeutet es, wenn dasselbe Geld, von dem die Menschen leben müssen, sie zuvor von dem *scheidet*, was sie zum Leben brauchen. Geld ist nur Geld, indem es als *Schranke* fungiert. Den Zwang, etwas zu *kaufen*, setzt das Geld in seiner Form von Eigentum so weit wie nur möglich vor alles, was man brauchen oder wünschen kann, und wäre es die Nahrung, ohne die Mensch und Tier verhungern. Gebieterisch und unerbittlich erhebt sich das Geld vor allem, was man *nur* gegen Geld bekommen soll. Geld schließt aus von dem, was Geld verschafft, *damit* es Geld ist, was alles das verschaffen kann. Zum Füllhorn wird das Geld allein durch diesen Ausschluss. Die kleine, tödlich giftige Einschränkung: Es gibt den Büffel, aber *nur dann, wenn* – sie gehört zum Wesen des Geldes und seines Eigentums. Alle Not, die sich durch Geld beheben ließe, ist Not, die erst das Geld geschaffen hat und die es weiterhin wird schaffen müssen.

Konkurrenz

Der Wettbewerb und die Konkurrenz, nach denen die heutige Gesellschaft gerne benannt wird, so ist man heute felsenfest überzeugt, sind vor allem eines: gut. Es gebe mindestens dreifach guten Grund für sie: Konkurrenz sei nötig, damit es zu Fortschritt komme, und Fortschritt müsse sein, auf dass die Menschheit gut und glücklich lebe – auch wenn der Großteil dieser Menschheit, trotz Alexa und anderen fortschrittlichen Dingen, überraschenderweise alles andere als gut lebt; Konkurrenz belebe das Geschäft, und was wäre inniger zu wünschen als die Belebung der Geschäfte – auch wenn sie allerlei Raubbau erzwingt; und schließlich führe Konkurrenz, das A und O des Marktes, mittels marktgerechten Preisen zum austarierten Gleichgewicht von allem und jedem – auch wenn man angesichts der Aufheizung des Klimas just vom Gegenteil überzeugt sein könnte. Tatsächlich ist eine spezifische Art von Konkurrenz notwendig, wo es mit Geld zugeht, insbesondere für die Festlegung von Preisen und Werten. Doch das hat einen durchaus *anderen* Grund.

Geld ist immer *dasselbe Eine*, das gesellschaftsweit *alle* haben und bekommen müssen. Es ist das *eine* Tauschmittel für – in der Hauptsache – alle Güter, an denen eine Gesellschaft Bedarf haben kann, und deshalb haben *alle* in dieser Gesellschaft Bedarf an *diesem selben Einen*. Und eben weil es dies *Eine* ist, das alle brauchen, müssen um Geld also alle *konkurrieren*.

Sie müssen nicht deshalb um Geld konkurrieren, weil etwa an *Gütern* Mangel wäre, wie es eine überaus mächtige Ideologie behauptet. Geld ist nicht Gegenstand der Konkurrenz, weil es der Knappheit an Gütern entsprechen und *deshalb* selber knapp sein müsste. Wo es ohne Geld zugeht, gilt: Auch wenn die Menge an Gütern ihrer Natur nach *endlich* ist, muss es nicht deshalb jemanden geben, dem sie *mangeln*. Denn ebenso endlich wie ihre Menge ist auch der *Bedarf* an Gütern. Wo sie in genügender Menge vorhanden sind, um den Bedarf aller zu befriedigen, hat niemand Mangel an Gütern und gibt es an ihnen also keinen Mangel. Niemandes Bedarf an Gütern ist jemals unendlich – unendlich ist einzig und allein der Bedarf an Geld.

In Wahrheit verhält es sich also wiederum dem heute offiziellen

Glauben entgegengesetzt: Nicht Mangel an Gütern zwingt das Geld zu einer Knappheit, deretwegen alle darum konkurrieren müssten. Sondern das Geld zwingt umgekehrt zu Konkurrenz und durch sie zu Mangel – zu einer Knappheit nicht an Gütern, sondern an *sich selbst*, an Geld. Eine kurze Überlegung zeigt zunächst dies Letztere. Hätte niemand Mangel an Geld, sondern hätten alle einfach immer *genug* Geld zur Verfügung, um kaufen zu können, was immer sie bräuchten, so müsste niemand mehr für Ware, die er zu verkaufen hat, Geld verlangen. Jeder könnte seine Ware abgeben, ohne auf einer Zahlung zu bestehen. Der Fall, dass an Geld kein Mangel wäre, würde bedeuten, dass jeder ungehindert alles bekommt, was er braucht: Das Geld wäre keine *Schranke* mehr – und damit offenbar nicht mehr Geld. Geld, das jeder frei zur Verfügung hätte, wäre im Wortsinn überflüssig, wäre nicht mehr nötig. Deshalb erfordert Geld unabdingbar *seine* Knappheit: dass es *nicht* jedem frei zur Verfügung steht. Es muss als Begrenzung dienen und daher müssen dem Zugriff auf Geld auch Grenzen gesetzt sein. Es gibt kein Geld, ohne dass Mangel an Geld herrscht.

Und zu diesem Mangel kommt es und zu dieser Schranke wird Geld durch diejenige sehr spezifische Konkurrenz, die um das Geld entbrennen muss. Die Existenz von Geld bedeutet, dass gesellschaftsweit jeder zu Geld kommen muss, das er nur von anderen bekommen kann: Er muss anderen deren Eigentum an Geld abgewinnen. Alle also müssen gegenüber allen anderen *dasselbe Interesse* verfolgen: ihnen Geld *abzugewinnen*, um selbst Geld zu *gewinnen*. Dieses allen gemeinsame Interesse schließt folglich zwei notwendig *gegenläufige* Interessen auf den beiden Seiten eines Kaufs ein: der Seite des Käufers, der Geld zahlen muss, und der Seite des Verkäufers, der Geld einnehmen will. Von dem Geld, wovon alle den anderen möglichst viel abgewinnen wollen, dürfen sie sich ebendeshalb möglichst wenig abgewinnen lassen. Alle also verfolgen dasselbe Interesse gegenüber irgendwelchen anderen, die es ebenso verfolgen müssen, aber in jeweils entgegengesetzter Zielrichtung. Mit dem Geld und *nur* mit dem Geld ergibt sich der Widerspruch vom *selben* Interesse aller, das jeder aber *gegen* jeweils alle anderen zu richten hat. Einer braucht Geld *vom* anderen und daher einer *gegen* den anderen. So stehen sie gegeneinander in *Konkurrenz*. Das ist Geldlogik.

Über Geld vermittelt stehen sich die Menschen alle als Käufer und Verkäufer gegenüber, einmal als Leute, die von anderen etwas für Geld, und einmal als Leute, die von anderen Geld für etwas bekommen müssen. Und so stehen sie sich alle gegenüber als Gegner. »Bezahlte Feinde« nannte Kafkas Vater hellsichtig seine Angestellten, die ihm, dem Käufer, ihre Arbeitszeit verkaufen. »Zahlender Feind«, so nannte ihn entsprechend Kafka selbst. *Homo homini lupus*: Was Plautus in antiken Zeiten ausdrücklich nur von Menschen gesagt hatte, die einander noch unbekannt sind und deshalb vorsichtig sein müssen, es wird zur allgemeinen Wahrheit, wo das Geld regiert. Thomas Hobbes münzt den Satz Mitte des 17. Jahrhunderts auf die Konkurrenz noch unter den höchsten der Geldsubjekte, unter den Staaten. Denn tatsächlich potenziert sich die Konkurrenz ums Geld in vielen Formen vom simplen Einkauf bis hinauf in globale Dimensionen. Es *beginnt* nur zwischen den einzelnen Käufern und Verkäufern, die miteinander in Konkurrenz um die Summen stehen, die jeweils der eine zahlen und dem anderen gezahlt werden sollen. Und es geht mit der Konkurrenz so weiter, wie es heute jeder kennt, bis dorthin, wo schließlich Staaten oder Staatenblöcke um Wirtschaftsmacht, *Macht in Geldform*, konkurrieren müssen.

Auf der allgemeinsten Ebene jedenfalls ist das Mittel der Konkurrenz der Preis oder – ohne dass er etwas anderes wäre – der Wert der Waren. Durch dasselbe, aber gegenläufige Interesse am Geld geht es bei der Bestimmung der Preishöhe grundsätzlich darum, einerseits dem Interesse eines Käufers an einem geringen Preis so weit entgegenzukommen, dass dieser die Ware überhaupt kauft, und andererseits dem Interesse des Verkäufers an einem hohen Preis so weit zu genügen, dass er mit ihr überhaupt Gewinn macht. Zwar entscheidet in der Regel der Verkäufer einer Ware über die Höhe ihres Preises, aber er tut es gezwungen ganz im Sinne dieser Konkurrenz.

Erzwungen ist auch ihre Potenzierung, eben dadurch, dass über Geld vermittelt *alle* als Käufer *allen anderen* als Verkäufer und zugleich als Verkäufer *allen anderen* als Käufer gegenüberstehen. Jeder konkurriert daher mit anderen auch um die Käufer seiner Ware und muss deshalb ihren Preis möglichst *konkurrenzfähig* niedrig ansetzen, damit die Waren *ihm* abgekauft werden statt einem anderen. Dies ist die geläufigste Form von Konkurrenz, aber bis hinauf in die Konkurrenz zwischen Staaten wütet sie auch so, dass nicht nur *um* Geld, sondern auch *mit* Geld konkurriert wird. Diese Art Wettbewerb dreht sich ja um Gewinne: Es geht um die Bewegung *Geld-Geld+*, in welcher die Menge des *Geld+* notwendig von der Menge *Geld* abhängt, die jemand dafür aufwenden kann. Wenn Geld investiert wird in Produktionsbedingungen für Waren, die sich auf dem Markt in der Konkurrenz gegen andere Waren durchsetzen müssen, ist Geld nicht nur das Ziel, es ist auch Mittel dieser Konkurrenz. Je schlagkräftiger das eingesetzte Kapital, desto eher wird sich die so produzierte Ware auf dem Markt als unschlagbar erweisen. Und nicht nur, *wie viel* Plus mit ihr gemacht wird, hängt von den Summen ab, die eine Ware »wettbewerbsfähig« machen, sondern auch *ob* mit ihr überhaupt noch Plus zu machen ist. Denn wer beim Aufwand von Geld nicht mithalten kann und deshalb Waren produziert, deren Preise oder die als solche nicht mit denen der Konkurrenz mithalten können, der kriegt sie womöglich gar nicht mehr los. Er verkauft zu wenig oder nichts davon und geht mit seinem Unternehmen pleite.

Aus dieser Logik ergibt sich zum einen geradezu beschämend einfach und ohne tausendseitige Ausführungen, dass sich die Schere zwischen Arm und Reich immer weiter öffnen muss. Über *mehr* Geld zu verfügen, verleiht einen Vorteil in der Konkurrenz um Geld; Erfolg in dieser Konkurrenz aber führt zur Verfügung über *noch mehr* Geld. Und umgekehrt umgekehrt. Zum anderen ist die so potenzierte Konkurrenz der Grund, weshalb Gewinne niemals groß *genug* ausfallen können: da sie notwendig für weitere Gewinne *einzusetzen* sind. Das Geld gestattet kein *Genug*, denn über jedes erreichte Niveau, mit welchem sich einer bescheiden wollte, könnten und müssten seine Konkurrenten hinausgehen, um *als Konkurrenten* zu bestehen.

Und schließlich: Nur die Härte dieser Konkurrenz macht auch das Geld hart und *macht es überhaupt zu Geld.* Denn wo die Preise, das entscheidende Mittel der Konkurrenz, nicht deren Druck unterliegen, muss das Geld seinen Wert verlieren. Wo Preise ohne den Druck der Konkurrenz festzulegen sind, unterliegen sie damit nicht mehr der entscheidenden Bestimmung des Geldes, seinem Zwang zu Gewinn. Frei von allem Druck und Zwang festgelegte Preise könnten – zumindest für den Moment – zu frei bestimmbaren Gewinnen führen. Denn Konkurrenz *beschneidet* ja umgekehrt jeden Gewinn, indem sie die Preise grundsätzlich unter Druck setzt. Würden die Gewinne also, ohne Konkurrenz, nicht beschnitten, so wären sie bei frei wählbaren Preisen von vornherein gesichert und damit würde sich die gesellschaftlich allgemeine Notwendigkeit verlieren, Geld zu weiteren Gewinnen einzusetzen. Die Notwendigkeit, Gewinne zu machen, besteht nur bei Konkurrenz. Und das bedeutet umgekehrt: Konkurrenz ist die Notwendigkeit, Gewinne zu machen.

Wird die Konkurrenz aufgehoben, hebt dies die Notwendigkeit auf, zu Geld und folglich zu Gewinnen zu kommen, und wir haben es nicht mehr mit gewinnträchtigem, weil zu Gewinnen verpflichtendem Geld zu tun. Auch wenn die Konkurrenz lediglich gemildert wird, mildert es zugleich jene Notwendigkeit und das Geld wird geschwächt: Es verliert an Wert. Das ist wider Willen in großen, historischen Experimenten überprüft worden und findet in ihnen seinen schlagenden Beweis.

Die Sozialismen dieser Welt haben gedacht, sie könnten ihr Geld *mores* lehren, und haben ihm das Konkurrieren untersagt. In dem ehrenhaften Wunsch, den Menschen den Druck zu nehmen, dem das Geld sie unterwirft, haben sie Preise und Einkommen in einer Weise bestimmt, dass niemand Not an Geld haben konnte. Sie haben also real ausgeführt, was das kurze Gedankenspiel zum Inhalt hatte, was wäre, wenn alle genügend Geld zur Verfügung hätten. Das Ergebnis war eindeutig: Das Geld ist dann kein »echtes« Geld mehr und die staatlich vorgeschriebene Mehrwertschöpfung will ihm schlichtweg nicht gelingen. Was dann umläuft, ist kein »hartes« Geld, wie es sehr zu Recht heißt, sondern es sind die berühmten Alu-Chips. Auch wenn es stur weiterhin Geld genannt wird, es ist dann nichts weiter als eine freundliche Bezugsberechtigung für Waren – also das, was kapitalistische Ideologie verharmlosend vom »echten« Geld behauptet. Und es kommt zu der typischen Erscheinung, dass in solchen Staaten das eigene nur als Pseudo-Geld und nicht-konvertibel *neben* »echtem« Geld aus dem kapitalistischen Ausland zirkuliert.

An einem Geld festzuhalten, das keines mehr ist, *das* war der Fehler, den bisher noch jeder Sozialismus begangen hat – in der unbelehrbaren Hoffnung, auch Geld, das freundlich gehindert wird, seiner Logik zu gehorchen, könnte wie Geld funktionieren. Zu Geld wird es durch die Gewinne, die damit zu erzielen sind. Und diese Gewinne entstehen nur unter dem gnadenlosen Druck, Gewinne zu machen: unter dem Druck der Konkurrenz.

Staat

Machiavelli spricht als Erster von einem *status*, einem *Stand* oder *Zustand*, wenn er die höchste weltliche Macht beschreibt. Der Italiener nennt sie in seiner Sprache *stato* und damit ist das Wort gefunden für den »Staat«, wie er im Deutschen heißt und wie er als *state*, *état*, *etado* und so fort in anderen Sprachen firmiert. Noch in der ersten Hälfte des 16. Jahrhunderts also wird erkannt, dass sich das Gemeinwesen nicht mehr wie früher bezeichnen lässt, sondern übergegangen ist in etwas Neues, wofür es auch einer neuen Bezeichnung bedarf.

Den Staat gibt es erst von Beginn der europäischen Neuzeit an. Und von allen früheren Mächten unterscheidet ihn Folgendes:

> »Mittelalterliche Herrschaft war personal gedacht, als unmittelbare Beziehung des Lehnsherrn zum Vasallen. Mit dem Staat entstand dagegen ein institutioneller Verwaltungsapparat zur Machtwahrung und politischen Gestaltung. Der stato wurde so zusehends ein Rechtsträger mit eigenem (Beamten-)Personal und eigener Würde, unabhängig von der Person des jeweiligen Fürsten. Die ›Staatsräson‹, wie sie in den polemischen Debatten um Machiavelli später konzipiert wurde, folgte denn auch einer Logik, die sich weder aus dem christlichen Sittengesetz noch aus dem individuellen Herrscherwillen ergab. Vielmehr gehorchte sie dem übergeordneten Ziel, den Staat als politische Ordnung stets neu zu befestigen, wenn menschliche Laster diese gefährdeten.«[147]

Dem Staat geht es um die Befestigung des Staats: um eine Ordnung unabhängig von den Personen, die sie tragen, und unabhängig auch von all denen, für die sie gelten soll und die sie deshalb gefährden könnten. Eine solche von ihren Untertanen unabhängige, also absolutierte Ordnung ist nunmehr der *Stand* und *Zustand* mit Namen »Staat«. Mit ihm löst sich die *polis* von den *politai* ab, die sie einmal gebildet hatten, und erhebt sich über sie zur *politischen* Ordnung. Ihre Macht ist nicht mehr die von *Personen*, sondern setzt *Personal* ein, Leute, die als diese Macht *fungieren*. Dies führen lediglich aus, was der Staat als *seine* »Räson« vorgibt, und darin, *wie* sie alles leiten, haben sie nur noch *seiner* Logik zu folgen. Diese Logik aber, die Staatsräson, ist die des Geldes: *Mit dem Geld entsteht der Staat.*

Denn einen Staat, wie er im Europa der frühen Neuzeit entsteht und sich im einen Land früher, im anderen Land später zum »Nationalstaat« mausert, kennzeichnet nicht nur seine separate Verwaltung, sondern vor allem dass diese Verwaltung völlig neuen Konstanten zu gehorchen hat: einer Wirtschafts- und Finanzpolitik. Die erstere setzt voraus, dass »die Wirtschaft« überhaupt schon zu einem eigenen und eigengesetzlichen Bereich geworden ist, der das Gemeinwesen angeht. Und das – man erinnere sich – wird sie einzig über Geld: Erst mit Geld ist eine Verbindung von Politik und Ökonomie zur »politischen Ökonomie« denkbar und notwendig. Seine *Finanzpolitik* dagegen offenbart den Staat als eigenes Geldsubjekt, das entsprechende Interessen verfolgen muss. Und zu diesem Geldsubjekt wird der Staat insbesondere durch die Emission eines eigenen Geldes, einer staatlichen Währung. Es ist der Staat, der mit seiner äußeren Macht die Garantie leistet, deren das reine Tauschmittel für seinen Bestand bedarf, und für dessen Bestand muss es den Staat geben. Als höchstes Geldsubjekt steht er für sein Geld ein, hat er finanzpolitisch seinen eigenen »Haushalt« an Geldmitteln, mit denen er umzugehen hat, und verfolgt und befördert er *wirtschaftspolitisch* auch das allgemeine Interesse der Geldsubjekte, die seiner Macht unterstehen.

Damals spricht man die Logik, die in diesen Interessen wirkt, noch ganz unverblümt aus. Es ist das simple Credo des Merkantilismus jener Zeit, zu dem sich Thomas Mun im Jahre 1630 bekennt:

> »Das grundlegende Mittel, um unseren Wohlstand und Schatz zu mehren, liegt daher im Außenhandel, bei dem wir stets die Regel beachten müssen: an Wert jährlich mehr an Ausländer zu verkaufen, als wir von dem Ihren verbrauchen.«[148]

Es ist die Logik des Mehrwerts und die innerste Logik des Geldes: mehr *Wert* gezahlt zu bekommen als zu zahlen.

Staaten sind souverän: gegenüber ihrem Personal und damit notwendig auch gegenüber ihresgleichen, anderen Staaten. Als die europäischen Mächte 1648 ihren Dreißigjährigen Krieg endlich mit dem Westfälischen Frieden beenden, erweist sich in den Verhandlungen zum ersten Mal, dass die Monarchen nicht mehr ihre persönlichen oder personengebundenen Interessen verfechten können, sondern dass sie jeweils die Interessen einer übergeordneten und abstrakt höchsten Instanz *vertreten*. Allein »Staaten« gelten jetzt als Akteure auf der politischen Bühne, und zwar als absolute, uneingeschränkte Akteure: gegeneinander und jeder für sich. Zur Gewalt nach außen, zu Krieg, ist jeder Staat *berechtigt*, da es über ihm keinen Souverän gibt, der es verbieten könnte, sondern nur andere Souveräne *mit demselben Recht*. Jeder Staat kann deshalb mit anderen Staaten nur von Gleich zu Gleich in *Konkurrenz* treten, unter Einschluss des letztentscheidenden Mittels, der Gewalt. Und auch zur Gewalt nach innen ist der Staat *berechtigt*, als Souverän über Menschen, die er damit zu seinem Staatsvolk macht. Ihnen gegenüber kommt es darauf an, dass nicht mehr sie, sondern *allein* noch der Staat das Recht zur Gewalt besitzt.

Dass Menschen sich, wie in der Vergangenheit, selbst daran machen, Schaden oder Unrecht auszugleichen, die sie erlitten oder jemandem angetan hatten, darf dann nicht mehr sein. Mit der frühen Neuzeit beginnt der Staat das Fehdewesen zurückzudrängen und die Rechtsprechung ganz allein *sich* vorzubehalten. Und wo sein Machtwort angefochten oder übergangen wird, greift er selbstverständlich auch den eigenen Leuten gegenüber zur Gewalt bis zur Tötung: Der Staat hat das berühmte Gewaltmonopol. Im 17. Jahrhundert liefert Thomas Hobbes die Theorie dazu: Es sei nötig, dass die Menschen auf alle Privilegien verzichten – was bedeutet, dass sie auf alles verzichten, was sie *als Personen* in ihrer Stellung zueinander *unterscheidet*. Was damit ausgeschlossen wird, ist gewaltig: Die unterscheidenden Verpflichtungen waren bis dahin immerhin die Grundpfeiler des Lebens und des Zusammenlebens in einer Gemeinschaft. Statt solche Verpflichtungen zu kennen, sollen sich nun alle – so schreibt Hobbes vor, was seinerzeit Realität wird – vollständig der Autorität des Staates unterwerfen und deshalb alle *gleichermaßen*. Der Staat also ist in nichts mehr anzufechten: Er ist *absolut*.

Absolut verpflichtend ist auch der Umgang mit Geld. Der Staat legt seine Bürger mit absoluter Autorität auf Geld fest und sorgt unnachgiebig dafür, dass sie alle Härten, denen sie diese staatlich verordnete Lebensnotwendigkeit unterwirft, geduldig hinnehmen. Der Staat diktiert seine Wirtschaftsform und diese ist die Wirtschaft mit Geld.

Und mit ihr ist zugleich die *Staatsform* vorgegeben, die er dafür typischerweise annehmen muss. Sie ergibt sich einmal daraus, dass die *über ein ganzes Volk absolut gesetzte Macht* nicht selbst als solche auftreten kann – denn diese Macht *ist* ja niemand mehr: Sie ist nur *abstrakt* höchste Macht. Also braucht sie ihre *Akteure*, braucht sie ihr *Personal*, das die Macht in ihrem Sinn, nach ihrer Räson und ihrer Logik folgend ausführt: als Exekutive. Damit die Staatsmacht in den Händen seines Personals jedoch nicht wieder zur *persönlichen* Macht wird, muss der Gebrauch dieser Macht gesetzlich im Sinne der Staatsräson kontrolliert werden. Deshalb darf sie vor allem nicht in den Händen des jeweiligen Personals *verbleiben*: Es muss austauschbar sein, die Staatsbürger müssen das Personal *wählen* dürfen. Sie dürfen zwar keinesfalls über die Staatsräson und die Logik dessen entscheiden, was dieses Personal exekutiert, aber sie haben darüber zu entscheiden, *wer* dies alles, im Rahmen der staatlichen Vorgaben, exekutieren soll. Dass sie über das Personal entscheiden *dürfen*, muss für sie das Höchste sein, denn mehr ist ihnen nicht eingeräumt. Darüber identifizieren sie sich mit dieser Macht und werden zu Patrioten des absoluten *Staates*. Kein Interesse darf ihnen höher gelten als dasjenige der sie jeweils beherrschenden Nation – *gegen* das der anderen. Es gilt: der je »eigene« Staat *first*. Ein Patriotismus, der sich dem Staat zuwendet, ist deshalb giftig wie kein anderer. Er hat Gräuel gezeitigt, wie sie vor dem Aufkommen von Nationen undenkbar waren.

VII Spekulation

Mehrwert, die Spanne zwischen zurückliegenden und nachfolgenden Zahlungen, unterliegt der spezifisch aufgespaltenen Zeitstruktur des Geldes. So wie es nach jedem erfolgten Kauf angewiesen ist auf nachfolgende Käufe, damit es Geld bleibt, muss ihm innerhalb dieses Intervalls auch gelingen, aus einer Menge Wert zu mehr von diesem Wert zu werden. Für seine Verwandlung in Mehrwert ist Geld stets eingespannt zwischen den zeitlichen Bezug zurück auf vergangene und den zeitlichen Bezug voraus auf künftige Käufe und Verkäufe.

Dabei schließt der Bezug aufs Vergangene auch ein, dass jenes *Mehr*, zu dem eine Geldsumme jeweils führen soll, gleichwohl bereits entstanden sein muss: Geld bedarf der vorangegangenen *Geldschöpfung*. Alle Käufer, die für zusätzliche Waren das geforderte *Mehr* an Geld aufzubieten haben, müssen es von irgendwoher nehmen können, es muss auf irgendeine Weise als dieses *Mehr* bereits geschöpft sein. Und umgekehrt schließt der Bezug aufs Zukünftige ein, dass alles geschöpfte Geld immer wieder erst zu dem *Mehr* wird gelangen müssen, das es jeweils noch nicht ist: Geld bedarf der *Spekulation* darauf. Im Rücken jeder Summe Geld liegt ihre Schöpfung und vor ihr, worauf mit ihr zu spekulieren ist.

Dass Geld einerseits immer schon geschöpftes Geld voraussetzt, scheint auf einen *recursus in infinitum* und insofern auf eine Unmöglichkeit hinauszulaufen. Aber natürlich endet dieser Rekurs einfach *historisch* an dem Punkt, wo es mit dem Geld seinen Anfang nimmt. Alles, womit man bis dahin etwas hatte kaufen können, es waren einfach Dinge, die zu »schöpfen« es keine *Geld*schöpfung brauchte. Zu ihnen kam es, wie es zu Dingen eben kommt, Menschen schaffen sie oder verschaffen sie sich: indem sie Gold schürfen, Silber gewinnen, Stoffe weben, Kauris verladen, Sklaven erjagen. Die materialen Tauschmittel entstehen als Dinge und Wesen, wie die Natur oder wie das tätige Eingreifen von Menschen sie eben entstehen lässt.

Wenn es historisch zu Geld kommt, finden sich *diese* Tauschmittel bereits vor, unter anderem als Münzen, denen zunächst nur *außerdem* noch die Geld-»Natur« zugeschrieben wird. Und soweit und solange Geld weiterhin noch in Gestalt von Münzen hergestellt wird, wird es genauso geschöpft, wie diese Münzen geschaffen werden. Wenn nunmehr eine neu geprägte Münze zugleich neu geschöpftes Geld darstellt, erfordert dies nicht sofort einen besonderen Akt, um ihr die Eigenschaft, Geld zu sein, zusätzlich zu verleihen. Der althergebrachte Vorgang der Münzung, der hoheitlich das normierte Gewicht eines Stücks Metall bezeugt, wird dann nur neu gedeutet: Jetzt erhalten die Münzen ihr bestimmtes Metallgewicht als *Wert* zugeschrieben, jetzt werden sie als *Träger* eines reinen Quantums *Geldwert* behandelt. Soweit Geld also in Münzgestalt *zugleich* als materiales Tauschmittel auftritt, wird es mit deren Prägung auch selbst geschaffen und geschöpft: Soweit findet keine *spezifische* Geldschöpfung statt.

Dabei bleibt es jedoch nicht, da Geld außer in der Gestalt von Münzen sogleich auch in Formen auftritt, in denen es sich bereits seinem Wesen entsprechend vom materialen Dasein löst. In frühen Spielarten von Finanzpapieren, in den unzähligen formlosen, aber auch formal abgewickelten Krediten, und nicht zuletzt indem Geld bereits auf Konten geführt wird, entsteht es von seinem Anfang an auch in der ihm wesenhaften Form: in reinen, einem Subjekt als Eigentum zugeordneten Zahlen. Und damit setzt auch die Notwendigkeit ein, es *als Geld* zu »schöpfen«, es mit einer *ihm eigenen Art* der Schöpfung zu Geld zu machen. Diese *spezifische* Geldschöpfung musste sich erst über verschiedene Stufen hinweg historisch konstituieren, musste in allen Details geregelt und organisiert werden und weist deshalb in solchen Details durchaus von Staat zu Staat auch Unterschiede auf. Trotzdem gibt es nur ein einziges Verfahren, wie Geld *prinzipiell* zu schöpfen ist. Und wie dabei zu verfahren ist, steht von Anfang an fest: Darüber ist von dem Moment an entschieden, da es Geld gibt.

Geld schöpfen …

Wie es sich mit der Geldschöpfung verhalten muss, darüber entscheidet wiederum die Tatsache, dass Geld als *reines* Tauschmittel fungiert. Wenn Geld geschöpft wird, wird ja ein bloßes *Nichts* geschöpft. Die *Menge Wert*, die Geld darstellt, wird aus nichts geformt, wird aus nichts genommen, sie entsteht aus nichts. Ihre Schöpfung ist wahrhaftig eine *creatio ex nihilo* – und kein Wunder, ist sie doch zugleich *creatio nullius rei*: nicht nur Schöpfung *aus* nichts, sondern Schöpfung eines *Nichts*. Was also könnte leichter fallen, als *nichts* zu schöpfen? Reine Zahlen sind mit einem bloßen Federstrich oder mit einer raschen Tastatureingabe hervorgebracht und geschaffen. Die eigentümliche Aufgabe besteht bei seiner Schöpfung vielmehr ganz darin, diesem *Nichts* die Macht zu verleihen, dass sich mit ihm jederlei *Etwas* kaufen lässt.

Die früheste und einfachste Form, in der spezifisch *Geld* geschöpft wird, sind die zahllosen informellen Kredite, die in der Anfangszeit des Geldes anzufallen beginnen. Wenn dort jemand für Ware, die er einem anderen verkauft, nicht sofort Zahlung verlangt, gibt er dem Empfänger der Ware insofern Kredit: Er lässt oder überlässt ihm eine Summe Geldwert, die dieser erst zu einem späteren Zeitpunkt wird zahlen müssen. Doch der sie zu fordern hat, hat diese Summe schon jetzt *gut*. Er hat sie zu fordern, er verfügt *neu* über sie, auch ohne dass sie ihm bereits gezahlt wurde, daher ist sie *zusätzlich* in der Welt: Sie erweitert die umlaufende Geldmenge und ist in diesem Sinne *neu geschöpftes* Geld. Der Schuldner wird sie erst später zahlen müssen, hat sie noch nicht gezahlt und *hat* sie insofern noch immer; während der Gläubiger in der mehr oder weniger verlässlichen Gewissheit, dass sie ihm später gezahlt wird, schon jetzt über sie verfügen kann und sie insofern ebenfalls *hat*.

Dass bei einem solchen Kredit *Geld geschöpft* wird, hat als Erstes – banal, aber entscheidend – zur historischen Voraussetzung, dass es überhaupt schon Geld gibt. So ergibt sich, dass eine neu *geschuldete* Summe seltsamerweise nicht als *Minus* von der Gesamtsumme an Tauschmitteln abgeht, sondern ein *Mehr* von diesem Tauschmittel darstellt: weil sie damit bei Schuldner *und* Gläubiger als eine Summe vom *selben* zu Buche schlägt. Auf diese Weise *addiert* sich *eine geschuldete* Summe zu einer *gegebenen*, obgleich sie sich mit ihr aufheben und annullieren soll. Das ist Aberwitz, aber es ist Geld. Durch Kredit und Schulden wird der bestehenden Geldmenge eine neue Menge Geld hinzugefügt – und *so* wird Geld geschöpft.

Damit die geschuldete Summe als ihrerseits bestehende Summe gilt, genügt bei den informellen Krediten in der Anfangszeit des Geldes die *persönliche* Gewissheit unter den Beteiligten, dass der Pflichtige die Zahlung einmal leisten wird oder dass sich seine Schuld einmal mit einer Gegenschuld wird verrechnen lassen. Der Kreditgeber muss sich auf die Erwartung stützen können, dass ihm der andere die Summe erstatten wird. Und *solange* für ihn darauf zu vertrauen ist, zählt die geschuldete Summe als sein Guthaben und ist sie neu geschöpftes Geld – aber tatsächlich *nur* so lange. Ist es sicher oder absehbar, dass die Summe *nicht* mehr eingehen wird und er sie verloren geben muss, löst sich mit ihr das Guthaben auf und so auch die *geschöpfte* Geldsumme.

Aber dasselbe ist der Fall, sobald die geschuldete Summe zurückgezahlt und der Kredit eingelöst wird. Auch dann erlischt die Schuld: weil sie in diesem Fall beglichen ist. Das bedeutet, auch bei *Einlösung* eines Kredits erlischt mit der Schuld zugleich die zusätzlich bestehende, *neu geschöpfte* Summe – und das geschöpfte Geld *ist* nicht mehr. Wenn sich die zeitliche Spanne zwischen dem kreditierten Kauf einer Ware und ihrer Bezahlung *schließt*, hört die neu entstandene Summe auf zu sein. Sie besteht nur innerhalb dieser Spanne. So charakterisiert sich Geld als eine stets *noch einzulösende* Summe: Allein der *offene* Kredit erweitert verrückterweise die Geldmenge.

Dadurch allein aber kann die Geldschöpfung durch Kredit nicht schon zu einem dauerhaften *Mehr* an Geld führen: da sie unter der ständigen Erwartung, ja dem Erfordernis steht, sich wieder aufzulösen. Auch das bloß persönliche Vertrauen zwischen wenn auch vielen Einzelnen kann nicht für eine Geldschöpfung in dem Umfang genügen, in welchem eine ganze geldvermittelte Gesellschaft sie benötigt. Es muss also noch etwas Entscheidendes hinzukommen.

Um reinen Zahlen aus *nichts* die sehr wirkliche Macht zu verleihen, Geld und Tauschwert zu sein, bedarf es einer entsprechend realen Macht, die ebenso weit reichen muss wie die Macht des Geldes selbst. Sie muss sich allgemein über die *gesamte Gesellschaft* erstrecken, die da von Geld lebt, und muss alle darin *zwingen* können, diejenigen Zahlen aus *nichts*, die *sie* zu Geld erklärt, auch wirklich *als Geld und Wert* zu verwenden und *anzuerkennen*. Sie muss also in der Lage sein, die Geldschöpfung *sich* vorzubehalten und das von ihr Geschöpfte als Geld *durchzusetzen*. Eine solche reale Macht, die das Bestehen von Geld erfordert, ist der Staat.

Seine Macht muss dazu hinreichen, dass *seine* und *nur* seine Erklärung, eine Summe stelle Geld dar, sie real zu Geld macht. So schöpft der Staat Geld: indem er es *behauptet*. Er gibt Geldsummen nicht in dem Sinn heraus, wie etwa ein Verlag ein Buch herausgibt, indem er sie Stück für Stück herstellen ließe. Von einer »Ausgabe« ist im Zusammenhang mit Geldschöpfung bloß bildlich zu sprechen oder in Rekurs auf Zeiten, als Staaten zur Schöpfung von Geld noch die Druckmaschinen angeworfen haben und die Geldscheine buchstäblich »ausgeben«, nämlich aus- und weiterreichen mussten. Doch auch das Bedrucken von Spezialpapier bringt ja in den Zeiten von Geld nichts anderes mehr hervor als die staatlich bewehrte *Behauptung*, dass es sich dabei um Geld handle. Was der Staat mit seiner Behauptung schafft, ist ein Quantum an reinem Tauschmittel und das hat seine angemessene Erscheinungsform in den bloß notierten, kontogeführten Zahlen. Eine Form der Schöpfung, die dem Geld entspricht, ist daher nicht das Prägen oder Bedrucken welchen Materials auch immer, sondern kann nur in derjenigen bestehen, die sich deshalb allgemein durchgesetzt hat und in welcher die heutigen Staaten ihr Geld auch wirklich schöpfen: *als Zahl auf einem Konto*. Geld wird auf Konten geschaffen und dort notwendig als *Kredit*.

Die Schöpfung von Geld geht so vor sich: Eine Staats- oder Zentralbank schöpft Geld, indem sie es Konten gutschreibt, die nichtstaatliche Geschäftsbanken oder andere Institute bei ihr halten. Tatsächlich also notiert und behauptet die Staatsmacht auf diese Weise das neu zu schöpfende Geld nur per Federstrich oder Tastatureingabe. Und das kann sie mit dem besten Gewissen tun, da sie dabei streng genommen gar keine *zusätzlichen* Summen behauptet. Die neu überwiesenen Summen werden den jeweiligen Konten ja als Schulden gutgeschrieben und fordern ihre Rückzahlung. Die Überweisung durch die Staatsbank und die geforderte Rückzahlung heben sich grundsätzlich als Plus und Minus derselben Summe auf. Würden die Summen zurückgezahlt, so hätten sie sich wieder in *nichts* aufgelöst, als wären sie nie behauptet worden. Doch solange sie *eben nicht* zurückgezahlt sind, verdoppelt sich die Summe als Kredit – wie beschrieben.

So fungieren die neuen, bloß notierten Summen bereits in ihrer Geburtsstunde *als Geld*. Sie werden nämlich *verkauft*, werden überwiesen gegen den *Ankauf* von Papieren oder anderen Sicherheiten, mit denen sich die Geschäftsbanken zur Rückzahlung dieser Summen verpflichten. Und da diese Rückzahlung jeweils erst zukünftig erfolgen soll, wird insofern alles neu geschöpfte Geld als *Kredit* vergeben und in Geltung gesetzt: Neues Geld entsteht als *Forderung*, als *geschuldete* Summe.

So und nur so kann Geld geschöpft werden und so wird es wirklich geschöpft. Auch was an sogenanntem Bargeld umläuft, wird nicht etwa dadurch zu Geld, dass die Scheine gedruckt und die Metallstücke geprägt werden. Vielmehr können die Banken von dem neu auf ihren Konten notierten Geld je nach Bedarf bestimmte Summen bei der Notenbank in Bargeld *umwechseln*. Mit den Münzen und Scheinen, die sie dabei erhalten, entstehen keine neuen Summen, sondern wechseln bereits geschöpfte, kontogeführte Summen lediglich die Form, in welcher sie beglaubigt sind.

Bis zur ersten Verbuchung neuen Geldes gegen die Hinterlegung von Wertpapieren und Ähnlichem ist das ganze Unterfangen damit offen und gewollt zirkulär. Es wird rein *nichts* geschaffen als eine *Forderung* zwischen Geld-Eigentümern, die sich wechselseitig *aufhebt*: Der eine schuldet eine Summe, die der andere zu fordern hat und die, wenn bezahlt, zu null wird und beide beteiligten Parteien wieder bei null stehen lässt. Die Wirtschaftswissenschaft weiß ganz offiziell, dass neu geschöpftes Geld sofort wieder »vernichtet« ist, sollte der Kredit, als welcher es geschöpft ist, einmal zurückgezahlt werden. Er *muss* zwar zurückgezahlt werden, denn die Bank oder das Institut, denen er eingeräumt wird, *verpflichten sich* ja dazu. Und doch verliert der Kredit in dem Augenblick sein Dasein und seinen Sinn, wo er dieser Verpflichtung folgt und wirklich zurückgezahlt wird.

Folglich kann es das mit der Geldschöpfung noch nicht gewesen sein. Damit aus dem *nichts* einer bloß verbuchten Zahl, der jederzeit ihr Verschwinden droht, das reale Tauschmittel Geld wird, muss es unbedingt das tun, was Geld grundsätzlich zu tun gezwungen ist, vom ersten Moment seiner Existenz bis zu seinem jeweils drohenden Ende: Es muss sich von jetzt an und immer wieder als Geld *bewähren* – es muss zu *Mehrwert* führen und zu *mehr* Geld werden. Nur dafür, *für diese weitere Bewährung als Wert*, kann der Staat das Geld mit seinem ersten Schöpfungsakt vorschießen. Dazu erteilt er dem Geld genau genommen lediglich Lizenz. Das heißt: In dem Augenblick, in welchem eine Geldsumme durch ihre erste staatliche Verbuchung geschöpft wird, *beginnt* Geld überhaupt erst damit, immer und immer wieder *neu geschöpft zu werden.*

Die Anfangsrunde dieser zwingend *nachfolgenden* und virtuell *unendlich fortzusetzenden* Geldschöpfung erfolgt bereits in dem Handel zwischen der Staatsbank und der ersten nachgeordneten Bank oder Institution. Geld aufzunehmen, das sie zurückzahlen muss, kann für diese nur den Sinn haben, mit diesem Geld zu *mehr* Geld zu kommen, als sie aufgenommen hat. Nur wenn ihr das gelingt, hat es sich gelohnt, das neue Geld als Kredit aufzunehmen, nur dann wird es sich *rentiert* haben. Rentieren aber muss es sich, da das Aufnehmen von Geld, falls sein Einsatz kein weiteres Geld einbrächte, *nur* Arbeit machen, Zeit kosten und sicher sonst noch irgendwelchen Verbrauch verursachen würde, also letztlich einen *Verlust* an Geld ergäbe. Und rentieren muss es sich vor allem, da schon der Erste, der neues Geld abbucht, auf das *gewonnene* Geld angewiesen ist: darauf, dass die Schöpfung von Geld erst noch zu Geld führt, das *nicht* verschwindet. Dafür muss das geschöpfte Geld weiteres Geld *als Gewinn* abwerfen, muss es – wie bekannt – eben *mehr* werden, um schließlich *mehr* zu sein als die Kreditsumme geschöpften Geldes, die auf ihre Rückzahlung und damit auf ihr Verschwinden verpflichtet ist.

Dieser Zwang zu *mehr*, der von ihrer Geburtsstunde an auf jeder Geldsumme lastet, hat eine bedeutsame *Folge*, die heute oft – in der üblichen Verkehrung – als seine *Ursache* missdeutet wird. Das *Mehr* muss sich ja, da der Zwang dazu besteht, *in aller Regel* ergeben, sonst käme das gesamte Geldsystem unverzüglich zu seinem Ende. Es muss der *Normalfall* sein, dass der Einsatz von Geld zu mehr Geld führt, derjenige Fall, mit dem grundsätzlich – wenn auch grundsätzlich nur *spekulativ – gerechnet werden kann*. Auch bei der kreditierten Summe *neuen* Geldes muss prinzipiell damit zu rechnen sein, dass sie dem, der sie einsetzt, ein *Mehr* an Geld einbringt. Entsprechend kann schon die Staatsbank von ihrem ersten Kreditnehmer etwas von diesem erwartbaren *Mehr* zurückfordern, das heißt, sie kann auf die ausgegebene Summe *Zins* erheben.

Doch das heißt eben *nicht*, dass sich die Notwendigkeit eines *Mehr* an Geld daraus ergäbe, dass der Staat Zins erhebt, falls er es denn überhaupt tut. Sondern genau umgekehrt lässt sich nur deshalb Zins erheben, weil jene Notwendigkeit *allgemein* besteht und weil es daher den Normalfall darstellen muss, wenn ihr mit entsprechenden Gewinnen genügt wird. Insbesondere für den Staat besteht an dieser Stelle keinerlei Notwendigkeit, Zins zu erheben, um solcherart an Geld zu kommen. Sein Interesse bei der Geldschöpfung ist es allein – was auch sonst – Geld zu schöpfen, und zwar: *Geld zu schöpfen, das sich in der fortgesetzten Schöpfung seiner selbst bewährt*. Und erst von dem *Nachgeschöpften* muss sich dann auch der Staat erlauben seinen Teil *abzuschöpfen*.

Dem Staat hat also alles daran zu liegen, dass schon die Bank, die er mit neuem Geld versieht, und so auch alle weiteren Geldsubjekte, die dieses Geld in die Hand bekommen werden, es erfolgreich zu rentablen Geschäften nutzen. Sollte eine Zinsforderung der Staatsbank solche Geschäfte gefährden, indem sie deren Gewinne aufzehrt oder über Gebühr schmälert, vermag der Staat deshalb ohne Weiteres auf Zins zu verzichten. Ja, das Gelingen seiner Geldschöpfung *durch ihre Fortsetzung* liegt ihm so sehr am Herzen, dass er sich gar zu Negativzinsen bereitfindet, den Banken also noch Geld dafür spendet, dass sie Geld bei ihm leihen, oder aber Zinsen *fordert*, wenn sie *kein* Geld bei ihm abbuchen: *damit* sie es auf Teufel komm raus tun.

Das allerdings unterscheidet den Staat als ersten Schöpfer des Geldes von denen, die ihm nachgeordnet sind. Nicht der Staat muss mit diesem Geld Gewinn und Geschäfte machen, das sollen vielmehr diejenigen, für die er das Geld schöpft – unter anderem damit er sich irgendwann daran bedienen kann. Der erste Schöpfer des Geldes hängt davon ab, dass *sie* damit Gewinne erzielen. Die Schöpfung einer Geldsumme, die der Staat vornimmt, ist eben *nicht schon abgeschlossen*, wenn er sie aus der Hand gibt und einem Konto gutschreibt, sondern setzt in diesem Moment erst richtig ein: mit der virtuell unendlich folgenden Nachschöpfung von Geld in Käufen und Verkäufen, in welchen es von da an gewinnbringend fungieren soll.

Also geht das Geld zwar vom Staat als der höchsten Instanz aus und wird über die virtuell unendlich sich verzweigenden Ketten aus Kauf und Verkauf immer weiter und breiter »nach unten« gereicht. Doch gerade auf den jeweils letzten, »untersten« Gliedern, die da den nötigen Gewinn machen müssen, *beruht* diese ganze Pyramide. Auf ihnen, den zeitlich *späteren*, baut die Pyramide auf, während sie von ihrem höchsten und *frühesten* Punkt, der staatlichen Geldschöpfung, lediglich ihren Ausgang nehmen kann. Das aber bedeutet: Alles Geld wird nur in der spekulativen *Vorwegnahme* dessen geschöpft, was es an Mehrwert ergeben *soll*. Geld wird geschöpft in der Vorwegnahme eines *Mehr*, das es einerseits ergeben *muss*. Andererseits aber darf es dieses *Mehr* nie ergeben, *ohne dass* es je bereits durch Vorwegnahme eines *Noch-Mehr* überholt worden ist. Da jede *eingelöste*, zurückgezahlte Vorwegnahme das Geld »vernichtet«, das da vorgeschossen und vorweggenommen wurde, braucht es stets ein »offenes«, ein geschuldetes, ein noch *uneingelöstes Mehr*, das also schon wieder *neu vorweggenommen* worden ist. Das ist der Grund, weshalb in unserer Geld-Wirtschaft eine stete Inflation sein muss und als »gesund« offiziell angestrebt wird.

Exkurs: Vollgeld

Ist man sich des Verfahrens der Geldschöpfung so weit bewusst, wird verständlich, dass sie erhebliches Unbehagen hervorruft. Gleichwohl geht es heute mit der Schöpfung von Geld nur genau so funktional zu, wie es mit ihr zugehen *muss*, während ihre Kritiker in der Regel überzeugt sind, auf diese Weise würde sie *falsch* gehandhabt. Nichts Geringeres als die aktuellen Krisen des Geldes, jüngst vergangene und bald bevorstehende, hätten ihren Grund in einem *falschen* Umgang mit der Geldschöpfung und es läge nur an dessen angemessener Korrektur, um die Gefahr weiterer Krisen zu vermeiden oder wenigstens ihr Ausmaß zu verringern. Das Stichwort, das sich diese Kritiker aufs Banner schreiben, heißt »Vollgeld«.

Sie wünschen sich – verständlicherweise – einen Geldwert, dem keine Börsenturbulenz und keine Spielerei mit Derivaten etwas anhaben können: Fest und stabil soll er sein wie massive Substanz. Dem Wortsinn nach bestünde »Vollgeld« zu 100 Prozent in einem handfesten Wert, auf den sich sozusagen mit den Zähnen beißen ließe wie auf gediegenes Gold. Den meisten Anhängern eines gedachten Vollgelds ist zwar klar, dass dafür nicht buchstäblich etwas wie eine Goldwährung infrage kommt, da *kein* Tauschmittel aus physisch greifbarem Material in der Lage wäre zu leisten, was Geld heute leisten muss. Doch auch ohne die Forderung einer Rückkehr zu vollwichtigen Münzen weist das Bekenntnis zu »Vollgeld« seine Befürworter als Anhänger des *substanziellen Scheins* aus, zu dem das Geld zwingt. Wert *von massiver Substanz* ist das trügerische Ideal, dem sie anhängen und von dem sie deshalb annehmen, Geld müsse ihm entsprechen *können*.

In einer Reihe von Staaten gibt es derzeit nennenswerte Initiativen, die sich einem Übergang zu »Vollgeld« verschrieben haben. In der Schweiz hat sich eine solche den Namen »Monetative« gegeben, dem man sogleich die Initiative anhört, für die Geld wieder *richtig* Geld werden soll. Dass Geld es einmal gewesen wäre, aber heute *nicht mehr* sei, davon gehen die Vollgeld-Anhänger aus. Und den Sündenfall, der das Geld vom Pfad der Tugend abgebracht hätte, sehen sie eben darin, wie der moderne Staat inzwischen mit der Geldschöpfung verfährt: Er gebe sie aus der Hand, indem er die Ausweitung der Geldmenge viel zu sehr dem Belieben privater Banken überlasse. So beraube er sich verderblicherweise der Möglichkeit, die Geldmenge kontrolliert auf einem gesunden und krisenfesten Niveau zu halten, an das diese Kritiker glauben: auf einem Niveau, auf dem Geld in »vollem« Maß Geld wäre. Dank der Lizenz, die der Staat den Banken und anderen Privaten erteile, würden diese aus Eigennutz *zu viel* an Geld schöpfen und genau *dieses* Zuviel führe dann zu den berüchtigten Blasen und stürze das Geld in seine Krisen. Folglich hätte der Staat die Geldschöpfung nur »wieder« stärker an sich zu ziehen und in geringerem Umfang dem privaten Sektor zu überlassen und schon wäre die Krisengefahr zwar nicht gebannt, aber doch eingedämmt.

In Wahrheit gibt das Geld der eigenen Schöpfung jedoch Notwendigkeiten vor, die seinem Wert grundsätzlich verwehren so massiv zu »sein«, wie es sich die Vollgeld-Anhänger wünschen. Zunächst kann der Staat gar nicht anders, als das Geld, das er schöpft, aus der Hand zu geben und es der Verfügung der »privaten«, nicht-staatlichen Akteure zu überlassen, denn immerhin sind genau sie es, die damit wirtschaften sollen. Auch als höchste Instanz ist der Staat mit seiner Geldschöpfung davon *abhängig*, dass das Geschöpfte unterhalb von ihm als Geld gebraucht wird. Der Staat *benötigt* die Fortsetzung seines Schöpfungsaktes durch die ins Unendliche sich fortsetzende und vervielfältigende Geldschöpfung innerhalb der privaten »Wirtschaft«. Nur die Gewinne, die dort mit seinem Geld erwirtschaftet werden, können es als Geld *bewähren*, denn falls sie sich nicht einstellen, verliert sich das Geld: verliert sich sein Wert und verliert es an Wert.

Dem scheint zu widersprechen, dass Staaten den Zugriff auf neues Geld immerhin über den darauf erhobenen Zins steuern können, der von den nachgeordneten Instituten dann als Forderung an die privaten Kreditnehmer weitergereicht wird. Ein niedriger Zinssatz oder gar der Verzicht auf Zins, zu dem sich die Staatsbank entschließt, gilt als *lockere* Geldpolitik, weil die privaten Banken damit billig oder gar kostenlos zu neuem Geld kommen und entsprechend viel davon in Anspruch nehmen können. Höhere Zinsen dagegen stehen in gutem Ruf, weil mit ihnen Geld *restriktiv* vergeben und so die Geldmenge gezielt *kontrolliert* würde. Doch wie so manche andere Ansicht täuscht auch diese.

Die Höhe des Zinssatzes hat in keinem Fall den Sinn, die Geldmenge zu begrenzen und dem privaten Sektor Geld vorzuenthalten, das er gewinnbringend einsetzen könnte. Mit ihrem Zinssatz richtet sich die Staatsbank ganz nach den *Gewinnerwartungen* der »Wirtschaft«, das heißt danach, auf wie viel oder wie wenig Gewinn mit dem neuen Geld zu spekulieren ist. Stehen die Gewinnerwartungen schlecht, werden die Staaten den Teufel tun und ihrer »Wirtschaft« einen zu hohen Zins abverlangen, der ihre Gewinne noch eigens drosseln oder abwürgen würde: Also werden die Zinsen entsprechend niedrig angesetzt. Stehen dagegen höhere Gewinne zu erwarten, so setzt der Staat auch den Zinssatz höher an. Denn auf diese Weise muss er zu vermeiden suchen, dass die Nachfrage nach Geld, die bei höheren Gewinnerwartungen ebenfalls nach oben schnellen wird, am Ende die tatsächlich erlösten Gewinne übersteigt. Sollten nämlich die Gewinne hinter der Nachfrage nach Geld zurückbleiben, ist sie *an ihnen gemessen* folglich *zu hoch* gewesen und gefährdet dadurch das Geld in seinem Wert.

Es muss also im Interesse des Staates liegen, die Menge neu geschöpften Geldes den *Gewinnen* entsprechen zu lassen, auf die mit ihr zu *spekulieren* ist. Das heißt: Welche Geldmenge die passende ist, hängt von Gewinnen ab, die sich erst noch ergeben sollen, und diese Gewinne hängen umgekehrt wiederum von ebendieser Geldmenge ab, nämlich davon, dass für solche Gewinne genug von ihr zur Verfügung steht. Der Staat kann deshalb gar keine bestimmte Geldmenge vorgeben, die er für anstrebenswert hielte, weil er auch die angestrebten *Gewinne* nicht fest vorgeben, sondern nur auf sie spekulieren kann. Und daher *muss* es der Staat mit der Menge neuen Geldes ganz so gehen lassen, wie es der Spekulation privater Banken und all derer gefällt, die aufgefordert sind damit mehr Geld zu erzielen. Denn *sie* haben der Spekulation auf Gewinne nachzugehen, auf die der Staat angewiesen ist. Also hätten die Verfechter von »Vollgeld« zu erkennen: Geld, dessen *Bestand* nur zirkulär auf der Vermehrung *seiner selbst* beruht, kann niemals »voll« sein wovon auch immer, sondern ist darauf angewiesen, seine Funktion zu erfüllen – durch Erwirtschaftung von Mehrwert.

… und Geld erwirtschaften

Beim Geld ist es nicht damit getan, es zu schöpfen. Da es Schulden sind, als die es geschöpft wird, kann sich Geld jederzeit wieder auflösen. Jede Summe Geld kann sich als *bloß* geschuldet erweisen, wenn sie nicht ihre Fortsetzung in Mehrwert findet. Unablässig und jederzeit kann sie zu einer Summe werden, mit der sich *mehr* oder mit der sich *weniger* kaufen lässt, aber sie kann auch zurückfallen zur leeren

Summe, mit der *gar nichts* mehr zu kaufen ist. Geld selbst ist bereits eine jener berühmten Blasen, die platzen können. Mit der Spekulation, die in einem solchen Fall eben *nicht* aufgeht, beginnt es keineswegs erst in den höheren Sphären der Finanzwirtschaft: Ihren Anfang nimmt sie mit dem Geld als solchem und vom ersten Moment seiner Schöpfung an.

Geld ist *in sich spekulativ*. Es zwingt alle, die damit umgehen, auf seine *Zukunft* und auf eine *nachfolgende* Wertschöpfung zu bauen, deren Erfolg aber – als ein zukünftiger – niemals zu garantieren ist. Geld muss nicht nur geschöpft, es muss in diesem Sinn auch *erwirtschaftet* werden, um sich beziehungsweise seinen Wert zu bewahren und nicht zu verlieren. Und wie bei seiner Schöpfung ist es auch bei der Erwirtschaftung von Geld nicht mit einem Mal getan. Sowenig Geld je ein für alle Mal geschöpft ist, ist es je ein für alle Mal erwirtschaftet. Mit frisch geschöpftem Geld lassen sich zwar sofort und uneingeschränkt auch Waren kaufen, wie es sich für Geld nun einmal gehört. Doch falls dieses Geld demjenigen, der es für solche Käufe einsetzt, nicht irgendwann mehr einbringt, als er für sie zu zahlen hat, verliert es sich mit diesen Käufen nur aus seinen Händen und damit, als geschuldetes Geld, überhaupt: Er *bleibt* es schuldig und die Schulden sind dann *nichts als* Schulden. Nur wenn es zu dem benötigten *Mehr* an Geld führt, ist diese zusätzliche Summe auch erwirtschaftet – und bedarf dennoch von derselben Sekunde an, da sie erwirtschaftet ist, nachfolgend weiterer Erwirtschaftung.

Das ist hier bereits hergeleitet worden. Die landläufige Vorstellung geht heute jedoch unbeirrt vom glatten Gegenteil aus: Man würde Geld in etwa so erwirtschaften, wie man einen Acker bestellt. Was man an Geld verdiene, ließe sich ernten und fest in Händen halten wie ein Sack Kartoffeln. Es wird sich zwar niemand darüber täuschen, dass das Geld ganzen Staaten zwischen den Fingern zerbröseln kann, während zu gleicher Zeit das Getreide auf den Feldern und das Obst an den Bäumen gedeiht. Keine Missernte, sondern allein dass in einem Land nicht genügend Gewinne in *Geld* anfallen, kann dessen Wert inflationär absacken fallen lassen oder bremst den Geldnachschub so weit aus, dass Waren und Dienste für die Bevölkerung auch ohne Preisanstieg unerschwinglich werden. In unschöner Wirklichkeit darben die Leute dann wie Tantalus sozusagen unter Ästen voller Früchte, die sie nur deshalb nicht zu greifen bekommen, weil *deren* Wachstum nicht zu genug Wachstum an *Geld* geführt hat: weil die Erwirtschaftung von Früchten eben nicht gleich der Erwirtschaftung von Geld ist.

Das liegt auf der Hand, hilft aber nichts. Als eines der Euro-Länder zu Beginn der jüngsten großen Krise auf umfangreiche Kredite von außerhalb angewiesen ist, weil seine Wirtschaft verglichen mit anderen Ländern zu wenig Gewinn abwirft, bekommt es vonseiten einer erfolgreicheren Nation bösen Spott zu hören. Im deutschen Fernsehen stichelt ein Kabarettist unter Beifall gegen das krisengeschüttelte Land: »Hans hat vier Äpfel. Er isst neun ...« Was sich da von selbst verstehen soll, ist klar: Hans, Stellvertreter einer ganzen Nation, war unverschämt genug, nicht nur die vier Äpfel zu essen, die er *erwirtschaftet* hatte, sondern noch fünf weitere Äpfel, *ohne* sie erwirtschaftet zu haben. Die finanziellen Nöte des Landes werden also nicht damit erklärt, dass *zu wenig Geld* eingefahren wurde, um die Wirkungen der weltweiten Krise abzufangen, sondern dass *zu viel Ware verbraucht* worden wäre. Es heißt, die Bewohner des Landes hätten »über ihre Verhältnisse gelebt«: neun Äpfel gegessen, wo sie sich nur vier hätten leisten können.

Dass es schlicht unmöglich wäre, Äpfel zu essen, die nicht vorhanden, weil nicht »erwirtschaftet« sind, ficht den Witzbold dabei nicht an. Ihm geht es darum, auf die Äpfel zu übertragen, was tatsächlich einzig und allein beim Geld möglich ist: dass sich auch Geld ausgeben lässt, das *nicht* erwirtschaftet wurde. Denn nicht erwirtschaftet zu sein bedeutet ja beim Geld nichts weiter, als dass die gelaufenen Geschäfte nicht genug an Mehrwert *versprechen*, um es als Geld verlässlich zu machen. Da Geld grundsätzlich nur *in Vorwegnahme* seiner späteren Erwirtschaftung und erhofften Vermehrung ausgegeben wird, kann sich grundsätzlich erst *im Nachhinein* herausstellen, ob es bereits *vorher*, als es ausgegeben wurde, seine Erwirtschaftung erwarten durfte – so kompliziert und verquer verhält es sich mit dem Geld in barer Wirklichkeit. Die Binsenweisheit, man könne nur verbrauchen, was man erwirtschaftet habe, sie trifft gerade beim Geld, auf das sie gemünzt ist, *nicht* zu. Sie folgt dem trügerischen Glauben, zu erwirtschaftetem Geld käme es nicht wie in einer Geld-, sondern wie in der Landwirtschaft.

Bei Apfelbäumen mag man durch sorgsame Pflege erreichen, dass sie reichlich Früchte tragen, aber sie tragen auch dann nur Äpfel und nur diese Äpfel sind damit erwirtschaftet, kein Geld: Geld resultiert aus ihnen nur, wenn sie auch verkauft werden und das *unter entsprechenden Bedingungen*. Geld und sein Wert liegen niemals so vor wie reale Lebensmittel und Gebrauchsgüter. Und vorhanden ist Geldwert nie so, dass man ihn als erwirtschafteten gleichsam vom Baum pflücken könnte. Wenn Geld erwirtschaftet wird und sich insofern vom bloß behaupteten und geschuldeten zum erwirtschafteten wandelt, wandelt es sich eben *nicht*, wird es zu keiner anderen *Art* von Geld. Als reines Quantum ist es unfähig zu irgendeiner Veränderung an sich selbst. Es lässt sich einer erwirtschafteten Summe Geld nicht ansehen, dass sie erwirtschaftet ist, es lässt sich ihr kein Stempel aufdrücken »erwirtschaftet«. Geld lässt sich nicht hartklopfen, damit es »hartes« Geld ist. Auch erwirtschaftetes Geld kann nichts anderes sein als vollständig unverwandelt dieselbe eine mögliche Art von Geld.

Mit seiner Erwirtschaftung ändert sich am Geld selbst rein gar nichts, dennoch ist es zwingend auf sie angewiesen und bedeutet sie eine alles entscheidende Veränderung am Geld. Sie muss also ihre Wirkung haben – wenn nicht am Geld selbst, so doch *in Bezug auf* dieses Geld. Und was dabei wirkt, lässt sich nunmehr sehr knapp sagen.

Um Geld zu bleiben, unterliegt Geld der Notwendigkeit, in Käufen und Verkäufen weiterhin als Geld zu fungieren. Bei Verkäufen, die zu mehr Geld führen, kommt es dieser Notwendigkeit *erfolgreich* nach: In ihnen beweist es seine aktuelle Qualität als Geld, die aktuelle Fähigkeit nämlich, Mehrwert abzuwerfen und so seinen Wert zumindest zu bewahren. Verkäufe, mit denen jemand Geld, nämlich ein *Mehr* an Geld erwirtschaftet, lösen also ein, worauf mit jedem Geld grundsätzlich nur zu *spekulieren* ist: dass es seinen Wert bewahrt und in Ware bewährt. Diese Einlösung findet allerdings jeweils nur *für dieses Mal* statt, nur für ein jeweils bereits zurückliegendes Mal, wo Verkäufe dieses *Mehr* eingebracht haben. Die gleiche Spekulation muss sich im selben Moment, da die Verkäufe erfolgt sind und Geld eingebracht *haben*, sofort wieder *auf die Zukunft* derselben Geldsummen richten. Insofern *bleibt* auch die eingelöste Spekulation uneingelöst, bleibt sie eben *nur* Spekulation: Jede ihrer Einlösungen liegt bereits in dem Moment wieder zurück, da sie gelingt. Und dennoch zeitigen sie ihre Wirkung. Denn die Spekulation, die sich für dieses Mal gerechtfertigt gezeigt hat, kann sich darauf für künftige Male stützen. Die Spekulation auf künftige Geschäfte, die sich auf gelaufene Geschäfte stützt, stärkt den Wert von Geld in der Gegenwart.

Diese Wirkung und *nur* diese Wirkung hat es, wenn Geld erwirtschaftet wird. Seine Erwirtschaftung kann nie dafür bürgen, dass es in Zukunft *wirklich* zu Gewinnen führt und ihretwegen stark wird oder bleibt. Nötig hat das Geld seine Erwirtschaftung trotzdem: Wenn es *nicht* unablässig in diesem Sinn erwirtschaftet würde, wäre jeweils bewiesen, dass auf seinen Fortbestand aktuell nicht gut zu spekulieren ist, und Geld selbst würde nicht fortbestehen. Geld besteht fort und steigert, behält oder verliert seinen Wert dadurch, dass es mehr oder weniger Wert unter Beweis gestellt hat. Sein Wert besteht in der Spekulation auf seinen Fortbestand und diese Spekulation wird durch erfolgreich erwirtschaftetes Geld gestützt – aber auch nicht mehr als das.

Potenzierung

Für die meisten Menschen, die Geld verwenden, ist nichts davon zu bemerken, dass sie mit ihrem Geld notwendig an einer unablässigen und inzwischen weltweiten Spekulation teilhaben. Sehr viele befinden sich in einer Situation, in der sie bloß hinnehmen können, womit andere auf die Zukunft auch ihres Geldes spekulieren. Tatenlos müssen sie zusehen, wie sich die entsprechenden Daten entwickeln, die andere vorgeben: Preise, Kurse, Zinsen. Ihre Spekulation bleibt *passiv*, es bleibt ihnen nichts übrig als zu *hoffen*, dass der wirtschaftliche Gang der Dinge ihr Geld nichts an Wert verlieren lässt. Und doch sind sie damit *gezwungen* zu spekulieren: Wer auch nur sein Bankkonto hat und es heute in der Regel ja haben *muss*, kann nur darauf spekulieren, dass das Geld dort seinen Wert bewahrt und dass die Bank in der Lage ist, es weiterhin als Geld fungibel zu halten. Das ist kein Vertrauen, das ist ein Sich-darauf-verlassen-*Müssen*.

Aber es ist auch ihr Geld, mit dem *aktiv* spekuliert wird. Diese aktive Spekulation beginnt schon einfach bei der Festsetzung der Preise, die alle für irgendetwas werden zahlen müssen. Denn mit jedem Preis, der nicht erst unmittelbar beim Kauf ausgehandelt wird, ist der Moment *vorweggenommen*, an dem jemand diese Summe Geld für etwas zahlen soll. Erwartet deren Verkäufer bis dahin zum Beispiel einen Wertverlust des Geldes, muss er den Preis entsprechend höher ansetzen, um mit ihm den gewünschten Gewinn zu erzielen. Mit dem angesetzten Preis spekuliert er in jedem Fall auf Gewinn und für diesen Gewinn muss er auch darauf spekulieren, dass sämtliche wirtschaftlichen Daten, die Einfluss haben können auf den Verkauf seiner Ware, sich bis dahin so verhalten wie vorhergesehen. Die inflationäre Entwicklung von Preisen, die fürs Geld typisch ist, ergibt sich aus den spekulativen Entscheidungen derer, die da Preise festzulegen haben.

Spekulation ist auch, wenn er in Geld zu zahlen ist, jede Art von Zins. Über die Höhe von Zinsen bestimmt die Spekulation auf den Gewinn, den ein anderer mit dem Geld erwirtschaften mag, welches man ihm gegen diesen Zins überlässt. Denn aus diesem Gewinn soll er den Zins zahlen können und so soll sich der Zins mit diesem Gewinn zuletzt rechtfertigen. Spekuliert wird dabei von zwei Seiten: Der Kreditnehmer muss darauf spekulieren, dass sein Gewinn den geforderten Zins übersteigt, während der Kreditgeber auf den von ihm geforderten Zins spekuliert und damit auf Gewinne des Kreditnehmers, die ihn diesen Zins werden zahlen lassen. Auf diese Weise erhebt sich die Spekulation also bereits auf eine zweite, eine höhere Ebene. Und doch hat auch an ihr so ziemlich jeder teil, der über Geld verfügt. Denn Banken zum Beispiel *erheben* nicht nur Zinsen auf Geld, das sie als Kredit vergeben, sondern ebenso *gewähren* sie Zinsen auf die Kontoeinlagen ihrer Kunden, weil sie mit diesem Geld die Spekulation auf eigene Gewinne verbinden – es sei denn, Krisenzeiten machen solchen Zins unmöglich, indem sie die Spekulation auf Gewinne zunichtemachen. Solange solche Guthabenzinsen gezahlt werden, sattelt jeder durchschnittliche Bankkunde sein Geld aktiv der Spekulation auf, die seine Bank damit verfolgt. Er wird Teil von *deren* aktiver Spekulation mit *seinem* Geld. Und damit wird auch der Durchschnittsbürger zum Teilhaber an der eigentümlichsten Bewegung des Geldes: dem *Bezug auf sich selbst*, seiner Potenzierung.

Geld kauft Ware als Wert: Wert ist das Geld selbst und als Wert behandelt es die Ware. In der Form von Geld kauft Wert also Wert, ganz gleichgültig, *was* da als Wert genommen wird, und insofern kauft Geld immer etwas *von seinesgleichen*. Daher tritt Geld notwendig auch als Käufer von *unmittelbar* seinesgleichen auf. Geld kauft in diesem Falle direkt Geld, mit dem sich nur irgendwann später auch wieder Ware muss kaufen lassen. Der Kauf von Geld mit Geld, der also Geld mit Geld gleichsetzt, ist aber paradoxerweise nur dann nicht tautologisch und hat nur dann Sinn, wenn zwischen dem Geld hier und dem Geld dort gerade *nicht* Gleichheit besteht, sondern ein Unterschied. Und der kann kein anderer sein als der einzige Unterschied, zu dem dieses reine Quantum fähig ist, ein *quantitativer*: Wenn Geld Geld kauft, dann nur welches, das – spekulativ – *mehr* Geld verspricht.

Auch das hat seine alltäglichste Wirklichkeit in der Form von Kredit. Der Kreditnehmer bezahlt ihn ja mit der *Kreditsumme*, die er zurückzahlen muss, *plus Zins*: Er kauft eine Summe Geld mit *mehr* Geld – in der notwendigen Spekulation darauf, dass sie ihm selbst *mehr* einbringen wird. Der Kreditgeber kauft dagegen umgekehrt mit der Kreditsumme, die er vergibt, dieselbe Summe *plus Zins*, kauft also mit *weniger* dieses *Mehr* an Geld. Es ist ein Handel Geld gegen Geld, bei dem beide Seiten Geld zahlen und Geld bekommen, jedoch beide *unterschiedlich* viel Geld. Doch nicht nur diese Differenz macht einen solchen Handel bemerkenswert, in ihm steckt noch eine Besonderheit – mit außerordentlich weitreichenden Folgen.

Denn bei einem Kredit lässt sich die eine Seite den Gewinn *verbriefen*, auf den die andere erst noch *spekulieren* muss. Dass der Kreditnehmer darauf *angewiesen* ist, Gewinn zu erzielen, macht der Kreditgeber schon jetzt zu seinem *Recht* auf Gewinn: auf den Zins, den er fordert. Ihm steht das *Mehr* an Geld bereits zu, das beim anderen noch aussteht. Der Gewinn, an dem auf diese Weise beide Seiten teilhaben, *bleibt* einerseits der spekulative, zugleich aber spaltet er sich auf in zwei bedeutend unterschiedliche: Für die eine Seite realisiert sich der Gewinn bereits *jetzt*, während ihn die andere Seite weiterhin erst versuchen muss zu realisieren. Gewinn, der noch nicht gemacht wurde, ist so aufs Seltsamste verdoppelt. Auf Gewinn, der erst noch *zu machen* ist, gründet zugleich und zusätzlich ein bereits fix und fertig *gemachter* Gewinn. Auf dieser Seite streift der Gewinn seinen spekulativen Charakter ab und wird real gewonnenes Geld, indem er als der weiterhin spekulative Gewinn verschoben wird auf die Seite, der dieses Geld abgewonnen wird. Die Notwendigkeit, mit Geld Gewinn zu machen, wird so auf einer Seite eingelöst zu realem Gewinn, indem sie zugleich verwiesen wird auf eine andere Seite, wo sie fortbesteht.

Ein Kreditgeber, ein Investor, oder wer sonst in diesem Sinne Geld »gibt«, sattelt also *seine* Spekulation auf Geldvermehrung der *gleichen* Spekulation *eines anderen* auf. Die allgemeine *Angewiesenheit* auf Geld für ein Geld-Plus, ihm verwandelt sie sich notwendig und folgerichtig und aberwitzigerweise in ein *reales Mehr* an Geld: indem er etwas von dem Plus anderer bereits abschöpft, *bevor* es entstanden ist, und *unabhängig davon*, ob es je entstehen wird. Dadurch dass Geld selbstbezüglich wird, macht es sich in seiner Vermehrung unabhängig davon, ob es sich wirklich vermehrt. Das gehört zu seinem Wesen: Geld vermehrt sich wirklich, ohne sich wirklich zu vermehren.

Das aber vermag es nicht unendlich, auch wenn gerade dies seinem Wesen zu entsprechen schiene. Diese Art der fortgesetzten Geldschöpfung lässt sich zwar sehr lange immer noch weiter fortsetzen – als ein stets erneuertes *Geld–Geld* +, bei dem es scheinen muss, als wäre Geld für sein Plus auf keine Ware mehr angewiesen. Da aber Geld, um Geld zu sein, zuletzt immer auf Ware angewiesen ist und Ware nie *endgültig* aus der Abfolge *Geld*–Ware–*Geld* + herausgekürzt werden kann, stößt die selbstbezügliche Vermehrung von Geld doch irgendwann an eine Grenze. Ihre Fortsetzung ist zunächst zwar ganz einfach. Nachdem etwa der Staat einer ersten Bank auf Kredit neues Geld gegeben hat, kann die Bank dieses Geld *weiter* als Kredit vergeben und muss für ihn, gleichgültig ob es auch der Staat schon getan hat, Zins fordern. So erhält sie für Geld unmittelbar mehr Geld. Und der Empfänger des Kredits kann es genauso machen wie die Bank und ihn als Kredit weiterreichen oder aber als Investition einsetzen, um so unmittelbar zu mehr Geld zu kommen. Wer immer das weitergereichte Geld erhält, er muss damit nicht selbst in die Abfolge *Geld*–Ware–*Geld* + eintreten, sondern kann dieses Geld noch einmal direkt der Gewinnspekulation eines anderen aufsatteln und unmittelbar Gewinn daraus ziehen: sich von ihm Geld dafür zahlen lassen. Und so wie er kann es auch der von ihm Kreditierte oder allgemein mit Geld Versehene halten und so wie dieser auch der nächste und so kann es noch lange fort- und weitergehen.

Mit jedem Mal wird die Notwendigkeit des Geldes, sich über *Ware* in Gewinn zu realisieren, nur weiter verschoben, nie aber aufgehoben. Und mit jedem Mal wird daraus nicht nur schon realer Gewinn gezogen, sondern wird auch die Geldmenge wieder und wieder um die vergebene Kreditsumme *vermehrt* und so noch weiter *belastet*: Sie steht beim Staat als eine Summe in den Büchern, die ihm zusteht und über die er insofern verfügen kann, die »erste« Bank hat sie als eine solche Summe in ihren Büchern und ebenso jeder, der sie noch einmal als Kredit vergibt, um aus *Geld* unmittelbar *Geld* + zu ziehen. Mit jedem weiteren *Aufschub* einer Geldvermehrung mittels *Ware* vermehrt sich Geld also paradoxerweise noch einmal *selbst*. Wird der Kredit ein Dutzend oder einige hundert Mal vergeben, vermehrt er auch die Geldmenge ein Dutzend oder einige hundert Male. Und das ist nötig: Geld, das Kredit ist, braucht immer weiter Kredite, braucht immer mehr davon, was es selbst ist.

Aber nicht nur durch einfache Kredite lässt sich auf spekulativen, also erwarteten oder bloß erhofften, jedenfalls nie sicher gegebenen Gewinn gleichwohl realer Gewinn aufsatteln. Sondern jedes nur irgend *mögliche* Verhältnis von *Geld* zu *Geld* +, jedes Verhältnis, in dem eingesetztes Geld Gewinn verspricht, lässt sich *verbriefen* und so ummünzen von spekulativ möglichem in real gegebenen Gewinn. Wenn etwa künftige Veränderungen im Wechselkurs ein Geschäft zu einem bestimmten Zeitpunkt lukrativer machen würden, lässt sich daraus ein Papier machen, ein Vertrag nämlich, dessen Verkäufer sich darin zur Zahlung der bis dahin nur möglichen Gewinnspanne verpflichtet. Oder wenn einem Wertpapier Verluste drohen, kann ein weiteres Papier auch für diesen Fall Zahlung versprechen und verbrieft damit wiederum möglichen Gewinn. Der Verkäufer des Papiers mag mit der versprochenen Zahlung zwar später Verlust machen, hat aber den

Vorteil, schon jetzt über den Wert des Papiers zu verfügen, der damit neu und mehr in der Welt ist; denn über den verfügt ja, wie beim einfachen Kredit, auch dessen Käufer.

Jedes dieser Verhältnisse von Geld zu *mehr* Geld, begonnen mit demjenigen, in welchem ein Kreditgeber das mögliche *Geld*–Ware–*Geld* +, auf das der Kreditnehmer spekulieren mag, zu einem eigenen *Geld–Geld* + potenziert, lässt sich als die eine Seite eines weiteren solchen Verhältnisses zusammenfassen. Immer wieder lässt es sich, noch bevor es eingelöst ist und realen Gewinn einträgt, verbriefen, um seinerseits bereits realen Gewinn abzuwerfen. Jedes solche Verhältnis, das sich damit ergibt, lässt sich ein weiteres Mal zu einem Verhältnis von *Geld* zu *Geld* + potenzieren.

So kann es weitergehen bis in hohe und höchste und schließlich bis in die schwindelerregenden Höhen der heutigen Derivate. Damit es jeweils weitergeht, ist immer nur eines erfordert: dass die zu Gewinn verbriefte Gewinnerwartung ihren Käufer findet – denjenigen, der jetzt anderen den Gewinn zahlt dafür, dass er selbst nur auf späteren Gewinn spekulieren darf. Und eben daran findet diese fortgesetzte Potenzierung des Geldes immer wieder ein sicheres Ende.

VIII Überschreitung und Siegeszug

Geld erreicht keine Grenze, ohne sie überschreiten zu müssen. Und doch ist es eben dafür auf etwas angewiesen, das ihm notwendig Grenzen setzt, da es seinerseits begrenzt ist: diese Welt. Wie das Geld solche Grenzen erreicht, wie es sie überschreitet, aber wie es auch an ihnen scheitert, davon ist jetzt zum Abschluss noch zu handeln.

Wo das Geld dieser Welt jeweils nicht genug an Waren abpressen kann, um mit ihnen ein ausreichendes *Mehr* an Geld zu gewinnen, kann Geld solche Gewinne einerseits vorwegnehmen. Dafür bedient sich das Geld vorläufig nicht mehr der Waren, sondern seiner selbst: Es bedient sich bei sich selbst und generiert Geldgewinne aus Geld. So begründet und erzwingt es eine eigene *Finanzwirtschaft*.

Andererseits bleiben aber auch diese Gewinne in letzter Instanz an Waren gebunden. Irgendwann müssen sich alle Gewinne *durch Waren* realisieren, indem sie jemand durch den Verkauf von Waren erzielt, und sie müssen sich *in Waren* realisieren, indem jemand mit ihnen Waren zu kaufen vermag. Daher können Gewinne nie *auf unbegrenzte Zeit* groß genug ausfallen, um eine jeweils weiter gewachsene Geldmenge mit ausreichend Mehrwert zu versorgen. Fallen die Gewinne aber zu gering oder fallen sie ganz aus, bricht sich das Geld an einer eigenen Grenze. Und so stürzt es in *Krisen*.

Historisch ergaben sich zunächst nur in Europa jene Bedingungen, durch die ganze Gesellschaften gezwungen wurden mit Geld umzugehen. Doch das Geld durfte diese Begrenzung so wenig bestehen lassen wie eine andere und griff augenblicklich aus. Es trat einen Beute- und Siegeszug an, der nicht ruhte, bevor nicht die gesamte Welt – berühmterweise *globalisiert* – dem Geld unterworfen war. Und dabei sind es nicht die Verlockungen eines Überangebots an Waren, deretwegen noch der letzte Mohikaner um Aufnahme in den Weltmarkt gebeten hätte. Der Siegeszug des Geldes bedient sich einer beispiellosen Gewalt. Seine Geschichte ist die der *Unterwerfung der Welt.*

Diese drei Phänomene der Entgrenzung beschreiben noch einmal das Wesen von Geld: Finanzwirtschaft, Krisen und Weltunterwerfung.

Finanzwirtschaft

1622 hatte der Engländer Misselden ausgesprochen, dass bei Kauf und Verkauf nicht mehr die Waren die Hauptsache bilden, wie es bis dahin gewesen war, sondern das Geld. So konstatiert er, ohne sich dessen bewusst zu sein, den historischen Umbruch, mit dem das Geld überhaupt aufkommt. Danach vergeht gerade einmal ein Dutzend Jahre und schon ergibt sich zum ersten Mal, was heute eine Spekulationsblase heißt. Von 1634 an erleben die Niederlande ihre sogenannte Tulpenmanie, die drei Jahre später bereits in sich zusammenfällt.

Ihren Ausgangspunkt hat sie darin, dass damals Tulpenzüchtungen aus Asien und dem Osmanischen Reich kontinuierlich steigende Preise erzielen. Die Zwiebeln dieser Pflanzen zu beschaffen und nach Holland zu verschiffen, erfordert Aufwendungen, die mit Krediten abgedeckt werden. Der Gewinn, mit dem die Tulpenzwiebeln dann im Inland verkauft werden, löst diese Kredite ein und übersteigt sie – und das in wachsendem Maß: Das eingesetzte Geld ergibt absehbar *steigenden* Gewinn. Daher lässt sich nicht nur auf Gewinne, sondern auch auf deren Zuwachs spekulieren. Ein Kredit- oder allgemein Geldgeber kauft dem Handelsfahrer die Tulpen bereits vor Auslauf des Schiffes ab, das heißt, er lässt sich die *spätere* Überlassung der Tulpen zu einem Preis verbriefen, der *jetzt* bestimmt wird: Er macht einen Leerkauf. Den Preis kann der Handelsfahrer zu seinem Vorteil höher ansetzen, als die Tulpen gegenwärtig kosten, da sie später auch ihrem Aufkäufer erwartbar mehr einbringen werden. Und der Handelsfahrer hat außerdem den Vorteil, bereits jetzt über Geld zu verfügen, das ihm die Aufnahme und Bedienung weiterer Kredite erspart. Folglich kann er es sich erlauben, im Moment weniger für die Tulpen zu verlangen, als er vermutlich später mit ihnen einnehmen würde. Den prognostizierten zusätzlichen Gewinn überlässt er dem Aufkäufer der Tulpen, der auf ebendiesen Gewinn spekuliert.

Aber das bedeutet noch mehr. Der Spekulant tritt als Käufer der Tulpen auf, indem er genau den Preistrend, auf den er spekuliert, selbst bedient. Er zahlt einen Preis, der über dem gegenwärtigen liegt: Er lässt den Preis steigen. Und indem er ihn steigen lässt, bedient und stärkt er wiederum die allgemeine Erwartung, *dass* die Preise steigen werden, und verstärkt so den Anreiz, die gleiche Spekulation anzustellen wie er und sowohl Preise als auch Erwartung jeweils *noch* höher zu treiben. Tatsächlich steigen viele ein und spekulieren auf den Gewinn aus »leer« gekauften und später um einen gestiegenen Preis zu verkaufenden Tulpenzwiebeln. Und die Summen, mit denen sie darauf spekulieren, besorgen sie sich ebenfalls auf Kredit. Sie spekulieren also darauf, auch diesen Kredit aus dem ausstehenden Gewinn bedienen zu können und dennoch Gewinn zu machen. Damit satteln sie der eigenen Gewinnerwartung also noch die gleichsam vorangehende Gewinnerwartung eines anderen auf, ihres Kreditgebers.

Doch auch umgekehrt geht es regelmäßig noch weiter und sie satteln die eigene Gewinnerwartung wiederum der Gewinnerwartung eines Nachfolgenden auf. Denn wer sich das Recht auf späteren Kauf hat verbriefen lassen, muss diesen Kauf später gar nicht vollziehen und muss sich also nicht davon abhängig machen, ob es ihm später wirklich gelingt die Tulpen zu den erwartet höheren Preisen zu verkaufen. Die Verbriefung des künftigen Kaufs ist ja für sich genommen *wieder* eine Option auf künftigen Geldgewinn und lässt sich als solche *wieder* handeln. Derjenige, der diese Option »gezogen« hat, verkauft sie mit einem Aufschlag weiter an einen anderen als nunmehr *dessen* Anrecht auf einen *möglichen* Gewinn. Und damit – wie bereits beschrieben – zieht der Verkäufer dieser Option aus seiner *Spekulation auf* Gewinn bereits jetzt *Gewinn*: den Aufschlag, den er sich für die Option zahlen oder auch neuerdings verbriefen lässt. Der Käufer der Option bedient also mit seiner Spekulation die vorangegangene eines anderen, er realisiert sie als Gewinn, bevor noch der spekulativ erwartete Gewinn schließlich eingelöst ist.

So hängen am Verkauf der Tulpen alsbald mehrfach potenzierte und immer weiter potenzierbare Gewinnerwartungen, die bedient werden aus den Summen, mit denen jeweils Nachfolgende die gleiche Spekulation ihrer Vorgänger übernehmen. Die Nachfrage nach

Mehrwert bedient sich damit sukzessive selbst: Die Geldsummen, die einsteigen, um Gewinn zu machen, stehen jeweils zur Zahlung und Einlösung der Gewinne bereit, um deretwillen die vorangehenden Geldsummen eingestiegen waren. Die Erwartung, dass diese Summen zu Gewinnen führen, führt zu den Summen, in denen sich diese Gewinne realisieren. Es ist eine Spirale, in der die Tulpen selbst gar nicht mehr vorkommen müssen – zumindest nicht für eine gewisse Zeit, oder genauer: für eine ebenfalls spekulativ *un*gewisse Zeit.

»Tulpenmanie« wird sie genannt, doch als sie zur Manie wird, gilt sie schon nicht mehr den Tulpen, nicht mehr den Waren, sondern – siehe Misselden. Zwar steigen die Preise der Blumenzwiebeln rasch auf das Fünfzigfache, sodass schließlich der Wert dreier Zwiebeln genügen würde, um sich in Amsterdam ein veritables Haus kaufen zu können. Aber auch diese Preise müssen nicht mehr wirklich für die Tulpen gezahlt und die Tulpen müssen nicht mehr wirklich verkauft werden. Es genügt, dass die Preise in weiter steigender Höhe angesetzt werden, um die sich selbst bedienende Spekulationsspirale am Laufen zu halten. Was hier zählt, ist nicht mehr etwas, *wofür* die Preise zu erzielen sind, sondern dass sich in ihnen ein *Mehr* an Geld *verspricht*. Bis dahin können die Tulpenzwiebeln und können alle Güter, die infrage kommen, auch übergangen werden: Die Geldvermehrung löst sich von den Waren und Geld wird direkt zu mehr Geld. Für die Zeit, in der sie anhält, muss sich die Spekulation nicht mehr zuletzt auf Güter richten, ihr Objekt können auch reine Werteinheiten sein wie jene Optionen, oder wie es heute etwa die Bitcoins sind. Was nichts sonst als Wert darstellt, der mehr Wert werden kann, ist das ideale Spekulationsobjekt – aber auch nichts weiter.

Was also mit der Tulpenmanie unmittelbar nach Aufkommen des Geldes durchgespielt wird, ist das von Grund auf spekulative Verhältnis, *als welches* das Geld aufkommt und einer ganzen Gesellschaft auferlegt ist: mit Geld zu mehr Geld kommen zu müssen. Was sich in dieser Manie nur ein erstes Mal konsequent bis zu einem ebenfalls ersten Mal des Zusammenbruchs in Aktion zeigt, ist nichts Geringeres als ein *Finanzmarkt*. Nicht umsonst findet dieses bis dahin unausdenkbare Fabelwesen denn auch alsbald in mächtigen Einrichtungen seine feste und stets weiter abgesicherte Organisationsform. Was sich zuerst nur als Einzelfall abspielen kann und sich deshalb noch in engen Grenzen hält, bestimmt heute als Börsengeschehen den Gang einer gesamten Weltwirtschaft. Nicht mehr nur dem Geschäft mit Tulpen aufgesattelt, sondern den Geschäften mit allem und jedem, womit sich weltweit Geld machen lässt, arbeitet die gesamte Finanzwirtschaft zwar ins Hochkomplexe gesteigert, gleichwohl aber nach immer derselben einen Logik, die sich Bahn bricht schon in jener ersten Manie.

Es ist die beschriebene Logik der Selbstbezüglichkeit von Geld: dass aus der allgemeinen Notwendigkeit, mit Geld zu Geldgewinn zu kommen, ebendieser Gewinn schon *jetzt* zu ziehen ist durch den Einsatz von Geld, das es *übernimmt*, erst noch *später* zu diesem Geldgewinn kommen zu wollen. Einfacher ist dieses reflexiv zirkuläre Ineinander und Übereinander nicht in einem Satz auszudrücken. Immerhin macht es deutlich, wie sich darin die für das Geld charakteristische Zeitstruktur ausformt. Und das wiederum offenbart, dass die Finanzwirtschaft, indem sie der beschriebenen Logik folgt, dem Geld so vollständig entspricht wie dessen allererste Schöpfung per Kredit. Das ist der Grund, weshalb es mit den heute so berühmt gewordenen »Blasen« historisch seinen Anfang nimmt, sobald es nur Geld gibt: Sie gehören zum Wesen des Geldes.

Daher ist auch eine Unterscheidung hinfällig, auf die heute sehr viel Gewicht gelegt wird: die Unterscheidung zwischen *fiktivem* Geld und einem irgendwie *realen*. Geld wandelt sich nicht erst auf irgendeiner höheren Ebene des Finanzmarkts zu fiktivem Geld oder fiktivem Kapital. Zwar besteht Geld, das sich die Finanzwirtschaft aus lediglich spekulativ vorweggenommenem, nicht bereits realisiertem Gewinn aneignet, tatsächlich in nichts Realem, ist es insofern fiktiv und kann sich in nichts auflösen. Doch das gilt ohne Unterschied für alles Geld. Geld *wird* nicht erst irgendwann fiktiv, Geld *ist* fiktiv von Anfang an und ausnahmslos. Der Glaube an ein spezifisch fiktives Geld oder Kapital folgt dem Urfehler, dem Geld grundsätzlich realen, nämlich *substanziell* gegebenen Wert zuzuschreiben. Nur wer in Geld *realen* Wert sieht, muss tatsächlich irgendwelches Geld davon als *fiktiv* unterscheiden, wenn er darin beim besten Willen keinen Bezug mehr zu Ware und zu einer gedachten Wertsubstanz feststellen kann. Da es diese Substanz jedoch nicht gibt, fällt auch die Unterscheidung.

Einen Bruch zwischen realem und fiktivem Geld gibt es so wenig wie zwischen dem simplen Bankkonto, wo es real zugehen würde, und verwinkelten Finanzpapieren, wo es *anfangen* würde fiktiv zu werden. Zwischen dem Markt des einfachsten Geldes und dem Finanzmarkt der Derivate besteht strikte Kontinuität. Nur aus diesem Grund kann eine Krise des Finanzmarkts auch durchschlagen bis auf das Geld des kleinen und allerkleinsten Mannes. Diese Kontinuität gilt es also ernst zu nehmen.

Daher ist es auch verkehrt und unkritisch, wenn Wall Street und andere Finanzplätze heute als ein verbrecherischer Überbau verteufelt werden, der das Geld *miss*brauchen und Dinge mit ihm anstellen würde, die seinem guten Sinn und Zweck *zuwider*liefen. Denn in welche absurden Höhen es diese Art von Wirtschaft mit ihren Papieren und Derivaten inzwischen auch getrieben haben mag, in seiner Selbstbezüglichkeit kommt das Geld darin nur immer ganz *zu sich.* Im Finanzmarkt entfaltet es seine Logik und ohne Finanzwirtschaft könnte das Geld nicht sein. Die Möglichkeiten, Geld über *Waren* zu erwirtschaften, über die Abfolge *Geld*–Ware–*Geld* +, sind stets begrenzt *durch* ebendiese Waren. Auch wenn der Zugriff auf alles, was auf Erden zur Ware gemacht werden kann, so rücksichtslos wie nur möglich erfolgt, jeweils bleibt ihre Menge endlich und bleibt deshalb notwendig hinter einer Vermehrung zurück, wie das Geld sie ebenso notwendig fordert. Die Erwirtschaftung von Geld mittels Ware reicht niemals aus und *muss* also ergänzt und erweitert werden durch Gewinne, die sich von den Waren lösen: Gewinne unmittelbar in der Abfolge *Geld–Geld* +. Die Gewinne auf dem Warenmarkt benötigen ihre Fortsetzung durch Gewinne auf dem Geld- und Finanzmarkt. Deshalb ist das Geld von diesem Markt abhängig, so wie er ist und wie er genau deshalb geworden ist. Er ist systemrelevant.

Und dann noch einmal mehr: Auch diese Abhängigkeit vom Finanzmarkt muss sich immer weiter verschärfen und nimmt exponentiell zu. Indem er leistet, woran das Geld Not hat, verschärft der Finanzmarkt diese Not. Er vermehrt die Mengen an Geld und mehrt so die Mengen, die weitere Mehrung erfordern. Wenn daher das Geldwachstum mittels *Waren* schon zu einem frühen Zeitpunkt nicht genügt, genügt es im Laufe der Zeit noch weniger und ist der Finanzmarkt immer *noch einmal mehr* gefordert. Mitsamt der Geldmenge treibt er auch die eigene Notwendigkeit in immer noch höhere Höhen: als den Grad, in welchem Geld und Wirtschaft auf ihn angewiesen sind.

Auf diese Weise haben sich seine Auswirkungen in den letzten Jahrzehnten verschärft, bis sie auch für Laien unübersehbar wurden und entsprechenden Unmut auf sich zogen. Denn so verschärfen sich die Auswirkungen, die es hat, wenn der Finanzmarkt irgendwann an Grenzen stößt. Und das muss er. Das erste Mal geht es sehr schnell: Die Tulpenmanie setzt 1634 ein und platzt drei Jahre später. Ihre Dimensionen bleiben noch lokal und die entstandenen und mit einem Schlag wieder vernichteten Summen überschaubar. Aber bei diesem frühen Ausmaß konnte es nicht bleiben.

Krisen

Wo mit Geld gewirtschaftet wird, ist es *immer* ein Problem, wie es »der Wirtschaft« geht. Nicht umsonst müssen wir alle erreichbaren Daten unablässig danach befragen und befingern, was sie für die Zukunft der Ökonomie verlauten. Kein erreichter Stand verspricht je Bestand. Unablässig gilt es die Stimmung an den Börsen zu beschwören, die Stimmung in der Industrie, im Mittelstand, die Stimmung beim Verbraucher, immerfort werden die nächsten Wahlen, wird die weltpolitische Lage, wird das Wetter, wird das letzte Sportereignis, wird die jüngste Naturkatastrophe und wird alles und jedes danach abgewogen, welchen Einfluss es haben mag auf den Gang der Geschäfte. Für die besteht tatsächlich ohne Unterlass *Gefahr*. Ist Hochkonjunktur, so droht die nächste Rezession. Gibt es Wachstum, ist die Frage, ob es anhält. Hat die Börse ihr x-tes Jahreshoch in Folge, lässt das nichts Gutes erahnen. Und so fort: Alles, was »die Wirtschaft« angeht, ist unentwegt mit der größten Sorge zu betrachten – mit der Sorge ums Geld. Und das nicht etwa aus Pessimismus und Schwarzseherei, sondern unter der stets und unmissverständlich *realen* Drohung, die vom Geld ausgeht: dass es der Krise verfällt.

Wie es um eine Geldwirtschaft steht, ist immer ein *Problem*. Und es ist leider zugleich dasjenige Problem, durch das verdrängt wird, welche Probleme diese Art der Wirtschaft unserer Welt *bereitet*. Selbst wer um nichts weiter als den Fortbestand eines schmalen Arbeitsplatzes bangen muss, der ihn seine Gesundheit kostet und kaum sein Auskommen sichert, er kann nur beten, dass es mit der Wirtschaft *insgesamt* gut läuft und dass alles, rücksichtslos alles dafür gemacht und beachtet wird. Denn davon hängt sein Leben ab: Es ist das *Erste*, wovon sein Leben abhängt. Für jeden ist das Wohlergehen dieser Wirtschaft und sind deshalb auch die Krisen, die ihr drohen oder die ihr bereits zusetzen, notgedrungen ein allererstes und allerwichtigstes Thema, ja, eine Herzensangelegenheit. Sie sind ein Gegenstand, auf den jeder seine Sorge wenden muss, seine allererste Sorge und diese Sorge ohne Unterlass.

Wie viel daher über Gang und Aussichten der Wirtschaft, so viel wird auch über ihre Krisen gesprochen, geschrieben, nachgedacht. Denn diese Krisen gälte es um alles in der Welt zu vermeiden, auf dass es Geld und Wirtschaft wohlergehe auf Erden. Zahlreich sind die bekannten Vorschläge, Ideen und Initiativen, wie den Krisen beizukommen wäre. Viel edle Mühe wird darauf verwandt, den Krisen auf die Spur zu kommen und herauszufinden, wie sich das Geld vor ihnen retten ließe. Doch die viele Mühe, sie ist nicht nur vertan, weil sie ausblendet, ob das, was sie zu retten sucht, die Rettung auch verdient. Sie ist vertan, weil es wenig Mühe kosten würde zu erkennen, dass Geld nicht ohne Krisen sein kann.

Krise ist, wenn Geld nicht genügend Geld abwirft. Und darüber, ob es genügend Geld abwirft, entscheidet das *Verhältnis* einer gegebenen Menge *Geld* zu der *spekulativ erwartbaren* Menge an *Gewinn*. Die Spekulation auf eine solche Menge setzt erzielte Gewinne voraus, die – möglicherweise – ihren weiteren Erfolg versprechen. Ist der Umfang erwartbarer Gewinne zu klein im Verhältnis zu der Menge Geld, die sie benötigt, so schwindet deren Wert. Das macht dem Geld nichts aus, aber denen, die gezwungen sind, davon zu leben. Die erwartbaren Gewinne, auf die sich spekulieren lässt, erscheinen dann für zu gering, wenn zu wenig Ware verspricht, sich mit Gewinn verkaufen zu lassen. Oder sie erscheinen dann für zu gering, wenn die Gewinne, die in potenzierter Vorwegnahme erwartbarer Gewinne realisiert werden, auf zu wenig Gewinnerwartung treffen. Das ist der Fall, wenn etwa das Papier einer verbrieften Gewinnerwartung zu wenige Käufer findet, die noch erwarten daraus Gewinn ziehen zu können. Dann wird die verbriefte Vorwegnahme absehbar nicht mehr bedient, kann sich also nicht mehr erwartbarer in vorweggenommenen Gewinn realisieren und damit auch nicht mehr zum Anlass einer weiteren Vorwegnahme werden. So kompliziert und doch so einfach.

Da die Menge an Geld, die *mehr* Geld abwerfen muss, exponentiell steigt, *je länger* sie darin erfolgreich ist, *muss* der Moment kommen, wo Gewinne nicht weiter in diesem exponentiell steigenden Umfang zu erwarten sind. Es muss der Moment kommen, wo der benötigte Gewinn die Grenze seiner möglichen Erwartung überschreitet und die Gewinnerwartung in Verlusterwartung umschlägt. Und damit kehrt sich auch die Bewegung um, in welcher die Erwartung von einem *Mehr* an Geld real zu *mehr* Geld führt und also Geld durch Mehrwert erwirtschaftet und *nach*geschöpft wird. Die gegenteilige Erwartung muss deshalb umgekehrt zu *weniger* Geld führen und das geschöpfte Geld mindern bis vernichten. Die spekulative Veränderung der Geldmenge schließt Schöpfung von Geld nicht anders ein als seine Vernichtung.

In der Krise verringert sich folglich die Geldmenge und damit verändert sich auch das entscheidende Verhältnis: zwischen gegebener Menge Geld und spekulativ erwartbarer Menge an Gewinn. Es gibt weniger Geld, das seine Vermehrung erfordert, und so genügt auch weniger Gewinn, um das Verhältnis wieder zu dessen Gunsten zu verschieben. Das heißt, der krisenhaft *zu geringe* Gewinn kann in Auswirkung der Krise wieder *genug* Gewinn darstellen, um der gesunkenen Geldmenge zu entsprechen. Daher geht es dann weiter wie vorher und es ergibt sich die typische Berg-und-Tal-Fahrt der Konjunkturen: Krise nach Höhenflug, Höhenflug nach Krise. Sie ergibt sich typischerweise, aber nicht garantiert. Die Gewinnerwartungen können, je nach Ausmaß der Krise, auch im Verhältnis zu einer dann verringerten Geldmenge noch sinken – mit der entsprechenden Wirkung auf die Geldmenge und der Wirkung, dass sich beides weiter in den Abgrund reißt.

In Reaktion auf eine Krise wird in der Regel sogleich gefordert, die Spekulation an die Kandare zu nehmen: durch Kontrolle der Banken, Einführung einer Transaktionssteuer, Verbot »allzu« spekulativer Papiere und Ähnliches. Nichts könnte die Sache entschiedener verfehlen. Wie der gesamte Gang der Dinge in einer Geldwirtschaft ist auch der Gang aus der Krise auf ebendie Spekulation angewiesen, die nach jenen Forderungen abgeschnürt werden soll. Die Spekulation einzuhegen und damit den Betreiber der Geldvermehrung einzuschränken, hieße exakt dasselbe noch verstärkt zu betreiben, wodurch die Krise heraufbeschworen wird. Sosehr jene Forderungen in ihrem Widerwillen gegen ein absurdes System der Gefährdung auch recht haben: Wollte man sie umsetzen, sie würden die Krise nur weiter verschärfen.

Innerhalb dieses Systems, dort, wo einzig zählt, was systemrelevant ist, kann es nur die eine, wenn auch stets vorläufige Rettung geben, die heute mit hoher Perfektion wirklich praktiziert wird. Es kann nur alles dafür getan werden, das Wachstum anzuheizen, also die Gewinnerwartungen wieder in die Höhe zu schrauben. Und dafür müssen ständig und zu möglichst geringen Zinsen die Unsummen an Geld nachgeschossen werden, derer es bedarf, damit sich *genügend* jener Gewinnerwartungen an sie heften können, aus denen sich die vorgängig potenzierten dann zu Gewinnen realisieren.

Die spezifische Selbstbezüglichkeit des Geldes, dass die *Erwartung* von einem *Mehr* an Geld real zu *mehr* Geld führt, legt diese Vermehrung insofern ganz in die Hand derer, die dafür nur mit der entsprechenden Gewinnerwartung agieren müssen. Wenn die Erwartung von Verlusten auch zu Verlusten führt, sieht sich also jeder Akteur auf dem Geldmarkt im Gegenteil dazu aufgerufen, an der Erwartung von *Gewinn* festzuhalten und auf Teufel komm raus positiv zu denken, denn nur so sorgt er mit für Gewinne. Und so wird heute tatsächlich am Geldmarkt agiert, in diesem Punkt handeln die Einzelnen so weit wie nur möglich als Einheit mit allen anderen und in dem einen gemeinsamen Interesse: die Gewinnerwartung im rechten Maß spekulativ fortzusetzen. Und doch sind sie dabei gezwungen auch gegeneinander zu handeln und darauf zu achten, in jedem Fall noch *vor* den anderen das Scheitern einer Spekulation zu erahnen und rechtzeitig *ihr* Geld abzuziehen, auch wenn sie so die allgemein gebotene Gewinnerwartung zurückzunehmen – mit den absehbaren Folgen. Denn dazu zwingt sie, gegen das gemeinsame Interesse, ihre Konkurrenz.

Die Unterwerfung der Welt

Diesen Titel hat Wolfgang Reinhard seiner weit mehr als tausendseitigen *Globalgeschichte der europäischen Expansion* gegeben. Der Titel trifft die Sache genau. Er spricht von dem gewaltigsten und gewalttätigsten Geschehen, dem jemals Menschen diese Welt – ja, in diesem einen Fall *nicht weniger als diese gesamte Welt* – unterworfen haben.

Es setzt mit der Neuzeit ein: »Die europäische Ausbreitung über die Erde ist ein neuzeitlicher Vorgang.«[149] Nach einem gewissen Vorlauf setzt sie mit dem 16. Jahrhundert ein. Und sie hat bis heute nicht ihr Ende gefunden. Bekannt sind ihre »Entdeckungen«, berüchtigt ihre Eroberungen, unbeschreiblich ihr Kolonialismus. Und heute rühmen sich ihre Betreiber, die Länder des Westens, der lieblichen Art von *Welt*ordnung, die sie, in der Tat, durchgesetzt haben und gesonnen sind weiter durchzusetzen.

Weshalb es jedoch gerade die europäischen Mächte und ihre späteren Ableger sind, die da ausgreifen; weshalb mit einer Gewalt, die dort, wo sie zuschlagen, bis dahin unvorstellbar war; weshalb sie just in dieser Zeit damit beginnen und nicht mehr aufhören damit; weshalb nie eine andere Macht vorher Sinn darin gesehen hatte, dergleichen zu unternehmen und solche Gewalt zu entfesseln; weshalb diese Unterwerfung der Welt also genau *nur* von Europa ausging und genau nur vom *neuzeitlichen* Europa: Solche Fragen sind bis heute ohne Antwort geblieben. Die Ursache dieses gewaltigsten Geschehens war noch immer ein ungelöstes Rätsel. Selbst Wolfgang Reinhard, der so recht alles davon überblickt, weiß keine anzugeben, führt einige Erklärungsversuche an und resümiert: »Eine kausale Gesamterklärung der europäischen Expansion ist aber auf diese Weise nicht zu finden.« Und er selbst meint resignierend, sie wäre ernsthaft bloß »durch einzelne Zufälle und deren abermals zufällige Häufung« zustande gekommen. Bis heute wäre dieses beispiellos konsequente Geschehen nur eine jahrhundertelange Reihung *einzelner Zufälle* – so *kann* sich die Frage nach seinen Ursachen nicht beantworten.

Wir aber kennen diese Antwort.

Der historische Vorlauf, als portugiesische Schiffe beginnen die westafrikanische Küste Stück für Stück immer weiter nach Süden abzufahren und Sklaven und andere Kostbarkeiten von dort in die Heimat zu verfrachten, gehört noch in die Zeit der Handelsfahrer in der Art des Fortunatus. Dann, zu Anfang des ›langen‹ 16. Jahrhunderts, setzt der gefeierte Vasco da Gama die Segel in Richtung Zukunft. Um den Handel mit verschiedenen indischen Städten ganz für sich und seinen Auftraggeber, die portugiesische Krone, in Beschlag zu nehmen und andere, in diesem Fall moslemische Händler davon abzuschrecken, kommt er mit einer kleinen Flotte angesegelt und beginnt schon einmal damit, ein zurückkehrendes Schiff von Mekkafahrern »mit mehreren hundert Passagieren, darunter zahlreichen Frauen und Kindern«, erst auszurauben und anschließend mit Mann und Maus zu verbrennen, allerdings nicht ohne zuvor als guter Christ »17 Knaben für die Taufe ausgesondert« zu haben. Er fährt nach Cochin, »wo er eine Faktorei einrichtete und, ganz abendländische Wirtschaftspolitik, mit dem Raja einen Festpreis für Gewürzlieferungen vereinbarte«. Zugleich fordert er vom Fürsten, alle Moslems komplett aus Calicut zu vertreiben, damit die Gewürzlieferungen exklusiv an die Portugiesen gehen. Als der Raja nicht gehorcht, lässt der große Mann »Fischer und Matrosen von im Hafen liegenden Schiffen gefangen nehmen und an den Rahen aufknüpfen. Dann wurden ihnen die Köpfe, Hände und Füße abgehackt und in ein Boot geworfen, das man ans Ufer treiben ließ, mit einem drohenden Schreiben in arabischer Sprache; der zeitgenössische portugiesische Historiker Barros schreibt ausdrücklich von *Terror*.«[150] Zu Recht: So kommt der Terror in die Welt.

Und das ist nur der Vorlauf. Portugiesen und Spanier verwenden die zusammengerafften Kostbarkeiten noch eine ganze Zeit lang wie Fortunatus bloß dafür, sich mit ihnen in der Heimat ein gutes, hochwohlgeborenes Leben auszustaffieren. Das viele Gold und Silber, welches nun ins Land kommt, wird zu Preziosen verarbeitet oder fließt im einmaligen Tausch gegen Kostbarkeiten sogleich wieder für immer aus dem Land. Trotz der Unmengen Edelmetall, die es so blutig gewinnt, steht Spanien hundert Jahre später mit weniger da als vorher. Es sind England und die Niederlande, wo sich Tauschmittel und Waren zuerst konsequent in Geld verwandeln und wo sie dann einzusetzen sind als Wert, um mehr davon zu werden. Und damit ist es geschehen. Jetzt wirkt der nicht mehr nachlassende Zwang eines expandierenden Zugriffs auf die Welt – der Zwang des Geldes.

Mit den indischen Handelscompanien beider Länder, zwar staatlich gestützten, aber zunächst privaten Unternehmungen, die schon im Inland reichlich Gelegenheit zu spekulativen Geschäften ausfindig machen, beginnt das Ausgreifen über die eigenen Landesgrenzen hinaus: Systematisch wird alles und mit aller Brutalität der Logik des Geldes unterworfen. Mit der vom Geld vorgegebenen *reinen* und daher *absoluten* Gleichgültigkeit gegen alles, *woraus* da Mehrwert zu ziehen ist, gehen Engländer und gehen Niederländer und gehen alsbald die Angehörigen aller europäischen Geldnationen auf die Natur und die Menschen in den Ländern los, die sich zuletzt sämtlich und ausnahmslos zu unterjochen.

Die Engländer sind die Ersten, die aus einem Land – Indien – nicht nur herausziehen, was sich zu Hause verscherbeln lässt, sondern das Land auch selbst *auf Geld* verpflichten. Die unterjochten Völker und Länder werden zu einem Umgang und zu einem Wirtschaften mit Geld gezwungen, werden hineingezwungen in eine Art von Gesellschaft, die vom Geld abhängig ist, in ein Leben, das alle seinerseits zwingt dem Geld nachzugehen. Nur als selbst mit Geld wirtschaftende Länder werden sie auch zu Absatzmärkten, auf denen direkt Geld zu holen ist. Keinem der Länder, welche die europäischen Mächte mit ihrer Gewalt überziehen, keinem einzigen Land auf dieser Welt ersparen sie es zuletzt, *diese* Art der Wirtschaft zu betreiben und um *Geld* wirtschaften zu müssen.

Jede *andere* Form des Wirtschaftens, des Zusammenlebens und der Gemeinschaft, die dort Jahrhunderte und Jahrtausende lang Bestand hatte, wird dafür von den geldgetriebenen Mächten gezielt verboten und zerstört und *ersetzt* durch die eine einzige, die Geld-Gesellschaft. Gemeinschaften dürfen keine mehr sein, sondern werden ausnahmslos zu *Staaten* gemacht, als welche sie versuchen dürfen zu funktionieren und zu überleben. Ob es ihnen gelingt und ob sie es überhaupt, zerrüttet unter dem wenig zarten Zugriff auswärtiger Mächte, zu einer »Wirtschaft« bringen, die genügend *Geld* abwirft, ist nicht die Sache derer, die es ihnen abverlangen. Denn diese treten ihnen immerhin als Konkurrenten gegenüber und als hoch *überlegene* Konkurrenten: Die Ursprungsländer des Geldes haben schließlich den längsten Vorlauf darin, Geld – mittels der bekannten kolonialen Gewalt – als schlagkräftiges, in seiner überlegenen Menge unschlagbares Mittel der Konkurrenz anzusammeln.

Jeder Fleck dieser Erde wurde inzwischen durch die europäischen und alsbald durch Ableger wie die amerikanischen Staaten, später aber auch durch fleißige Schüler wie Japan in die irreversible Abhängigkeit *vom Geld* gebracht. Es ist eine Abhängigkeit, der die Europäer nur *als Erste* unterliegen und von der sie selbst zu dieser Expansion gezwungen sind. Sie geht von Europa aus, nicht weil die Europäer schlechtere Menschen wären. Sie geht von Europa aus, weil dort –

Ich weiß kein größeres Grauen.

Epilog

Geld ist nicht gut und Geld ist nicht böse – wohl wahr. Geld ist kein moralisches Wesen, dem man mit »gut« oder »böse« kommen könnte und nichts wäre deshalb verkehrter, als über Geld ein moralisches Urteil zu fällen. Nicht nur, dass es das Geld so rein gar nicht juckt, was man von ihm hält, es hieße nur wieder missverstehen, was Geld ist.

Aber Geld, dieses *Jenseits von Gut und Böse*, ist auch nicht das neutrale Werkzeug, für das es gerne gehalten wird und bei dem alles nur darauf ankäme, wie jemand es nutzt, ob zu Gutem oder zu Schlechtem. Geld wird auch dann nicht »gutes« Geld, wenn mit diesem Geld Gutes getan wird. Wenn man mit Geld den Wasserbüffel bezahlt, der philippinischen Bauern das Überleben ermöglicht, wenn man mit Geld Kinder vom Straßenstrich holt oder ihnen ein Leben auf dem Müllberg erspart, wenn man mit Geld Schutzgebiete für Tiger schafft, damit sie in Restexemplaren überleben, dann ist damit ohne Zweifel Gutes getan. Aber es ist mit demselben Geld getan, das eben die bösen Verhältnisse schafft, die solch gute Tat erfordern. Das Geld ist *nichts*, aber es ist nicht neutral.

Was es ist, zeigt sich in seiner ganzen Wahrheit darin, was Geld tut. Natürlich, das Geld selbst »tut« wiederum rein gar nichts. Geld, das seine Existenz allein darin hat, dass es als Geld *fungiert*, tut auch das nicht von selbst. Aber wo Geld ist, da leben Menschen notwendig in Abhängigkeit davon, *dass* es als Geld fungiert, und daher sind sie es auch, die seine Funktion ausüben und die *selbst* in seinem Sinne funktionieren müssen. *Sie* tun, was Geld zu tun verlangt, *sie* handeln, wie Geld zu handeln nötigt, *sie* sind, wie Geld sie zwingt zu sein.

Was Geld tut, das tut es *mit den Menschen*. Sie leihen ihm *ihre* Hände, mit *ihrem* Kopf vermag es zu denken, mit allen *ihren* Mitteln greift es zu auf diese Welt. Bei Geld geht es nicht mehr um die Frage, ob jemand Geld *sein* oder nur Geld *haben* kann. Denn mit Geld ist alles das in sein wüstes Gegenteil verkehrt: Geld ist es seinerseits, das die Menschen *hat* und das in jedem Menschen *ist*. Die Menschen handeln selbst *als Geld*, behandeln die Welt und behandeln sich selbst in seinem Sinn, nach seiner Logik. Und wie sie diese Welt deshalb behandeln müssen, das ist nicht neutral. Es ist ihr Verderben.

Vielleicht ist dieser Gedanke leichter zu ertragen, wenn zugleich der Schönheit gedacht wird, der dieses Verderben droht und die es doch gibt und die es weiterhin geben könnte. John Steinbeck gedenkt ihrer in seinem Roman *The Grapes of Wrath*, »Früchte des Zorns«. Dort beschreibt er, am Amerika der 1930er Jahre, die Wirklichkeit dieser Welt unter der Herrschaft des Geldes:

> »Der Frühling ist schön in Kalifornien. Täler, in denen die Obstblüten duftende rosa und weiße Wasser sind in einem flachen Meer. Und die ersten Ranken der Trauben, die an den alten knorrigen Weinstöcken schwellen, fluten herab über die Stämme. Die vollen Hügel sind rund und weich wie Brüste. Und in der Ebene, im Gemüseland, gibt es meilenweit Reihen von blass grünem Salat, von kleinen Blumenkohlköpfen und von graugrünen unirdischen Artischocken.
>
> Und dann brechen die Blätter aus an den Bäumen und die Blüten fallen herab und bedecken die Erde mit einem Teppich aus Rosa und Weiß. Die Fruchtknollen schwellen an und wachsen und färben sich: Kirschen und Äpfel, Birnen und Pfirsiche, Feigen, die ihre Blüte in der Frucht einschließen. Ganz Kalifornien ist angeregt dabei hervorzubringen und die Früchte werden schwer und die Äste biegen sich allmählich unter der Frucht, so dass Stöcke untergesetzt werden müssen, um das Gewicht tragen zu helfen.«

Eine Fruchtbarkeit, an der die Menschen einen Anteil haben, den Steinbeck tief bewundert: durch Pflege und Schutz, Züchtung und – Chemie. Deren Gefahr ahnt Steinbeck noch nicht. Aber er sieht, wie es mit dieser Fruchtbarkeit weitergeht.

> »Und die ersten Kirschen reifen. Anderthalb Cents das Pfund. Verdammt, dafür können wir sie ja nicht mal pflücken. Schwarze Kirschen und rote Kirschen, voll und süß, und die Vögel fressen

die Hälfte einer jeden Kirsche und die Wespen kriechen in die Löcher, die die Vögel gemacht haben. Und die Kerne fallen auf die Erde und trocknen mit den schwarzen Fetzen, die noch an ihnen hängen.

Die roten Pflaumen werden weich und süß. Mein Gott, wir können sie nicht pflücken und trocknen und einschwefeln. Wir können keine Löhne zahlen, ganz gleich, was für Löhne. Und die roten Pflaumen fallen zur Erde und bedecken gleich einem Teppich den Boden. Erst schrumpft die Haut ein wenig, und Schwärme von Fliegen kommen und fressen sich an den Pflaumen satt, und das Tal ist erfüllt von dem Geruch süßer Fäulnis. Das Fleisch wird dunkel und die Früchte schrumpfen auf der Erde ein.

Und die Birnen werden gelb und weich. Fünf Dollars die Tonne. Fünf Dollars für vierzig Fünfzig-Pfund-Kisten. Die Bäume beschnitten und bespritzt, die Obstgärten kultiviert – die Früchte gepflückt, in Kisten gepackt, auf Wagen geladen, zur Konservenfabrik gefahren – vierzig Kisten für fünf Dollars. Wir können's nicht. Und die gelben Früchte fallen schwer zu Boden und zerplatzen. Die Wespen graben sich in das weiche Fleisch und es riecht nach Gärung und Fäulnis.«

Die Leute haben gut gearbeitet für eine gute Ernte, aber sie ist nicht zu verkaufen, sie verwandelt sich nicht in Geld. Die Rechnung, die an alles und jedes geknüpft wird, geht nicht auf. Die Rechnung, von der alles und jedes abhängig gemacht ist, führt nicht von Zahlen zu größeren Zahlen. Und das bedeutet für die, die gearbeitet haben, Schulden statt Ernte, bedeutet den Verlust ihrer Anpflanzungen an eine Bank oder an ein großes Unternehmen. Und es bedeutet Hunger.

»Die Männer, die Bäume pfropfen und Samen groß und fruchtbar machen können, finden keine Möglichkeit, dass die hungernden Menschen das essen können, was sie angebaut haben. Menschen, die der Welt neue Früchte geschaffen haben, finden keinen Weg, dass die Früchte gegessen werden können. Und die Katastrophe hängt wie eine große Sorge über dem Staat.

Die Arbeit der Wurzeln, der Weinstöcke, der Bäume muss zerstört werden, damit die Preise hoch bleiben, und das ist das Traurigste, Bitterste von allem. Wagenladungen von Orangen, die weggeworfen werden. Die Leute kamen meilenweit, um sich die Früchte zu holen, aber das darf natürlich nicht sein. Wie würden sie denn Orangen für zwanzig Cents das Dutzend kaufen, wenn sie bloß herauszufahren und sie aufzulesen brauchten? Und Männer mit Schläuchen spritzen Petroleum auf die Orangen und sind wütend über das Verbrechen, wütend über die Leute, die gekommen sind, um sich die Orangen zu holen. Eine Million Hungernde, die Obst brauchen – und über die goldenen Berge wird Petroleum gespritzt.«

Was nicht mit Gewinn zu verkaufen ist, darf nicht verkauft werden, damit der Rest mit Gewinn zu verkaufen ist. Das ist eine Logik, die sich niemand hat ausdenken können; diese Logik *ist* das Geld. Was kein Geld einbringt, wird vernichtet, damit der Zwang aufrechterhalten wird, der das Geld aufrechterhält: der Zwang, Preise zu zahlen, die Geld einbringen. Getreide wird verheizt, Kaffeebohnen werden in Schiffen verfeuert, Schweine werden geschlachtet und verscharrt, Kartoffeln wirft man in den Fluss, und »damit die hungrigen Leute sie nicht herausfischen können«, stellt man an den Ufern Wachen auf. Wer deshalb Hungers stirbt, muss sterben, »weil eine Orange ihren Profit nicht verlieren darf«. Denn wirklich, das *darf* sie nicht: Alles andere muss, aber dieses Eine darf *nicht* sein – damit Geld sei. Steinbeck sieht Verbrechen, »die jede Anklage übersteigen«, sieht Leid, »das keine Tränen ausdrücken können«, sieht eine Katastrophe, »die all unsere Erfolge zunichte macht«. Und so kann er sich nichts anderes vorstellen, als dass all dem einmal, nein, dass ihm *jetzt* auch Widerstand erwachse.

»Die Leute kommen mit Netzen, um in den Flüssen nach Kartoffeln zu fischen, und die Wächter hindern sie daran; sie kommen in ratternden Wagen, um sich die heruntergefallenen Orangen zu holen, aber Petroleum ist darüber gespritzt. Und still stehen sie da und sehen die Kartoffeln vorüberschwimmen, hören die Schweine

> schreien, die in einem Graben geschlachtet und mit Ätzkalk bedeckt werden, sehen die Berge von Orangen zu einem vermodernden Brei zusammensinken; und in den Augen der Leute steht die Katastrophe; und in den Augen der Hungernden steht ein wachsender Zorn. In den Herzen der Menschen werden die Früchte des Zorns voll und schwer, reif für die Ernte.«[151]

Doch auch sie wurden nicht geerntet. Wo der Zorn reift, sind auch *seine* Früchte nicht gefeit vor dem passenden Petroleum und gibt es hochgerüstete Wächter stärker als die, die solche Früchte ernten wollten. Das Leid, die Verbrechen, die Katastrophe, sie dauern an.

Diese Welt, diese schöne Welt – nur *ohne* Geld kann sie überleben.

Aber kann denn eine Welt ohne Geld überleben? Ist eine Welt ohne Geld denn möglich? Kämen Menschen jemals ohne Geld zurecht? Ich kenne alle Beweise, die dergleichen kategorisch ausschließen, und ich kenne sie sehr gut: Ich habe sie mir unzählige Male anhören müssen. Aber ich kenne auch den Beweis, dass diese Beweise nichts taugen. Und dieser Beweis ist: dass die Menschen in einer Welt ohne Geld gelebt *haben*. Von den geschätzt 200 000 Jahren, in denen Menschen diese Erde bevölkern, sind es kaum mehr als 400, in denen sie – und zunächst auch nur einige von ihnen – ihr Leben mit Geld verbrachten. Was diese 400 Jahre bis heute gezeitigt haben, ist eine Katastrophe. Aber das beweist nicht, dass es nur katastrophisch weitergehen kann. Deshalb ist es wichtig, nicht auf die Prediger vom ewig-menschlichen Geld zu hören.

Wenn es einmal ohne Geld weitergehen sollte, müsste es nicht gehen wie im Mittelalter. Die »Erfolge«, von denen Steinbeck sehr wohl weiß und die sich – von mir aus – auch dem Geld und seinem drückenden Zwang zu »Fortschritt« verdanken mögen, sie sind ja erreicht, egal wie bitter sie bezahlt sind. Und dann würden sie, ohne Geld, vor allem nicht mehr durch jene Katastrophe zunichtegemacht. Sie würden uns dazu verhelfen, bei Weitem anders, bei Weitem besser und bei Weitem freier zu leben als im Mittelalter. Dazu hätten sie, ohne den Zwang des Geldes, endlich und ein erstes glückliches Mal die Freiheit.

Es muss nur dazu kommen. Doch wie es dazu kommen soll, kann

nicht ich und kann kein Einzelner wissen. Das zu wissen ist die Sache *aller*. Uns allen mache deshalb ein Lied den Mut dazu. Es ist Friedrich Rückerts Gesang vom ewigen Wanderer.

Chidher, der ewig junge, sprach:
Ich fuhr an einer Stadt vorbei,
Ein Mann im Garten Früchte brach;
Ich fragte, seit wann die Stadt hier sei?
Er sprach, und pflückte die Früchte fort:
»Die Stadt steht ewig an diesem Ort,
Und wird so stehen ewig fort.«
Und aber nach fünfhundert Jahren
Kam ich desselbigen Wegs gefahren.
Da fand ich keine Spur der Stadt;
Ein einsamer Schäfer blies die Schalmei,
Die Heerde weidete Laub und Blatt;
Ich fragte: »Wie lang' ist die Stadt vorbei?«
Er sprach, und blies auf dem Rohre fort:
»Das eine wächst, wenn das andre dorrt;
Das ist mein ewiger Weideort.«
Und aber nach fünfhundert Jahren
Kam ich desselbigen Wegs gefahren.
Da fand ich ein Meer, das Wellen schlug,
Ein Schiffer warf die Netze frei:
Und als er ruhte vom schweren Zug,
Fragt' ich, seit wann das Meer hier sei?
Er sprach, und lachte meinem Wort:
»So lang' als schäumen die Wellen dort,
Fischt man und fischt man in diesem Port.«
Und aber nach fünfhundert Jahren
Kam ich desselbigen Wegs gefahren.
Da fand ich einen waldigen Raum,
Und einen Mann in der Siedelei,
Er fällte mit der Axt den Baum;
Ich fragte, wie alt der Wald hier sei?
Er sprach: »Der Wald ist ein ewiger Hort;

Schon ewig wohn' ich an diesem Ort,
Und ewig wachsen die Bäum' hier fort.«
    Und aber nach fünfhundert Jahren
    Kam ich desselbigen Wegs gefahren.
Da fand ich eine Stadt, und laut
Erschallte der Markt vom Volksgeschrei.
Ich fragte: Seit wann ist die Stadt erbaut?
Wohin ist Wald und Meer und Schalmei?
Sie schrien, und hörten nicht mein Wort:
»So ging es ewig an diesem Ort,
Und wird so gehen ewig fort.«
    Und aber nach fünfhundert Jahren
    Will ich desselbigen Weges fahren.

Anmerkungen

1 Fritz Helmedag, »Geld: Einführung und Überblick«, in: Dieter Bartmann u. a. (Hg.), *Knapps enzyklopädisches Lexikon des Geld-, Bank- und Börsenwesens*, 5. neu bearbeitete Auflage, Frankfurt am Main 2007 [1932].

2 Thomas Steinfeld, *Herr der Gespenster. Die Gedanken des Karl Marx*, München 2017, S. 70. Dort zählt Steinfeld auch die genannten Großen der Geldtheorie auf und er erkennt zu Recht: »Ein eigenartiges Missverhältnis herrscht zwischen der Macht, die das Geld im Leben nicht nur eines jeden Menschen, sondern auch im Dasein von Gesellschaften und Staaten darstellt, und dem Stand der Reflexion über ebendiese Macht.«

3 Das Nibelungenlied, Strophe 1660; *wesen* (mit kurzem *-e-* in der Stammsilbe) ist der mittelhochdeutsche Infinitiv des Verbs *sein*. Übersetzung durch den Autor, so auch im Folgenden bei allen Zitaten ohne bibliografierte deutsche Angabe.

4 Das Nibelungenlied, Strophe 1637: »wir findenz ninder veile«.

5 Jacques Le Goff, *Geld im Mittelalter*, Stuttgart 2011, S. 240; das kurze Zitat davor S. 9 f.

6 David Graeber, *Schulden. Die ersten 5000 Jahre*, Stuttgart 2012, S. 27: »Geld macht nicht nur Schulden überhaupt möglich; Geld und Schulden tauchen im selben Augenblick auf der Bühne auf.«

7 Christoph Türcke, *Mehr! Philosophie des Geldes*, München 2015, S. 19: »Doch was, mit Verlaub, sind drei Jahrtausende [d. h. vor dem Aufkommen von Münzen] gemessen an jenen hundertfünfzig bis zweihundert, die der Homo sapiens auf dem Buckel haben dürfte? Peanuts.«

8 Graeber, *Schulden*, S. 58.

9 Türcke, *Mehr!*, insbesondere S. 26 f. Dazu unten Anmerkung 35.

10 An dieser Stelle lohnt sich kein Beleg.

11 Hans Jürgen Heringer, »Sprache ist Übereinkunft«, in: Oliver Ernst u. a. (Hg.), *Populäre Irrtümer über Sprache*, Stuttgart 2011, S. 13–20, hier 15 f.

12 Paul A. Samuelson, *Volkswirtschaftslehre. Eine Einführung*, Bd. 1, Köln 1964, S. 73.

13 Graeber, *Schulden*, S. 35 und öfter. Nur trifft Graebers eigene Erklärung, wie Geld entstanden wäre, ebenso wenig zu; dem widmet sich im Folgenden der Exkurs »Schulden«.

14 »Die Unterwerfung der Welt« ist der mit Bedacht gewählte Titel von Wolfgang Reinhards monumentaler »Globalgeschichte der europäischen Expansion 1415–2015« (so der Untertitel), München 2016.

15 Heinzpeter Znoj, *Tausch und Geld in Zentralsumatra. Zur Kritik des Schuldbegriffes in der Wirtschaftsethnologie*, Berlin 1995. Ein großer »Theoretischer Teil« bietet die kritische Auseinandersetzung mit der früheren Forschung auf diesem Gebiet, ein etwas umfangreicherer »Ethnographischer Teil« berichtet von Znojs eigenen, höchst aufschlussreichen Feldforschungen.

16 Es ist für Znoj der grundlegende Unterschied zwischen archaischen und geldvermittelten Verhältnissen. In einem eigenen generativen Modell stellt er »liquidierende« Transaktionen, die über Geld laufen, den »nichtliquidierenden« gegenüber, wie sie ohne Geld bestimmend sind. Diese Unterscheidung ist notwendig, auch wenn Znojs Termini die schwer zu vermeidende Schwäche haben, das früher Gegebene nur als Negation des Späteren, also *durch* das Spätere zu definieren, nicht danach, wie es in sich bestimmt ist. Vgl. in *Tausch und Geld* »Liquidierende und nichtliquidierende Transaktionen: ein Modell«, S. 118–131.

17 Vgl. ebd., »Gabe und Geschenk«, S. 50–57; auch S. 46.

18 Nach der Übersetzung von Bruce Biggs in: Marshall Sahlins, *Stone Age Economics*, Chicago 1972. S. 152. Sie lautet: »Now, concerning the *hau* of the forest. This *hau* ist not the *hau* that blows (the wind). No. I will explain it carefully to you. Now, you have something valuable [*taonga*] which you give to me. We have no agreement about payment. Now, I give it to someone else, and, a long time passes, and that man thinks he has the valuable, he should give some repayment to me, and so he does so. Now, that valuable which was given to me, that is the hau of the valuable which was given to me before. I must give it to you. It would not be correct for me to keep it for myself, whether it be something very good, or bad, that valuable must be given to you from me. Because that valuable is a *hau* of the other valuable. If I should hang onto that valuable for myself, I will become *mate*. So that is the *hau* – *hau* of the valuables, hau of the forest. So much for that.« Dazu Znoj, *Tausch und Geld*, S. 37–43, und sein Kapitel »Der Dritte Mann«, S. 44–50, auf welches meine Ausführungen insbesondere rekurrieren.

19 Znoj verweist in diesem Zusammenhang auf Colin Turnbull, *The Forest People*, New York 1961. Dort wird »eindrücklich beschrieben, wie die Ik, Jäger und Sammler in Uganda, während einer schlimmen Hungersnot in den 1960er Jahren ihre Solidarität abgelegt haben. Die Kräftigsten haben die Nahrung für sich behalten und Alten und kleinen Kindern vorenthalten, so dass viele von ihnen starben.«

20 Gellius, *Noctes Atticae* IV 12, 1–3.

21 Caesar, *De bello Gallico* VI, 22.

22 Margaret Mead, »The Arapesh of New Guinea«, in: dies. (Hg.), *Cooperation and Competition among Primitive Peoples*, New York, London 1937, S. 20–50, hier S. 31.

23 Znoj, *Tausch und Geld*, S. 54.
24 Bronislaw Malinowski, *Argonauten des westlichen Pazifiks*, Frankfurt am Main 1979 [1922], S. 387.
25 Raymond Firth, *Primitive Economics of the New Zealand Maori*, Wellington 1959 [1929], S. 417.
26 Marcel Mauss, *Soziologie und Anthropologie*, Bd. 2, Frankfurt am Main, Berlin u. a. 1978, S. 50.
27 Meine Übersetzung verwendet möglichst weit diejenige von Wolfgang Schadewaldt (Frankfurt am Main 1975). So auch bei den Zitaten aus der Ilias.
28 Odyssee IX, 3942; nach der Übersetzung von Wolfgang Schadewaldt, Hamburg 1958.
29 Jacob und Wilhelm Grimm, *Deutsches Wörterbuch*, Bd. 4, bearbeitet von Rudolf Hildebrand und Hermann Wunderlich, Leipzig 1897, Spalte 2890 und 3067.
30 Die Zitate in diesem Absatz finden sich in: Hartmann von Aue, *Iwein*, Vers 620; ebendort Verse 7214–16; Walther von der Vogelweide 49, 12 (Lachmann).
31 Karl Ernst Georges, *Ausführliches Lateinisch-Deutsches Handwörterbuch. Unveränderter Nachdruck der achten verbesserten und vermehrten Auflage von Heinrich Georges*, Bd. 2, Hannover 1983 [1913], Spalte 2293.
32 Livius, *Ab urbe condita* XXI, 4, 9.
33 Stephan Trüby, »Geldkulturen. Eine Einführung«, in: Gerhard M. Buurman, Stephan Trüby (Hg.), *Geldkulturen. Ökonomische, philosophische und kulturtheoretische Perspektiven*, Paderborn 2014, S. 17.
34 Türcke, *Mehr!*, S. 99.
35 Ebd., S. 26–28. Das alles schließt Türcke ausdrücklich aus Freuds Deutung der Tatsache, dass Weltkriegssoldaten noch im Frieden von den erlebten Schrecken geträumt, sie also im Traum wiederholt haben. Freud deutete dies als Versuch der Psyche, auf diese Weise Schocks zu verarbeiten oder, wie Türcke schreibt, »die Reizbewältigung unter Angstentwicklung nachzuholen«. Wie man diese Reizbewältigung nachholt, indem man andere Menschen tötet und also sie Angst entwickeln lässt, bleibt Türckes Geheimnis.
36 Ebd., S. 88, 92, 91.
37 Ebd., S. 104; meine Hervorhebung.
38 Znoj, *Tausch und Geld*, Kapitel »Primitive Zahlungen«, S. 91–98.
39 Ilias IX, 120.
40 Grimm, *Deutsches Wörterbuch*, s. v. Geld, Bd. 4, Spalte 2892.
41 Graeber, *Schulden*, S. 27; auf derselben Seite auch die übrigen Zitate.
42 Friedrich Kluge, Walther Mitzka, *Etymologisches Wörterbuch der deutschen Sprache*, Berlin [20]1967, S. v. Zahl, S. 872.
43 Diese Auswahl an Beispielen stützt sich auf die bedeutende Sammlung »traditioneller« oder archaischer Zahlungsmittel des Money Museum, Zürich.

44 Odyssee IV, 589 f.; 600 ff.

45 Dies gehört besonders dezidiert zur Lehre von Gunnar Heinsohn, Otto Steiger: *Eigentum: Zins und Geld. Ungelöste Rätsel der Wirtschaftswissenschaft*, Marburg [3]2004.

46 Eckart Frahm, *Geschichte des alten Mesopotamien*, Stuttgart 2013, S. 63.

47 Im Folgenden stammen alle zitierten Einsprengsel aus Graeber; vgl. oben den Exkurs »Schulden«.

48 Gellius, *Noctes Atticae* 20, 1,13. Der erste Satz lautet im Original: »L. Veratius fuit homo egregie improbus atque immani vecordia.«

49 »Accepi a te pretium, in quod mihi bene complacuit, valentem solidos tantum. [...] Kommt im Hochmittelalter zahllose Male vor.« So, mit anderen der angeführten Beispiele, Marc Bloch, *Esquisse d'une histoire monétaire de l'Europe*, Paris 1954, S. 29 f.

50 Es sind vor allem die Berichte dreier Engländer, denen wir unsere genaueren Kenntnisse verdanken, Captain William Snelgrave, John Duncan und Captain Sir Richard f. Burton. Die am besten durchdachte Zusammenfassung bietet der Aufsatz von Karl Polanyi »Redistribution. Der staatliche Bereich im Dahome des 18. Jahrhunderts«, in ders., Ökonomie und Gesellschaft, Frankfurt am Main 1979, S. 256–283. Selbst Polanyi allerdings bezeichnet die Kauri-»Muscheln« als Geld, obwohl er der Retrojektion moderner ökonomischer Begriffe in frühere Zeiten sonst kritisch gegenübersteht; dazu mehr im folgenden Kapitel.

51 Karl Polanyi, »Das marktlose Handeln zur Zeit Hammurabis«, in: ders., Ökonomie *und Gesellschaft*, S. 300–316, hier S. 303. Das folgende Zitat schließt dort unmittelbar an.

52 Frahm, *Geschichte des alten Mesopotamien*, S. 61; die folgenden Zitate S. 61–63.

53 Polanyi, »Das marktlose Handeln«, S. 305 f.

54 Herodot, *Historiai* I 153.

55 Platon, *Politeia* II 371c.

56 Lexika, die *kapēlikē* nur allgemein mit »Handel« übersetzen, unterschlagen seine spezifische Bedeutung als »Handel im Kleinen«; dazu führt das Kapitel »Handel oder Gewinn ohne Verlust« das Nötige aus.

57 Synesios, *Epistulae* 52.

58 Odyssee XI, 489–91.

59 Gellius, *Noctes Atticae* XV 20,1 und 7 f.

60 Le Goff, *Geld im Mittelalter*, S. 18. In der Auslassung bezeichnet die deutsche Übersetzung diese Gerätschaften zwar als eine »Geldreserve«, doch sind sie eben nicht Geld, wie dieser Umgang mit ihnen zeigt, sondern Vermögen, aus dem »im Bedarfsfall« Zahlungen geleistet werden können.

61 Marc Bloch, *Die Feudalgesellschaft*, Stuttgart 1999 [1939], S. 105.

62 Marc Bloch, *Esquisse*, S. 29.

63 Ilias VI, 236.

64 Dass etymologische Lexika eine Grundbedeutung »Wert enthaltend« oder »als Äquivalent gegenüberstehend« rekonstruieren, darf uns nicht wundern.

65 79. These: Dicere, Crucem armis papalibus insigniter erectam cruci Christi equivalere [= aequivalere], blasphemia est.

66 Herodot, *Historiai* IV 196; im Original als Bericht der Karthager in indirekter Rede. Moderne Übersetzungen geben dabei, wie zu erwarten, axios mit »gleichwertig« statt »angemessen« wieder und axia mit »Wert« statt »Schätzung«.

67 Marshall Sahlins, »Exchange Value and the Diplomacy of Primitive Trade«, in: ders., *Stone Age Economics*, S. 277–314; dieses und die folgenden Zitate S. 278 f.

68 Da Sahlins als Ethnograf falsch an der Vorstellung von Wert festhält, sieht er sich verrückterweise doch wieder gezwungen zu versuchen, was er selbst als »unmöglich« erkannt hatte, und stellt eine Liste fester Tauschkurse zusammen. So überwältigend groß ist die Macht des Reflexes, Charakteristika der heute bestimmenden Geldverhältnisse in jede gegebene Wirklichkeit hineinzulegen. Die Kritik an Sahlins ausführlich bei Znoj, *Tausch und Geld*, S. 87 f.

69 Aristoteles, *Ethika Nikomacheia*, 1130b 30–1131a 9. Zu den *synallagmata* zählt Aristoteles noch einen »Austausch«, der gegen den Willen eines Beteiligten vollzogen wird und zu dem unter anderem Diebstahl, Ehebruch, Misshandlung, Beschimpfung und Mord gehören.

70 Nach Franz Passow, *Handwörterbuch der griechischen Sprache*, Bd. 2, Leipzig 1831, S. 1438.

71 Aristoteles, *Ethika Nikomacheia*, 1132b 28–30.

72 Ebd., 1133a 2–5; direkt anschließend das folgende Zitat, 1133a 510.

73 Ebd., 1131b 27–31.

74 *Lexikon der Alten Welt, Zürich*, München 1990, Sp. 1704.

75 Aristoteles, *Ethika Nikomacheia*, 1133a 19–31. Die Übersetzungen in Klammern basieren auf der Werkausgabe bei Meiner: Aristoteles, *Philosophische Schriften*, Hamburg 1995, Bd. 3, S. 112 f.

76 Aristoteles, *Ethika Nikomacheia*, 1131b 8.

77 Aristoteles, *Politika*, 1256b 29 f.

78 So zum Beispiel die genannte Übersetzung in der Meiner'schen Ausgabe; Aristoteles, *Politika*, 1256b 40 f. Von dieser Art der Chrematistik handelt Kapitel 9 des ersten Buches.

79 Es gehe bei beiden um Besitz, »aber die eine habe etwas anderes zum Ziel, diese aber die Vermehrung« – von Besitz; Aristoteles, *Politika*, 1257b 37 f.

80 Er bestimmt Münzen als etwas, »das selbst zu den nützlichen Dingen zählt«, den *chrēsima (= chrēmata)*; Aristoteles, *Politika*, 1257a 36 f.

81 Aristoteles, Politika, 1257b 23: *stoicheion kai peras tēs allagēs.*

82 [Pseudo-]Aristoteles, *Oikonomika* II. In zweisprachiger Ausgabe unter dem Titel *77 Tricks zur Steigerung der Staatseinnahmen*, Stuttgart 2006, S. 65.

83 Wie gezielt der Übersetzer die Vorstellung von Geld in die alten Verhältnisse hineinfälscht (wenn auch im besten Glauben, sie auf diese Weise nur richtig zu erklären), zeigt sich an seiner Formulierung, Timotheos hätte die Verpflegung »vorgestreckt« – wie man nur Geld »vorstrecken« kann. Im Original steht dafür das Verb προίημι und das bedeutet: jemandem etwas überlassen, *ohne Entgelt dafür zu erwarten*. Und das genau ist es, was Timotheos mit den Lebensmitteln tut: Er überlässt sie den Soldaten, ohne Zahlung dafür zu verlangen.

84 [Pseudo-]Aristoteles, *Oikonomika* II, 9.

85 Odyssee I, 179–184; genau genommen spricht hier Athene, die sich Odysseus' Sohn in menschlicher Gestalt zeigt, das aber ändert nichts an der Authentizität der Aussage.

86 Odyssee VIII, 161 f.

87 Dieses und die folgenden Zitate aus Cicero, *De officiis* I, 150 und 151.

88 Polanyi, »Das marktlose Handeln«, S. 310.

89 *Fortunatus*, z. B. in der Studienausgabe von Hans-Gert Roloff (Stuttgart 1981) auf S. 46 und – das Eingangszitat – S. 49; eigene Übersetzung aus dem Frühneuhochdeutschen.

90 Jürgen Kocka, *Geschichte des Kapitalismus*, München 2013, S. 40 f.

91 *Fortunatus*, S. 100 f.

92 *Fortunatus*, S. 103.

93 Marc Bloch, *Die Feudalgesellschaft*, S. 104.

94 Eric Hobsbawm, »Vom Feudalismus zum Kapitalismus«, in: Paul Sweezy, Maurice Dobb u. a. (Hg.), *Der Übergang vom Feudalismus zum Kapitalismus*, Frankfurt am Main 1978, S. 214–221; hier S. 215 (ohne die Kursivierung); dort auch das folgende Zitat.

95 Ebd., S. 216. Hobsbawm ist sich bewusst, dass auch er diese Erklärung noch nicht gefunden hat, und formuliert es deshalb als zukünftige Aufgabe.

96 Zum Beispiel bei Le Goff, *Geld im Mittelalter*, S. 137.

97 Vgl. Max Weber, *Wirtschaft und Gesellschaft*, Zweiter Teil, Kapitel IX, 7. Abschnitt: »Die nichtlegitime Herrschaft (Typologie der Städte)«. Einen Grund, weshalb es in Europa zu dieser besonderen Entwicklung kam, konnte Max Weber nicht ausfindig machen, deshalb gibt er zur Erklärung dieser Besonderheit umgekehrt Gründe an, weshalb dieselbe Entwicklung überall sonst in der Welt nicht stattgefunden habe. Weber erklärt also die europäische zur natürlichen Entwicklung, die deshalb keiner weiteren Erklärung bedürfte und die lediglich in der gesamten übrigen Welt geschlossen verhindert worden wäre. Das kann nicht die Erklärung sein.

98 Dieser und die nachfolgenden Auszüge nach der Übersetzung in: Françoise Divorne, *Bern und die Zähringerstädte im 12. Jahrhundert*, Bern 1993, S. 71 ff. Die Vermutung, die Urkunde könnte erst einige Jahrzehnte später durch die Stadt Bern selbst ausgestellt und insofern gefälscht sein, ist widerlegt, vgl. Hans Strahm, *Die Berner Handfeste*, Bern 1953.

99 Henri Pirenne, *Sozial- und Wirtschaftsgeschichte Europas im Mittelalter*, Stuttgart 2000 [1933], S. 69 f. Die nachfolgenden Zitate S. 72–74.

100 Ebd., S. 81 f.

101 Le Goff, *Geld im Mittelalter*, S. 32 f.

102 Ebd., Kapitel 9, »Vom 13. ins 14. Jahrhundert: Die Geldkrise«, S. 138–156.

103 Das Folgende basiert auf dem Abschnitt »Das ›lange‹ 16. Jahrhundert« meines Buches *Im Takt des Geldes*, Springe 2004, S. 213–223.

104 Leonhard Bauer, Herbert Matis, *Geburt der Neuzeit. Vom Feudalsystem zur Marktgesellschaft*, München 1988, S. 218 f. Das Zitat, das Bauer und Matis ihrerseits verwenden, stammt von Hannah Arendt, *Vita activa oder vom tätigen Leben*, Stuttgart 1960, S. 32.

105 Alfred Bürgin, »Merkantilismus. Eine neue Lehre von der Wirtschaft und der Anfang der politischen Ökonomie«, in: Fritz Neumark (Hg.), *Studien zur Entwicklung der ökonomischen Theorie II*, Berlin 1982, S. 9–61; hier S. 21. Das Zitat aus Montchrétien in eigener Übersetzung.

106 Christian Braun, *Vom Wucherverbot zur Zinsanalyse, 1150–1700*, Winterthur 1994, S. 4 f.

107 Dieses und die vorangehenden verstreuten Zitate in ebd., S. 81, 109–111, 113.

108 Craig Muldrew, *The Economy of Obligation. The Culture of Credit and Social Relations in Early Modern England*, London, New York u. a. 1998. Zitiert nach den übersetzten Auszügen »Zur Anthropologie des Kapitalismus. Kredit, Vertrauen, Tausch und die Geschichte des Marktes in England 15001750«, in: *Historische Anthropologie* 6 (1998), S. 167–199, hier S. 167.

109 Ebd., S. 181 f.

110 Ebd., S. 182 f.

111 Ebd., S. 188; das vorangehende kurze Zitat im Text S. 184.

112 Fernand Braudel, *Sozialgeschichte des 15.–18. Jahrhunderts*, Bd. 2, München 1990, S. 527.

113 Werner Sombart, *Der moderne Kapitalismus. Historisch-systematische Darstellung des gesamteuropäischen Wirtschaftslebens von seinen Anfängen bis zur Gegenwart*, Bd. 2, München ²1916/17, S. 112–115.

114 Michael North, *Das Geld und seine Geschichte. Vom Mittelalter bis zur Gegenwart*, München 1994, S. 95; meine Hervorhebungen.

115 Wilhelm Abel, *Massenarmut und Hungerkrisen im vorindustriellen Deutschland*, Göttingen ³1986, S. 40.

116 Ebd., S. 38.

117 Ebd., S. 41.

118 Edward Misselden, *Free Trade or the Meanes to make Trade florish*, Amsterdam, New York 1970 [1622], S. 93 f.

119 Ebd., S. 7: »[And] Money, though it be in nature and time after Merchandize; yet forasmuch as it is now in vse has become the chief [, I will take leaue of Method, to handle it in the first place.]«

120 Vgl. Wolfgang Harms, Cornelia Kemp (Hg.), *Deutsche illustrierte Flugblätter des 16. und 17. Jahrhunderts*, Bd. 4, Tübingen 1987, S. 254. In der ersten Zeile ist im Original verdruckt: Sporensteich.

121 Reinhard, *Die Unterwerfung der Welt*, S. 179.

122 Im Original mit anderer Zeichensetzung: *Auch/ Ich der Kaufleut Gott Mercur komm hergedrungen.*

123 Ich habe den Vers modernem Deutsch angeglichen, da er im Original heute missverständlich klingt; er lautet dort: *Fort wird man sicherlich zu Wasser können handeln.*

124 Man vermutet auch, »wippen« könnte hier in der Bedeutung von »auswerfen« verwendet sein.

125 Vgl. Anmerkung 110.

126 Muldrew, »Zur Anthropologie des Kapitalismus«, S. 184.

127 Karl Marx, *Das Kapital. Kritik der politischen Ökonomie*, erster Band, in: ders., Friedrich Engels, *Werke*, Band 23, Berlin 1962 (MEW 23), S. 62.

128 Ebd., S. 63.

129 »Wenn es im Eingang des Kapitels in der gang und gäben Manier hieß: Die Ware ist Gebrauchswert und Tauschwert, so war dies, genau gesprochen, falsch. Die Ware ist Gebrauchswert oder Gebrauchsgegenstand und ›Wert‹.« MEW 23, S. 75. Der »Tauschwert« einer Ware ist ja der *Geld*wert, dem sie bei Tausch und Kauf gleichgesetzt wird, und ist damit »Wert« schlechthin. Und der »Gebrauchsgegenstand« oder einfacher das Gut, in welchem eine Ware besteht, ist von diesem »Wert« *geschieden*, es ist explizit nicht Wert und sollte deshalb nicht ausgerechnet »Gebrauchs*wert*« genannt werden.

130 Zum Beispiel Abel, *Massenarmut und Hungerkrisen*, S. 2024.

131 MEW 23, S. 50 f. Marx schreibt an dieser Stelle wie meist von »Gebrauchswerten« statt von »Gebrauchsgegenständen«. Seiner eigenen Einsicht folgend (vgl. oben Anmerkung 129) habe ich die als falsch erkannte Formulierung durch die von Marx selbst vorgeschlagene richtige ersetzt; so auch in nachfolgenden Zitaten aus Marx.

132 Ebd., S. 49.

133 Ebd., S. 62. Dort auch das anschließende Zitat.

134 Dieses und die zwei folgenden Zitate ebd., S. 51 f.

135 Ebd., S. 74. Dort auch die anschließenden Zitate.

136 Ebd., S. 52.

137 Ebd., S. 53.

138 Karl Marx, *Zur Kritik der Politischen Ökonomie*, in: ders., Friedrich Engels, *Werke*, Band 13, Berlin 1971, S. 53. Man beachte noch einmal: Marx meint hier die Ware »als solche«; *als solche* »ist« eine Ware aber niemals Wert oder Tauschwert.

139 MEW 23, S. 204.

140 Ebd., S. 88.

141 Ebd., S. 87.

142 Nach Matthias Lexer, *Mittelhochdeutsches Taschenwörterbuch*, Leipzig 1904, s. v. arbeit, S. 8.

143 Karl Marx, Brief an Ludwig Kugelmann, in: ders., Friedrich Engels, *Werke*, Band 32, Berlin 1974, S. 552.

144 Derart zu Unrecht also definiert Marx diese »abstrakt menschliche« Ware *a priori* als »Arbeit«. Hinfällig ist daher auch seine substanziell gedachte Unterscheidung zwischen totem und lebendigem Kapital. Sie ist nichts weiter als eine Sache der Buchführung und der Betriebswirtschaft.

145 Es ist das 24. Kapitel im ersten Band des *Kapital*, MEW 23, S. 741–791. Marx ist sich des »fehlerhaften« Zirkels sehr wohl bewusst, glaubt ihm dennoch mit Adam Smith' Annahme einer »ursprünglichen Akkumulation« zu entkommen: »Indes setzt die Akkumulation des Kapitals den Mehrwert, der Mehrwert die kapitalistische Produktion, diese aber das Vorhandensein größerer Massen von Kapital und Arbeitskraft voraus. Diese ganze Bewegung scheint sich also in einem fehlerhaften Kreislauf herumzudrehn, aus dem wir nur hinauskommen, indem wir eine der kapitalistischen Akkumulation vorausgehende ›ursprüngliche‹ Akkumulation (›previous accumulation‹ bei Adam Smith) unterstellen, eine Akkumulation, welche nicht das Resultat der kapitalistischen Produktionsweise ist, sondern ihr Ausgangspunkt« (S. 741). Eine »der kapitalistischen Akkumulation *vorausgehende*« Akkumulation wäre also eine *nicht* kapitalistische, aus der nun mit einem Mal lediglich durch die Akkumulation von *viel* Kapital die *kapitalistische* Akkumulation resultieren würde – eine ›Unterstellung‹, die offensichtlich nicht aus dem Zirkel hinaus-, sondern nur tiefer in ihn hineinführt. Auf die Annahme einer »ursprünglichen Akkumulation«, dieses widersinnige Konstrukt von Smith, war Marx jedoch festgelegt, da ihm seine Arbeitswertlehre jenen Zirkel nicht nur vorzugeben »scheint«, sondern *unausweichlich* vorgibt.

146 Die Zitate aus diesem Kapitel finden sich MEW 23, S. 746–763.

147 Thomas Maissen, *Geschichte der Frühen Neuzeit*, München 2013, S. 13.

148 Thomas Mun, *England's treasure by forraign trade*, London 1664 [niedergeschrieben bis 1630]: »The ordinary means therefore to encrease our wealth and treasure is by Forraign Trade, wherein wee must ever observe this rule; to sell more to strangers yearly than wee consume of theirs in value.«

149 Reinhard, *Die Unterwerfung der Welt*, S. 31. Das nachfolgende Zitat auf S. 30.

150 Ebd., S. 118 f.

151 John Steinbeck: *Fruchte des Zorns*, in der Übersetzung von Klaus Lambrecht, München 2014 u. a., Kapitel 25.

Erste Auflage Berlin 2020
MSB Matthes & Seitz Berlin Verlagsgesellschaft mbH
Göhrener Str. 7, 10437 Berlin
info@matthes-seitz-berlin.de

Einbandgestaltung: Dirk Lebahn, Berlin
Satz und Gestaltung: Gaby Michel, Hamburg
Druck und Bindung: Pustet, Regensburg
Printed in Germany
978-3-95757-846-4
www.matthes-seitz-berlin.de